作为意志和表象的世界

［德］叔本华◎著　景天◎译

中国华侨出版社
·北京·

图书在版编目（CIP）数据

作为意志和表象的世界 /（德）叔本华著；景天译.
—北京：中国华侨出版社，2016.12（2024.4 重印）
ISBN 978-7-5113-6632-0

Ⅰ.①作… Ⅱ.①叔… ②景… Ⅲ.①哲学理论—德国—近代 Ⅳ.①B516.41

中国版本图书馆 CIP 数据核字（2016）第 324193 号

作为意志和表象的世界

著　　者：〔德〕叔本华
译　　者：景　天
策划编辑：周耿茜
责任编辑：高文喆
责任校对：吕栋梁
封面设计：胡椒设计
经　　销：新华书店
开　　本：710 毫米×1000 毫米　1/16 开　印张：24　字数：402 千字
印　　刷：三河市华润印刷有限公司
版　　次：2016 年 12 月第 1 版
印　　次：2024 年 4 月第 17 次印刷
书　　号：ISBN 978-7-5113-6632-0
定　　价：48.00 元

中国华侨出版社　北京市朝阳区西坝河东里 77 号楼底商 5 号　邮编：100028
发行部：（010）64443051　　传　真：（010）64439708
网　址：www.oveaschin.com　　E-mail：oveaschin@sina.com

如果发现印装质量问题，影响阅读，请与印刷厂联系调换。

目录 Contents

第一版　序

我本想以一种更为通俗易懂的方式告诉大家这本书所要表达的意思以及蕴含的哲理，虽然这本书所表达的思想仅是一种单一的观念，然而我费尽心思都没有发现捷径，只有通读全书才能对其中奥义有所领悟。这本书所要表达的思想是长久以来哲学家们苦苦探求的东西。伟大的哲学家们用思想照亮前进的道路，遗憾的是，他们仍未找到他们一心想要得到的东西。这种历经努力而没有回报的经历让拥有历史素养的人们感到无望。普林尼说过："直至成为事实之前，多少事不都是人们认为不可能的吗？"（《自然史》，7.1）他们都直接放弃寻觅，觉得这一切都是虚妄，就像石头终究不能变成金子，世上不可能有长生仙药一样。

书籍中所蕴含的思想被人们从不同维度考量着，进而出现形而上学的智慧，伦理学的奥秘，美学的享受，等等。这些思想当然是值得推崇的，就像它们毕竟属于哲学的范畴，我也认同这些东西，就像前人所认同的一样，这本书想表达的必然也是这样。

思想的系统需要结构上的关联支撑，而这种骨架般的关联所表现的形式是：总会有一个部分——在下面的部分会托住另一个部分——是上面的一部分，它们不会相互倒置，而是下面的部分只会托住上面的部分，上面的部分并不会托住下面的部分，上面的部分什么都不会去托起。然而，单一的思想所表现的形式并非如此，我们知道，如果是单一的思想，它的内容可能涵盖天文地理、生物数学，甚至人类所知晓的一切，但它仍然会秉承有且仅有的一种原则，那就是保持极致完整的统一性，即便是为了便于理解，被人们分割成零散的部分，这些零散的碎片之间仍会保持一种微妙的关联。这种关联可以表达为，每一零散的部分都能代表全体，就像全体会包含所有零散的部分，但是分散的部分之间不分首尾不分轻重。各个部分的思想均能够表达出整体的思想，而不是一定要了解全部内容才能对其中细微的部分拥有透彻的理解。一本书的内容和有机体存在相似性，然而书籍在形式上是以第一行代表开始，由最后一行代表结束，而有机体则不然，它的内容和形式在这个方面总是相互矛盾相斥的。

本书所表达的思想十分深奥，有些地方可能晦涩难懂，然而我能给你的意见只有踏踏实实地重复阅读，而且至少两遍，所以起码你得有耐心。而这种耐心源自你的自觉与自信，你可以树立起这种信仰：开篇是以结束为基础，而结束是以开篇为前提，书本章节关联紧密，每前一章都是后一章节的基础，而后者几乎也是以前面篇章为前提。“几乎”代表不完全是，而事实也确实如此。本书已经尽力把前面能解释清楚的事情提前说明白了，为了方便读者，已经尽可能把帮助理解的内容在前面用最严谨和最贴近真相的话阐释清楚了，读者在阅读过程中会相对容易地把前面和后面的章节联系在一起，自然而然地产生思维上的推论。当然，除了时代会对本书产生意见外，也会有读者对本书提出各种意见，除了与本书思想相“左”的矛盾之外，还有诸如觉得本书晦涩难懂等可以预见得到的矛盾。而如果读者连这种情况都不是的话，那该书会让原先的误会引发出读者对本书更加彻底的反对，这将导致人们更加荒谬的争辩。本书为了清晰论述道理，考究措辞的使用，经历了许多艰苦的斟酌，可以说所表达的东西已经描述得淋漓尽致，但缺陷是不能厘清所谈之物与其他万物的关系，这可能也是催生误会产生的原因之一。所以，第一遍阅读你需要用极大的耐心来揣摩书中的文字，你要对自己的理解有信心，相信自己在第二遍阅读时，会有一种不同于第一遍的全新认识。你得认真钻研书中重复出现的内容，如果这内容刚好是晦涩的题材，那你至少是充分理解，甚至是达到滚瓜烂熟的地步。书本的内容是有机联系在一起的，而不像链条一般平行分开，所以有时会用同一个段落来解释其中意思。也正是这种紧密的联系让我没有办法将这些重要的章节去分块划分，这本书所表达的思想本是一个思想，不得已我把书分成四个部分，这四个部分就像一个思想的四种观点。所以我先提出一个阅读要求：不要因为深究一个细节而忽视整本书的主干思想，请系统整体地看待本书的全部论述程序，即便你可能对本书有天然的抵触，也可能是对哲学家的反对，因为每一位读者本身都是独一无二的思想家。此外，我认为以下几个要求也是阅读过程中需要注意的。

第二个要求是一定要把本书的序论读完，这是开始阅读这本书的前提。本书的序论不存在本书的篇幅之中，而是出现在《充分根据律的四重根——一篇哲学论文》之中，那本书是五年前就已经出版了的。要想正确领悟本书，就要先做好预习，首先从熟悉这篇序论开始。本书以《充分根据律的四重根——一篇哲学论文》的内容为依据，这本书就像是对那本书更为细致、更为严谨的升华。正因为那本书早些年出版，才会被本书吸纳到卷首，本书的第一篇就汲取那篇论文的精华。现在，本书第一篇会把那本书中已经讲述过的内容忽略。仅凭这一不足就表露出了这第一篇的有待完善，而必须不停地引用那篇论文来弥补这一不足。可是，我非常讨厌重新把自己写过的东西再抄一遍，或者将已经说得清楚通透的东西，再反复地用其他的字眼表述一遍。所以，虽然我现在极有可能让那篇论文的内容具备更好的形式，比如说剔除到我当时因为过于受到康德哲学的一些概念的束缚，像“范畴”“外在感”“内在感”等，我还是更愿意采用这种可以随时查漏补缺的办法。同时，我在那时也从来没有更深刻地探讨那些概念，因此那篇论文中的这些概念也只是以衍生品的身份出现的，和主题思想完全没有关联。所以，只要理解了这本书，读者在思想中就会主动更正那篇论文中所有这些地方。可是，只有人们通过那篇论文，对根据律有了更充分的了解以后：了解到它是什么，代表着什么，对什么起作用，对什么不起作用，了解到根据律并不是所有事物的前提，全世界也并不是一定要以服从根据律为前提的，作为从根据律推导来的肯定结果才有的。反倒应该说这定律只是一个形式，如果主体正是正在被认知的个体，那么，经常以主体为客体的客体，不管哪种客体，处处都会在这种形式中被认知。只有了解了这些以后，才有可能更深刻地了解这里首次运用的方法和过去所有哲学思维的方法都不一样。

可是，以上这种讨厌心绪让人不仅不想一个字一个字地抄写，也不想用其他更不合心意的字眼（更好的我前面已经用过了）再次去说同样的东西。这让本书第一篇还留下第二个不足之处。因为在我那篇《视觉与色彩》的论文第一章所讲过的，原本可以原封不动地移入本书第一篇，可是我都将它舍弃了。因此，先读一下我这本早期的小册子，在这里也是一个前提条件。

最后，说到我对读者的第三个要求，这甚至是显而易见就可以假设下来的，因为这不是其他的，而是要读者对两千年以来产生于哲学上最关键的而又和我们那么像的一个现象进行了解：我是指康德的经世名作。这些名作真正的说话对象是人的精神，它们在精神上所产生的作用——尽管在其他地方也有人这样说过——实际上我觉得在很大程度上可以和给盲人割治翳障的外科手术相提并论。假如我们再接着用比方，那么，我的目标就是给那些割治手术成功的病人送一副墨镜。但是，他们可以使用这副墨镜的前提条件是手术本身。所以，虽然我在很大程度上是着眼于康德的成绩，可是也正是因为仔细钻研他的作品也才让我找到了其中一些关键性的错误。为了让他那学说中纯粹的、杰出的部分经过淘洗而更好地用作论证的前提，更自如地运用，我必须把这些错误一一指出来，解释它们的不妥。

因此对于我这里要陈述的，康德的哲学几乎就是仅有的一个要假设为一定要理解通透的哲学。此外，如果读者还在神明的柏拉图学院中徘徊，那么，他就准备得更好了，更有接受能力去聆听我的论述了。更何况，假如读者甚至还享受了《吠陀》[①] 赐予人们的恩惠，而因为《邬波尼煞昙》（*Upanishad*）给我们打开了得到这种恩惠的入口，我觉得这是如今这个年轻的世纪之所以强于之前各个世纪的地方所在，因为我猜测梵文典籍的影响之深刻将丝毫不逊色于十五世纪希腊文艺的复兴。因此我说读者如果已经被远古印度智慧所浸润，并已理解了这种智慧，那么，他就有了充分的准备来聆听我要对他所表达的东西了。对于他来说，我所要说的就不会像对另外一些人一样，会有什么不熟悉的甚至是敌对的意味，因为我可以肯定，如果听上去不是太引以为傲的话，构成《邬波尼煞昙》的所有单个的、摘出的词句，都可以作为我所要表达的思想中所推导出来的结论看，可是一定不能掉转过来说，在那里已经可以找到我这里所要表达的思想。

可是，大部分读者已经要不胜其烦了，那尽全力容忍克制已久的批评也要脱口而出了，在提供一本书时，我为什么胆敢向公众提出这么多要求和条件呢？其中前面的两个要求又是那么狂妄，那么嚣张。何况又适逢这样一个时代，不同开创性的思想这样广泛多样，仅仅在德国每年就出版三千多种内容多样、观点独树一帜，而且不可缺少的著作，还有若干期刊甚至日报所刊载的东西，都

---

① 《吠陀》是印度最悠久的梵文文献。《邬波尼煞昙》，也称《奥义书》，是古印度哲学典籍。——译者注

借助印刷机而变成公共财富呢？在这个时代，深刻的哲学家，仅仅在德国所存在的数量，比过去几个世纪合起来的还要多。所以，生气的读者要问了，如果要费那么多周章才能读一本书，如何才算结束呢？

对于这类的批评，我不能给予任何一点答复。我只期待这些读者因为我已经在第一时间告诉他们不要在本书上白白用掉一个小时，而对我多少有点感激。因为没有达到我前面提出的那些要求，就算读完了也是白读，所以干脆不读。除此以外，我还可以下大注来打赌，这本书也不会迎合他们的喜好，却更可以说它总是“少数人的事”，进而只有安静地、谦虚地等待这些少数人到来了。只有他们特殊的思维方式或许才能领悟这本书。因为，这个时代的知识既然已经靠近如此“灿烂”的一点，以至于把不好理解的和错误的都看作一码事，那么，在这个时代有素质的人们当中，又有哪一位可以容忍差不多在本书每一页都要遇到一些思想，刚好和他们永远认定为真的、已成定局的东西背道而驰呢？还有，当某些人在本书中完全找不到他们以为可以在这里找到的那些东西时，他们会多么失望啊！这是因为他们的思维方式和一位仍然活着的杰出哲人[①]有异曲同工之妙，后者尽管写了些感动人的作品，只可惜有着一个很小的缺憾：他将十五岁所学的和确认的东西，都看作人类精神与生俱来的根本思想。既然这样，谁还甘愿容忍以上所有呢？因此我的劝告还是只有丢开这本书。

可是，我怕自己还因此脱不了瓜葛。这篇序言尽管是在劝告读者，可是这本书却是已看到这序言的读者花钱买来的，他也许要问怎么才能弥补这一损失呢？现在，我最后撇清干系的办法就只有忠告这位读者，就算他不读这本书，他也许还了解一些其他的办法来使用它——这本书并不逊色于很多其他的书，可以把他的图书室里空着的位置填满，书既然装订好了，放在那里也还称得上美观。不然的话，他还有知识渊博的女朋友，也可以将这本书送给她。再不行的话，最后他还可以写一篇书评，这当然是所有办法中最佳的一个，也是我尤其要劝告的。

在我允许自己说了上面的玩笑话以后——而在这意义本来就不清的人生里，差不多不能将生活的每一页都看得过于仔细而没有开玩笑的空间——我现在以非常严肃的心情呈献出这本书，相信它早晚有一天会抵达那些人手里，也就是

① 雅各璧。——原注

本书专门是说给他们听的那些人。除此以外我就只有听天由命，相信那种命运，在所有认识中，特别是在最关键的认识中一直临幸于真理的命运，也会完全地临幸于它。这命运规定真理必须有一个短暂的成功节日，而在这前后两段长远的时间内，却要被谩骂为不可理解的或被轻视为微不足道的。此一命运习惯于同时对真理的开创人进行攻击，可是人生是短暂的，而真理的影响却是长久的，它的生命是悠久的，让我们来说说真理吧。

1818 年 8 月，作于德雷斯顿

第二版 序

今日，我将完成的这本书贡献出来，不是为了同时代和同祖国的人们，而是为了人类。在这种信念的驱使下，我决定出版此书，我相信它一定会发挥其应有的作用，当然，可能它的存在价值只会在经历过漫长的岁月后才被人们发现，但无论多久，美好的事物终有一天会实现其应有的价值。因为在这个以个人目的为判断标准的时代，我几乎是在违反了自己意愿的情况下，经过漫长的人生，才将人类当作自己的责任。在这漫长的时间中，即使没有得到人们的同情，我的信念也从来未曾动摇过。当我看到在社会上虚伪荒唐、恶劣以及一些毫无意义的东西[①]被人们大加赞赏，而纯真正确的东西却无人问津、难得一见时，我想生产这些纯真正确的东西的人不应该只有那么几个，他们的作品成为世事沧桑的例外，需要我们更加鼓励。但另一方面，因为时代的变迁，这种振奋人心的有意义的东西可能随时会成为历史的泡影，随之消散，但这些东西确实是那些建立宏图大志的人所必需的精神食粮。因此，在当今社会中，如果我们想要认真从事一件完全与物质利益无关的事情，则必须做好没有任何赞助的准备。在大多数情况下，我们都会看到假象在历史的某个阶段盛极一时，这其实是一种十分普遍的现象。对于任何事情而言，只有当我们为了事情本身去做的时候才可能取得成功，因为不管在哪里，一旦那些杂念与正确的见解相遇，就会变得十分危险。就像无数学术史上的事实一样，只有经历过时间的考验，真理才能够得到其应有的待遇，特别是那些具有教育意义的真理，这一现象存在于每一件有价值的事物当中。在真理没有被证明的漫长时间中，假的东西便

---

① 指黑格尔哲学。——原注

成了万众瞩目的焦点。因为任何试图将假象与真理相统一的实践，都会遇到重重阻碍，世界的灾难正在于此，世间所有的一切都是在为这个贫困、匮乏的世界服务，没有任何例外。从这一角度来说，世间所有的伟大高尚的努力，都难以顺利地在世上繁荣起来，即使是通向光明与真理的努力，它们也不可能只是为了本身的意义而存在。即使在罕见的情况下，我们可以看到这种努力，甚至能够感受到这种高尚的努力将某种观点引进了我们的世界，但物质利益也会出来作怪，一些出于个人目的的行为会以自己的方式控制这种努力，使其成为一种为了某种利益而存在的工具。按照这样的说法，当康德的出现将哲学的地位提升之后，哲学必然也会成为一种工具；宏观上，它是实现国家目的的一种手段；微观上，则是实现个人目的的方式。即使在深究这一问题时，我们也会发现，担任这一工具的并不是哲学本身，但不能否认它与哲学之间存在着紧密的关系。当然，这一现象是十分普遍的，因为在世界上存在很大一部分人，本性决定了他们只相信物质目的，甚至除了这一目的之外难以理解任何目的的存在。也就是说，在追求真理的道路上，我们很难找到同行的人。即使是人们现在能够看到德国在哲学方面的活动丰富，但我们同样也能够看到大多数人在从事着与哲学相关的工作时却将自己的动机隐藏在深处，即使人们庄严宣誓，但我们也能够看到他们的目的是现实而非理想，那些所谓的各方面的目的，无非是物质利益驱使的结果。睿智的人们采用文明的方式投入到紧张的活动中，也无非是党派目的的驱动。他们并不是在真理的驱使下从事某项活动的，私人的企图占据着更多的因素，而真理不过是排在最后的微不足道的因素。真理是不存在派别的，它在激烈的争吵中回到了自己原本的道路，就像是在无数个寒冷的冬夜，真理在教会信条的束缚下，隐秘地在为数不多的信徒之间传播，一张普通的羊皮纸可能就是真理最好的载体。毫无疑问，在这个时代，真理被当作是一种政治工具，一种营利手段，我相信没有任何一个时代对真理有这样大的误会了。也许仍有人相信，在这个暗无天日的时代里，还有人坚持着真理，它并未被所有人抛弃。但事实呢？我相信，真理有自己的尊严，阿谀奉承并不是它的本性，真理是高傲冷峻的，即使你给予了它一切，它也未必会对你高看一眼。

当政府将哲学作为一种工具，期望利用它达到国家的目的时，学者们自然也会把哲学讲座视为一种职业，一种简单的养家糊口的职业。当学者们纷纷涌向讲座时，他们内心是希望能够为所谓的国家目的服务的，也就是说，为他们照亮前行之路的并不是真理，不是伟大的哲学家们，而是那些所谓的国家目的。在这一动机的驱使下，国家目的自然也就成了他们判断是非、衡量价值的依据。在这一标准之下，他们早已忽略了专业的思考，只要是不符合国家目的的，都会受到强烈的谴责，即使是难以直接谴责，学者们也会采取一致的无视的态度将其消灭。其实只要我们看看那些反对泛神论的疯狂举动，即使是一个白痴也会意识到他们所信服的并不是真理。但是，当这些学者将哲学讲座视为一种职业的时候，谁又能保证哲学不会成为一种诡辩学呢？实际上，当人们出于某种动机而谈论哲学时，这一趋势已经很明显了，也正是因此，依靠哲学养家糊口便成了诡辩家的明显标志之一。而在当今的时代中，这样的事情到处可见，人们似乎更加愿意青睐庸才，在这个世界上除了庸才，好像已经没有什么可以期待的了。在德国的众多大学中，我们能够看到庸才们自作聪明，劳心劳力，按照自己既定的标准建立起了虚拟的哲学，而我们能做的最正常的事情——对这场表演的嘲讽——似乎也成了一种残忍。

事实上，在很长一段时间内，哲学都是被当作手段来使用的，无论是国家目的，还是私人目的，哲学的工具性显而易见。而我则在这三十年中，按照自己的想法不断前进，不为环境所扰。出于本能的冲动，我必须这样做，也只能这样做。当然，对未来的信心也是支撑着我不断前行的动力，我相信在未来的某一天，总会出现一个思维着的精神与现在我所想出的这些真实的东西进行交谈，并从中得到安慰。我想这才是我所做的事情的真正意义，就像是在生命的长河中，我也曾被无数个像我一样的人安慰过。在这种情况下，人们所做的事情既是为了事情本身，也是为了自己本人。而从哲学的角度来看，我们能够发现一个奇特的现象：那些能够对后人产生好处的事情，其出发点大多数是自己，他们为自己精思，为自己探讨，而不是为了别人。这实际上是因为人们对自己的忠诚，相信生活中大多数人都不会自欺欺人，当从自己的角度出发时，所有的诡辩和废话也就不翼而飞了，留下来的所有都会使人受益匪浅。从这一点来说，我的著作存在着自己的独特之处，它和康德之后的三位著名诡辩家有着明显的区别，那便是这一著作带有“诚恳”的烙印。读者在阅读的过程中，会发现这一著作是站在理性思索、诚实报道和自我反省的立场上，而不是从所谓的灵感出发的。灵感一般被认为是“理性的直观”或者是“绝对的思维”，但就其本质而言不过是吹嘘和江湖骗术。虽然我坚持以诚恳的精神进行工作，但我不得不承认那些虚伪恶劣的东西确实具有一定的权威，现实中，那些吹嘘和江湖骗术甚至还享受着众人的尊敬，而我对于当代人的认可只能是委婉拒绝了。因为现如今人们已经将黑格尔奉为伟大的哲学家，这一呼声已经长达二十年，在这样的环境之下，我又怎能期许自己得到他们的称赞呢？可以说，在这样的时代中，任何称赞和责备都已失去了原本的意义。当然，如果想要得到他们的喝彩，我只需要删除本书中和他们意见相反的观点或者是一些他们不认同的地方就可以了，但为了得到他们的喝彩，删除任何一个音节我都认为是犯罪。换言之，追求真理才是我唯一的目的。向着这一方向，我不断前进，但我只能期望得到自己的认可，而不是这个时代的认可，因为从高尚的精神努力的观点来看，这个世界它早已沉沦了，甚至连大多数的民族文学也与之一起沉沦了，我难以接受这个时代对优美文字和肮脏心灵结合的艺术大加赞赏。当然，我必须承认如同大多数人一样，在我的性格中也存在一些缺点，它们随着我们的天性一起诞生，两者不可分离，但我绝不会以丑恶的行径来增加性格的缺陷。

就本书的第二版来说，我并没有想要删除任何内容，虽然已经过去了二十五年，但这一想法至少证明了我还坚持着自己的本心，这是我应该庆幸的。在这一思想基础上，对于本书第一版全文第一卷的修改自然不会涉及本质的内容，所以添加的无非是一些简短的附释，多是用来说明性质的，添加的内容并不系统。而全书修改较大的地方则是批判康德哲学的那一部分，其中进行了一些关键的修改和详细的增补。对于这一部分的修改仅采用单独的补充篇是完全不够的，就像是阐述我本人学说的四篇内容一样，每一篇内容在第二卷中其实都有相应的补充篇章。至于为什么采用补充篇的办法对那四篇进行增改，究其原因，主要是完成那四篇的时间距离现在已经有二十五年了，我自己的表现方式和语调风格都发生了巨大的变化，如果将两卷的内容掺杂在一起，只会降低整本书两部分的水平。所以，我将两部分的内容分别提出，即使现在的我对于原来作品中的很多说法都可以采取完全不同的表达方式，我也没有改动，因为我不想让现在咬文嚼字的我损坏了当初年轻的作品。在这些需要做出较大改动的地方，只要读者阅读第二卷，思想自然会随之更正。实际上，第一卷和第二卷之间存在着一种互补关系，无论是从智力还是从年龄阶段来说，它们的互补关系都是存在的。因此，当读者阅读上、下两卷的时候，会发现这两卷的关系不仅仅在于内容的差异，更重要的是彼此之间的互补，“此所存”乃“彼所去”。如果读者在阅读的过程中发现第一卷中的部分内容远远超过了第二卷，那我只能说这是青春的激情和当初的信念所赋予的，而相比于第一卷来说，第二卷的思想则更加成熟，这是只有经过了漫长的生命历程，通过辛勤的努力才能够获得的成熟。这样的差异，从另一方面而言则是因为当我有能力掌握最初的思想体系，探索这一体系的四个分支，又从整体上表达这一体系的时候，我还不能够尽情地发挥，只有通过时间与经历的积淀，我才能更好地表达。如果想要通过无数的案例对这一理论进行证实解说，想要以更有说服力的论据来加强这一思想体系，想要从不同角度对这一思想进行阐释并将不同的观点加以对比，想从众多的材料中挑选出自己需要的并通过合理的方式表达出来，没有岁月的磨炼是达不到的。当然，对于读者来说，如果本书不需要两本结合阅读，而是一挥而就的话，无疑会更加方便阅读。但这便是要求一个人在某一个年龄段完成一个不可能完成的任务，因为在经历这一年龄段的时候，我们不可能有另一个年龄段才会有的感悟，除非我们具有一种特殊的性能，在一个年龄段可以经历大自然将其分属于两个年龄段的时间。但显然，那是不可能的。以此来说，这部著作分成两卷自然有它的必要性，就像是人们在制造一种无色的光学镜头时，需要用由燧石玻璃制成的凸面镜和由石灰碱玻璃制成的凹面镜相配合才能做出，而采用一整块玻璃是不可能达到预期效果的。此外，本书上、下两卷的设置可以让读者在文本的交替和阅读的疲劳中得到一些恢复，以弥补阅读带来的不便。因为读者运用同一头脑，同一精神，却体会到了不同的年代对于同一题材的处理。对于尚未阅读过本书的读者，我建议先读完第一卷，不需要理会那些补充的部分，在读第二遍的时候再去参阅这些会更加容易接受。不然对于读者而言，很难从关联处把握整个体系，而这一体系只在第一卷中进行了整体的阐述，第二卷的内容则多为补充，目的是以更加详细的论据论证主要论点。即使并不准备重读第一卷的朋友们，也应当先读完第一卷后，再涉及第二卷的内容。当阅读第二卷的时候，注意一定要按照章节的顺序进行阅读，因为在本书的写作过程中，每一个章节之间都是存在着必然的联系，即使联系有些松懈，但这并不影响读者的阅读，只要简单回忆第一卷的内容，这些空隙完全可以填充起来。另外，读者在阅读第二卷的时候，可以看到一些引证的与第一卷相呼应的某些地方，为了达到这一效果，我在第二卷中添加了一些分段的数字，以替代在第一卷中仅用破折号标志的段落。

在本书的第一版序言中，我便提及我的这些思想是以康德的哲学思想为出发点的，也就是说在了解本书的相关思想之前，必须了解康德哲学的相关思想。在本书的序言中，我再次强调这一点。因为只有掌握了康德的哲学，我们的大脑才会产生一种神奇的变化，这是根本性的转变，甚至可以说是一种精神的再生。因为只有康德哲学才能够将人们从天生的、智力原始规定的实在主义中拉扯出来，这是贝克莱和马勒布朗希做不到的，因为他们的哲学局限性太强，而康德的哲学却进入了一种特殊的状况，且其进入方式是史无前例的。历史证明，康德的这种进入方式对人们产生了更加直接的作用，在这一作用的影响下，人们经历了彻底的幻灭，从此，便以一种新的眼光来看待周围的一切了。只有在这一基础上，读者才有可能接受我们提出的一些更加积极的说明。反之，当人们没有了解康德哲学的时候，无论其阅读了什么，总会将自己局限于一种天真、自然的实在论中。当然，不可否认，社会中的每一个人都在这种实在论的环境下出生，这种理论教会了我们处理所有的事情，但却唯独难以教会我们哲学。简单来说，实在论下成长的人和了解康德哲学之后的人，就像是未成年人和成年人之间的关系一样。也许这些说法在当今社会中是很多人难以接受的，但在《纯粹理性批判》开始出版的三十年中，情况却大有不同。这样的变化是由于时代的成长变化带来的，在这样一个时代，人们很难理解康德。我们必须清楚，想要真正了解康德的哲学，仅仅依靠浏览式的阅读和第二手的报告书是完全不够的，我们需要真正地走近他。但现实并非如此，这样的状况是缺乏良好指导造成的结果，人们的大部分时间都浪费在研究那些庸俗的、吹嘘的诡辩家的哲学问题上了。而这些诡辩家大多是责任感较弱的一些人推荐的。在这样的教育环境下，人们总是以浮夸的表现方式来展现自己的哲学著作，但其中许多所流露的对哲学基本概念的混乱和语言的生硬粗鲁是显而易见的。如果人们将了解康德哲学寄希望于他人的讲述，那无疑是一种巨大的嘲讽，对于此类想法，我必须严重警告。近年来，在我研究黑格尔派康德哲学的文章中，曾遇到过一些难以置信的事情。对于那些长期受黑格尔哲学影响的人，怎样才能改变思想、追随康德哲学呢？他们早已习惯了那种将哲学视为空洞的语言，将诡辩视为机智，将愚昧视为辩证法，在这些思想占据他们大脑的时候，想要从空洞的词汇中提炼出一些什么东西，其实只是对自己精神上的折磨，并不会产生任何效果，因为他们的大脑早已被这种思想侵蚀损坏了。对于这类人，理性和哲学都没有任何意义，他们所需要的是一种精神的药方，他们需要一些理智作为清醒剂，在此基础上才能试图与他们谈论哲学。因此，想要真正掌握了解康德的哲学思想，我们只能通过他自己的著作，否则只能是白费力气。康德的哲学思想无论在哪里都发挥着重要的教育意义，即使是其错误失败的地方，也有着独特的教育意义。对于真正的哲学家来说，康德的独创性在帮助他们推理同类事物方面发挥着重要的作用，但人们对于康德哲学的认识却只能是从他自己的著作中获得，别人的报道完全达不到这种目的。这是因为经过庸俗的头脑筛选过滤后，这些思想早已失去了精华的部分。这些思想从伟人的大脑中产生，一旦被庸才们以个人目的的标准筛选，经他们浅短的见识加工，便失去了原有的力量和生命，变得面目全非。的确，我们可以将这些庸人的头脑比作哈哈镜，经过他们，所有的一切都失去了美好的形态，不再是原来的样子。只有从那些思想的创造者身上，我们才能感受到哲学最真实的样子。因此，想要真正地了解哲学，最有效的方式便是在创造者的原著中感受寻找，真正的哲学家原著中所提供的学说比那些经过庸人头脑转述出来的报告更有价值。更不必说大多数的庸人是以个人目的解读伟人的哲学思想。但让我们感到惊讶的是，很多读者更愿意去寻找第二手的转述。

从这方面来看，因为亲和性的作用，隶属于同一个性的人便聚到了一起，于是，哪怕是权威人物说过的事物，他也不能马上认同，宁可去同类人那里求证。这大概与相互教学法的道理是一样的，孩子们就通过这种方法，在同学那里得到了自认为最好的知识。

现在，还要对哲学教授们说一句。在我的哲学最早问世时，这些教授便已经凭借着自己准确、富有经验的意识，感觉到了与他们所认可的哲学毫无相似之处，甚至还从中看到对他们有所挑战的理论。简单说，就是我的哲学与他们的哲学完全格格不入。他们富有经验的、准确的能力，让他们同时意识到自己应该要做的正确反应。那种敏锐发现的能力，正是他们最终可以达成一致的方法。当然，他们还懂得如何将这个方法始终坚持到底，对此，我不得不为之“钦佩”。同时，他们的方法是极易实施的。因为，这个方法就是对正确事物的视而不见，并让其进行分泌。“分泌”这个词，最早来自歌德的一种形容，它指“对有意义或者重要东西的侵蚀”。这种以静制动所产生的后果，让他们开始与同伴之间相互祝贺，并进一步巩固行动，因为这静或者沉默让他们产生了新的精神。他们的行动，就是强迫大家去接受他们的祝贺，并从而看清他们自以为是的面孔。有谁不知道他们的目的呢？本来就是如此，什么时候，什么人都不会先哲学，后生活，这是基本的原理。教授们都必须面对生活，而且必须依靠哲学生活，包括他们的家庭成员，都是如此。曾经，意大利的人文主义者彼得拉克说："哲学，你如此贫穷，不着一物地来到人间。"但尽管如此，他们还是依靠哲学生活了。我的哲学绝对不是这样被使用的，不能让人当作养家糊口的工具。在我的哲学中，没有那些为高薪讲坛所准备的基本生存物质。其中，第一缺失的要素就是神学。在他们眼中，神学是哲学必需的课题，它应该只有这样一个标准，即只讲没有答案的知识。可惜，我的哲学不会认同教授们不可少的神学问题，这种神学本就是一个所有人都应该领会，并有着直观认知的神话。从一开始，人们似乎就被这种神话所迷惑了，在后来的认知中，那些人便将其视为最正当的理由，如同乘坐四马之车般平稳，凌驾于经验之上，从而让康德认知被我们永远挡于新认知的范围之外。这个范围，就是基督教所宣传的教义，它直截了当、合情合理、极富犹太内涵与现代气息。我的哲学与此不同，它没有这些神话的借口，没有任何顾忌，也不提供生活必需与深入的思索。它所指引的，就是那些真实的、无助的、不带任何条件的真理，它不需要顾忌左右，只要奔着真理前进即可。如此，只有天知道，教授们所崇尚的那些所谓善意的，身负各种企图，动辄关系各种利益，时刻心存对天主的谨慎、政府的在意、国家的发展、人们的思想，甚至学生、同事、公众、社会等一切相关的大学讲坛哲学，究竟与我的哲学之间有什么关系？而且，我的哲学如此安静，只做真实探索，它与那些站于讲坛之上，为着个人目的而大声宣扬、辩驳、争论的哲学又有何相同的地方呢？很明显，这两种哲学是完全不同的。因此，对我来说，不需要让步，也不必勉强认可。也许，除了只为追求真理而别无所求的人之外，再没有人，以及任何以哲学自称的流派，会在我的哲学中找到他们想要的认知的。之所以如此，是因为所有的人都在以自我目的为追求目标，而我的见解只能供其参考。只不过，我的见解对他们并不实用，虽然它是真的从真理的基础上所得出的结论。可能我的哲学也可以走上讲坛，只不过，它需要一个不同于现在的时代才可以。——如果有这样一种哲学，它不能为人们带来改善生活条件的好处，但同样受到了人们的认可，并拥有发展的机会，倒真的可称为一件好事。只不过，对这种情形，人们必须要统一战线，进行严格防护。

争辩、驳论本身，并不容易，假如将我的哲学与教授们的哲学进行对比之后，就会更加觉得辩论不对劲。因为公开的辩论，不过是想吸引大家的注意力，而我的哲学则会让人们对教授的哲学失去兴趣。毕竟，只有品尝了严肃滋味的人，才知道什么是儿戏，此时他想要不厌倦都难。因而，教授们对我的著作，除了沉默别无他法。在这里，我只能支持他们这样做，而且，这个办法可以拖一天就拖一天，一直到人们理解了这种“分泌”的意味，将其视为无知的表现之后，他们再改变自己的看法也来得及。在这之前，谁也没有权力来强迫他人，因为人们在自己家中，完全有思想的自由，一点也不会受到束缚。可见，这种以静制动的“分泌”与沉默还可以保持一段时间，在我活着的时间之内，是切实可行的，只这一段时间，足可以让他们挣取不少利益了。假如在这段沉默当中，有人发出一点不自量力的声响，也将很快被各位教授用“权威”的言辞所淹没。他们很清楚，应该用什么样的方法讨好人们。不对，对这种做法，我要提醒一句：一定要对那些年轻人加以防范，因为他们容易冲动并不计后果。当然，即使他们真的这样防范了，但我仍然不能为最终的结果负责，因为我也不能保证这种防范是不是真的有效。这也就是说，想要对善良、温和的人们进行引导，其行为不同于一般事物。虽然任何时候，都会有希比阿斯、戈奇亚斯式的人物因为荒诞的知识而被推于受公众仰视的地位，可有些人想要将愚弄与被愚弄同时完美结合是不可能的。就算如此，那些真正的著作，总会保持自身稳定的、安然的、持久不变的影响力，这就像一个奇迹，人们在这种作用影响下，慢慢提升自己，如同一个充满气体的气球，在经过了半空的尘嚣之后，最终会升到明亮的高空；而且，当它升到高空后，就再也不肯下来了，谁也不能将它拉下来。

1844 年 2 月，作于美因河畔法兰克福

第三版 序

若不是因为自己没有能力写出好东西，但又想方设法不让他人的好东西问世的人存在，那么，世界上良好的、真正的好东西就会更多，且更易于面世并受到认可。这种情形虽然已经受到阻止，但还是影响和耽搁了很多人将好东西公布于世的机会。这一情形对我就有很大影响：本书第一次出版那年，我只有三十岁；可等到第三版再版时，我已经七十二岁了。好在，我从彼得拉克的名言中得到了一些慰藉，他在《智者的真理》中说："谁要是走了一整天，傍晚走到了，就该满足了。"是的，我总算是走到了这一天。在我生命的暮年，我看到了自己的作品开始发挥作用，这也印证了那古老的规律，即"流传久远和发迹迟晚成正比"，确实如此，我对现在已经非常满意。

在第三版中，读者除了可以看到第二版全部的内容，还能找到一些新加入的后期补充，这是新增加的部分，因此，它比第二版增加了一百多页。

第二版面世之后的第七年，我又发表了两卷《附加和补充》。这本书的内容，都是由补充部分所组成的，所补充的正是我的哲学中早已经存在的叙述。将它们放在第三版不同章节，还是很合适的。但在第二版的时候，我只能将它们那样单独出版。要知道，那时的我，对能不能发布第三版，一点心理准备也没有。关于这个说法，大家可以在《附加和补充》第二卷中找到，同时，在标题上也极易分辨。

1859 年 9 月，作于美因河畔法兰克福

第一篇

世界作为表象初论

符合充足根据律的表象
经验和科学的客体

走出童年时期，朋友，觉醒吧！

——J. J. 卢梭

第一章

"世界是我的表象"——这对于任何一个有生命、有认识能力的生物体来说都是一个颠扑不破的真理。不过，只有人这种生物才能将它纳入有反省能力的、抽象的意识中。当一个人真的这样做时，他就开始了哲学思考。然后，他就会明确地意识到，他并不知道什么是太阳，什么是地球，而只是眼睛看见太阳，手感触到地球。他就会明白，他所处的这个世界只是作为表象而存在的，换言之，这个世界的存在只是就它对于一个其他事物的，一个进行"表象者"——人类自身——的关系而言。能够先验地说将出来的真理，就是这个了，因为这真理就是所有可能的、可想得到的经验的表现形式。它比时间、空间、因果性更具有普遍性，因为这一真理是所有一切存在的基础。既然我们已经把这些形式看作根据律的一些特殊构成形态，如果每一种形式只作用于一种特殊类型的表象，那么，主客体的分立则是所有类型的共同形式。可以这样理解：任何表象，不论是抽象的还是直观的，纯粹的还是经验的，都只有在主客体分立这一共同形式之下，才可能存在，才可能被想象。因此，这一真理是确定无疑的，不需要任何其他真理来证明。也就是说，依赖于“认识”而存在的整个世界，都只是与主体相关的客体，是直观者的直观，也就是表象。无论是在过去、将来的任何时间里，还是在由近及远的任何空间内，这一真理都是有效的，因为时间和空间本身就是有效的。而只有在时间和空间中，所有的过去、现在、未来、远近才能够互相区分。所有属于这个世界的一切存在，都毫无疑问以主体为条件，并且只能对于主体而存在。世界即是表象。

这一真理其实并不新鲜，笛卡儿的从出发的怀疑论中就包含了这一观点，只不过贝克莱第一个明确地将它表述了出来。尽管贝克莱哲学的大部分观点都站不住脚，但在这一点上他却为哲学做出了巨大的贡献。而印度智者们早就认识到了这一真理，被认为是毗耶舍作品的吠檀多哲学[①]中已经包含了这一哲学命题。威廉·琼斯[②]在他所著的《论亚洲哲学》（《亚洲研究》，第四卷第164页）一文中提到：“吠檀多学派的基本教义并不否认物质的存在，也不否认物质的坚实性、不可透入性和广延的形状（否认这些将与疯狂无异），而是要纠正俗世对于物质的观念。这一学派认为物质并没有独立于心的知觉之外的本质，‘存在’和‘可知觉性’的意义是相通的。”这段话表明，经验的实在性和先验的观念性是共存的。

在第一篇中，我们只从上述的、作为表象的一方面来研究这个世界。而这一研究虽然出于真理，但仍然是片面的，是由某种抽象作用引出的，表现出人类内心的矛盾。人带着这矛盾假设世界只是他内心的表象，但他却无法摆脱这一假设。不过，下一篇会运用另一真理来补充这一研究的片面性。另一个真理不像上述真理那样直接明确，而只有通过深入的探讨，运用更艰难的抽象和“别异综同”的能力才能够得出。它是非常严肃的，虽然对每个人来说并不可怕，却需要认真对待。这另外一个真理就是，每个人都应该说出的：“世界是我的意志。”

---

① 吠檀多哲学：印度的一个唯心主义哲学派别，曾在印度哲学史上占统治地位。——译者注

② 威廉·琼斯：西欧研究梵文的鼻祖。——译者注

不过在补充这条真理之前，我们必须在第一篇里坚定不移地研究世界“可知觉性”的一面，亦即我们所出发的一面。因此，我们必须将眼前存在的客体，甚至自己的身体（之后我们会进一步讨论这一点）都看作表象，并称为表象。我希望大家能够明白，我们这样做只是抛开了意志。世界的这一面是由表象构成的，而意志则构成了世界的另外一面。而所谓的不属于这两者中任意一方面的自在客体（很可惜，康德的“自在之物”也逐渐转变为了这种客体），则是梦呓中的怪物，承认这种怪物的存在会将哲学研究引入歧途。

第二章

能够认识一切，却不能被任何事物所认识的，就是主体。因此，主体是世界存在的基石，是一切现象和客体存在的前提条件。凡是存在的，就只是对主体而言的存在。每一个人都可以是一个主体，但只是当它在认识其他事物时，而非在它作为客体被认识时。人的身体作为一个客体，也是一种表象。身体虽然是直接客体①，但它仍然是一个客体，与其他客体一样要服从客体的规律。和所有直观客体相同，身体也包含在时间和空间这一切认识所共有的形式中，这些形式引申出了杂多性。而能够认识却永不被认识的主体，就不存在于这些形式中；正相反，这些形式是以它为前提的。所以，主体既没有杂多性，也没有与之相反的统一性。我们永远都无法认识主体，而主体却永远在认识着其他能够被认识的事物。

因此，我们现在所讨论的作为表象的世界，是由本质的、必然的、不可分割的两面组成的。一面是客体，形式为时间和空间，拥有由此引申出的杂多性。另一面则是主体，它不存在于时间和空间中，因为对于任何一个正在认识世界的生物体来说，主体都是完整的、不可分割的。所以，任何一个单独的生物体都和客体一起，构成了一个完整的作为表象的世界。如果这一个生物体消失了，那么这一作为表象的世界也就随之消失了。主客体是不可分割的，甚至思想也是如此，任何一面都是另一面存在的原因和意义，共存共亡。两者之间又互为界限，客体开始的地方便是主体停止的地方。这一共同界限还表现在以下事实

① 见《根据律的四重根——一篇哲学论文》第二版第22章。——原注

中：一切客体所具有的最本质的，最普遍的形式，也就是时间、空间和因果性，即使抛开客体本身，只从主体出发也可以进行认识。用康德的话说，就是这些形式是先验地存在于我们意识当中的。康德的这一发现是他主要的成就。我进一步指出，根据律是我们先天意识到的、客体所具有的一切形式的共同表述。因此，我们先天所了解的一切正是根据律的内容，我们所有的“认识”实际上都包含在这一定律中。我在《根据律》一文中已作出详细阐述：任何一个可能的客体都遵循这一定律，都与其他客体有着必然的联系，一方面被规定，另一方面又规定着其他客体。正因为它们互为规定，所以任何客体都只是表象，都是相对的，都只在必然的相互联系中存在。随后再详论这一点。我还曾指出，既然客体根据不同的可能性而分成不同类别，那么根据律所体现的必然联系也表现为不同形态，从而反过来保证了不同类别划分的正确性。我在此假定，读者已熟知我那篇文章中的观点，并且还对此有印象。之前未提到过的观点，在这里我会进行说明。

第三章

直观表象和抽象表象的区别，是一切表象中的主要区别。抽象表象构成了表象中“概念”这一类别。在地球上，概念为人类所独有。人类之所以能产生概念，从而与动物区分开来，是因为人类拥有理性。[①] 之后我们会对这一抽象表象进行探讨，现在我们先来讨论直观表象。直观表象包含整个可见世界或全部经验，旁及经验成为可能的所有条件。如前所述，这一重要理论是康德提出的，他认为经验的条件和形式，关于世界的知觉中最普遍的东西，一切现象所共有的形式——时间和空间，在与它们的内容脱离时，既可以被抽象地思维，也可以被直接地加以直观。这种直观并非从经验的重复中得到的幻象，它不需要依附于经验，经验反而应该依附于直观。因为直观先验地认识到，空间和时间的属性，是一切可能的经验所必须遵循的规律。这也是为什么在我那篇根据律的论文中，只要时间和空间是纯粹、无内容地被直观的，我就把它们看作表

---

① 只是康德将“理性”这个概念弄混乱了，具体可以参考我的《伦理学根本问题》中的《道德的基础》第六章，第一版第148—154页，第二版第146—154页。——原注

象的一个单独的、特殊的类别。这是康德的重要发现，直观的普遍形式的本性十分重要，这些形式独立于经验之外，可以直观地、按照全部规律加以认识，拥有精确性的数学便建立在这种规律性之上。此外，根据律也是直观的普遍形式的一个重要特性。经验被规定为因果律和动机律，思维被规定为判断根据律，这里又出现了一种十分特殊的形态，那就是存在根据。在时间上，这一形态表现为各个瞬间先后接续，在空间上则表现为相互规定、无穷无尽的空间。

那篇序论①已经明白地阐述了根据律在形态上存在差别，而在内容上则有完整的同一性。如果理解了这篇序论，那么也不难理解根据律的内在本质，也就是它的最简单却最重要的构成形态——时间。从时间上来说，每一个瞬间都在吞没了前一个瞬间之后，又迅速地被后一个瞬间吞没。过去和将来（如果不看内容上的后果）如同梦一样虚幻，现在则是存在于过去和未来之间的一道没有尽头、没有实质的界限。根据律的其他形态也有着同样的虚无性，包括空间，以及存在于空间和时间之内的一切事物无不如此。因此，原因和动机所引发的一切，都只有一个相对的实际存在，只是由于另外一个事物的存在，和它自身同样如此存在着的东西而存在的。这一理论的来源很古老：赫拉克利特就曾经抱怨一切事物都是流动变化的；柏拉图将之贬为经常变易却永不存在之物；斯宾诺莎称之为唯一存在的不变实体的偶性；康德则将之与“自在之物”相对立，称作现象。此外，印度上古的智者曾说过：“这是摩耶②之纱幔，凡人的双眼被它所遮蔽，因此看到了这样的世界：它既非存在，也非不存在，如梦似幻，好像闪烁在沙粒上的阳光，远观如水；又像堆在地上的绳子，看上去仿佛一条蛇。”（《吠陀》和《布兰纳》经文中有许多类似的比喻）上面所提到的正是我们现在所研究的：在根据律的支配下作为表象的世界。

---

① 那篇序论：指的是《充分根据律的四重根——一篇哲学论文》，后文提到的“那篇序论”都是这一篇，将不再单独注释。——译者注

② 摩耶：梵文的原文是 Māyā，是“骗局”的意思，现在“摩耶之幕”是一个国际词语，意味着遮蔽真实世界的帷幕。——译者注

第四章

如果理解了根据律在纯粹时间中作为一切计算之本的构成形态，也就理解了时间的全部本质。时间只是根据律的一种构成形态，并没有其他属性。根据律在时间形态上的表现为先后“继起”，这就是时间的全部本质。如果理解了根据律在纯粹直观的空间中的支配作用，也就理解了无穷尽的空间的全部本质，因为空间只是由相互规定的部分所组成的，也就是位置。关于空间的研究及其结果，汇集成抽象的概念就是便于应用的几何学。同样，如果理解了根据律的另一个构成形态，理解了它支配着时间和空间，并支配着这些形式的“可知觉性”即物质，也就理解了因果律，并由此理解了物质之所以为物质的全部本质。因为物质就是因果性，而非其他，只要思考一下就很容易理解。物质之所以存在是因为它的作用，此外并没有其他存在。因为有作用，物质才能够存在于时间和空间之中。作为“直观”的条件，物质对直接客体的作用是直观中唯一的存在；每一物质客体对另一物质客体进行作用的后果，只能通过后者对直接客体起作用而被认识，并由此而存在。因此可以说，物质的全部本质就是原因和后果；作用就是它的存在（见《充足根据律》那篇论文）。德语中用“现实性”（Wirklichkeit）一词来指代一切物质客体的集合，这一用法十分恰当，比“实在性”（Realität）一词的表现力更强。物质发生作用，作用的对象还是物质。有规律的变化贯穿于物质的全部存在和本质，这种变化是由物质的各个部分的相互作用引发出来的，所以，物质的全部存在和本质是完全相对的，当然这种关系只是在物质界限内有效。在这一点上，物质与时间、空间相同。

然而，如果各自独立来分析，时间和空间就算脱离物质仍可以直观加以表象；物质则不可以脱离时间和空间。物质必须依附于它的形状，而形状存在的前提就是空间。物质的全部存在是由于作用，作用即为变化，是被时间规定的。不过，时间和空间只有统一起来才能作为物质的前提和本质，如上所述，这一本质是存在于作用和因果性中的。如果所有一切现象和情况能够在无限的空间中较为整齐地排列，或者在无尽的时间中按照一定顺序先后继起，那么，这些现象和情况之间就不需要必然的联系了，相应的规则也会失去用武之地。这样一来，尽管物质存在于空间和时间之中，但如果两者相互独立，而没有相互关联的实质和过程，那么就不会有因果性；而因果性是物质的真正本质，如果没有因果性，物质也就不存在了。可因果性的意义和必然性，并非仅仅来源于情况的变更本身。变化的本质还体现于，在空间的同一地点上，情况是随时间先后变化的；在同一个特定时间上，情况是随空间不同而有差别的。只有时间和空间相互作用，才能使变化按照规则进行，同时赋予其意义和必然性。也可以说，因果律不仅规定了情况在时间中的先后继起，也规定了继起是在特定空间中发生的；情况不仅存在于特定地点，而同时需要存在于某一特定时间。变化也受到因果律的制约，每次变更都会同时涉及空间和时间的一部分。因此，时间和空间在因果律之下获得了统一。既然物质的全部本质在于其作用和因果性，那么时间和空间在物质中也一定是统一的。也就是说，不论时间和空间各自的属性如何，物质必须同时拥有二者的属性；并且物质还将时间的虚无性和空间的僵化性统一起来；而物质从时间和空间二者之中获得了无尽的可分性。由此，物质引出了同时存在，它既不能在没有排列的孤立时间中存在，也不能在没有过去、现在和未来的孤立空间中存在。同时存在是现实的真正本质，因为有同时存在才能够有持续。持续必须在与之同时存在的物质的变更中表现出来，而后者之所以获得变化的特征，又是因为变更中有持续存在的物质。这一变化的特征即在实体或物质[①]恒存的同时，性质和形式却在转变。如果世界只存在于空间中，就会是僵化静止的，没有先后继起，没有变化和作用；如果没有作用，物质的表象也就不复存在。如果世界只存在于时间中，那么一切就是虚无易逝的，物质也会消失。只有时间和空间统一，才能够产生物质，而同时存在和持续才变为可能。由于持续的可能性，情况在变化的同时[②]，实体恒存才变为可能。物质的本质是在时空统一中体现出来的，因此具有二者的特质。物质与空间的关系，一部分体现在物质的外在形状上，但更重要的是体现在其恒存（实体）上（变更是时间的属性，而在时间中没有任何东西是常住的），而恒存的先验明确性必须是从空间的先验明确性中引出的。[③] 物质与时间的关系，体现在物质的物性（偶然属性）上；没有物性，它就无法体现出来；而物性就是因

---

① 物质和实体是同一个东西。——原注

② 这里也指出康德用来说明物质的依据："物质是在空间中运动的东西"——因为物质只存在于时间空间的统一中。——原注

③ 如同康德所想的那样，并非从时间的认识引出的。——原注

果性，就是对其他物质的作用，也就是时间概念上的变化。但时间和空间是作用的规律性以及意义的来源。此时此地必然要发生怎样的情况，是由因果性所唯一能决定的。物质的基本规定是由被我们先验意识的形式引申出来的，物质先天具有一些属性：首先是空间充塞即不可透入性，也就是作用性；其次是广延性，也就是无尽的可分性、恒存性和不灭性；最后是运动性。重力是一个例外，虽然它普遍存在，但仍属于后天认识的范畴，尽管康德在《自然科学的形而上学初阶》一书第 71 页（罗森克朗兹版第 372 页）中认为重力是可以先天认识的。

客体的本质是主体的表象，并且对于主体存在，与此相同，表象的每一特殊类别也对主体中相应的某一特殊规定而存在；每一种规定就是一种认识能力。康德将作为形式的时间和空间在主体中的对应物称作纯粹感性。这一说法并不太合适，因为"感性"这一概念已经假设了物质的存在，不过既然康德已经提出，暂且保留。物质和因果性实质上是一种事物，其在主体上的对应物就是悟性。而悟性只是它的对应物而已，绝非其他。悟性的唯一功能就是认识因果性，这是一种非常广泛博大的能力，可以用在很多方面，但它的所有作用又都有着同一性。反而言之，所有的物质即因果性，也就是整个现实都来源于悟性，对于悟性而存在，只存在于悟性中。悟性最简单、最本源的作用是对现实世界的直观。也就是从效果中认识原因，因此一切直观都是理智的。如果没有真正地、直接地认识某一效果，那么就无法以之为出发点进行直观。在动物身上发生的就是这样的情况，动物性的身体就是主体的直接客体，是对其他客体进行直观的媒介。任何一个动物性的身体进行的变化都是感觉到的，也就是直接认识的；从这种变化的效果出发引申到原因时，就出现对于客体、对于原因的直观。效果和原因的联系并非抽象的推论与反思，不是任意的，而是直接的、必然的、恰当的。这种认识方式是纯粹悟性的，如果没有悟性，就不可能发生直观，对直接客体变化的认识就会是迟钝的、植物性的。除了可以对意志产生作用的痛苦或愉快以外，这些变化不过是交杂在一起的无意义的内容。太阳升起之后，整个世界就可以被看到；而悟性一旦存在，就能够在一瞬间将所有迟钝的、毫无意义的感觉转化为直观。眼睛、耳朵、手部所感觉到的并不是直观，而只是感觉张本。只有通过悟性，从效果认识到原因时，这个世界才得以存在，才成为形态不断变更、经历一切时间而恒存的世界。因果性的作用，就是通过悟性，将时空统一于物质这一表象之中。作为表象的世界，只是由于悟性，并且对于悟性而存在。我在《视觉和色彩》一文中已经讨论过以下问题：悟性如何通过感官所得到的感觉张本进行直观，小孩子如何通过各种官能对同一客体所获得的印象进行比较而学会直观，包括一些感官现象之谜：例如用双眼观察事物时是单独一个，而斜视该事物时却会出现重影；还有眼睛同时看到前后距离不同的各个对象；以及感觉器官突然发生变化而引起的假象等。关于这些问题，在第二版《根据律》的第二十一章中有着详尽的论述。我本应将这些内容再讲述一遍，然而不论是抄写自己的还是抄写别人的东西，我都同样深恶痛绝，而且我也不能解释得更清楚了。因此，在这里毋庸重复，我假设这些内容都是大家所熟知的，如果想了解详细内容请参考上述论文。

通过手术重见光明的先天盲人和幼儿的视觉学习过程；双眼感觉到的是单一物体的现象；正常情况下的双重视像或双重触觉因感觉器官受到震动而丧失；视网膜上形成的是物体形象的倒影；色彩移植原本是眼球活动的两极分化作用，却作用于外在对象；还有立体镜现象……所有这些现象都强有力地证明，直观既是感性的更是理智的，是悟性通过效果达到原因的纯粹认识，因此是以因果律为前提的。所有直观和经验，从所有方面来说都必须依赖于因果律的认识，而绝非相反。休谟的怀疑论认为因果律的认识依赖于经验，我在这里首次对这一说法提出驳斥。因果性的认识是先验的——一切经验都要依赖于它，而它不需要依赖任何经验。只有这里以及前述论文中提出的方式可以证明直观中已经包含了因果性的认识，一切经验都无法脱离直观的领域。也就是说，对于经验来说，因果性的认识是先验的，经验以它为条件，而非相反。只用通过这种方式才能够证明这一观点，我在《根据律》第二十三章中批判过的康德曾尝试的做法是无法证明的。

第五章

人们很容易犯一个大错误，那就是由于直观是经由因果性的认识而成立的，便误以为客体和主体之间也是原因和效果的关系。实际上，这种关系只在客体相互之间存在，也就是直接的和间接的客体之间。正是因为上述错误的存在①，才出现了关于外在世界的实在性的争论。独断论和怀疑论是争论的两方，然而

① 上述错误的存在：主体客体间的因果关系。——译者注

这种争论是愚蠢的。独断论一会儿表现为实在论，一会儿又表现为唯心论。实在论将客体作为原因，又将从这一原因中产生的效果放置在主体中。费希特的唯心论则与之相反，将客体作为主体的后果，却没有在主体和客体之间建立联系，因此这一理论未能深入人心。所以，上述两种理论都不能被证明，怀疑论却得以发动攻势。因果律是直观和经验的条件，它在后两者之前而先验存在，因此不可能是从直观和经验中学来的。客体和主体作为“认识”的条件，也先于认识而存在，因而先于根据律而存在。根据律只是客体的表现形式，但一说到客体就已经假设了主体的存在，因此主体和客体之间不可能存在原因与效果的关系。我在《根据律》一文中已经说明了这一观点，那就是该定律只说明了客体的本质形式，是使客体之所以成为客体的东西。无论何时，客体都要以主体为前提，主体都是它的必然对应物。作为对应物的主体，一定不在根据律的左右范围之内。之所以有关于外在世界的实在性的争论，正是因为人们错误地将主体纳入了根据律的范围，这样一来，这一争论也无法自圆其说。一方面，实在论者的独断说将表象看作客体的效果，表象和客体二者本应是统一的，在这里却被拆开，又假设了一个和表象完全不同的原因，假设存在一个不依赖于主体的自在客体。这种客体是无法想象的，因为一旦说到客体，就已经假设了与之对应的主体的存在，因此客体永远只是主体的表象。另一方面，独断论的反对者怀疑论，从同样错误的前提出发，认为人们只能从表象中看到效果，无法认识原因，即无法认识存在，而只能认识客体的作用。但客体及其作用也许根本毫不相似，甚至根本对客体的认识就是错误的。因为因果律是从经验中得来的，而经验的真实性又反过来以因果律为基础。应该向争论双方说明：首先，客体和表象是同一种事物；其次，可以直观的客体的存在就是其作用，事物的现实性存在于作用之中；最后，在主体的表象之外，不可能有一个与其作用不同的实际存在的真实事物，这是无意义而矛盾的。也就是说，既然直观的客体是客体，也就是表象，那么认识了直观客体的作用方式也就认识了客体本身。因为除了作用之外，再也没有其他东西可以被认识。就此而言，存在于时空之中的直观世界，既然表现为因果性，那么就是实在的，是它表现出来的东西，它也就是被因果律制约而显现出的表象，这就是直观世界的经验的实在性。从另一角度来说，一切因果性都只由于悟性、对于悟性而存在。因此整个发生作用的现实世界，必须以悟性为条件，如果没有悟性，这一世界将不复存在。但这只是原因之一，还因为根本无法想象一个没有主体的客体存在，所以我们必须否认独断论提出的独立于主体之外的实在性。毫无疑问的是，整个客体世界都是表象，始终以主体为条件，也就是说它有先验的观念性。但这并不是说，客体世界就是假象。世界所呈现出来的样子就是它本身的样子，也就是表象，是通过根据律联系在一起的一系列表象。如果有着健全的悟性，那么对于这样的世界的最内在的意义也是容易理解的。关于世界的实在性的争论是由钻牛角尖引起的，他们对根据律的理解和应用是错误的。要知道，根据律虽然将一切表象相互联系在一起，但却并未将表象和主体联系起来，也并不支持那种独立于客体与主体之外的自在客体的存在。所谓自在客体根本是无稽之谈，因为客体之间总是互为根据的。除了误用根据律之外，关于外在世界的实在性的错误争论，还由于这一定律的各形态之间很容易混淆。也就是说，这一定律原本体现在抽象的表象上或概念上的形态，被用于直观表象、实在的客体之上了；这一做法需要向客体寻求认识根据，但客体实际上只有变易根据，而没有其他根据。根据律是这样来支配抽象的表象、支配联结成判断的概念的：每一判断之所以能够存在，并且有价值，能够成为真理，完全是因为判断同它自身以外的认识根据之间的关系，因此判断总要还原到认识根据。反过来说，根据律在支配实在的客体或直观表象时，并非体现为认识根据，而是体现为变易根据也就是因果律：每一客体是由原因而变成的效果，也就满足了这一定律的要求。所以对于这种客体来说，要求认识根据是毫无意义的，认识根据只体现在另外一种完全不同的客体中。因此，对于直观表象来说，它无法激起观察者的思考和怀疑，也无所谓谬论和真理，因为真理和谬论都只存在于抽象的、反省思维的范围之内。在直观表象的范围内，世界在感官和悟性中是自然呈现的，表现出的是最质朴、最真实的直观表象，这种直观表象是通过因果性而联结在一起的。

迄今为止，我们所讨论的外在世界的实在性的问题，是理性的迷误导致了对于理性自身的误解。因此，只能通过阐述它的内容来说明这一问题。如果理解了根据律的全部本质，客体和主体间的关系，以及感性直观的性质，这一问题就会迎刃而解。但是，除了纯思辨性的来源之外，这一问题还有经验上的来源。在这一层面上，这一问题其实更容易理解：每个人都会做梦，我们的整个人生实际上也可以看作一个梦境。换句话说，在梦幻与真实，幻象与实在客体之间是否存在可靠的区分标准？有人认为梦见的事物比真实的直观缺少生动性和明晰性，但这种说法实际上不值一提，因为这两者之间根本无法进行直接对比，只有梦的记忆和眼前的现实可以进行比较。针对这一问题，康德提出："梦境与人生的区别在于，表象之间是通过因果律联系的。" 然而，在梦中的一切事物也存在于根据律的各种形态之中，并且相互联系，只有在人生和梦之间，或不同的梦之间，这种联系才会中断。因此，康德的说法只能改为：在大梦（人生）中有着一以贯之的遵守根据律的联系，而在各个短梦之间这种联系就断了，这就是两种梦的区别。但是，通过这种方法还是很难甚至不可能区分梦境与现实。这是因为，我们在经历某一事件时，无法逐个追寻已经过去的这一事件和当前这一瞬间之间的因果联系，又不能因此而认为这件事是存在于梦境中的。因此，在现实生活中，没有人会用这种方法来判断梦与现实。唯一可以用来区别梦境与现实的标准，实际上是醒着时纯经验的标准。使用这一标准，就可以明确地感觉到梦境与现实生活之间因果联系的中断。霍布斯所著的《利维坦》第二章中的一个脚注，对于我们所谈论的问题是一个很好的例证。他认为，我们无意中睡着时，很容易在醒来之后把梦境当作现实。特别是如果入睡时我们正在谋划一件事，睡着后又继续梦这件事，那么入睡和醒来就很难被注意到，也很难将梦境与现实区分开。这种情况下则只能用康德的标准来进行区分。但是，如果根本无法发现梦境与现实之间是否存在因果关系，那么我们可能永远也无法清楚地知道某一经历到底是梦境还是现实。那么，梦境与人生的亲属关系就会变得很微妙。实际上，许多伟人已经承认了这种关系，因此我们也无须讳言。《吠陀》和《布兰纳》经文中，就常把人们对真实世界（这一世界被称为"摩耶之幕"）的认识比喻成梦境。没有哪个比喻比这个更好，也没有哪个比喻的使用频率超过它。柏拉图也说过，人们只在梦中生活，只有哲人挣扎着要觉醒。宾达尔[①]在《碧迪安颂诗》第五首第135行中写道："人生是一个影子所做的梦。" 索福克勒斯[②]则说：

我看清了，
我们所有活着的人，

---

① 宾达尔：Pindar，古希腊抒情诗人。——译者注

② 索福克勒斯：Sophoclēs，古希腊悲剧作家。——译者注

都只不过是空幻的影子，虚无的梦。

此外，还有伟大的莎士比亚也曾写道：

我们的本质，
就如同梦一般虚幻不实，
而我们渺小的生命，
以一场睡眠圆满落幕。

最后，还有加尔德隆[①]也非常钟情于这一见解，他的剧本《人生一梦》就在试图表现这一思想。

看过这些作家的名句之后，我也用一个比喻谈谈自己的看法。我认为，人生和梦都是同一本书中的书页，按照顺序连贯阅读就是现实生活。每当阅读时间（白天）结束，休息时间到来时，我们也经常会不经意地随意翻到一页，这种阅读是不连贯的，没有秩序的。这样随意翻阅时，有的时候会翻到已经读过的内容，但常常是没有读过的内容，不过总是同一本书。这种单独翻到的页面，虽然从白天连贯的阅读中脱离了出来，但与依次阅读没有太大的差别。只要稍加思考就能理解，连贯统一的整本读物不过也是临时拿来的一本书而已，可以被看作较大的一个单页。

有的梦是很明显地区别于现实生活的，这种梦缺少始终贯穿生活的经验联系，可以通过醒时的状态来进行区分。这种经验联系既是现实生活的形式，也属于现实生活。不过，与此相同，梦境中也存在着一种可以推求的联系。所以，如果完全站在超出双方之外的视角上来尽心判断，两者的本质很难区分开来，于是只能得出和诗人们一样的结论：人生就是一场大梦。

讨论完外在世界实在性问题的经验根源，让我们再回到思辨的根源。我们已经知道，思辨根源的第一个错误是将根据律误用在了主体和客体之间；第二个错误则是这一定律的一些形态被混淆了，将认识根据律误用在原本只存在变易根据律的范围内。然而，这一问题既然能够长期困扰哲学家们，其核心必然

① 加尔德隆：Calderon，西班牙戏剧作家。——译者注

具有一定程度上的正确性和真实内容。那么我们只要假定，当正确的内容开始进入反省思维并试图表现出来的时候，就出现了本末倒置的问题，至少就我看来问题出在这里。既然人们不知道如何简洁地表述这一问题的内涵，那么不妨这样论述它：这个直观的世界，除了是我的表象之外，还是什么？这个被我当作表象意识着的世界，是否和我的身体一样，我对于它有着表象和意志的双重意识？在本书第二篇里会更加仔细地论述这一问题，其余的篇幅则用来说明由此得出的结论。

第六章

在本书第一篇里，我们仍然将一切事物当作表象，也就是对于主体而存在的客体来研究。与其他真实客体相同，我们在看自己的身体时只从认识的可能性出发，这是每个人对世界进行直观的出发点。我们的身体对于我们来说也只是表象，可能每一个人都会在意识中反对这一观点。人们本来就很难接受其他客体只是表象这一观点，现在要让他们接受自己的身体也仅是表象，就更难上加难了。人们之所以很难接受这一点，是因为当其他客体作为直观的对象时，每个人是间接了知的；而当“自在之物”表现为自己的身体时，每个人都能够直接了知。因为我们正在讨论这一问题，所以不得不将本质上相同的东西进行抽象和拆散，提出这样片面的看法。所以，人们只好暂时按住内心反对的声音而平静下来，期望本书接下来的内容能够补充目前的片面性，从而使我们对世界的本质获得完整的认识。

回到现在的话题，对于我们来说身体是直接客体，也就是一种表象：这一表象本身以及它直接认识到的变化要先于因果律的运用而存在，由于其为因果律的运用提供了最初的张本，它也就成了主体进行认识的出发点。如上所述，物质的全部本质都体现在它的作用中。作用的原因和效果又只对于悟性而存在，那么悟性也就是原因、效果在主体上的“对应物”，而非其他。但是，悟性如果没有源头就无法应用。悟性的来源就是单纯的官能感觉，是对于身体变化的直接意识，身体于是也就成为直接客体。至此，我们已知认识直观世界需要两方面的条件：第一个条件，如果从客体方面出发，这一条件就是物体能够相互作用，相互引出变化；如果没有这种物体的共同属性，用动物身体的感性作为中介，就不可能出现直观。如果从主体方面出发，这一条件就是悟性，因为因果律、效果和原因都是由于悟性，对于悟性而存在的；所以直观世界也就是由于悟性，对于悟性而存在的。第二个条件，是动物性身体的感性，也就是物体作为主体的直接客体的属性。那些由于外来影响作用于感觉器官所产生的单纯的变化，它们既非愉悦又非痛苦，因此对意志没有直接意义，但仍然被感知，是只对于认识而存在的。这种变化当然是表象，从这个意义上来说，身体是直接认识的直接客体。但是，这里所说的客体概念与其本义不同，因为身体的直接认识先于悟性的应用而存在，而且是单纯的官能感觉，所以身体本身并不是真正的客体，而对身体产生作用的物体才是真正的客体。这是因为，对于空间中可以直观的表象或者说真正客体的认识，都只由于、对于悟性而存在，因此不能先于悟性的应用而存在。因此，就像其他客体一样，身体作为空间中可以直观的表象或者说真正客体，只能间接认识。也就是在身体的一部分作用于另一部分时认识的，例如，眼睛看见身体，手触摸到身体，因果律得以在此应用后而认识。也就是说，我们对身体形态的了知不是通过肉体感觉进行的，而是只能通过认识，它是一种表象，在头脑中，我们的身体才表现为在空间中展开的、由各部分肢体组成的有机体。先天盲人只能通过触觉所提供的张本，逐渐地在头脑中形成这样的表象。如果盲人没有双手，那么他将永远无法了解自己的体形，最多只能通过作用于他的身体的其他物体逐渐推断出自己的体形。所以，我们必须在这种限制之下，来理解“身体是直接客体”这一概念。

如前所述，一切动物性的身体都是直接客体，也就是认识一切而也由于这一原因不被认识的主体对世界进行直观时的出发点。因刺激而产生的运动是植物的特征，而认识作用和以认识为条件、根据动机而产生的活动是动物性的特征。而无机物则只有由狭义的“原因”所引起的运动。关于这些问题，我已在《根据律》（第二版第二十章），《伦理学》第一讲第三章以及《视觉和色彩》第一章中详细地进行了论述，请读者参考。

从上述观点所得出的结论是：一切动物都有悟性，因为它们都能够认识客体，而这种认识就是造成它们行动的动机。悟性在一切动物和人类身上都是相同的，有着相同的简单形式，那就是：因果性的认识，原因和效果之间的相互联系，此外别无其他。但是悟性在敏锐程度上、在所掌握的知识的广狭上却有着很大的区别。在这一层面上，悟性可以分为很多等级，最低级的悟性只能认识直接客体和间接客体的因果关系，也就是只能从身体感受的作用认识到这一作用的原因，并将这一原因作为空间中的客体进行直观。最高级的悟性能够认识到间接物体相互间的因果关系，从而认识大千世界中各种复杂的因果联系。需要强调的是，就算是最高级的认识也属于悟性的范畴，而非理性范畴。属于理性范畴的抽象概念只能对直接理解的事物进行接收、固定和联系，并不能产生“理解”本身。大自然中的每一种力量和定律，以及引出这些力量和定律的每一种情况，都需要先由悟性进行直接认识和掌握，而后才能进入抽象的反省思维，也就是进入理性的范畴。例如，胡克发现的引力法则，以及用这一法则解释的众多现象，包括牛顿对这一法则进行的数学证明，全部都是通过悟性而进行的直观的、直接的认识。此外，还有拉瓦西耶①对氧的存在及其作用的发现，歌德对物理性色彩的产生方式的发现，等等。这些发现本质上都是从效果推及原因的认识，而非其他，而后便产生了对自然力在同类原因中显现出的同一性的认识。所有这些认识都体现了悟性的同一个功能，只是表现程度不同。通过这一功能，动物也能够将作用于它身体的原因当作在空间中的客体加以直观。与直观和悟性的作用方法一样，所有重大发现都是直接的了解，也就是一刹那之间的突然领悟，是 appercu；而非在抽象范畴内通过漫长的推论得出的结果。抽象推论的作用在于，它能够使悟性得到的直接认识在理性范畴内转变为抽象概念，从而固定下来。换句话说，就是抽象推论能够使悟性的认识转化为更加明晰的概念，从而使人能够向他人说明这一认识的内涵。对于间接认识和客体之间的因果关系而言，悟性的敏锐度不仅体现在自然科学领域，更体现在实际生活中。在实际生活中，悟性的敏锐度被称为精明。严格来说，只有服务于意志的悟性才能够称作精明；在自然科学领域，最好用“敏慧”、“敏锐的辨别力”或“深入的观察力”来进行称呼。不过，这些概念并不能严格地区分开来，因为它们根本就是悟性的同一功能。在每一动物对空间中的客体进行直观时，悟性已经起作用。悟性的功能体现在，有时以其敏锐度从自然现象的效果追溯到未知的原因，从而得到可供理性使用的材料，使其能够对规则进行思维；有时又通过已知的原因来达到预定的效果，从而发明精巧的机器；有时又能作用于动机，从而识破精心谋划的诡计；或者根据不同情况为人们安排不同的动

① 拉瓦西耶：法国化学家。——译者注

机，使人们按照我的意愿和目标而行动，就好比用杠杆和轮盘使机器转动。缺乏悟性就叫作痴呆，表现为在应用因果律时的迟钝，无法掌握原因—效果的关系和动机—行为的关系。无论是自然出现的现象，还是按照人的意愿运用在机器上的现象，这些现象之间的联系，痴呆的人无法理解，所以这类人容易相信魔术和奇迹。这样的人还无法看出表面上毫无关系但实际上互相串通的人们之间的关系，所以他们很容易被陷害、被算计。他们还看不出他人在对自己进行劝说、发表议论时背后秘密的动机。痴呆的人缺乏理解力，因此他无法精明、迅速和敏捷地运用因果律。我所遇到的这样一个痴呆的例子，对于我们现在所讨论的问题非常具有启发性：疯人院中有一个十一岁左右的男孩，他能说话也能听懂别人的话，所以他在理性上是正常的；但在悟性方面，他的表现还不如一些动物。我每次到疯人院去的时候，总是会从鼻梁上摘下眼镜，眼镜是用绳子套在脖子上的，摘下后就垂在胸前。那个男孩每次看到眼镜时都会十分高兴和惊奇，因为眼镜片上反映着窗户和窗外的树木的影像，他完全不理解镜片的反映作用这一完全直接的因果性。

悟性在人与人之间有着敏锐度的区别，不同物种之间，这种差距则更大。所有动物，就算是最接近植物的动物，都有一定的理智，这种理智足以让它们完成从直接客体上的效果到以间接客体为原因的过渡，从而达到直观，并了知一个客体。了知客体是动物之所以成为动物的原因之一，它让动物能够按照动机行动，去寻找或者攫取食物。而植物只能在刺激的影响下产生活动，不能主动获得刺激，如果没有刺激，它只能枯萎。犬类、大象、猴子等高级动物的聪明机智经常使我们惊奇，法国动物学家皮丰就曾描写过狐狸的智慧。从这些聪明的动物身上，我们可以了解到，悟性在没有理性的协助下，亦即没有概念的抽象认识的协助时，可以发挥很大的作用。在人类身上无法看出这一情况，因为在人类身上悟性和理性总是相互协助的。我们还能发现，动物的悟性有时超过我们的期待，有时又达不到我们的期待。一方面，动物的聪明让我们惊奇：欧洲有一只大象，它已经走过很多板桥，有一次一大队人马在过桥，它却拒绝上桥，因为它认为这座桥无法承担它的重量。另一方面，动物聪明的局限性又使我们感到诧异：人猿懂得使用已有的篝火取暖，但它们却不懂添柴火来保持篝火不灭。这说明添柴这一行为是需要思考的，没有抽象概念则无法进行。我们可以确定，动物也先验地具有悟性，可以认识原因和效果之间的关系，对于动物和对于我们人类一样，这一认识是对于外在世界的一切直观认识的先行条件。如果还需要例证的话，可以看一下这个例子：即使是年纪很小的狗，当它想从桌子上跳下去的时候，它也会感到胆怯。这是因为它能够认识自己的体重，并预见到跳下去后的效果，而不需要从其他经验中认识这一情况。不过，我们要注意不要把动物的本能和悟性相混淆。本能的表现与悟性、理性两者结合所进行的行动十分相像，不过属性却完全不同。不过这一问题不是我们目前的任务，第二篇在探讨大自然和谐律或目的性时，会讨论到它；补充篇第二十七章则会专门讨论这一问题。

缺乏悟性被称为痴呆，在实践上缺乏理性可以叫作愚蠢，缺乏判断力叫作头脑简单，缺失局部或全部记忆则叫作疯癫。不过，这些问题都要在合适的地方分别进行讨论。被理性正确认识的是真理，也就是具有充分根据的抽象判断（关于根据律的论文见第二十九章的后续章节）；被悟性正确认识的是实在，也就是从直接客体感受到的效果引申到原因。谬误是真理的相对物，是理性受到蒙蔽；假象是实在的相对物，是悟性受到蒙蔽。我在《视觉和色彩》这篇论文的第一章里对这些问题进行了详细的论述。假象是这样出现的：同一个效果可能是由两个完全相异的原因引出的，其中一个引出的作用较为常见，另一个则不常见。既然效果完全一样，悟性也无法判断哪一个原因是真正引起作用的张本，所以就习惯上把那个常见的假定为原因。由于悟性并非反省思维，也不是概念推论，而是直接的、当下的，所以这个虚假的原因就被认为是直观的客体，于是假象就出现了。关于当感觉器官的位置不正常时，是如何产生双重视觉、双重触觉的问题，我在前面提到的篇章中已经进行过说明了。并且由此证明，直观只是由于悟性、对于悟性而存在。除此之外，关于假象或曰悟性受到蒙蔽的例子还有：笔直的木棍在水中看上去变弯曲；凸面镜中的人影看上去好像在镜面后面一些，而凹面镜上的人影又好像在镜面前好远似的；月亮出现在地平线上时比出现在天顶上时显得更大。关于最后一个现象，测微仪已经证明，人眼在观看天顶上的月球时的视角，要比观看地平线上的月球时的视角稍大。所以这并非光学问题，而是由于悟性的作用。悟性把天体当作地面上的事物来看待，按照空气透视律进行估计，认为地平线上的月球以及星辰之所以光度较弱，是因为距离较远，同时还认为地平线更为铺展，所以认为地平线上的月亮比天顶上的月亮大。空气透视律还会造成其他错误估计，例如我们会觉得只有在干净透明的空气中才能看到的山峰比实际距离更近，而且还会觉得它比实际高度更矮。例如从萨朗希地方观察蒙勃朗峰就会出现这种情况。所有这些会使人产生幻觉的假象都在当下的直观中表现出来，理性的推理也无法使之消失。理性的推理只能够用于防止谬误，也就是缺少充分根据的判断。例如我们能够抽象地认识到星辰和月球在地平线上的光度之所以较弱，并非因为距离更远，而是因为地平线上的大气较混浊。但是即使有了抽象认识，上述假象仍然存在着，无法被改变。这是因为，理性这种认识能力是为人类所特有的，而悟性和理性是截然不同的。就算对于人类来说，悟性也是不理性的。理性总是只能够知晓，而在理性范畴之外的直观则属于悟性。

第七章

对于我们现在进行的讨论，还要对以下事项进行说明。我们的研究并非从客体或主体出发，而是以表象为出发点。客体和主体都已包含在表象中，并且是表象得以存在的前提，两者的分立是表象的首要的、本质的形式。因此，我们首先讨论了主客分立这一形式，然后（关于这一问题的主要内容还是引用上述序论进行说明）讨论了其他从属形式，例如时间、空间和因果性。这些次一级的形式是只对于客体来说的，是客体之所以为客体的本质属性，而客体又是主体之为主体的本质。所以，这些形式也可以从主体出发来探讨，即可以先验地认识。可以说，这些形式是主客体共同的界限。在序论中已经阐明，这些形式都要还原到根据律。

上述研究方法是本研究与以往哲学研究的不同之处。之前所有哲学研究，不是以客体为出发点，就是以主体为出发点；而且总是按照根据律，从客体引出主体，或从主体引出客体。本研究则相反，认为根据律只对客体起作用，而主客体之间的关系不受根据律的支配。也许有人会认为，现代产生的同一哲学就不属于以上两种情况。同一哲学既不从客体出发，也不从主体出发，而是从第三者——由“理性直观”可认识的“绝对”出发。“绝对”既非客体，亦非主体，而是主体和客体的结合。虽然我由于缺乏所谓的“理性直观”，而对这可敬的“二合一”或“绝对”不敢苟同，但我还是要将这些“理性直观”者对所有人，甚至对我这种反对派也公开的记录作为证据，指出这种哲学仍然逃不开上述两种互相对立的错误。这是因为，这一哲学虽然提出了不可思维而可“理性直观”的同一性，或通过自己亲身体验到的主客体同一性，却并没有避免上述对峙，而是把对峙两方的错误都混到一起。同一哲学又有两个分支：一是先验唯心论，即费希特的“自我”学说，是按照根据律从主体引出客体；二是自然哲学[①]，认为主体是从客体中逐渐变化而来的，这一过程就叫作“构造”。虽然我对于“构造”了解得不多，但起码知道“构造”指的是在某些形态中按照根据律向前发展的过程。关于“构造”更深层的内涵，我就不敢说理解了，因为我没有所谓的“理性直观”，所以与此相关的研究书籍对我来说都如天书一般难懂。这一比喻十分真实，哪怕是仅仅听到那些深奥的学说，我也好像是听到了天花乱坠的大话一般无聊。

那些以客体为出发点的哲学体系，虽然研究的主题是整个直观世界及其秩序，但作为出发点的客体其实就是直观世界或其基本元素——物质。更进一步来说，这些哲学体系可以按照序论中谈到的四类可能客体进行划分：泰勒斯和伊翁尼学派、德谟克利特、伊壁鸠鲁、约旦·普禄诺和法国的唯物论者，都是从第一类客体或从现实世界出发的。斯宾诺莎（也就是以纯抽象的，只存在于定义中的概念——实体为出发点）和更早的厄利亚学派是从第二类或抽象概念出发的。毕达哥拉斯学派和中国哲学《易经》是从第三类，也就是时间或数出发的。最后，经院学派是从第四类即认识发动的意识活动出发的。经院学派认为，一个存在于世界之外而具有人格之物，能够通过意志活动无中生有，创造世界。

在这些以客体为出发点的哲学体系中，基础的唯物论是最能自圆其说、最合理的。首先，唯物论肯定物质，认为时间和空间都是无条件存在的；这样一来就避开了其与主体的关系，但实际上时间和空间是不能脱离这一关系而存在的。其次，唯物论认为因果律是一种永恒真理，是业已存在的事物发展的规律；这样一来就避开了悟性，但实际上因果律是只存在于悟性中，只对于悟性而存在的。因而，唯物论试图寻找物质最初、最原始的状态，并从此引出其他所有状态。从单纯的机械性引申出化学作用，还包括磁性的两极化作用、植物性、动物性等。就算这些都完成了，但还剩下最后一个环节——动物的感性，认识作用。于是，唯物论便将认识作用归为物质状态的一种规定，是一种由因果性

① 自然哲学：即谢林的哲学。——译者注

产生的物质状态。到此为止，我们都是通过直观的表象来对唯物论进行探讨的，当与唯物论一起得出最后的结论时，就会发现奥林匹斯的天神们突然爆发出了笑声：唯物论通过艰难论证得出的认识作用，在出发点上，在纯物质时，就被假定为预先存在的条件了。当唯物论在对物质进行思维时，这思维其实就是对物质进行表象的主体：是看见物质的眼睛，是触摸到物质的手，是认识着物质的悟性。这一丐词（*petitio principii*）不小心暴露了自己，因为这一长串论证的最后一环突然成了最初一环成立的基石，从机械作用推导到认识作用这一长串论证过程突然成了一个闭合的圆圈。这样一来，唯物论者就好像吹牛大王闵希豪森男爵[①]一样，在水里骑马，却想通过揪自己的辫子把自己和马一起从水里拉出来。所以说，唯物论的不合理之处就在于以客体事物为出发点，并以之为论证的基本根据。而这客体事物既可以是抽象的只能被思维的物质，也可以是存在于经验之中的可以认识的物质或元素，例如化学基本元素或初级的化合物等。唯物论认为，所有这些客体事物都是自在的、绝对的存在，由此产生了有机的大自然，产生了具有认识作用的主体，并以此来对大自然和主体进行说明。实际上，一切客体事物之所以为客体，就已由主体通过“认识”的多种形式从许多方面进行规定了，这些形式已被假定为前提。所以，如果主体不存在，一切客体事物也就会随之消失。唯物论试图用间接给予的来说明直接给予的。唯物论将所有客体的、广延的、起作用的事物当作论证的基础，并认为这一基础十分稳固，一切论证只要最后归结于此（特别是在将作用与反作用作为说明的终点时），便十分完美了。而我认为，这些事物实际上都是间接的，受到条件制约的，因而只是相对出现的给予。因为一切事物都是通过人脑机制而存在的，包含在时间、空间、因果性等形式中，并依赖于这些形式而在空间中得到广延，在时间中起作用。而唯物论却试图通过这样的给予来论证直接给予，论证表象（事实上那一切也在表象中），甚至论证意志。实际上这一论证顺序应该完全相反，所有那些一环套一环的因果关系，那些按照规律呈现的基本动力都只能从意志出发。对于认识也是模式化的物质这一说法，还有与之相对立的另一种同样有力的说法，即一切物质都是主体的表象，是模式化的认识。然而，一切自然科学的目标和理想仍然建立在彻底的唯物论之上。我们在接下来的讨论中会逐渐论证唯物论的错误。

---

① 闵希豪森男爵：《吹牛大王历险记》的主人公，喜欢四处打猎、夸夸其谈。——译者注

现在，还有一个真理可以证实这一说法。实际上，所有狭义的科学，也就是我认为以根据律为基础的系统知识，是永远无法达到终点，也无法做出完美论证的：这是因为，这种科学无法触及世界的本质，而是困囿于表象之中，无力挣脱，它所能告诉人们的不过是表象间的相互关系，此外别无他物。

任何科学都是以两个主要张本为出发点的。其一是表现为某一形态的根据律，它是科学论证的工具；其二是这门科学研究的对象，也就是主题。例如，对于几何学来说，其论证工具是空间中的存在根据，主题则是空间。对于逻辑学来说，认识根据是其论证工具，而狭义的概念联系则是主题。对于历史学来说，动机律为其工具，研究的主题是人类过去大规模的、广泛的事迹。对于自然科学来说，因果律是工具，物质为主题。所以，自然科学的任务就是，以因果律为根据，将物质的一切状态最终还原为一个，又从一个状态引申出其他状态。也可以说，在自然科学中存在着两种物质状态的对立，即与主体的直接客体距离最远的和最近的两种状态的对立，也就是最原始的物质或元素与人的有机体的对立。化学所研究的对象是第一类状态，而生理学所追寻的则是第二种状态。截至现在，这相互对峙的两种状态的两极都还未曾达到，科学不过在中间地带取得了一些收获。就将来的发展而言，也希望渺茫。化学中的定性分析不像定量分析可以无穷无尽，因此化学家们总想减少基本元素（现在为六十种左右）的总数，如果已经缩小到两种，他们可能还想继续缩小到一种。之所以出现这种情况是因为均质律认为，物质有一种先于一切其他状态的最初化学状态。其他状态并非物质的本质，而是偶然表现出的形式或属性；而最初状态则是物质之所以成为物质的本质。不过从另一方面说，如果这种最初状态之外并不存在第二种状态对其作用的话，它是如何发生化学变化的呢？于是，化学同样面对着伊壁鸠鲁在力学上所面对的尴尬。伊壁鸠鲁在阐释一个原子是如何开始脱离原本的运动方向时，遇到了同样的问题。毫无疑问，这种所谓的自发地发展的说法是一个无法避免、无法解决的矛盾，可以看作化学上的二律背反。既然在研究自然科学的一个极端的化学中，已经出现了这种矛盾，那么在研究另外一个极端的学科中，必然也会出现类似的状况。想要达到自然科学的另一个极端，同样希望渺茫。在这一领域，人们更清楚地认识到，化学领域的事物无法还原到力学领域，有机也无法还原为化学或电气。现今仍然沿着这条错误道路重新研究的人，很快就会和他们的前辈们一样灰溜溜地退回来。在下一篇中再讨论这些问题，这里只讨论自然科学在研究中遇到的问题。如果把自然科学看作哲学的话，抛开这些困难，它是唯物论的。而前面已经说过，唯物论在诞生之初其实就已经种下了死亡的种子。这是因为唯物论避开了主体和认识形式，但实际上，不论是作为其出发点的原始物质，还是它想要到达的有机体，都是以主体和认识形式为前提的。要知道，因为“没有任何客体没有主体”，所以一切唯物论都永远不可能成立。对于太阳和行星来说，如果没有眼睛去看，没有悟性去进行认识，只能用字句去描述，然而这些字句之于表象，不过是不可能的“铁树”[①] 而已。另外，因果律以及根据这一定律对大自然进行的观察和研究证明，在时间的长河中，物质的每一种较高组织状态总是跟在一个较原始的状态之后出现的，例如人类在动物之后，陆栖动物在鱼类之后，陆栖动物和鱼类又在植物之后，一切有机物都在无机物之后。整个世界从原始的混沌状态需要经过一连串的变化，才能够等到最初的那只眼睛张开，哪怕只是一只昆虫的眼睛。因为眼睛是认识世界所必需的媒介，而世界只对认识并只在认识中存在。如果没有认识，世界是无法想象的，世界只是表象，需要认识的主体作为它存在的基础。在漫长的时间序列中，物质世界发生了无数的变化，从一个形式上升到另一个形式，直到第一个能够认识的动物出现在世界上。时间本身也只能在意识的同一性中被思维，时间是意识的表象的秩序，是意识的认识形式，它脱离了意识的同一性便没有任何意义。我们可以看到，一方面，整个世界依赖于那第一个可以认识的生物，哪怕是十分初级的生物；另一方面，这第一个能够认识的生物也依赖于之前的那一长串因果链，它只是这串链条上的一环。这两方面是相互矛盾的，而每一种都是由同样的必然性推导出的，因此可以将其与自然科学第一极端[②]的二律背反进行对比，看作认识论中的二律背反。康德认为，时间、空间和因果性并非自在之物，而只是表象的形式。我则认为，世界并非只有客观的一面，作为表象的一面，它还有另外一面，即最本质的一面，它的内核是“自在之物”。在下一篇中我们将会探讨世界的本质，这一本质按照最直接的客体化被称为意志。在这里我们仅讨论作为表象的世界，这一面是在第一双眼睛张开时才存在的，没有认识媒介，它就无法存在，所以更不

① “铁树”：此处指代不可能的事情。——译者注

② 自然科学第一极端：化学。——译者注

可能在第一只张开的眼睛之前存在。如果没有这只眼睛，也就没有了认识，那么先后、时间也就不存在了。时间并没有起始，实际上起始是存在于时间之中的。时间是认识最普遍的形式，一切现象都按照因果律而存在于时间中，所以时间和最初的认识是同时出现的，并且同时在先、后两个方面无限延伸。第一现在中的那一现象，必然存在于因果链条中，连接在向过去无限延伸的现象系列中。过去由第一现在规定，而第一现在又反过来被前者规定，所以与第一现在相同，作为其来源的过去也依赖于认识的主体，没有主体便什么都不是了。这也说明，第一现在并非没有过去，并非初创的时间起点，而是存在于时间中，是过去的延续。与此相同，第一现在中的现象也遵循因果律而表现为过去情况的后果。如果用神话来进行说明，可以想象最小的泰坦即克隆诺斯[①]的诞生的象征意义，也就是本来没有始终的时间出现的最初一刻。因为克隆诺斯阉割了自己的父亲，所以世间万物的发展都停止了，从此神和人便登上了世界舞台。

以上是我们根据从客体出发的哲学体系——唯物论进行讨论所得出的结论。以上探讨还证明，主体和客体之间有着不可分的相互依赖性。如果主客体的相互对立无法取消，那么便无法在主体和客体之间寻求世界的本质，寻求自在之物，而只能在表象之外的东西中去寻找。自在之物是独立于原始的、本质的主客对立之外的。

与以客体为出发点引出主体相反的方法，是以主体为出发点引出客体。在以往的哲学体系中，前者较为普遍，使用后一种方法的则较少，唯一的例子只有最近的费希特哲学，这是一种假哲学。虽然它是“唯一的”、“最近”的，但这一学说只含有一点实际价值，其实不过是在要花招。不过这一学说的态度却是十分严肃的，语调深沉，情绪激昂，用雄辩击败无能的敌人，显得好像十分了不起。但实际上，无论是费希特还是其他同类哲学家根本不具有那种真正的严肃态度，这种态度使人坚定不移地向着目标前进，在追求真理的路途中不受任何外界的影响。一个人之所以会研究哲学，一定是因为他想解决某种疑难。这种疑难就是柏拉图所说的惊异怀疑，又被称作一个富于哲学意味的情绪。真假哲学家的区别就在这里：真正的哲学家的疑难是在对世界的观察中产生的，

① 最小的泰坦即克隆诺斯：天神、地神共生的儿子们都叫泰坦，克隆诺斯就是最小的那个。——译者注

而假哲学家的疑难则是从一本书或者某个现成的体系中产生的。费希特就是后者，他成为哲学家的基础是康德的自在之物，如果没有自在之物这一理论，凭借他在修辞学上的天赋可能会取得比现在大得多的成就。他在读了《纯粹理性批判》这本书之后成了哲学家，那么他应该懂得这本书的主要观点如下：和经院学派的观点不同，此书认为根据律并非永恒真理，并非无条件地、独立地存在于整个世界之外；无论它是时空的必然关系，还是因果律，或者“认识根据律”，它仍然只有在条件的制约下，才能在现象中起作用。所以，世界的内在本质也就是自在之物，是无法通过根据律来发现的。与之相反，根据律所引申出的一切事物，都是相对的、受制约的、在现象之中的，因此绝非自在之物。除此之外，根据律只是客体的形式，而与主体无涉，因此客体也不是自在之物。客体和主体一定是同时出现、同时存在的，所以客体和主体之间并没有因果关系。然而，费希特的理论中对以上观点没有丝毫体现，他只是以主体为出发点。康德之所以从主体出发，是因为想要指出以往哲学体系的错误，即以客体为出发点，并将之看作自在之物。费希特却执于以主体为出发点，并且像所有拙劣的模仿者一样，自以为只要在这一点上走得更远，就能超越康德。他在这个研究方向上所犯的错误，与以往的独断论在相反的研究方向上所犯的错误殊途同归，而康德所批判的正是后者。因此，费希特的研究并没有解决根本问题，仍然犯了试图在主客体间建立因果关系的错误，并错误地认为根据律是无条件的、必然的；只不过以前的研究认为客体中存在自在之物，而现在则将之放在了主体中。此外，不论是过去还是现在的研究都没有认识到这一真理，那就是主客体之间的相对性，以及从相对性中体现出的世界的内在本质即自在之物，是无法在主客体中找到的，必须在主客体之外，在所有相互关联的事物之外去寻求。对于费希特来说，根据律仍然像在经验哲学那里一样，是永恒真理，仿佛康德的批判根本不存在一样。永恒的命运支配者凌驾于古代诸神之上，与此相同，永恒真理也凌驾于经院学派的上帝之上，这种永恒真理是形而上的、数理的、超逻辑的，有人还会在此基础上加上道德的妥当性。他们认为这些真理不依赖于任何事物，是必然的，正是因为这些真理，上帝和世界才得以存在。对于费希特来说，根据律就是这样的永恒真理。按照根据律，自我是世界或非我的根据，也就是客体的根据；而客体则是自我的后果、产品。所以，他小心翼翼地对根据律进行检查和限制。费希特从自我中引申出非我，就像蜘蛛结网一样，我认为他所根据的是空间中的存在根据律。只有在这一定律的范围之内，费希特的艰涩演绎才能勉强得到意义。要知道，类似于自我产生非我这样的演绎，实际上就是他整本书的主要内容，可见这本书有多么无聊和无意义。费希特的哲学本来不值一提，只是因为它与古老的唯物论的理论方向相反，所以才值得在这里谈论。唯物论是从客体出发最彻底的哲学体系，而费希特则是从主体出发最彻底的哲学体系。唯物论的错误在于，当它指定了一个最单纯的客体时，实际上也同时指定了主体。费希特的错误则在于，在他指定了主体时，也同时指定了客体。此外，他还忽视了一点，那就是一切先验的引申和论证，都要以必然性为基础；而这必然性又必须以根据律为基础，因此"必然是"和"从已知根据推论"实际上意义完全相同，可以互换使用。[①] 他还没有意识到，根据律只是"客体之所以为客体"的形式，此外绝非其他；因此，根据律是以客体为前提的，而非存在于客体之外或之前，更不能按照自己的规律引出或产生客体。由上可知，不论是以主体为出发点还是以客体为出发点，所犯的错误都是相同的，那就是他们所要证明的事物实际上在研究的开始就已经被事先假定了，也就是假定了他们的出发点所必需的对应物。

我们的研究方法与以上两种相互对立的谬论完全不同，我们既不以主体为出发点，也不以客体为出发点，而是以表象作为研究的出发点。表象是意识中的最初事实，主客体的分立是表象本质的基本形式，而表现为各种形态的根据律则是客体的形式。根据律的每一形态都完美地支配着一类表象，所以一旦认识了某一形态，也就认识了相对应的那一类表象的本质。这是因为表象的某一类别就是相对应的形态本身，绝非其他。例如，时间本身就是根据律在时间中的表现形式；空间就是根据律在空间中的表现形式，即部位；物质即是因果性；概念就是对认识根据的关系。作为表象的世界具有相对性，不论是从其最普遍的形式即主体和客体看来，还是从次一级的形式即根据律看来，都说明一个真理，那就是只能在与表象完全不同的另一面去寻找世界的内在本质。下一篇将运用众所周知的事实来说明这另一面。

至此，还剩下为人类所特有的一类表象有待讨论，这类表象的素材就是概念，它在主体方面的对应物则是理性。之前所讨论的表象在主体方面的对应物

---

① 参照《根据律的四重根》，第二版第四十九章。——原注

则是悟性和感性，与理性不同的是，悟性和感性是所有动物都具有的。[①]

第八章

就好像从太阳直接发出的光芒之下走到月亮间接反射出的光芒之下一样，现在我们就从直观的、当下的、自为代表和保证的表象世界进入到反省思维，也就是理性的、抽象的、推理的概念中。概念只由于直观认识并在与直观认识的关系中有意义。如果我们一直纯粹直观地行动，那么所有事物都是明晰的、固定的。这种情况下，问题、怀疑、谬误都不存在，人类也不会有探寻欲望，也无法去探寻了。因为在直观世界中，人类是满足的。直观是自身完备的，因此只要是从直观产生、忠于直观的事物，是绝不会出错的。例如真正的艺术在任何时代都不会被推翻，因为这种事物只提供事实，而非意见。而抽象认识和理性，在理论上就会产生怀疑和谬误，在实践中则会出现顾虑和懊悔。在直观表象的世界中，一个假象只能在当下将事实歪曲；而在抽象的表象中，一个谬误却有可能影响几千年，可以给整个民族带上枷锁，可以扼制人类最高贵的冲动，而被谬误蒙蔽的人们，甚至还会以此钳制那些未被蒙蔽的人。自古以来，伟大的哲人都与谬误进行过实力悬殊的斗争，这些伟大的哲人在与之斗争时所产生的一点真理从而成了全人类的财富。所以，在我们进入到这个由敌人所支配的领土时，必须首先提高警惕。已经有人说过这样的话：我们应该无条件地追寻真理，哪怕看不到任何益处，因为真理所带来的益处是间接的，会在间隔一段时间之后显现出来。我则要补充一句：人们应该全力以赴地揭露并铲除谬误，即使看不到任何坏处，因为它的坏处也是间接的，在人们疏忽大意时就会复现，并且任何谬误都是有毒的。如果说，人类之所以成为地球的主宰是因为人的智力和知识的话，那么谬误就没有什么无害的，那些神圣的、富有尊严的经院哲学就更不是无害的了。为了向那些在与谬误进行的崇高而艰巨的斗争中贡献出力量甚至生命的人致敬，我必须说：就像猫头鹰和蝙蝠只能在夜间活动一样，谬误只能在真理出现之前嚣张一时；而在真理已经被表达、被确认之后，谬误绝无卷土重来的可能，就像猫头鹰和蝙蝠无法吓退东升的太阳一样。真理

---

① 第二卷第一篇前四章是补充前七节的。——原注

的力量就体现在这里，虽然需要艰苦卓绝的斗争才能取得胜利，但值得欣慰的是，这胜利一旦取得，就永远无法被夺走。

到此为止，我们讨论过的表象，从客体方面来看，表现为时间、空间和物质；从主体方面来看，则包括纯粹感性和悟性（即因果性的认识）。除此之外，于大千世界的所有生物中，只有人类具有一种认识能力，因而产生了全新的意识，这种意识被称为反省思维。当然，这种意识是从直观认识引申出的，实际上是一种反照。不过它的性质和构成与直观认识截然不同，它与直观认识的那些形式毫无关系；支配着一切客体的根据律在反省思维的领域中的形态也完全不同。这全新的、能力更强的意识，是一切直观事物的抽象反照，这种反照存在于理性的非直观概念中，它是人类思考能力的来源。正是这种能力将人类意识与动物意识区分开来，因为存在这种区别，人类的行为才与那些无理性的动物完全不同。与动物相比，人不仅有着更强的能力，同样也有着更大的痛苦。动物只生活在当下，而人类则生活在过去和未来之中；动物只需要满足当下的需求，而人类却要花费心思为未来做准备，甚至是自己根本无法亲见的未来；动物只根据眼前的印象和直观动机行事，而人类却受到不局限于当下的抽象概念的支配。也正因为如此，人类可以提前制订计划，能够遵守规章制度，可以不受当下环境、眼前印象的影响。例如，人类可以默默地为自己安排后事，伪装之巧妙使谁都看不出来，可以一直把秘密带入坟墓。此外，人类还能够真正对各种各样的动机进行选择。这是因为，这些动机同时存在于抽象的意识中，彼此相互排斥，相互较量，在较量中取得胜利的动机才能够支配意志，才能够起决定作用。这一过程实际就是通过考虑所进行的意志的抉择，意志的本性就在这起决定性作用的动机上表现出来。与此相反，动物则是根据眼前印象做出决定的，能够控制它的欲望的只有当前强制力所带来的畏惧，如果这种畏惧成了习惯，那么以后动物便会受到它的控制，这就是训练动物所依据的原理。动物具有感觉和直观，而人类还要知道，还要思维，而人和动物都有欲求。动物表达感觉和情绪时所使用的是姿态和声音，人类则通过语言来表达自己的思想或者进行隐瞒。语言是理性的工具，也是理性的产物。因此，"语言"和"理性"在希腊文和意大利文中是同一个词语。在德语中，"理性"（Vernunft）一词是由"理会"（Vernehmen）演变而来的，"理会"与"听到"（Hören）意义不同，前者具有了解语言所表达的思想之意。只有通过语言，理性才能够完成各种重要的任务，例如：与他人协同行动，上千人进行有计划的合作；产生文明，建立国家；还有科学，保存过去的经验，把同类事物概括成一个概念，传播真理，散播谬误；还有创作诗歌，表达思想，甚至包括信条和迷信等。动物只能在死亡时才能认识死亡，而人类却清楚地意识到自己在一分一秒地接近死亡。就算一个人还没有意识到全部生命都在不断走向毁灭，他也会对逐渐接近死亡这一事实心生畏惧。这也就是人类世界中有各种各样的哲学和宗教的原因所在。然而，在人类的所有行为中，有一些是十分高尚的，例如自觉的正义行为和内心的高贵情操。这些高尚的东西是否是哲学或宗教的产物，我们不得而知。但可以肯定的是，各种奇怪的哲学理论，各种稀奇甚至残酷的宗教习俗确实是哲学、宗教两者的产物，也是理性的产物。

任何时代、任何民族都承认，所有这些各种各样的、意义深远的成就都产生于同一个共同原则：人优于动物的特殊精神能力，就是理性。任何人都知道如何分辨这一能力，也就是说知道何为理性，何为非理性；知道理性与人类其他能力、其他属性相对；知道缺乏理性的动物，哪怕再聪明，在一些领域也能力有限。从古至今的哲学家们，对于理性的论述都是相同的，他们还指出了理性的一些特殊表现。例如，理性能够控制情感和激动，推导结论，制定普遍原则，不需要经验就可以对原则进行确定等。以往的哲学家们虽然对以上问题的意见达成了一致，但他们对理性本质的论述却是不明确、不严格、不统一的，他们的论述飘忽不定，没有中心，有的注重这种表现，有的又注重另一种表现，彼此间出入很大。除此之外，很多哲学家在讨论理性的本质时，是以理性和启示的对立为出发点的。在哲学领域中，这种对立实际上没有任何意义，只能使讨论更加混乱。奇怪的是，到目前为止，还没有一个哲学将理性的众多表现归纳于一个单一功能。这一功能，既呈现在所有表现中，又是理解所有表现的基础，因此可以说这一功能就构成了理性的内在本质。虽然洛克在《人类悟性论》中正确地指出人与动物之间的区别就在于抽象的普遍概念这一特征，而后莱布尼兹在《人类悟性新论》中又对此观点进行了重述，然而当洛克试图解释理性时，他却把这一重要特征忽略了。这导致他在阐述理性时，变得和其他人一样都是不确定的、不完备的。而莱布尼兹在上述著作中进行的阐述与洛克相似，只不过更加混乱和含糊不清。关于谬误，我们必须认识到：君主犯下的过错，却需要整个民族来补过。与此类似，伟大人物做出的谬误，会危害深远，甚至影响几个世纪；而谬误还会继续发展，变得更加荒谬。正如贝克莱所说：“只有几个人在思维，可所有人都要发表意见。”

悟性的唯一功能就是直接认识因果关系。而真实世界的直观，以及聪明、机智、天才等，虽然多种多样，但实际上都只是这唯一功能的表现形式而已。同样地，理性的功能也是唯一的，那就是构成概念。有了这一功能，就可以将人类的生活和动物的生活清楚地区分开。人们所说的“合理”或“不合理”，实际上是在说这一功能有没有得到应用。①

第九章

概念这一类表象与我们之前讨论过的直观表象完全不同，这一类表象只存在于人的心智中。所以，对于概念本质的认识永远都不是直观的、自明的，而只能是抽象的、推理的。如果把经验看作真实的外在世界，而外在世界又是直观表象，那么通过经验论证概念，或者把概念像直观客体那样放在眼前，就是不可能的。概念是不能被直观的，而只能被思维。经验的对象是人通过概念产生的作用和后果，这种作用和后果包括语言、有计划的行动、科学等。作为经验的对象的语言，只是一个快速并且准确传递约定好的符号的电报体系。如何理解这些符号的意义呢？我们在谈话时，是否立刻将语言翻译成了图画？这些图画是否根据连续不断的词语和语法变化，相对应地运动、连接、改变，从而把语言的内容形象地展示出来呢？如果事实真是如此，那我们在听演讲或者读书的时候，脑子里一定会混乱不堪。实际上，符号并不是这样被解释的。我们在理解语言时，并不需要想象，而是准确地、直接地、清楚地理解语言所表达的意义。这是理性与理性的对话，交流的内容都是抽象概念，而不是直观表象。这些概念只要形成，以后便可以反复使用，虽然数量不多，却涵盖了真实的大千世界中的无数客体。这也可以说明为什么动物虽然和我们一样也具有说话的器官，有直观表象，但却无法说话，也无法理解语言。原因就是语言所表达的是概念这一特殊表象，它在主体方面对应着理性，而这正是动物所缺少的，所以任何字句对它来说都没有意义，也无法解释。于是乎，包括语言在内的所有

① 这一节应对照《根据律》第二版第二十六节和二十七节。——原注

属于理性范畴的现象，一切将人与动物区分开的事物，都只能通过概念来进行解释。概念是抽象的、非直观的，它不是个别存在于时空中的表象，而是具有普遍性的。个别情况下，也可以从概念过渡到直观，用幻影将概念有形地表现出来，但这种幻影并不能全面、完整地表达出概念的内涵。我在《根据律》第二十八节中对此进行了阐明，不再赘述。可以将我的论述与休谟在《哲学论文集》第十二篇第244页中的论述，以及赫德尔[①]在《超批判》第一篇第274页中的论述（说实话，这本书写得不怎么样）进行比较。而柏拉图的理想型，其实是想象力与理性的统一，本书第三篇会对此进行阐述。

虽然概念和直观表现之间有着本质区别，但两者之间又有必然的关系。如果这层关系不存在，那么概念就失去了意义，因此概念的本质就体现在这种关系中。反省思维是对直观世界的摹写和复制，所采用的方法和材料都是特殊的。因此，概念也可以被称为“表象的表象”。在概念的领域中，根据律也呈现出一种特殊形态。如果根据律的某一形态支配着某一类别的表象，那么这一形态就包含了这一类别表象的本质。前面已经说过，时间只是先后继起，空间只是部位，物质只是因果性。同样，概念或者抽象表象的本质也只在一种关系中存在，即根据律在概念中体现出的关系。这种关系是对于认识根据的，因此抽象表象的本质也只存在于它自身与它认识根据的另一表象的关系中。这里所说的另一表象，在最初可能也是概念或者抽象表象，而它的认识根据同样是抽象的。但这样一直无限推下去没有任何意义，对于认识根据的推导必须归结到可被直观认识的概念之上，这是因为反省思维的世界必须以直观世界为基础，以直观世界作为其认识根据。所以说，抽象表象是一个很特殊的类别。对其他类别的表象来说，根据律规定的是这一表象与其他同类表象之间的关系；而对于抽象表象，根据律最终规定的是这一表象与其他不同类的表象之间的关系。

上面所说的，需要间接通过其他概念才能够与直观认识建立关系的概念，一般被称为“共相”；而那些在直观世界中有直接根据的概念则被称为“殊相”。“殊相”与它所表示的概念并不完全一致，因为概念仍然是抽象的共相而非直观表象。这两个名称只不过是为了对两者进行区分，既然已经被提出了，我们不妨继续沿用。属于“共相”的概念有“关系”“美德”“探讨”“肇始”

① 赫德尔：Herder，德国哲学家，神学家。——译者注

等；属于“殊相”的概念有“人”“石头”“马”等，虽然名实并不完全相符。可以用一个非常形象化的比喻进行说明：“殊相”概念是反省思维这栋建筑的地基，而“共相”概念则是建筑于其上的一层层楼房。①

一个概念可以包含许多直观表象，甚至一些抽象表象也以之为认识根据，即需要通过这一概念而被思维。然而，这并非概念的基本属性，而是一种派生出的次要属性，这一属性虽然有其必然性，却没有经常性。这一属性产生的原因在于，概念是表象的表象，也就是说概念的本质存在于它与另一表象的关系中。但概念并不等同于另一表象，因为另一表象常是不同类的表象，即直观表象，所以这另一表象受到时间、空间的规定，还可以有许多在概念中不连同被思维的关系。正因为如此，一些存在着区别的表象都能够被包括在同一概念之中，也就是说它们都可以通过这一概念被思维。但是，这种“以一赅万”的能力并非概念的基本属性，而是偶然的。因此有些概念只能表现某一个实在客体，不过仍然是一般的抽象表象，而非个别的直观表象。例如，有人从地理书上了解到了某个城市，通过这一概念被思维的只是某个特定城市，但可能还有其他局部有区别的城市同样适用于这个概念。同一个概念之所以能够表示不同事物，是因为概念具有一般性，又叫作“个别的非规定”，它才是概念这一抽象表象的本质属性。并不是因为概念是从某些客体抽象而来，才具有了一般性。

由上所说，又发生了这样的情况：因为概念是抽象表象，它并不像直观表象那样确定，所以每一概念都有所谓的意义范围或含义圈。即使这个概念只适用于唯一的实在客体，它仍然具有含义圈。我们会发现，不同概念的含义圈之间总会有重叠的地方，也就是说有一部分内容可以同时用不同的概念来思维。但是，这些概念却是完全不同的，每一个概念都包含其他概念所没有的东西。主语和谓语之间就存在这样的关系，人是通过“判断”来认识这种关系的。用空间图形来对含义圈进行解释是很有意义的尝试，普陆克②是第一个进行尝试的人，他使用的是正方形；之后的兰柏尔特③则使用了上下相叠的直线；最后，倭以勒④则用圆形完满地解决了这个问题。不过我并不清楚空间图形能够准确

① 参照第二卷第五、第六章。——原注

② 普陆克：Plouquet，Gottbried，德国数学家。——译者注

③ 兰柏尔特：Lambert，德国数学家、物理学家、天文学家。——译者注

④ 倭以勒：Euler，德国物理学家、数学家。——译者注

地表现出概念间的关系的原因。无论如何，从此一切概念间的关系都可以用图形进行形象的说明了，这对逻辑学来说很有好处。图形说明的方式如下。

（1）两个概念拥有完全相同的含义圈，例如，“必然性”和“从已知根据推论后果”，“反刍动物”和“偶蹄动物”，“脊椎动物”和“红血动物”（不过这一点并不十分准确，因为一些节肢动物也有红血）。这些概念含义相同，所以都用同一个圆圈来表示。

（2）一个概念的含义圈包含在另一个概念的含义圈之内。

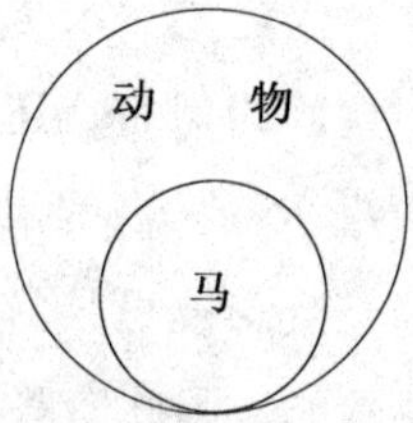

（3）一个含义圈包含两个或两个以上的含义圈，而各个含义圈之间没有交叉，并且正好填满大含义圈。

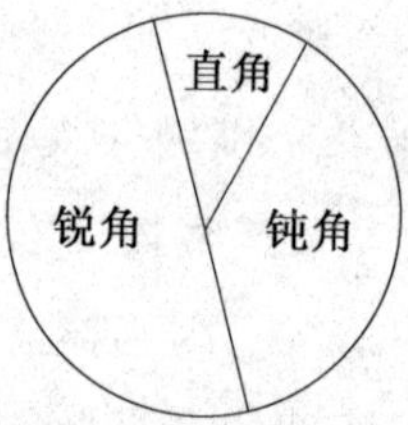

（4）两个含义圈有部分交叉。

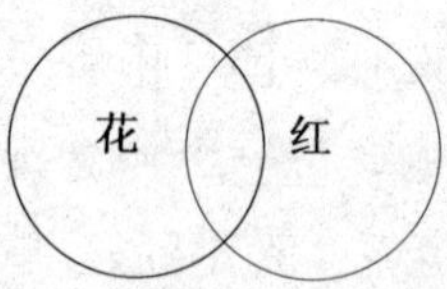

（5）两个含义圈属于第三个大圈，但没有填满。

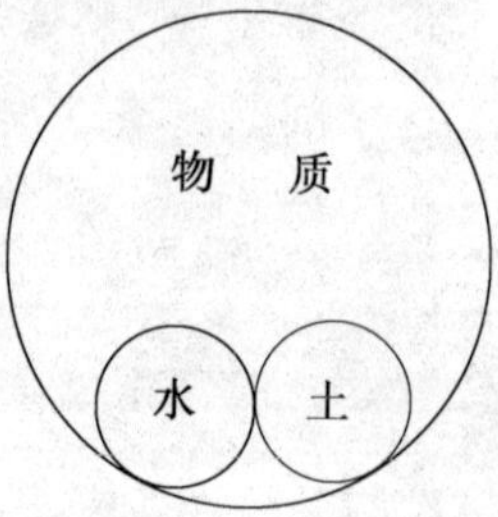

第五种情况中的概念，相互之间并没有直接关系，但因为第三个大含义圈的含义非常广泛，所以能够将两者包含在一起。

以上五种情况涵盖了所有概念之间的关系，判断的转换、对称、交互相关、交互相斥（见第三图）也可以从这些图中引申出来。此外，还可以引申出判断的属性，也就是康德所说的悟性范畴的基础。不过，假言判断是一个例外，因为这一形式不仅是概念间的联系，而是判断间的联系。还有一点需要补充，上述各种联系之间又可以互相发生关系，例如第四图与第二图的联系。只有当一个含义圈全部或者部分包含另外一个含义圈，并且自身又包含于第三个含义圈时，整个合在一起才表现出第一图中的推论法。这种情况表现的是这样的联系：一个概念或全部或部分被另一个概念包含，这两个概念又同时被第三个概念包含。还可以表示与之相反的情况，表示否定，两个有包含关系的含义圈都不在第三个含义圈之内。如果很多相互包含的含义圈依次连接起来，就会形成一长串推论。一些教科书中已经在使用这样的方式进行图解，用这种方式来判断以及用全部三段论法进行说明是简单易行的。因为这样一来我们就可以通过追溯其来源来理解、引申和说明。但我们并不需要去特别记忆，因为对于实际生活来说，逻辑并没有太大用处，它的用处主要体现在哲学理论上。可以这样理解，逻辑对于合理的思维来说，就像通奏低音对于音乐，伦理学对于美德，美学对于艺术。需要注意的是，从来没有人因为研究美学而成为艺术家，也没有人因为研究伦理学而品德高尚。在拉摩①提出音乐的基本理论之前，和谐的音乐就已经存在了，不需要懂得通奏低音也能够发现非谐音。与此相同，人们并不需要懂逻辑，也可以辨认出错误的推论。反过来说，虽然通奏低音在音乐的鉴别上作用不大，但对于作曲实践却大有裨益；而美学和伦理学，也分别对艺术和道德方面的实践有很大的好处，这种好处主要体现在消极方面，所以说理论对于实践还是有一定指导意义的。但是逻辑却在实践上也没什么用处，它只是抽象的知识，说明的不过是所有人在具体世界中已经知道的东西。所以，人们很少使用逻辑来对推论作出正误判断。就算是最博学的逻辑学家，他自己在进行思维时也并不会使用逻辑。下面我们就对这一情况进行说明。每一门科学都是由关于研究对象普遍的、抽象的真理和规则组成的。对于研究对象此后出现的

① 拉摩：Rameau，提出音乐的基本理论的法国作曲家。——译者注

个别情况，便使用普遍原则进行规定，因为这样做比每次都对个别情况进行研究要简便得多。也就是说，已经存在的普遍的、抽象的知识要比个别经验的探讨更加方便。而逻辑则不同，它是一种脱离所有事物内容的普遍知识，是通过对理性进行自我观察得出的关于理性的工作方式的知识，表现为规则。理性的工作方式原本是必然的、本质的，理性会自然而然地遵循这些方式。因此，在出现个别情况时，比起遵循一种通过一定方法才能得出的陌生法则或知识，让理性按照自己的本性，顺其自然地去做要更加容易和妥当。对于大多数其他科学来说，普遍规则要比对个别情况进行单独研究更简便。但在理性则正好相反，它在当下的特殊情况中自然而然地做出反应，要比使用抽象得出的普遍规则更简便。这是因为在我们的思维中所存在的就是理性本身。之所以更加妥当，是因为抽象的知识在应用中更容易产生谬误，而理性自发行事时却并不容易违背其本性。所以，其他学科习惯使用普遍规则来对个别情况进行检验，而逻辑则正好相反，对规则的检验是放在个别情况下的。即使是最资深的逻辑学家，如果他发现某一个别情况下得出的结果与规则出现了偏差，他也会首先检查是否是规则出了问题，然后才会寻找实际工作中的问题。想要寻求逻辑学的实际用途，就好像一个人举手投足也要依据力学定律，自己的消化也要求教于生理学一样。这种做法实际上是把我们在个别情况中直接并且妥当地意识到的东西，又千辛万苦地还原到普遍规则中去。想要学习逻辑去进行实践，就好像专门训练海狸去筑巢一样。虽然逻辑缺少实用性，但它仍然有存在的意义，因为它是关于理性的组织、活动的知识，具有哲学意义。逻辑这门学科是自足的、自在的、完整的、可靠的，值得我们对它进行单独的、科学的研究，并将它列入大学课程。然而，逻辑的价值只体现在整个哲学的关联中，体现在对理性的或抽象的认识进行考察时。所以，在教授逻辑时不应该过于着眼于实用，不能只注重用规则去对判断、推论中的错误进行校正，而是应该更注重于研究理性的、概念的本质，以及认识的根据律。因为，逻辑其实就是认识的根据律本身，也就是说只有逻辑的和超逻辑的根据才能够使判断具有真理，而不是经验和形而上的根据。与认识的根据律密切相关的，还包括思维的其他三个基本法则或超逻辑的真理判断，理性正是从这里获得了其技能。思想的本质，也就是判断和推理的本质，是由上述表示含义圈之间的联系的空间图表呈现出来的，而后通过意象的构造对“判断”和“推论”的规则进行引申。逻辑唯一的实用性体现在辩论中，与其指出辩论对方的实际错误，不如用逻辑术语点破对方结论的虚假更加有效。既然逻辑在实践方面意义不大，并且与整个哲学关系密切，那么将来关于逻辑的知识应该得到更大的发展。哪怕在今天，如果一个人不想一直做一个浅陋无知的群众，那么就必须学习思辨哲学。19 世纪是哲学的世纪，但并不是说哲学已经占据了统治地位，而是说这个世纪在接受哲学方面已经成熟，因此对哲学的需要十分迫切。这一现象标志着教育的高度发达，甚至标志着文化发展到了更高阶段。①

虽然逻辑的实际用途不大，但它却是因为实际目的创立的。我认为逻辑学的起源是这样的：厄利亚学派、麦加利学派和诡辩派十分喜欢辩论，并且逐渐发展成一种好辩之风，而每次争辩都会导致混乱，他们认为需要一种规则来对辩论进行指导，需要一种科学的论证方法。要明确的是，在辩论时辩论双方共同涉及的某一命题必须一致。辩论的第一道程序就是宣布双方对某一研讨命题已达成共识。刚开始的时候，只涉及研究材料中的名词，后来人们还发现对这一共同承认的命题进行引申和还原时，实际上也遵循着一些公式和法则。在这一方面虽然没有预先商议，但双方都认可。从此可以看出，这些公式和法则是存在于理性本质中的，本身就是研讨的形式。这一点没有人提出异议，但酷爱系统性的人会这样想：如果研讨的形式，也就是理性自身拥有的法则和程序，也能够像被共同承认的研讨命题一样，用抽象的命题加以陈述，作为辩论必须遵循的标准，那么人们在辩论时便永远有所依傍了，辩证方法也就完成了。以往那些被人们默认的或本能服从的东西，现在被有意识地指定为法则并加以宣布。在这一过程中，人们对逻辑的基本命题进行了命名，例如，矛盾律、充分根据律、排中律、无有律；此外，又提出了三段论法的一些特殊规则，例如“从纯粹特殊的或纯粹否定的前提不能提出任何结论”“从后果到根据的推论无效”等。在亚里士多德以前，逻辑学是很不完整的，人们的研究进程十分艰难而缓慢。关于这一点我们可以从亚里士多德以前的哲学家的论述中看出来，例如，柏拉图关于真理的许多论述都是笨拙的，塞克斯都斯和恩比瑞古斯②关于麦加利学派的争论实际上只是为了一些简单的逻辑规律，而且他们表述这些规

① 第二卷第九、第十章是对此处的补充。——原注

② 恩比瑞古斯：Empirikus，希腊哲学家。——译者注

律的方式也很粗糙。直到亚里士多德对之前所有的成就进行了收集整理，才使之变得非常完备。希腊文化所做出的成就为亚里士多德的研究提供了良好的基础，因此波斯作家所说的，完整的逻辑是由迦利斯吞在印度人那里发现并寄给其舅父亚里士多德的说法不足为信。琼斯对这种说法表示认同（《亚洲研究》第四卷第163页），并将其传达给我们。在可悲的中世纪，经院学派中那些热衷于辩论的人，缺乏实际知识，只懂得公式章句，因此他们非常推崇亚里士多德的逻辑，并且将之奉为圭臬。后来，逻辑学的影响力逐渐下降，但它仍然是十分重要的学科，有着自己的价值，直到现在仍在被人们研究。在当代，康德以逻辑学作为其哲学的基石，其哲学反过来又促进了逻辑学的发展。从此可以看出，作为认识理性的本质的手段，逻辑学是很有价值的。

只有正确地对含义圈之间的关系进行考察，才能够得出正确的结论。只有一个含义圈包含在另一个含义圈之内，这第二个含义圈又包含在第三个含义圈之内时，才能够证明第一个含义圈包含于第三个含义圈之内。反之，有一种游说术只看含义圈表面上的关系，然后按照自己的意图做出片面的结论。具体来说是这样的：某一个概念的含义圈只有一部分包含在另一个含义圈内，而另一部分则包含在其他不同的含义圈内，说话者便按照自己的意图断言这一概念完全包含于两个含义圈中的一个之中。例如，“激情”可以被“最大力”“世界最强大的动因”这些概念包含，也可以被“非理性”这一概念包含，又可以被“无力”“软弱”所包含。讨论任何一个概念的时候，都可以采用这种方法进行延伸。一个概念的含义圈经常被包含在几个不同的含义圈之内，这些不同的含义圈都只包含这一概念的一部分，此外还包含其他东西。但人们通常只用其中的一个含义圈来概括那个概念，对其他的含义圈避而不谈。所有的游说和诡辩都采用了这一手段，因为拟似谎骗法、蒙蔽失真法、嘲弄蛊惑法等逻辑上的方法都很不适合实际应用。我不知道是否已经有人将游说和诡辩的本质归结到其认识根据上，也就是概念特有的本质上，在理性的认识方式上呈现出来。所以，我既然已经谈到了这一并不难理解的问题，那么我还是要用一张图解来进行说明。从这一图解中可以清楚地看到，概念的含义圈之间的关系是错综复杂的，所以为概念的任意过渡留出了余地。不过这图解只是附带说明，请大家不要把过多的注意力放在这里。我用“旅行”这一概念作为例子，这一概念的含义圈部分包含于四个含义圈之内，而游说者可以将这一概念任意引到其中的任何一

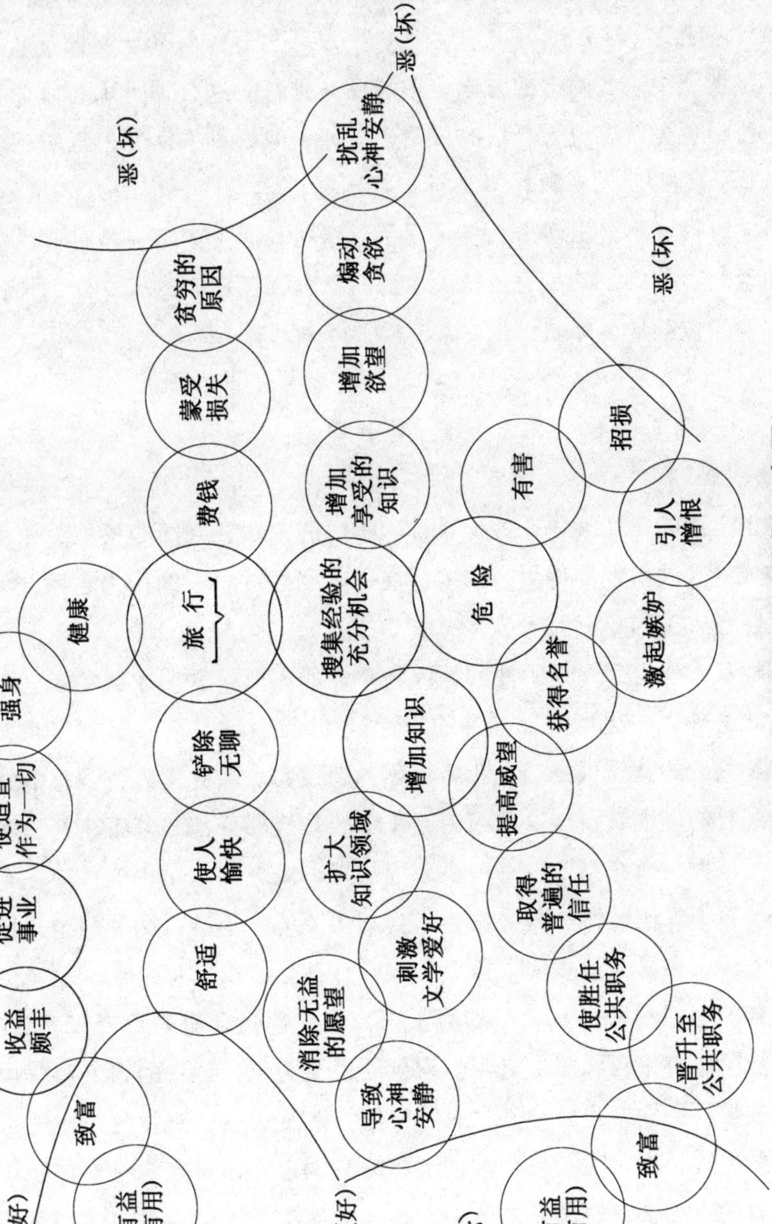

（“旅行”这一概念连环繁衍示意图）

个。这四个含义圈又分别包含于其他含义圈之中，所以游说者可以任意选择方向进行引导，并且使之看起来就像是唯一的方向。根据他的自身意图，最终可以达到“有利”（善）或者“有害”（恶）。不过这一按照含义圈逐步推进的过程必须按照从中心到两边的方向，不能反向进行。这种诡辩术可以通过连续的谈话进行，也可以表现为严格的推论，具体采取哪种方法要根据听话者的喜好进行选择。其实，大多数科学论证，特别是哲学论证采取的方式也与此类似，不然各个时代就不会出现那么多谬误了。这些科学上的谬误被证明之后又被发现是错误的，例如，莱布尼兹—沃尔佛的哲学，托雷密的天文学，斯达尔的化学和牛顿的色彩学说等。①

第十章

由于上述的一切问题，关于获得确实性的方法、判断的根据、知识和科学的组成成分等问题就变得更为重要。继语言和经过思考的行为之后，科学被看作理性赋予人类的第三大优势。

理性从本质上来说是阴性的，因为它只能在取得之后才能给予。它本身却除了形式之外，一无所有。纯粹的理性只包括四个定律，即同一律、矛盾律、排中律和充分的认识根据律，我将之称为超逻辑。除此之外，逻辑的其他部分都不是纯粹的理性认识。这是因为，逻辑的其他部分都要以概念含义圈之间的关系作为前提，概念则要以直观表象为前提，概念的本质也仅体现在它与直观表象的关系上，因此概念是先假定了直观表象的。不过，这种假定与概念的固定内容无关，只是大致表明了概念的实际存在。所以总体来说，逻辑仍然可以算作纯粹的理性科学。其他一切科学中，理性都包含有来自直观表象的内容，例如：数学中有来自经验、直观意识到的时空关系；纯粹的自然科学中，则包含来自纯粹的悟性，也就是来自对因果律，以及对这一定律与时空的纯粹直观相结合的先验认识。除了来自上述来源的科学之外，其他的科学都是从经验中获得内容的。“知”的含义是：人的心智中存在一些可以重复的判断，这些判断在其他事物中有着充分的认识根据，那么就可以认定这些判断是真的。只有

① 第二卷第十一章是对此处的补充。——原注

以理性为条件的抽象的认识才是“知”。虽然动物也有直观认识，并且也有对于直观认识的记忆，这一点可以从它们做梦得到证实，但从严格意义上来说，动物并没有“知”。我们可以说动物有意识，从语言的源头上来看，意识从“知”而来，但却与“表象作用”这一概念相符。而植物则只有生命，没有意识。“知”是抽象的意识，它将通过其他方式认识的东西固定在了理性的概念中。

第十一章

根据这一意义，“知”的对应物是“感”，我们接下来就讨论一下“感”。关于“感”的概念只能从否定意义上去理解：意识中凡是不属于理性的抽象概念的东西就属于“感”。“感”的含义圈范围十分广泛，可以包括许多各不相同的东西。这些东西相互之间差距很大，只是因为它们都不是抽象概念，所以才聚到了一起。这一概念中包含着极不相同的甚至是相互敌对的因素，但彼此却相安无事。例如宗教感、快适感、道德感，还有可以分为触着感、痛感、色彩感、声音感、谐音感、不谐音感的各种身体感，还有仇恨感、憎恶感、自满感、荣誉感、耻辱感、正义感、非正义感、真理感、美感、有力感、软弱感、健康感、友谊感、性爱感等。这些“感”之间唯一的共同性就是不是抽象理性，此外绝无共性。最值得注意的是，空间关系中的直观认识，甚至是纯粹悟性所有的先验直观认识都被归为这一概念之下。也就是说，只要是被直观地意识到的、还没有形成概念的东西，都是“感”。为了说明这一点，我从新的著作中选取了几个合适的例子。欧几里得德译本的导论中曾表达过这样的意思，即刚开始学习几何的人应该在听课之前先绘制几何图形，这样他在从讲授中得到完整的认识之前，就可以预先感到几何学的真理了。此外，席莱尔马哈[①]在《伦理学批判》中也谈到了逻辑感和数学感，还有两个公式之间的相同感和不同感。腾勒曼[②]在《哲学史》第一卷中也说道：“人们感到那些推论是错误的，但却找不到它。”由于“感”这一概念的含义过于广泛，而且有否定意义，内容却贫乏

---

① 席莱尔马哈：Schleimacher，德国哲学家。——译者注

② 腾勒曼：Tennemann，当时德国的哲学教授。——译者注

而片面，所以只要人们不能正确地认识这一概念，不能认识其本质上的否定意味，就会不断地出现误会和争论。德语中的“感觉”（die Empfindung）一词与之意义相近，也很容易出现混淆，所以这个词被用来专指身体感，属于“感”这一概念之下。“感”之所以和其他概念不成比例，原因如下：所有概念——包括词所指的都只是概念——都是对于理性而存在，以理性为出发点的。因此，当人们用概念说话时就已经从一个片面的立场出发了。因为这一立场，和我接近的就较为清楚，可以确定其肯定意味；而距我远的就比较模糊，因此只能涉及它的否定意义。这也是为什么每一个民族都将除自己以外的其他民族称为外国人。例如：希腊人将其他所有民族称为夷狄；英国人将所有非英国称为“大陆”，所有非英国的称为“大陆的”；基督教徒将其他所有人称为异教徒或多神教徒；贵族将其他所有人称为“小民”；大学生将其他人称为市侩；等等。这种片面性可以说是来自人类的骄傲以及由此产生的无知和顽固不化，但实际上还是出于理性本身。因为理性用“感”这一概念来概括所有不直接属于它自身的意识内容或表象，也就是说，只要不是抽象概念的就是感。由于理性对自己没有透彻的认识，并且不清楚自己的工作方式，所以现在这种误解和混乱仍然存在。现在竟然还有人提出一种特殊的“感”，并且试图创造一套理论。

第十二章

如上所述，“感”与“知”是相对应的两个概念。知就是抽象的认识，即理性认识。但理性并不能真正地扩充我们的认识，因为它只是把我们通过其他方式了解的东西变成了另外一种形式。也可以说，理性对我们直观的具体的认识进行了抽象，使其变成了普遍认识。理性的认识比我们的直观认识要更加重要，因为只有理性认识也就是知，才能够妥善地保存、不断地传递，并且应用于实践。直观认识只能应用于个别情况，只能对眼前的事物起作用，因为感性和理智在某一个时刻只能把握一个客体。因此，任何有计划、有组织、持续性的行动必须以原则作为出发点，也就是以抽象的知为出发点，并且始终遵循。譬如，悟性对于因果关系的认识就比抽象思维的认识更加完整、深入和详尽。悟性可以直观和完全地认识杠杆、滑轮车、齿轮、坚固的拱顶等的作用。但如上所述，直观认识只能作用于当前的事物，所以只依靠悟性是无法建造机器和建筑物的，而必须依靠理性的帮助，以抽象的概念而非直观作为行事标准。只要保证抽象概念的正确性，那么预期的结果也就得到了保证。与此相同，直观能够完全地认识抛物线、双曲线、螺旋线的本质和规律，但是如果想要将这些应用到实践中，就必须将这些认识转变为抽象的知。在这种转变中，直观的形象性消失了，却获得了更加精确、妥当的抽象的知。因此，一切微积分计算方法并没有使我们对曲线的了解更加深入，知识范围也没有比单纯直观的认识有所扩大。只不过认识的类型转变了，从直观认识变为了抽象认识，这种转变在认识的应用上起着很大的作用。在能够对直观认识和抽象认识进行区分之前，人们是无法注意到认识能力的另一特性的，那就是空间上的关系并不能直接转换成抽象认识，而只有时间上的量，亦即数，才能够转入抽象认识。也就是说，只有数才能用与之准确对应的抽象概念进行表示，而空间上的量则不能。“千”的概念与“百”的概念的区别，与这两种时间上的量在直观上的区别一样。千是十的若干倍，那么在时间上可以将之直观地分解为若干个十，它就变得可数了。但是一英里和一英尺这两个概念，如果没有两者的直观表象，没有数的帮助，就无法准确地进行量上的区分。对于这两个概念，人们只会想到空间上的量，那么在对两者进行区分时，就会运用空间上的直观，这样一来就脱离了抽象认识的范畴，否则就需要通过数来进行区分。因此，如果想要将空间关系转入抽象认识，就必须先将之转为时间关系，也就是转化成数。所以，只有算术才是普遍的量的学说，几何却不是。几何必须先转化为算术，才能够进行传达、进行规定和应用于实践。当然，空间关系也可以直接被抽象地思维，例如下弦随角度的增大而增大。但是只要想表示这种关系的量，就必须依靠数的帮助。当人们想要对空间关系进行抽象认识（也就是说不是单纯的直观而是知）时，就必须把三维的空间转换为一维的时间。这也是数学之所以非常困难的原因。这一点并不难理解，只要对直观中的曲线和此曲线的解析算式进行比较，或者对三角上应用的对数表和此表所表示的三角形各个部分间不断变更的关系进行比较，就很清楚了。在直观中，只要看一眼就能够准确理解。例如：余弦如何随正弦之增而减，这个角的余弦就是另一角的正弦，两个角之间此增彼减，此减彼增的相反关系，等等。可当要把这些直观认识进行抽象的表达时，则会是一个庞大而艰巨的数学工程。人们会认为，一维的时间为了对三维的空间进行复制，实在是太辛苦了。但是为了实践应用，必须把空间转换为抽象概念，所以一切都是值得的。空间关系想要转化为抽象概念，只有通过时间上的量也就是数这一媒介才得以实现，因为只有数才与抽象认识直接相对应。因为空间是三维的，所以很适合直观，即使是很复杂的空间关系只要一看就能明白，这是抽象认识无能为力的。反之，虽然时间更加契合于抽象认识，但却很难被直观。在不涉及空间的单纯的时间中，我们对数的直观甚至无法到达十，对于十以上的数我们只能进行抽象认识，而无法直观认识了。不过，数字和代数符号却能够将所有抽象概念准确地进行联结。

顺便说一下，有些人只有在直观认识的事物中才能获得满足。这些人试图将空间上的根据和后果进行形象的表达。他们对欧几里得的论证和空间问题的算术解答都一概没有兴趣。而另一些人却沉迷于唯一可以应用和进行传达的抽象概念。他们有着很好的耐性和记忆力，热衷于抽象定理、公式、冗长的推导和计算，计算时所使用的符号代表最复杂的抽象事物。有的人喜欢准确性，有的人偏爱形象性，这取决于人的不同特性。

知或抽象认识的最大价值就是，它可以被妥善地保存起来，也可以被传达，因此它在实际应用中是十分重要的。每个人都能通过单纯的悟性，通过直观认识，了解自然物的变化和运动的因果关系，但是如果他想要将这些传达给他人，就必须先将这直观认识转化为概念。如果一个人单独从事某项活动，而且直观认识是很清楚的，那么对于实践来说直观认识就已经足够了。但是，如果他需要他人的帮助，或者自己需要暂停，因而必须制订计划的话，直观认识就捉襟见肘了。举例来说，一个擅长打台球的人，他在悟性上完全认识了弹性物体相撞的规律。虽然这种认识只是作用于当前的直观认识，但对于打球来说已经足够了。而只有渊博的力学家对这一规律才具有抽象认识，也就是知。甚至对于制作机器来说，如果这项工作是一个人单独进行的，那么单纯的直观认识也够了，那些没有任何科学知识只凭借天才的手工艺人就是如此。如果在完成一项力学工程、一台机器、一座建筑物时，需要一些人在不同时间共同协作的话，就必须拟订计划，那么就必须借助于理性的抽象认识了。需要指出的是，在前一种独自完成的不间断的活动中，知也就是理性的应用和思索，反而阻碍任务的进行。例如，在台球、击剑、管弦调音、唱歌等活动中，必须依靠直观认识进行活动，如果进行思索反而会扰乱内心。野蛮人和粗人在完成体力活儿时之所以能够做到又快又稳，比如与野兽搏斗、射箭等，就是因为他们不习惯进行思维。而善于思维的欧洲人却做不到这些，例如，欧洲人在射箭时，就会测量时空上的各种关系，例如上下、左右、先后等，然后寻找等距中点，这样做肯定比不上完全不假思索的自然人能够一射即中。与此相同，虽然我们能够抽象地计算出使用剃刀的精确角度，但如果我们手指上缺少敏感度，也就是缺少对此的直觉的话，这些抽象的知就会没有一点帮助。理性应用在相术上时也会有所干扰，对于相术的理解必须是悟性上的。因为人面部的线条起伏都只能被感到，是无法进入抽象概念的。对于人相的特征和标志，每个人都有属于自己的一套直观认识和与之相关的病理征候学，只不过有的人认识得更清楚而已。由于人相的差距和变化太具体而微了，所以无法转化为概念，更无法通过抽象写出一部可以传授的相术教程。用一个比喻来说明，抽象的知之于这些微小的差异来说，就好比由彩色碎片镶嵌而成的马赛克之于维佛特或滕勒的绘画。镶嵌技艺无论多么细致，互相嵌合的碎片之间总是有缝隙，因此不同的颜色之间无法完美地无缝过渡。概念也是如此，不同概念之间精准地进行了规定，不论这种划分是多么精细，但永远达不到直观中的细致程度。上述的相术例子就是依赖于这种细腻的区分。①

正因为概念就好像镶嵌画中的碎片一样，它虽然无限接近直观，但永远也无法达到，因此，仅依赖概念是无法做出优秀的艺术的。如果歌唱家或音乐家试图用思考来为他的表演进行指导的话，他的艺术就完了。对于作曲家、画家或诗人来说也是一样，概念应用于艺术是没有效果的。概念只能对艺术中的技术部分进行指导，而这属于学术领域。而真正的艺术只能以直观认识而非概念为出发点，关于这一点我们会在第三篇中进行探讨。对于人的行为举止、社交礼仪等来说，概念也只能起到消极作用，那就是防止自私和兽性起作用。所以，概念可以使人彬彬有礼，而风度、气质、举止、情意、友好等就与概念无关了，否则正如《浮士德》中的米菲斯托所说："人们感受到了你的意图，因此灰心

---

① 所以我有这样一种观点，我觉得在相术中只能对八条极普遍的原则进行确立，不能再非常有信心地往前一步了。普遍性的原则是可以有的，打比方说，额和眼是象征着人的智慧，口和脸的下半部象征着人的伦理方面，可以彰显出意志是坚定还是不堪一击。额和眼又彼此对对方进行说明，如果孤立地去看，则只能认识到一半。——天才绝不致于没有高、满、阔的天庭，可是有这种天庭的人却不一定就是天才。——从一副聪颖的表象来判断，这人相貌越难看就更有信心说他睿智；从一副愚蠢的神情来判断，则这个相貌越漂亮越有信心说他愚蠢；因为"美"作为人类的配相已自在而自为地表现出人的心灵聪慧，而"丑"则刚好与之成反比，依次类推。——原注

丧气。"[①] 伪装出的虚情假意都出自思索，然而早晚会被人看穿。塞内加[②]在《仁慈论》一书中这样说道："没有人能够持续不断地伪装。" 在遇到紧急事件时，需要行事果断、迅速决策、坚定沉着，虽然也需要理性，但如果让理论进行主导，那么反而会使内心迷乱，从而妨碍直觉的、直接的、纯粹的悟性做出正确的决策，使人优柔寡断，反而使事情变得更糟。

此外，神圣的美德也不是靠思索得出的，而是从意志的内涵及其与认识的关系中得出的。之后我会详细说明这一点，这里只指出这一点：关于伦理的信条虽然在整个民族的理性中是相同的，但每一个人会表现出不同的行为。反过来，即使行为相同，他们关于伦理的信条却不一定一致。行为的基础是感，而非概念，它不遵循伦理的内涵。只有理性才会遵循教条，人的行为却是独立于教条之外的，并不遵循抽象的规范，它所遵循的是一种不成文的规范，这种规范完全取决于每个人自己。所以，虽然每个民族都有着不同的宗教教条，但对于所有民族来说，都向往善行，痛恨恶行。如何嘲讽也无法动摇他们向善的心，而神父的赦免也无法使作恶者获得解脱。然而，美德的实现仍然需要理性起作用，只不过理性并非德行产生的源头。在此方面，理性的功能是次一级的，它可以使人们已有的决心得到巩固，用规范来使人们与薄弱的意志做斗争，从而使行为能够善始善终。在艺术方面也是如此，理性的功能并非主要，但可以保证艺术工作的进行。因为人的天才并非随时都能获得，整个艺术作品则需要一点一滴地完成才能够圆满结束。[③]

第十三章

在以上内容中，我们已经指出了理性的益处和害处，也说明了抽象的知虽然是直观表象的对应物，并以后者为基础，但两者却并不完全相符，不可以相互取代。所以，正如上面所说的那样，有许多事情必须通过理性的帮助，通过方法上的深思熟虑才能够完成；反之，也有一些事，在没有理性的参与时反而能做得更好。抽象认识和直观认识并不完全吻合，就像镶嵌画无法完美地复制

① 见歌德《浮士德》剧本中米菲斯托的话。——译者注

② 塞内加：Seneca，罗马哲学家和戏剧家。——译者注

③ 第二卷第七章是对此处的补充。——原注

绘画作品一样。除了理性之外，还有一种现象也是人类所特有的。人们一直想要对这一现象进行解释，但迄今为止所有的解释都不完备。这一现象就是笑，它的根源也是直观认识和抽象认识的不吻合性。虽然又打断了我们的进程，不过由于笑的根源与这里讨论的问题有关，所以我们不得不进行讨论。实在客体是通过概念被思维的，当发觉客体和概念不吻合的时候，就产生了笑。这就是笑的根源，笑就是两者不吻合的表现。不吻合的情况常常出现在以下场合中：一种情况是，两个或者两个以上的客体用同一个概念来表示，于是这些客体便具有了这一概念的统一性，这样一来，这些客体在其他方面的差异就会变得凸显，从而让人意识到这一概念只是部分地与客体相对应。还有一种情况，某一个实在客体从一方面来看是包含在某一概念之内的，可从另外一方面来看却又突然与概念不吻合了。此外，还有一种情况，客体虽然包含在某一概念之内，但这一概念却过于广泛，导致客体无法与之完全吻合。对于最后一种情况，概念对于客体的包含性越是正确，这种不吻合感就越是凸显，所以引人发笑的效果也越强烈。因此，笑总是由意料之外的概括作用引发的，可以通过语言、文字或者举止动作表示出来。以上就是对事情之所以可笑的简单解释。

由于这个解释简单易懂，所以我就不举笑话书中的例子来浪费时间了。每个人在想到可笑的事情时都可以证实这一解释。笑料又可以分为两种类别，既可以用来佐证我们的理论，也可以通过理论得到阐明。第一类笑料是，认识中已经存在两个或者两个以上不同的客体或直观表象，却故意用一个概念将其包含其中，用这个概念的同一性套在所有客体之上，这样的笑料我们称之为滑稽。另一类笑料则相反，概念已经存在于认识中，然后从这一概念过渡到现实，用之影响行动；在行动之中，各种本不相同的客体都被同样对待，直到客体之间的差异突然显露出来，从而使行动的人感到惊讶，这种笑料我们称之为憨傻。也可以说，任何笑料不是滑稽的，就是憨憨傻傻的。前一种是从客体到概念，通过同一性反衬出两者间的差距；而后一种则与之相反。前者是故意为之的，而后者则常常是无意的，是由外因导致的。如果在表面上把这两种出发点进行颠倒，也就是将滑稽伪装成憨傻，就是宫廷弄臣和舞台小丑的常用手段。这种手段是这样的：明明知道各个客体之间的差异，却使用滑稽的手法用同一个概念将所有客体都统一起来，然后当客体间的差异突然暴露时，表演者便装作不知所措的样子。除却最后这种预先安排好的逗乐方法，根据上述关于笑的理论可以看出，“滑稽”是需要使用语言来表达的，而“憨傻”则更多地依赖动作。不过，如果只是声称要做却没有真的去做，或者只是通过发表意见或者判断来表现傻气，那么“憨傻”也可以用语言来表示。

迂腐也属于“憨傻”一类，它产生的原因是人们对自己的悟性不太信任，所以在个别场合中不是用悟性去进行认识，而始终让理性做主导，总是从普遍概念或规则出发。迂腐的人不论在生活中，在艺术上，还是在伦理道德方面，都非常严谨地遵循着理性所规定的准则。礼法、固定表达方式和言辞等就是从呆板的迂腐中产生的。对于迂腐来说，规范和准则代替了事物的本质。概念和实际是不吻合的，概念永远无法作用于个别事物，前者的规定是普遍的、僵硬的，它永远也无法完美地适应实际中的差异性和多重性。在生活中，迂腐的人虽然一肚子格言和规范，但却总是有各种缺陷，例如愚笨、无聊、庸碌等。在艺术创作中，概念也起不到什么作用，迂腐的人只能生产出死板的、没有生命力的伪艺术品。在伦理方面，不论目的有多么高尚和正义，在行动时也不可能永远遵循抽象规则。这是因为在许多场合中，不同的情况之间有着微妙的差异，这使得人们必须按照人格中对于向善的固执来行事。因为如果单纯使用抽象规范行事，一些规范只能部分地适用于当下情况，而导致错误的结果；而还有一些规范因为与当事人的个性不相符，从而导致无法贯彻行为的始终。康德认为，人的行为不应该带有情感倾向或者受到一时激动的影响，而应该始终遵循纯粹理性的抽象规范，这样的行为才能够具有道德价值。从这一方面来说，康德似乎在支持道德上的迂腐。席勒的诗《良心的犹豫》就是在警示贤者。当人们讽刺一个人是“教条主义者”“理论家”“学者”时，尤其是在政治事件中，就是在说一个人迂腐，是在说他只能抽象地认识事物，缺少直观认识。抽象实际上就是抽掉了事物中细致的部分，而这却是最重要的东西。

为了对这个理论进行一下补充，我们下面来谈一谈俏皮话中的耍字眼，法语叫作“加仑布尔”（calembourg），英语叫作“潘”（pun）。主要是猥亵词汇的双关语（法语叫作 l’équivoque）也属于这一类。俏皮话是将两个完全不同的客体硬生生地纳入一个概念之中，而耍字眼则是偶然将两个概念压入同一个词。这种做法也能制造出客体与概念之间的差异感，只不过更加表面化，因为两者之间的差距只是从偶然的名称中得出的，而非出自事物的本质。概念具有同一性，而事物之间存在差异性，就是俏皮话。概念上具有差异性，而实物具有同一性，就是耍字眼。可以把两者的关系勉强比喻作上开口抛物线与下开口抛物线之间的关系。误解词语或者“以此为彼”是无意的“加仑布尔”，这之于“耍字眼”就相当于憨傻之于俏皮话。因此，听力不好的人也和傻子有着同样的喜剧效果，拙劣的喜剧家就会用聋子代替傻子提供笑料。

此处只讨论了笑的心理学方面，在补充篇的第二卷第六章第九十六节（第一版）第 134 页可以找到其在生理学方面的讨论。①

第十四章

综上所述，认识方式分为两种，一是理性认识，包括知和概念；另一种是感性认识，数理的直观认识和悟性的领会。通过上述论证，应该已经说明了这两种认识之间的区别和关系，我们在讨论这一问题时还插入了关于感和笑的说明。那么，现在让我们转过头来继续谈论科学、语言和经过思考的行动这人类三大优势中的科学。我们的任务就是对科学进行总体的考察，研究科学的形式、其判断的根据以及科学的本质。

由上所述，除了纯粹的逻辑之外，所有知识都并非以理性为基础，而是先从其他方面获得直观认识，然后在理性中沉淀而成的，最后转化为一种全新的抽象的认识方式。上升为抽象认识的知识与科学之间的关系，是部分与整体的关系。所有人都能从经验，从对客观事物的观察中获得关于该事物的知识，但是获得关于某一事物的完整的抽象认识完全是另一回事，科学家们的工作正是在为之努力。只有使用概念才能让各种不同的事物区分开来，所以一切科学研究都是从概念开始的。因为有了概念，才能使某一部分从全部事物中分离开，从而可以被思维。一门科学在有了一个概念之后，才能够在抽象中获得对某种事物的完整认识。例如：空间关系的概念，无机物相互作用的概念，动植物性能的概念，地壳连续变化的概念，人类物种演化的概念，语言结构的概念等。为了获得对于某一事物的认识，可以采取对一个总概念所包含的所有事物进行个别研究的方法，从而得到全面的认识。但是人的记忆力是有限的，而且并不

① 第二卷第八章是对此处的补充。——原注

能保证这种认识是完整的。所以，科学研究并没有采用这种方法，而是利用含义圈的特性，使各个含义圈相互交叉、包含，并且特别注重此门科学总概念中的那些大含义圈。科学在对含义圈的相互关系做出规定的同时，也规定了含义圈中所包含的内容。还可以将含义圈划分得愈来愈小，从而使规定越来越精细。这样一来，科学就获得了完整的全面的调查对象。科学和普通知识的区别就在于认识途径的不同，这一途径就是从普遍到特殊。也可以说，系统性是科学的本质特征。在学习任何一门科学时，都必须首先认识最普遍的概念含义圈，也就是最高原则的命题，然后再按照个人的意愿对特殊命题进行深入、细致的研究。实际上，深入的研究并不能对这门科学认识得更加彻底，只不过更加渊博。科学中的最高级命题统领着一切其他命题，不同科学的最高命题的数量有着很大的差异。有一些科学中从属关系的命题较多，而有一些科学中则平行关系较多。从属关系对判断力的要求较高，而平行关系则对记忆力的要求较高。经院学派已经证明，一个结论的得出需要两个前提，所以没有任何科学能够以单一的、无法引申的最高命题为出发点，而是必须有两个甚至更多命题。以分类为基本任务的科学包含较多的从属关系，例如动物学、植物学，如果无机物的相互作用也可以还原为基本自然力的话，那么物理和化学也可以算在内。反之，历史学中则基本没有从属关系的命题。这是因为，对于主要历史阶段的概览具有普遍性，而个别历史事件只是在时间上属于这一阶段，在概念上却与之平行，不能由它引申出来。从这个意义上来说，历史只是知识，而非科学。在数学领域中，按照欧几里得的说法，只有公理是不需证明也无法证明的最高命题，其他可以证明的命题都按照不同的等级从属于公理。但这种说法并不全面，实际上，每一个定理都创造了一个全新的、独立于之前所有定理之外的空间结构，不需要以前的定理就可以通过空间直观而被认识。通过直观，任何复杂的空间结构都和公理一样，不证自明。接下来会对这一问题进行详细阐述，现在要说明的是：总体来说，数学公理仍旧是普遍真理，对无数个别事项起作用。数学的主要研究方法仍是从简单命题出发，逐渐发展成各级复杂命题，或者从复杂命题逐渐还原到简单命题。由此可见，数学毫无疑问是一门科学。科学在形式方面的完美体现在：从属关系较多，而平行关系较少。所以，拥有科学天赋的人，就是擅长将不同概念的含义圈形成从属关系，从而构成科学。就像柏拉图所强调的，科学并不只是总的普遍概念，而是普遍概念之下包含着无数多样性的概念；是认识通过一个中介概念，做出越来越详细的规定和区分，从而由普遍到特殊。康德将之称为平均地满足同质律和转化律。由此可见，科学研究的目的并非达到更高的确实性，因为任何个别的单独认识也具有确实性；其真正目的在于通过某种形式使知识得到简化，从而尽可能地获得知识的完整性。认为认识的科学性在于其高度的确实性，是一种十分流行的错误观点。一些人由此出发，认为只有数学和逻辑才是真正的科学，由于这两门科学是先验的，所以只能通过这两门科学来认识所有的确实性。这种观点无疑是错误的，逻辑和数学的确有确实性的优点，但这并不说明只有它们才具有科学性。科学性并不等同于确实性，而是通过从普遍到特殊的系统形式得到完整的认识。由于科学的研究路径是从普遍到特殊，这就使科学中有许多事实是从先行命题中演绎出的，或是通过证明得到的。这一情况使人错误地认为，只有通过证明的事物才是真实的，因此每一个真理都需要证明。实际上恰恰相反，真理并不需要证明，而是每一个证明都需要一个无须证明的真理作为支撑。所以，直接得出的真理要比经过证明得到的真理更为可靠，就像泉水比从管子中得到的水更加可靠一样。直观是真理的源泉，是一切科学的基础。真理中先验的、纯粹的部分是数学的基础，而其后验的部分则是其他所有科学的基础。(只有逻辑不在其中，因为逻辑并非以直观为基础，而是以理性及其对自身法则的认识为基础）在科学中，那些无须证明的真理，那些直接从直观中得到的判断，就像宇宙中的太阳一样，是所有光的源头，在它的照耀之下，其他事物才能够反射出光线。判断力的任务就是直接从直观中确立这些原始的真理，从无穷无尽的实际事物之中构筑科学的大厦。判断力的工作就是将从直观认识到的东西准确地转换到抽象意识中，所以可以说它就是悟性和理性之间的“中间人”。只要一个人拥有健全的理性，就能够引出命题、进行证明、推出结论，但是只有拥有超凡判断力的人才能够推动科学的前进。判断力的工作就是：将直观认识的东西沉淀于反省思维中，形成相应的固定概念；一方面把具有共同点的诸多实在客体包含在同一个概念之下，另一方面再根据各个客体之间的差别的数量，确定用来思维的概念。于是，客体间虽然局部相同，但差异仍然存在，仍然可用之来思维，来识别，且都按照每次规定的目的和原则形式。如果缺乏判断力，那就是头脑简单。头脑简单的人有时不能认识到局部相同的概念也具有相对差异，有时又认识不到局部有差异的概念其实具有共同之处。康德将判断力分为反省思维和概括两类，前者用于从直观客体到概念，后者则用于从概念到直观客体。没有任何真理是单纯从推论中得以确立的，既然一切证明都是三段式推论，那么对于一个新的真理来说，需要的并非证明，而是直接的依据，只有在无法找到直接依据时，才暂且进行证明。没有任何科学从头到尾都是能够被证明的，就好像一幢楼房不可能从空中被吊起一样。所有科学证明必须回归到一个不能被证明的直观事物之上。因为反省思维就是根植于直观世界之上的，只有直观上不证自明的依据才是最根本的、最原始的依据。这一点从这依据的名字上就能看出来。这最根本的依据不是经验上的依据，而是以人们对于经验的各种条件拥有的先验直观为基础的，无论是哪种情况，依据提供的知识都是内在的而非超绝的。一个概念的价值和本质就在于它与某一直观表象的关系，这关系是直接还是间接的无关紧要。概念既是如此，那么由概念构成的判断，乃至整个科学都是如此。所以说，如果一个真理是通过推论和证明而确立的，那么必须还有无须推论和证明的方式能够直接认识它，否则它就不为真理了。这一方法在复杂的数学命题上遇到的困难最大，因为数学命题完全是通过一连串的推论得出的，例如通过弦和切线来计算弧的方法就是由毕达哥拉斯定理推论出的。就算如此，这类真理也不能单纯以抽象命题为基础，而是必须在先验的直观中为它找到空间关系上的基础，作为其抽象命题的直接根据。接下来就会对数学证明进行详细阐述。

经常有人高调宣称，有些科学完全是从可靠的前提推出的结论，因此是无可置疑的真实。实际上，就算前提是真实的，但如果只进行纯粹逻辑上的推论，那么科学所能做的只是将前提中已经存在的东西揭露出来，此外别无用处。那些高调宣称的人会说，他们特指数理科学，即天文学。然而，天文学的确实性的基础是先验的、不会出错的空间直观，而所有空间关系都是从一种必然性（存在根据）——这种必然性提供了先验的确实性——中逐一推导出的，所以空间关系是可以通过相互推论得到的。除了数理上的规定之外，还要加上引力这一自然力的作用，而引力是按照质量和距离之间的关系工作的。最后，还要加上惯性规律，它是由因果性产生的，所以是先验的、妥当的，它表现了一切质量的运动的经验数据。以上就是天文学的全部材料，它们是简明可靠的，因此引出的结果也是确定的，由于研究对象的庞大，天文学做出的研究结果往往是很有趣的。举例来说，如果一个行星的质量和它的卫星与它的距离是已知的，那么就能够通过开普勒第二定律准确地计算出卫星公转一周的时间。而这一定律本身是以事实为根据的，这一事实就是卫星必须保持一定的速度和距离才能够围绕行星运动并且不坠入其中。因此，首先要以先验直观的几何学为基础，然后再加入自然律，就能够推导出正确的结果。在这种情况下，推论只是两个直观体会之间的桥梁，而与逻辑上的单纯推论不同。天文学的最高真理是从归纳法中得来的，这种方法即是把直观中的事物用一个有直接根据的判断进行概括，然后从此判断演绎出一些假设，这些假设是被经验证实的，这样一来判断就得到了证明，而归纳法也越来越趋于完整。举例来说，行星的运动是被经验所认识的，关于行星运动的空间关系即行星轨道，曾有过许多错误的假设，后来终于找到了正确的假设，那就是这些运动所遵循的开普勒定律，最后还发现了这一运动的原因即万有引力。这些通过经验认识到的东西，既是现实情况，又是那些假设与由假设引出的论断之间的相符性，所以这些假设也即归纳法都获得了确实性。判断力负责提出假设，也就是在体会现实情况之后将之表达出来；而归纳则是通过多次直观去证实这些假设。人类如果能够在宇宙间自由穿梭，如果拥有千里眼，那么就可以通过直接的、一次的经验直观为这些假设找到根据。所以，就算对于天文学来说，其知识的主要的唯一的来源也并非推论，实际上，推论只是一种应急之策。

最后再举一个不同性质的例子，那就是形而上学的真理，也就是康德在《自然科学的形而上学初阶》中提出的那类真理。就算是这种真理，也并非以证明作为根据。我们直接认识的、先验的事物是一切认识的形式，有着意识上最大的必然性。例如，物质是恒存的、不生不灭这一消极真理，就是我们直接了知的。我们通过对时空的纯粹直观了解了运动，悟性通过因果律了解了形状和物性可能发生变易，但是我们却无从想象物质的生和灭。这是因为，无论在何时何地，物质恒存这一真理对于人们来说都是不证自明的，从来没有人提出过质疑。康德对于这一真理所进行的艰涩的论证并非这一真理唯一的认识根据，何况我还发现康德的证明并不正确。我在前面已经说明，物质的恒存性并非从时间的经验性得来，而是从空间的经验性得来的。也就是说，形而上的真理不过是普遍知识的抽象形式。这些真理的认识基础不能建立在同样的抽象命题之上，而只能建立在人们对于表象的直接意识上，在通过无可反驳的、确定无疑的先验论断自我表出的意识之上。如果非要对此进行证明的话，那么就必须指出某一绝对真理中包含有待证明的事物，或是真理的组成部分，或者是它的前提。例如，我在前面已经说明，一切经验直观已包含着因果律，因此认识因果律是经验的前提，而非像休谟所说，经验是因果律产生的前提。其实这种证明并不是为了需要学习的人，而是为了那些喜欢争论的人，对于那些有直接根据的理论他们总是持否定态度。实际上，唯有真理在一切方面都是一以贯之的，因此这些人需要明白的是，他们在这一形态中所承认的实际上就是他们在另一形态中所否认的，两者在逻辑上是相互关联的。

除此之外，科学从普遍逐渐推进到特殊的形式还导致了这样一个问题，那就是许多命题只有依附于其他命题才能够获得真实性，需要通过其他推论的证明才能够具有逻辑上的根据。但必须明确的是，这一科学形式只不过是对知识的简化，而并不能取得更高的真实性。例如，通过动物所属的种、属、科、纲、目来认识动物的生物性，要比每次对个别动物进行单独研究更简易。但是任何一个推导而出的命题，其真实性都建立在一个并非推导而出，而是以直观为根据的真理之上。如果直观和推论都比较容易获得，那么最好采用直观作为依据。这是因为，从概念上进行引申推论时，由于含义圈之间错综复杂的关系以及内容上的不确定性，很容易出现错误，这也是各种诡辩、谬误产生的原因。单从形式上来看，推论并没有任何差错，但由于其材料也就是概念自身存在的问题，推论就变得错漏百出了。如上所述，首先含义圈的规定并不严格，其次含义圈相互交叉，各个部分可以包含在不同的含义圈之内，所以可以从一个含义圈任意过渡到另一个含义圈，如此延续下去。也就是说，含义范围较小和中等的词都可以包含在其他范围较大的概念中，所以人们就可以任意选择含义范围较大的词来进行表示，得出的结果便大不相同。所以，任何时候通过证明得出的真理都没有直接自明的真理可靠，只有当后者很难达到时，才勉强使用前者；而在两者同样近便，或者后者更加近便时，不需要采用前者。上文中我们已经说明，从逻辑上来说，在任何场合中，直接的知识比通过演绎而来的科学知识更容易使用，那么我们在实际行事时总是会选择直接知识来指导思维，而将逻辑弃置不顾。[①]

① 第二卷第十二章是对此处的补充。——原注

第十五章

现在我们已经明确了以下问题：直观是一切证据的根本来源，绝对真理必须是直接或间接以直观为根据的，最近便的方法就是最可靠的方法，因为概念会给谬误以可乘之机。接下来，就让我们根据这种观点来考察由欧几里得建立起来的并流传至今的一门科学——数学。我认为，数学所走的是一条奇特的颠倒的道路。我们前面所说的是要将一个逻辑上的根据还原到直观根据上来，而数学则刚好相反，它费尽心力想要摆脱它所独有的眼前可见的直观依据，而用逻辑证据来取而代之。这种做法就好像一个人故意锯断双腿而用拐杖走路一样，又像《善感的胜利》一书中的太子逃离了真实的美景，却去欣赏模拟此处风景的舞台布景。我在《根据律》第六章中进行过类似的论述，相信读者们应该还记得相关内容。那里所说的与我现在的论述有所关联，那就是数学真理的单纯认识根据可以通过逻辑获得，而其存在根据则只是通过直观认识的时空中各个部分之间的直接关联。只有理解了这一关联才能够使知识更加透彻，如果只理解认识根据，则永远只能获得表面的认识，只知其然而不知其所以然。欧几里得选择的就是后一种方法，虽然这种方法是不利于科学的。例如，他应该一开始就指出三角形中角与边之间的因果关系，以及二者是如何相互规定的；还应该按照根据律在空间上的形式，指出这一形式在三角形角和边的关系中，就像在其他地方一样是必然的，亦即这一事物之所以是这样的，正是由于另一完全不同的事物是那样的。然而，他却并没有彻底指出三角形的本质，而是提出了一些关于三角形片段的、偶然的命题，并通过由矛盾律获得的艰涩的逻辑证明为这些命题提供了认识根据。因此，人们从他的研究中所获得的并非关于这种空间关系的完备的知识，而只是一些任意组合出的结果。这就好像在给人们展示一台精巧的机器时，并没有解释内在的构造与工作原理，而只是指出了一些机器的作用。按照矛盾律，人们不得不承认欧几里得的证明确实是正确的，但其中的原理就不得而知了。看欧几里得的证明就好像看魔术表演一样，会让人感到一种不能完全知晓的不适感；其实，大部分欧几里得的证明都很像魔术。真理总是从偶然的附属的情况中产生的，就好像偷偷地从门口溜进来一样，但这种间接的反证却把很多门都关闭了，只留下了逻辑这一扇门，所以真理不得不从这扇窄门中挤进来。以往的几何学中，总是需要作直线，例如毕达哥拉斯定理就是如此，但人们并不明白这样做的原因。其实，这种做法不过是一个圈套，当人们走入这圈套时就被俘获了，从而只能一味地承认甚至崇拜一些他其实根本不懂的东西。甚至会导致这样的情况，有的人虽然通读欧几里得的著作，但仍然不能真正理解空间关系的规律，他所学到的只是死记硬背下来的这一规律的结果。这种知识并非科学而是一种经验，就像一个医生虽然知道某种病要用什么药，但却并不明白药与病之间的关系。之所以出现这种情况，就是因为人们将这种认识类型自身所有的求证方式弃置不顾，而自以为是地用一种并不合适的方式来取而代之。不过，欧几里得在其他方面的研究方法还是可以值得称赞的，并且延续了很多世纪，被人们奉为所有科学论证的楷模，甚至引起了其他科学的竞相模仿。不过后来人们也认识到这种方法并不能解释内在原理，所以又回过头去。我认为，欧几里得的数学研究方法只是一种“伟大的”错误。如果一种谬误是故意制造出来的，并且影响深远，甚至被普遍接受，不论是关于科学还是关于生活，那么它大概总能从当时的哲学体系获得依据。厄利亚学派最早发现了直观与思维①的区别和冲突，并且将这一发现运用在其哲学警句和诡辩中。其后继者有麦加利学派、辩证学派、诡辩派、新学院派和怀疑论者。他们认为，要提防感官也就是悟性所造成的迷误，即假象。悟性将感官材料转化为直观，经常会展示出一些只要稍微动用理智就能够分辨出的假象，例如笔直的棍子放入水中后好像变折了一样。因此，人们认为感性直观并不可靠，从而认定只有理性即逻辑思维才能够产生真理。实际上，柏拉图（在《巴门尼德斯》中）、麦加利学派、毕隆（Pyrrhon）和新学院派已经通过一些例子（即塞克斯都斯、恩比瑞古斯后来使用的那类例子）证明，推论和概念同样会产生错误，甚至可能出现诡辩和谬误。与感性直观导致的假象相比，这种谬误更容易出现，而且更难以解释。然而，在那个时代，唯理主义压倒经验主义成为主流，欧几里得的数学研究所遵循的就是前者，所以他只能用直观证明来确立公理，从而进行推论。他的这种方法在以往的时代中是不容置疑的权威，如果不能将先验的纯粹直观和经验直观区分开的话，是无法改变这一情况的。虽然欧几里得的注释家普洛克罗斯已经认识到了这两者之间的区别，这一点表

① 康德把这两个希腊字用错了。——原注

现在开普勒所著的《世界的谐律》一书中的一段拉丁文译文。但是他的重视程度不够，他提出的这一个观点是孤立的，既没有引起他人的注意，自己也没有坚持到底。一直过了两千多年，康德的理论才给欧洲人带来了知识、思想和行为上的巨大冲击，从而使数学领域也发生了重大变化。伟大的康德说明了时空的直观与经验直观是完全不同的，前者并非由感官决定的，而是相反地决定了感官，也就是说时空的直观是先验的，因此根本无法被感官所迷惑。当懂得了这一观点之后，人们才能够明白，欧几里得在数学上采取的逻辑方法实在是过于小心谨慎了，就好像双腿健全的人还要使用拐杖；又好比走夜路的人以为白色的道路是水坑，为了避免走到水坑中，宁可踮着脚尖走路，还自以为聪明地避开了这根本不存在的水坑。因此，直到现在我们才能够确定：当我们对一个几何图形进行观察时，这几何图形就是展现在我们眼前的，既非来自纸上所画的图案，也并非来自我们思维中的抽象概念，而是来自我们意识中的先验认识的形式。这种认识的形式无论在何处都是根据律，在这里直观上的表现形式则是空间，即存在根据律。存在根据律和认识根据律一样，是不证自明并且可靠的，它们与逻辑的真确性是同等的。因此，我们不应该只相信逻辑的真确性，而离开数学自身的领域，到与之毫无关系的概念领域中去为之寻求证明。只要我们留在数学自己的领域之内进行研究，我们就能使数学上的知其然和知其所以然合二为一，而不再是被欧几里得割裂开的方法所蒙蔽，只知道前者而不知道后者。亚里士多德在《后分析篇》第一篇第二十七节中已经清楚地说道："同时论述某一事物是这样以及它何以是这样的知识，比对两方面分别进行讲述的知识要更加准确而优越。"在物理学中，也必须将这两者统一起来才能够得到真正完整的知识。例如，只知道托里拆利实验中的水银柱的高度总是超过二十八英寸，却不知道这是由空气压力造成的，那么就不是完整的知识。而对于数学领域中的隐秘属性，例如，只知道圆形中两两交叉的弦的线段构成的矩形永远相同，同样是不足够的。因为这只是"知其然"，虽然欧几里得已经通过第三卷第三十五条定理证明过了，但是却没有说明"其所以然"。与此相同，毕达哥拉斯定理也只教给我们关于直角三角形的一种隐秘属性而已。欧几里得那种艰涩的证明，在说明"所以然"时就力不从心了。而右图这个简单的图形实际上比他的证明要更有力。通过这

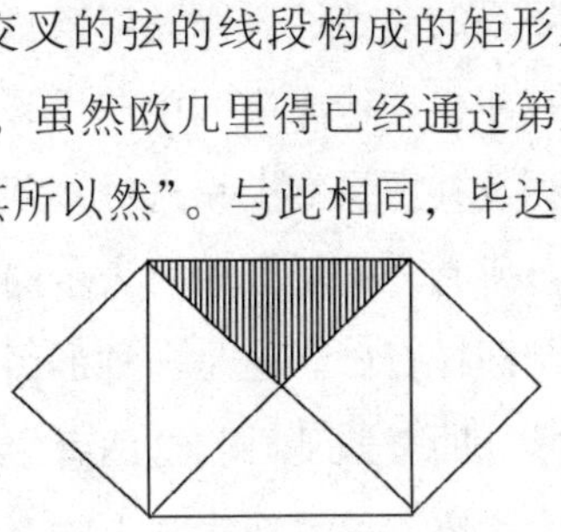

个图形，我们能够更透彻地理解上述必然性，理解该属性对直角的依赖性：当勾股互不相等的时候，也可以通过这种直观认识来解决问题。甚至可以说，几何学上的任何真理都应该通过这种方法进行理解，而那些证明则是事后追加的。人们只要对当时证明一条几何学真理时的思维过程进行分析，就能够直观认识到其必然性。我认为，教授数学时应该采用分析方法，而非欧几里得的综合方法。用分析方法去分析复杂的数学真理时确实非常困难，但这一困难却并非不能克服。德国已经有一些人开始主张变革数学授课方法，采取分析途径，其中诺德豪森文科中学的数学、物理教师戈萨克先生的表现是最坚定的。戈萨克先生在 1852 年 4 月 6 日学校考试的提纲后面，添加了他个人对于几何学教学方法的看法。

想要对数学研究方法进行改革，人们必须先改变这一成见，即认为通过证明得到真理要优于直观得来的真理，或者说认为逻辑的以矛盾律为基础的真理优于形而上的真理。实际上，后者是不证自明的真理，空间的纯直观正属于此类。

根据律是十分真确而又无法证明的，因为根据律的形态就是所有表象和认识的普遍形式。所有说明是在个别情况中指出表象之间的关系，而这些关系本来就是以根据律为基础的，都要还原到根据律。所以说，根据律是一切说明的原则，它自身无法被说明，也无须说明。所有说明都要以它为前提，并且通过它才能获得意义。但根据律的各个形态并没有优劣之别，不论是存在根据律、变易根据律、行为根据律，还是认识根据律，都是同样真确，同样不证自明的。无论在何种形态中，根据和后果之间都存在着必然关系，这一关系本身就是“必然性”这一概念的最终来源，也是它的唯一意义。也就是说，是一种只要有根据，那么就会有后果的必然性，此外没有其他必然性，更没有根据无法导致后果的必然性。因此，以认识根据作为前提得出结论中的后果，与从空间上的存在根据得出空间中的后果一样，都是真确而妥当的。如果对空间上的存在根据及其后果的关系进行直观认识，那么这种认识和逻辑一样具有同样的真确性。所有几何学定理所表示的就是这种空间上的关系，因此它们和十二公理一样都同样真确。这是一种形而上的真理，而矛盾律是一个超逻辑的真理，是逻辑求证的普遍基础，这两者之间却存在着同样的真确性。如果否定几何定理所表示的空间关系在直观上的必然性，那么也就等于否定了那些公理，否定了从前提推导出的后果，甚至否定了矛盾律本身。这是因为，所有这些关系都是同样不证自明的，可以先验认识的。因此，空间关系的必然性原本可以直接认识，但是人们却偏要通过逻辑证明，运用矛盾律来认识它。这种做法就好像土地的拥有者反而请求别人把这块土地租给他一样。欧几里得就是这样做的，他不得不让公理立足于直接证据之上，在他之后的所有几何学真理都需要通过逻辑来证明，也就是说要以公理为前提，通过假定或已有定理来进行证明其符合定理；或者从其反面与假定的矛盾、公理的矛盾或已有定理的矛盾，甚至与其自身的矛盾来证明。然而，公理自身与其他几何定理相比也并没有更多的直接证据，只是内容更加简单而已。

人们在审问犯人时总是会记录口供，并通过检查口供是否前后一致来判断其是否真实。但这种做法实际上是无可奈何的，如果能够通过直接研究判断每一句话是否真实，就无须如此了，要知道犯人有可能将谎言说得前后一致、毫无破绽。欧几里得研究空间关系时所采用的就是这种单凭前后一致的方法。他研究的前提是：既然大自然任何方面都是一致的，所以在其基本的空间形式中也一定是一致的；而且既然空间的各个部分之间存在着因果关系，因此任何一个空间规定都不可能拥有超出自己原本样态的其他样态，否则就会与其他规定发生矛盾。然而，这种研究方法其实是在走弯路，他认为间接认识要优于直接认识，因此将“知其然”和“知其所以然”割裂开来而不利于科学的发展。此外，这种做法还会导致初学者无法真正理解空间规律，甚至会使他不习惯探求根据和事物的内部联系，而满足于“知其然”而已，这样一来他所学到的只不过是历史性的知识罢了。人们认为这种方法可以使人的判断力得到锻炼，实际上学生为了记住那些材料要运用更多的记忆力，这是因为材料之间的一致性需要进行比较。

需要注意的是，只有几何学采用这种证明方法，而算术却是用直观来说明真理，即使用单纯的计数。这是因为数的直观只表现在直观中，所以无法像几何学那样用感性的图形进行表示，这样一来就不用为经验直观容易导致假象而忧虑了。正是因为这种忧虑，几何学才采用了逻辑证明方法。因为时间只有一个维度，计数是唯一的算术运算，是其他所有运算的基础，这种方法是先验直观的。在算术领域中，人们可以放心大胆地使用直观，并通过直观证明其他所有演算和等式。例如，$\frac{(7+9)\times 8-2}{3}=42$ 这一等式并不需要去证明，只要运用时间中纯粹直观的计数，就可以使之变成公理。因此算术和代数并没有像几何学一样，它们的内容并不是证明而是一种简化的计数方法。如前所述，我们在时间上所能达到的数的直观，最多只能达到“十”，十以上就必须使用一个“数”的抽象概念了，需要用一个词语来代替直观。所以，这一直观并不完整，只不过能够完整地标明而已。由于数有着自然秩序这一辅助工具，所以还可以用小数字来代表一个较大的数字，而保持其价值不变，这样进行的演算仍然拥有直观的明显性。当人们高度运用抽象作用时也是如此，在抽象思维中不仅数可以被思维，不定量和整个演算过程都可以通过符号标记而被思维，例如 $\sqrt{r-b}$。这样一来，人们就可以用示意代替演算了。

几何学也可以像算术一样，将先验的纯粹直观作为真理的根据。实际上，按照存在根据律而直观认识到的必然性反而可以使几何学具有更大的自明性。每个人意识中的几何学定理的真确性就是以这种自明根据为基础的，而非以矫揉造作的逻辑证明为基础。逻辑证明实际上是舍近求远，不久之后就会被人们遗忘，当然这并不妨碍人们继续相信它。几何学本是不证自明的，因此根本不需要逻辑的证明，逻辑所能够证明的不过是人们已经通过其他认识方式了解到的东西。就好像懦弱的士兵在已经被杀死的敌人身上又戳了一刀，并声称是自己的功劳。①

通过上述说明，希望人们能够明白数学是不证自明的，它的自明性是所有自明之理的典范，它并非以证明为基础，而是以直观为基础。无论在任何领域中，直观都是真理的最终来源和最高根据。而且，与其他直观即经验直观相比，数学所依据的直观的优势在于，它是先验的，不依赖于经验。经验直观是一部分一部分获得的，而先验直观则是同时存在的，无论从根据出发或者从后果出

① 斯宾诺莎自称自己的立论基础是几何学规则，事实上他所做的已远远超出了他自己的意识范围。因为对于世界的本质，他原本有直接而明晰的认识，可是他要摆脱这种认识，而尝试用逻辑来验证本来因为直观的认识已经成为真实的、成定局的东西。他所找寻的，他之前所确认的结果都是通过这种方式得到的。他着眼于任意制造的概念［实体（substantia），“自为原因”（causa sui），等等］，在验证时，概念有着广义的含义圈这种本质则为他提供了极大的便利，他也就尽可能无所顾忌了。他那学说中真切的和杰出的东西，却是那些不需要验证的东西，正和在几何学中的情况完全相同。——原注

发都是一样的。因为先验直观是从原因认识后果的，而唯有这种方法拥有必然性，所以这就使数学所依据的先验直观拥有了充分的正确性。举一个数学中的例子就是，三角形中的三个角相等，那么三条边也相等。而经验直观却与之相反，是从后果来认识原因，这种方法很容易出现错误。因为只有从原因出发才能必然得出后果，而从后果出发则不一定必然会推出原因，要知道不同的原因有可能会导致同一个后果。后一种方法属于归纳法，即从多个后果反推出一个原因，并假定该原因是正确的。但是，个别情况不可能都聚集在同一处，所以通过这种方式获得的真理并不可靠。然而，所有感性的直观认识和大部分经验直观所能得出的就是这样的真理。官能在获得感受之后，悟性便会随之从后果推导出一个原因，但是既然后果是从原因而产生的，那么从它去反推原因显然是不可靠的，因此就有可能产生假象这种感性迷误，这种情况并不少见。只有当几种甚至全部五种官能得到的感受都能推导到同一个原因时，才可以最大限度地防止假象的出现，但仍不可完全避免。因为在某些情况下，人们的感官可以被全部蒙蔽，例如伪钞就骗过了人的几乎所有感官。所有自然科学和经验认识，如果不考虑其纯粹的也就是形而上的部分，就会发生上述情况。所有自然科学都是以假设为基础的，也就是从后果认识原因。而这些假设经常出错，只能依靠较为正确的假设逐渐替代错误的假设。只有在实验中，才使用从原因认识后果这种可靠的方法，但是实验却是按照假设进行的。因此，任何自然科学，例如物理学、天文学和生理学，都不能像数学和逻辑那样，能够一次就彻底发现，而是需要从过去到现在不断对经验进行搜集、整理和比较。只有不断地对经验加以证实，才能够使归纳法逐渐完备，从而保证在其应用于实践时能够达到较高的准确性。所以，人们认为这种完备的来源对假设并没什么危害，比如，人们认为直线和曲线不能通约并不会影响几何学的应用，“对数”永远无法达到精确性也并不会危害算术。就像可以通过无限的分数使圆无限接近方，使对数无限接近精确，同样也可以通过无数次的经验将归纳法尽可能地接近于数学的自明性，也就是使从后果到原因的认识尽可能接近从原因到后果的认识，从而最大限度地减小误差发生的可能性。然而无论如何努力，误差仍然有可能存在。从无数情况来推导一切情况，也就是推导这些情况所依据的一个原因，这就是归纳法。采用这种方法可以得出“人的心脏都在左边”这样看上去非常可靠的结论，但尽管非常罕见，仍然有极个别的人的心脏长在右边。所以说，感性直观和经验科学所依据的证据是同类的。相比之下，数学、纯粹自然科学和逻辑，属于先验知识，其优点在于先验认识的形式是同时存在的。所以，这些科学可以从原因推导后果，感性直观和经验科学却只能反其道而行之。不过在其他方面，因果律也就是经验认识所依据的变易根据率，与纯粹的先验科学所依据的根据律的其他形态一样，都是可靠的。而从概念得出的逻辑证明和推论也与直观的先验认识一样，也有着从原因推导结果的优点，因此这些证明和推论在形式上也是正确无疑的，这也使证明获得人们的信赖。但实际上，逻辑证明只是相对正确，它只是将一门科学的最高命题进行概括而已，这些最高命题才是这门科学的真理所在。所以只有证明是不够的，而必须以直观认识为基础。在上述几门先验科学中这种直观是纯粹的，而在其他科学中则是经验的，并且只能通过归纳法才能获得普遍性。因此，虽然经验科学也可以从普遍推导到特殊，但这种普遍的真实性却依赖于个别。这种普遍并不是可以生产东西的土地，而只是一个存放东西的仓库。

我们对真理的证明已经进行了很多讨论，下面我们就来谈一谈谬误是从何而来的。关于这一问题，从柏拉图开始人们就一直在试图说明。柏拉图形象化地指出，谬误就像一只鸽笼里关错的鸽子，等等（《特厄特都斯》第 167 页等）。康德对于这一问题的说明则含混不清，他在《纯粹理性批判》第一版第 294 页、第五版第 350 页中用对角线移动的图形来进行说明。如果说真理就是一个判断及其认识根据的相关性，那么做出判断的人是如何相信一个实际上并不存在的根据呢？这种谬误也就是说理性上的蒙蔽是怎么发生的呢？我认为，谬误之所以产生的原因与前文所述的假象或悟性的蒙蔽的产生类似：我的观点是（这里正好适合进行这一说明）谬误都是从结论推论到根据而产生的。只有当某一结论只存在单一的根据时，这种推论才是可靠的，否则就很容易产生谬误。谬误产生于以下两种情况中：第一种情况是，一个人为结论指定了一个根本不可能的根据，这说明作出推断的人缺乏悟性，即他对因果联系无法进行直接认识；第二种情况则更为常见：一个人为结论推导出的根据是可能的，但是这种推导却需要补充一个前提，那就是这一结论任何时候都只由他得出的这一根据产生。实际上，只有当他的归纳工作十分完整时，才能下这样的论断，但实际上他并没有做这样的工作就进行假定了。所以，“任何时候”过于宽泛，应该说“有时”或“大多数情况下”，如果采用后一种说法，那么这一结论就是不确定的了，那么也就不会产生错误了。但是一个人既然已经陷入谬误，那么他要么是过于心急，要么就是对可能性的认识不足，总之他不懂得完备地归纳工作的必要性。所以说，谬误和假象同样都是从结论推导出根据。假象是从悟性中产生的，即悟性在直观中按照因果律得出的；而谬误是从理性中产生的，是理性在思维中按照根据律的所有形式而得出的，并且多数是从因果律得出的。按照因果律而产生的谬误可以分为以下三类：①感性假象即悟性的蒙蔽造成的谬误即理性的蒙蔽。比如，人们看到很像浮雕的作品之后，认为它就是浮雕。这一推论是从这样的前提得来的："由于光线照在凸处和凹处会呈现出不同的效果，所以如果颜色上由灰过渡到白，那么一定是由于光线的原因，所以……"②"如果钱柜中的钱变少了，那么这一定是因为仆人偷偷配了一把钥匙，所以……"③"如果圆而白的日影通过棱镜的折射，变成彩色的光束，那么一定是因为日光中本身就具有不同颜色、不同折射率的光线，现在通过折射，这些光线被分离开来呈现为彩色光束。因此，让我们干杯[①]！"所有谬误都是由一个概括错误的推论导致的，这种推论假设从某一根据可以推导出某结论。不过，演算的误差除外，它只是差错而并非谬误，数的概念所规定的演算过程并不是在纯粹直观，不是在计数中完成的。

一切科学的内容都是世界上各种现象之间的相互关系，这种关系是符合根据律的，同时只有根据律能给予其"为什么的"根据和意义。对这些关系进行证实就是说明。如果有两个同类表象，这一类表象受到根据律中的某一形态的支配，那么说明所能做的只是指出在这一形态中，两种表象之间的关系，并在此止步。说明进行到这一步，已经无法也无须继续探寻原因了，因为这种得到证实的关系就是一切认识的形式，是无法追寻为什么如此的。因此，人们并不会追问二加二等于四的原因，也不会追问三角形内角相等的三角形是等边三角形的原因，不会追问一个原因必然会导致一个后果的原因，不会追问真实的前提会导致真实的结论的原因。如果一个说明不能最终结束在一个不能继续追问原因的关系之上，那么它所能提供的只不过是假定的隐秘属性。任何原始的自然力都是这样的属性，也就是说所有自然科学的说明都只能到此为止，无法冲

① 来自拉丁文 bibamus，是德国大学生组织演唱的拉丁文歌词；这里用作讽刺，意思是："问题解决了，喝一杯吧！"——译者注

破这片黑暗。因此，自然科学无法说明石头或者一个人的本质，也无法说明石头的重力、凝聚力和化学特征，更解释不清人的认识作用和人的行为。举例来说，“重”就属于这种隐秘属性，因为人无法直接认识到它，可以想象它根本不存在，它并非认识的形式必要的产物。但惯性定律却相反，它是由因果律推导出的，因此可以还原为因果律来进行充分的说明。有两种事物无法进行说明，即无法还原为根据律所表示的关系：第一种是拥有四种形态的根据律本身，因为它是说明的基础，所有说明都只对于它有意义；第二种是作为所有现象本质的基础的自在之物，根据律无法对它起作用，对于自在之物的认识是不遵循根据律的。我们在这里暂时将自在之物的不可理解这一问题放在一边，下一篇在讨论科学可能的成就时，再对它进行讨论。自然科学甚至是一切科学无法涉及领域，也就是不仅不能说明，甚至连说明的形式即根据律也无能为力的领域，就是哲学所掌握的研究领域，而且采取的是与科学完全不同的研究方式。在《根据律》第五十一节中，我指出根据律的不同形态是指导各门学科的线索，对学科的分类也可以按照那种方法进行。不过通过这种线索进行的说明，如前所述，只是相对的，它只能对相互关系进行说明，而那些说明所预先假定的东西是无法被说明的。这种无法被说明的东西，表现在数学上就是时间和空间；表现在物理学、力学和化学中就是物质、物性和原始自然力、自然规律；表现在生物学中就是种属的差异和生命自身；表现在历史学上就是人类在思想和欲望方面的特征。在所有科学中，根据律都会根据不同需要应用某种形态。哲学的特点在于它不假设任何东西是已知的，而将所有东西都看作同样的陌生，都是待研究的问题；不仅现象之间的关系需要研究，现象本身甚至根据律本身都有待研究。其他学科只要将所有东西都还原于根据律，问题就解决了。但在哲学领域，这样做是远远不够的，因为根据律中的各个环节对于哲学来说都是陌生的，都是有待研究的问题。这种关系本身和被联系起来的事物也都需要研究，不论它是否已经被指出。如前所述，科学所假定的，用来作为说明根据和规定的，就是哲学需要研究的问题。所以，科学停止的地方，正是哲学起步的地方。从已知命题推导出未知命题的证明并不能作为哲学的基础，因为对于哲学来说，所有的一切，不论已知未知都是陌生的。并没有一个可以作为整个世界和所有现象的存在基础的命题，所以斯宾诺莎想要通过对“一个可靠的原则”进行证明而发展出一种哲学，是根本不可能的。哲学本身就是最普遍的知识，所以不存在更普遍的知识可以作为其命题的根据。矛盾律并不能产生概念，而只能赋予概念一致性；根据律并不能说明现象自身，而只能说明现象间的关系。所以哲学的出发点并不是寻找世界的一个效因或一个目的因，至少我的哲学就不追问世界的来源，而只探索世界是什么。在哲学中"为什么"要比"是什么"更低一级，因为"为什么"只是由于世界的现象的形式，由于根据律而产生的，并且只在这一范围内有意义和具有妥当性，因此本身就属于这个世界。人无须其他辅助就可以断言世界是什么，因为人本身是认识的主体，而世界只是主体的表象。在某种意义上，这种说法是正确的。然而，这种认识是一种具体中的直观认识。哲学的任务就是将这种不稳定的直观认识，把感这一概念所包括的一切，把不明晰的、消极规定的非抽象的知识上升为抽象的、清楚的、永恒的知识。所以，哲学就是对整个世界本质的抽象描述，即是对整体的也是对部分的描述。由于存在着无数的个别判断，为了不迷失其中，哲学需要将所有个别事物及其之间的差异都在普遍中进行思维。所以哲学既进行分离，又进行融合，从而将世界上所有复杂的事物都按照其本质概括在少数抽象概念中，并交给知识。既然哲学用抽象概念定义了世界的本质，那么通过这些概念必须既能认识普遍，也能认识特殊，也就是说对这两者的认识必须可以准确地相互联系。如柏拉图所说的：从多种认识一，从一种认识多——这就是哲学上的天才的体现。综上所述，哲学就是所有普遍判断的总和，整个具有完整性的世界本身就是它的认识根据，就是人的意识中所表现出来的所有东西。哲学就是世界在抽象概念中的完整复制，就像镜子中反映出的影像。这些抽象概念之间，本质上相同的即合而为一，本质上不同的则分而为二。培根早就这样论述哲学的任务："真正的哲学，是忠实地复述世界自身的声音，世界说了什么，就恰到好处地说什么，不添加任何自己的东西，只是这世界的反映和回声。"（《关于广义的科学》第二卷第 13 页）不过，培根的这种说法是因为他未想到哲学的一个更广泛的意义。

世界的各个部分、各个方面，同属于一个整体，因而相互之间具有一致性，哲学这种对世界的抽象复制也必须将这一致性加以重现。所以，在判断的总和中，一个判断可以通过另一判断推导出，不同判断之间总是可以相互引申的。然而只有这些相互引申的判断都齐备，才能够使第一个判断有可能，亦即这些判断的确立必须以对世界的具体认识为直接基础。这是因为直接的证明永远优于间接的证明。这些判断之间的协调一致使其得以构成一个统一的思想，这思想的统一性是以直观世界本身的和谐统一为基础的，直观世界又是这些判断所共有的认识根据。因此这些判断之间的协调关系并不是这些判断最初的东西，也不能作为它们成立的依据，只不过附带性地使判断的真实性得以加强。只有问题得到解决，才能够完全解释清楚这一问题。①

第十六章

我们在以上章节中考察了人类所独有的特殊认识能力——理性，同时也考察了由理性而来的人类本性上特有的成就和现象。关于理性，还剩下一个问题需要说明，那就是理性是如何指导人类行为的，也就是理性的实践方面。康德（确实很方便地）认为所有美德都直接来源于实践理性，他认为实践理性是一个上天赐予的宝座。对于康德的这一道德原理，我在《伦理学根本问题》中已经进行了彻底的反驳。所以，这里我就不再继续谈论理性在其真正意义上对于行为的影响问题了。刚开始的时候，我们已经大概说明了人类行为与动物行为的区别，并指出意识中是否具有抽象概念是导致这种区别的原因。抽象概念对于我们的影响是非常重大的，有抽象概念的人类之于动物，就像有视觉的动物之于没有眼睛的动物一样（例如某些幼虫、蠕虫和植虫等）。没有眼睛的动物通过触觉来认识空间中与它们有直接接触的事物，而有视觉的动物可以认识的范围更广。与此相同，缺乏理性的动物只能认识在时间上直接呈现出的表象，即只局限于认识现实客体；而具有理性的人，则通过抽象认识，除了能够认识眼前的、当下的事物，还能够认识过去和未来以及各种可能性。我们可以从各个角度来观察生活，甚至可以超越现在和现实。在这一程度上，眼睛在空间中得到的感性认识也就是理性在时间上得到的内在认识。对象可见性的意义和价值只在于其与对象可触性之间的必然联系，同样，抽象认识的价值也只在于其与直观认识之间的对应关系。所以，对于大多数普通人来说，直接获得的直观认识要比抽象概念更有价值，经验认识要比逻辑认识更有价值。还有一些人拥有相反的观点，在生活中这些人习惯于只说不做，他们的经历大多来自报纸和

① 第二卷第十七章是对此处的补充。——原注

书籍，而非来自现实世界，这些人最终很有可能会变成只会啃书的迂腐之人。莱布尼兹和沃尔佛以及他们的继承者们就是这样的迂腐之人，所以他们才会与滕斯·斯阁都司犯了同样的错误，认为直观认识只是模糊的抽象认识。不过，斯宾诺莎后来总算清醒了过来，指出一切概念都产生于杂乱无章的直观认识。而上述那种错误观念产生了许多消极后果：数学研究放弃了其自有的证据，而只采用逻辑证据；一些人将所有非抽象认识都归类于“感”这一概念，并贬低其价值；还有康德的伦理学认为，纯粹的直接认识所导致的正义和慈善行为，作为单纯的感和激动来说并无价值，只有产生于抽象规范的行为才具有道德价值。

人优于动物的地方在于，可以通过理性获得对于整个生活的概览，就好像一幅关于人的一生的草图，和几何学中那种抽象的、缩小的黑白草图类似。人类和动物的区别，就好像航海家和无知的水手的区别。航海家能够通过航海地图、罗盘、象限仪等准确地了解此次航行的航程和目前的坐标；而水手看到的只是海中的浪花和头顶的天空。所以，人类除了拥有具体的生活，还拥有第二种生活，即抽象中的生活。人类在具体的生活中，与动物没有太大差别，都需要与当前的现实做艰苦的斗争，会遭受苦难和死亡。而在抽象中的生活却大不相同，它存在于理性思考中，这种生活是其具体生活的无声反映，是他所生活的世界的反映，也就是上面所说的那种草图。第二种生活是无声的安静的思考园地，那些在第一种生活中使他的内心激动不安的东西，在这里都变得安静了、褪色了，也因此变得陌生了。在这第二种生活中，人类变成了一个进行观察的旁观者。退到反省思维中，人好像从舞台走到了幕后，坐在观众席中，不动声色地观看演出，好像演出的内容与他本人并无瓜葛，甚至对于一些生死攸关的情节也无动于衷。然后，他又回到了舞台上继续演出，仍然按照剧情做出行动，因为一些事情而感受痛苦。与动物的无思无虑不同，人类的这种无动于衷，这种平静是因为人类的生活具有双重性。所以，当一个人看清楚必然性，进行过思考做出判断之后，就可以异常冷静地忍受痛苦或者执行任务，哪怕对于生命是非常可怕的事情，例如自杀、决斗、死刑，以及一切冒着生命危险的行为，这些行为都是动物性本能要极力抗拒的。从此处可以看出，人的理性能够主宰动物性本能，并且对坚强的人大声宣布：“你的的确确拥有一颗钢铁般的心！”（《特劳埃战争》）这种情况下，理性才真正表现为实践。因此，在任何情况下，实践理性的出现就是用理性指导行为，行为的动机出自抽象概念，而非出自个别的直观表象或决定动物行为的当前印象。实践理性的出现与伦理价值无关，也不依赖于它。理性行为和美德行为毫不相关，理性既可以作恶，也可以为善，理性加入哪方，那一方就会产生巨大的作用。不论是完成一个高尚的行动，还是实践一个卑劣的计谋，抑或实现一个智慧的或毫无价值的格言，理性所起的作用都是相同的。这是因为理性本性上的那种女性化，即它只进行接受和保存，自己却不生产任何东西。

实践理性在其真正含义上的最完美的发展，是人使用理性所达到的最高峰，这也正是人与动物最为显著的区别。这种最高峰正是斯多噶派智者所追求的理想。斯多噶派伦理学的发生与本质并不是讨论道德，而是一门理性生活指南。他们的目的是通过心神的宁静而获得幸福。在理性生活中，美德懿行只是一种偶然的手段，而非目的。所以，斯多噶派伦理学的观点的本质，与那些以美德懿行为基础的伦理学体系不同，后者包括《吠陀》、柏拉图、基督教和康德的学说。斯多噶派的目的就是获得幸福，斯多帕阿斯在阐述本学派的哲学时曾说："美德的全部目的就是获得幸福。"（《希腊古文分类选录》第二卷第七章第114页和138页）斯多噶派伦理学认为，只有获得内心的平和宁静才能达到幸福，而这种平和宁静的唯一基础是德行，这就是所谓"美德是最高的善"的含义。然而，如果逐渐在手段上忘记了目的，而执着于美德的话，就会使美德产生一种与本人幸福完全不同的旨趣，这两者之间存在着很大的矛盾；这样也就产生了前后不一致。由于这种不一致，在任何体系中，从直接认识得来的真理，也就是人们"感到"的真理，便会重新回归，压倒逻辑推理而占据上风。比如，斯宾诺莎的《伦理学》就发生了这种情况，他的理论实际上是一种诡辩，是从"追求个人利益"的自私自利中引申出的纯粹道德学说。我认为，斯多噶派伦理学的渊源就是：由于人具有理性这一特权，他可以做出计划周密的行动，这行动产生的后果使人的生活负担减轻了许多，让人更加轻松，那么人是否单单通过认识就能够摆脱人生中的痛苦和折磨呢？一种具有理性的生物能够通过理性对无穷无尽的事物进行认识和掌握，却仍然受限于短暂的岁月和无常的命运，由于当下发生的各种各样的情况而产生"欲求"与"逃避"的冲突，并因此感到剧烈的痛苦和沉重的忧惧。人们认为这种情况是与理性的优越性不相符的，而且人应该能够通过合理运用理性而摆脱这一切所带来的伤害。所以，安第斯顿涅斯[1]曾说："或者为自己获取理性，或者为自己拿一条上吊的绳索。"（普鲁塔克[2]著《关于斯多噶派的反驳》第十四章）也就是说：既然人生充满了苦难和烦恼，那么人如果不纠正自己的思想进而超脱烦恼，就只好死去了。人们已经明白，痛苦和悲伤并非来自"一无所有"，而是由于"希望有所有"却"不得实现"，也就是说只有当一个人"希望有所有"时，"一无所有"才会使他感到痛苦。"贫穷并非痛苦的根源，贪欲才是。"（厄披克德特[3]在《断片》第二十五条）而且，通过经验也能明白，人的愿望是从希望中产生的，只有拥有提要求的权利才产生，才滋养着人的愿望，因此，扰乱我们内心、带给我们痛苦的，既不是人类固有的恶，也不是求而不得的善，而是能够逃避的和能够获取的两者之多少。如果根本无法获取或者只是相对无法获取，无从逃避，那么我们也就不会感受到痛苦了。这样一来，不论是我的个性中固有的恶，还是无法求得的善，我都不会在意了。正因为如此，如果根本不存在"希望"，愿望也会自行消失，因此不会使我们感到痛苦。综上所述，我们想要得到的事物与实际得到的事物之间的比例就是幸福的基础。这两者的绝对大小对于幸福来说并没有什么区别，或者使前者缩小，或者使后者扩大，都可以构成幸福。同样，所有痛苦都是由于我们想要的事物和实际得到的事物不成比例造成的。[4] 而且只有人的认识能够产生这种不成比例，所以人一旦拥有了更高的觉悟就可以摆脱痛苦。所以克利西波斯[5]曾说："人必须按照自然揭示的经验来生活。"（斯多帕阿斯：《希腊古文分类选录》第二卷第七章第134页）也就是说，人们应该对世界上的事物有一定的了解。一个人之所以会感到不知所措，在痛苦的打击下一蹶不振，或者表现得充满愤怒或犹豫不决，就是因为他发现事物的发生是出乎意料的。这说明他头脑中存在着谬误，他对人生和世界没有正确的认识。他还不知道无机自然物无意中的偶合，以及有机自然有意识的作用，都会逐渐阻碍每个人的意志。所以，这个人或者是没有使用理性来认识人生的普遍本质，或者是由于缺乏判断力，虽然认识了普遍，却不能在特殊中加以实践，所以具

---

① 安第斯顿涅斯：Antisthenes，古希腊哲学家，犬儒学派创始人。——译者注

② 普鲁塔克：Plutarch，希腊作家。——译者注

③ 厄披克德特：Epiktet，原为希腊斯多噶派哲学家，后来沦为罗马贵族的奴隶。——译者注

④ "正如他们的理论，所有的烦恼都来自看法和意见。"（西塞罗：《督斯库陆姆》）"并不是事物本身引起了人的烦恼，而是人们对于这事物的意见引起的。"（《厄披克德特》第五章）——原注

⑤ 克利西波斯：希腊斯多噶派第三代领袖。——译者注

体事物发生时会使他感到出乎意料而不知所措。因此，所有使人感到欢愉的情感都是谬误，都是妄念。因为所有已经达成的愿望不可能给人长久的满足感，因为所有财富和幸福都是短暂的，可能下一秒就会消逝。这种妄念的幻灭就是一切痛苦的根源，而痛苦和妄念则是从错误的认识中产生的。因此，智者心中既没有欢愉也没有痛苦，他内心的“恬静”不会被任何事物扰乱。

根据斯多噶派的观点，厄披克德特认为，人们必须将以我们为转移的和不以我们为转移的事物区分开来，对于后者根本不予理会，这样就可以彻底摆脱痛苦和忧惧了。厄披克德特以这一观点为出发点，又经常回到这里，这一观点几乎可以算作他思想的核心。但实际上，只有意志是以我们为转移的。现在我们就要开始讨论德行论了，因为刚刚谈到决定我们幸福与否的是不以我们为转移的外在世界，而决定我们内在是否满足的则是意志。也许有人会问：幸与不幸，满足与不满足是否可以用善和恶来表示？我认为这无关紧要，根据个人喜好选择即可。但是，这一点却引起了斯多噶派和亚里士多德派、伊壁鸠鲁派之间长久不休的争论。实际上，这两者的基础完全不同，而且根本无法比较，他们却由此产生了完全相反的、不甚明晰的观点，并且相互批驳。西塞罗在《矛盾集》中收集了斯多噶派关于这一问题的观点，对于我们来说是很有意思的资料。

斯多噶派的创始人芝诺曾经采用过另外一种方法，他认为：人们如果想要达到最高的善，也就是获得幸福和内心的恬静，就必须在生活中与自己一致。“生活一致就是要按照一定的道理生活并且与自己和谐。”（斯多帕阿斯：《希腊古文分类选录：伦理编》第二卷第七章第 132 页）还有：“在一生中，心灵都与自己和谐一致就是美德。”（同前书，第 104 页）然而，如果想要做到这一点的话，人们只能理性地按照概念而不是按照变动不居的印象和心情来决定自己的生活。既然我们只能掌握行为所依据的规范，而不能掌握行为的后果，即外来因素，那么想要达到一以贯之、前后不变，就只能把规范而非后果当作人生的目的，由此这一问题便引入了德行论。

不过芝诺的后继者们已经认识到，芝诺“与自己和谐地生活”的道德原理过于空洞，过于形式化。于是，他们又给这一原理补充了“生活必须与天性一致”这一内容。斯多帕阿斯在他的书中说明，克勒安特斯[①]是第一个提出这一补充的人。不过，因为含义广泛、语义不定，这个问题就变得更长了。克勒安特斯指的是一般的天性，而克利西波斯指的则是人特有的天性。后来人们便认为，美德只与人的天性相符，就像动物冲动的满足与动物天性相符一样。这样一来，问题又很勉强地引入了德行论。而且不论多么艰难，他们总是想使物理学成为伦理学的基础。原因是斯多噶派的目标永远是原则的统一，就像在他们看来上帝和世界是统一的一样。

总的说来，斯多噶派伦理学进行了一种可贵可敬的尝试，他们试图用这一指示

> 只有这样才能使人生达到中庸：
>
> 贪欲、恐惧和欲望都不能使你激动或者烦恼，因为你是永远一无所有的人。

来让人利用自己特有的理性达到幸福的目的，即让人摆脱人生中不可避免的痛苦和烦忧，从而享有人的尊严。这种尊严体现了具有理性的人与动物之间的区别，因而这里所说的尊严也只限于这一意义。正是由于我对斯多噶派伦理学有这样的看法，所以我在讨论理性及其作用时，便不得不提到这种伦理学。尽管斯多噶派这一尝试的目的，在某种程度上通过运用理性或者通过一种合理的伦理学就可以达到；尽管从经验中可以看出那些生活完全符合理性的人——一般被称为实践哲学家。之所以这样称呼，是因为理论哲学家把生活带入概念中去，而实践哲学家则把概念带入生活——是最幸福的。但是，这并不足以说明通过这种方法就能抵达完美的境界，也不能说明只要正确使用理性就能使我们脱离人生的重负和痛苦而达到无限的欢乐。既想要生活而又想不痛苦，这根本是矛盾的。所以，“幸福的人生”这一说法实际上也是矛盾的。只要理解了我接下来的说明，就能够懂得这一道理。实际上，那种纯理性的伦理学中本身就存在这种矛盾。也就是说，在哲学谈话中用命题、定理和逻辑推论是无论如何也不能减轻人肉身的痛苦的。既然痛苦获得胜利并且无法摆脱，而作为人生唯一宗

---

① 克勒安特斯：希腊斯多噶派哲学家。——译者注

旨的幸福无法抵达，那么斯多噶派就在他们对幸福生活做出指示的教义中（这种指示是其伦理学的主要内容）加入了对自杀的劝告（就像东方专制帝王奢华的房间中总是藏着一小瓶毒药一样），于是死亡也就可以平静地接受了。现在出现了一个对立：对立的一方面是斯多噶派伦理学；另一方面则是前面提到的所有其他伦理学，它们的直接目的是达到美德自身，不管过程中要承受多少痛苦，也不希望人们为了摆脱痛苦而自杀。不过，他们都没能提出反对自杀的真正理由，只是费力找到了一些模模糊糊的表面理由。本书第四篇中会讨论反对自杀的真正理由。斯多噶派伦理学实际上是讨论幸福的学说，它不论是在外表上还是在结论上都与其他把美德作为目的的学说非常类似。不过，刚才说到的那个对立表明两者之间有着本质的、原则上的区别。这一存在于斯多噶派伦理学基本思想中的矛盾还表现为：作为其伦理学理想的斯多噶派的智者，就算自己在论述这种伦理时也无法获得生命内在的、诗意的真理。这位智者不过是一个僵硬的、四肢用木头雕成的假人，人们不知道怎么对待他，他也不知道到哪里施展自己的智慧。他的恬静淡然、自足自乐与人生的本质是对立的，无法使我们对其产生直观表象。而印度智慧中产生的那些超脱凡世的自愿的忏悔者与之完全不同，基督教中的救世主则更加伟大和崇高。救世主有着卓越的、深刻的形象，他体现了最高的、诗意的真理，也体现了最大的人生意义，既承受着巨大苦难，同时又具备完美的德行，并以神圣、崇高的形象矗立于我们面前。[①]

① 第二卷第十六章是对此处的补充。——原注

第二篇
世 界 作 为 意 志 初 论

意志的客体化

精神的栖息之处是我们，既不是上天，也不是地府，
这两者都是存在于我们之中的精神创造出的。

第十七章

第一篇我们只是对表象的普遍形式进行了研究，也就是把表象作为表象来研究的。抽象表象即概念的内涵和意义，只体现在它和直观表象之间的相互关系中，此外便没有任何价值。从这一层面上看，我们也已经了解了它的内涵。既然对于世界的了解全部依赖于直观表象，那么我们现在就来了解一下直观表象的内容、详细规定以及它在我们面前呈现出的形象。需要特别注意的是直观表象的真正意义，在“感到”的意义以外的真正意义。因为这真正意义的存在，才使我们所看到的景色不会是陌生的、毫无意义的掠影——如果没有真正的意义，就会出现这种情况——而是直接吸引我们的注意，激发我们的兴趣，并为我们所理解。

下面我们来看看数学、自然科学和哲学，这三种学科中的任何一种都可以

为我们提供部分解释。然而，我们首先发现，哲学是一个多头怪，每个脑袋所说的语言都各不相同。关于直观表象的意义这一点，说法还算统一，除了怀疑论者和唯心论者之外，各方的说法比较统一。他们认为，客体是表象的基础，虽然客体在本质和内涵上不同于表象，但在其他部分两者却十分类似，就像两个鸡蛋一样相似。他们有统一的观点，但对我们来说却没有什么用，因为我们只知道两者是统一的，是二而一，却不知道怎样对两者进行区分。既然所有客体永远以主体为前提，那么也就永远是表象，无从改变。与此相同，我们已经知道表象的最普遍形式就是客体，这种形式正体现了客体与主体的分立。除此之外，我们认为客体所依据的根据律也只是表象的形式，即一个表象与另一表象之间有规律的联系，而并不是全部表象与其他非表象之间的联系。关于怀疑论者和唯心论者的观点，前面谈到世界实在性的争论时已经讨论过了。

我们对于直观表象只有一般的、形式上的认识，如果想要从数学领域寻找关于它的进一步认识，那么就只能讨论那些存在于时空中的表象，也就是数量。虽然数学可以精确地给出多少和大小的数值，但是这多少和大小只是不同表象之间的比较，并且只是关于数量相对的、片面的比较。所以，这并不能解答我们的问题。

最后，我们再来看看广泛并且门类众多的自然科学。首先，自然科学可以分为两大类，一类是对于形态的描写，另一类则是对于变化的说明，这两类分别叫作形态学和事因学。形态学研究的是稳定不变的形式，事因学则按照形式变化的规律对变迁中的事物进行研究。这样说可能并不严谨，不过我认为前者指的就是所谓的自然史，尤其是植物学和动物学。这种科学研究的对象是各种不同的、有机的个体，这些个体虽然在不停替换但却始终保持不变，也就是被硬性规定的形态。这种形态是直观表象的重要组成部分之一，形态学的任务就是对它们进行分类、归纳，分成自然的和人为的两大系统，并把所有形态放在概念之下，从而使我们能够通过概念来认识它们。除此之外，形态学还在全部或者部分领域指出了一种包含在所有形态中、差异及其细微的类似性（设计的统一性），由于这种类似性，所有形态就好像乐曲中始终围绕着主旋律的复杂变调一样。个体如何发生，也就是物质如何呈现为这些形态不是我们研究的重点。因为，任何个体都是另外一个与之相同的个体通过生殖作用产生出的。无论在任何领域，这种生殖作用都是神秘的，未被人们真正理解的。我们所知道的一些皮毛属于生理学的范畴，而生理学则属于自然科学中的事因学一类。矿物学原本属于形态学，在当它向地质学转变时，则开始向事因学靠近。事因学是自然科学中认识事物原因及后果的一个类别。关于事物因果的认识，就是指出物质在一个状态之后，如何按照一个正确无误的规则必然产生另外一个状态；指出一个特定变化如何必然地制约着并引出另一个特定变化。这样进行指出的过程就叫作说明。力学、物理学、化学、生物学都属于事因学。

然而，如果我们一直跟随着这些科学的脚步，很快就会发觉不论事因学还是形态学，都不能为我们提供我们所寻求的问题的答案。形态学给我们提供了无穷无尽、变化万千，但都以某种相似性而被归纳为不同种类的形态。采用这种方式去进行考察，对于我们来说，这些形态永远都只是陌生的表象而已，就像无法理解的象形文字一样。反之，事因学只是为我们指出，物质状态出现于时空中的时候所遵循的规律和秩序，只能说明某一场合中那种现象一定会出现，只能按照一种规律决定物质状态在时空中的地位。这种规律的内容是经验中已有的，而这种规律的形式和必然性却不依赖于经验就能被我们意识到。然而，我们并不能从中了解到那些现象中哪怕一个现象的内在本质。这种本质被称为自然力，不属于事因学的说明范畴。当自然力发生所需要的条件出现时，事因学就将这种自然力出现时所遵循的规律称为自然律。不过，自然律，它发生所需的条件，以及它的发生，在一定的时空范围内来说，就是事因学所能说明的一切内容。然而自行发生的自然力本身，按规律发生的现象的内在本质，不论这种现象是最简单的还是最复杂的，对于事因学来说，永远是一个陌生而未知的谜。这是因为，到现在为止事因学虽然在力学方面已经获得了最大的成就，在生理学方面获得了很小的成就，但不论是使一颗石子落到地上或者使一个物体撞击另一个物体的力，还是促使动物运动和生长的力，关于其本质我们都同样一无所知。在力学中，物质、重力、不可渗透性、撞击导致的运动的可传递性、形体固定性等都被认为是不可研究的，统称为自然力。自然力在一定条件下按照一定规律发生则叫作自然律。先有了这些之后，力学才能够进行证明。力学的说明就是精确、忠实地指出每一种力在什么时候、什么地方、怎样发生，就是把力学发现的每一种现象都还原成某一类自然力。而化学、物理学和生理学在自己的领域内所做的也是类似的工作，只不过这些科学假设更多，做出的成就更少。综上所述，就算是对于自然界最完备的事因学说明，实际上也只是列举出了一些无法解释的自然力，以及当这些自然力在时空中发生，各种现象相互继起、相互替换时准确地指出其遵循的规则罢了。而这些如此出现的自然力的内在本质，是事因学所遵从的规律无法认识的，因此事因学只好不对其进行说明，而只对现象及其所遵循的规律进行研究。这样看来，事因学的说明就好比大理石的横剖面一样。大理石的横剖面虽然表现出许多平行的纹理，但却无法知道这些纹理是如何从内部出现在横剖面上的。再举一个有些不太严肃的例子，当对整个自然界进行了事因学的说明之后，就好像一个人不知不觉地闯入了一个他完全不认识的社交群体中，其中的人向他详细地介绍了一个又一个人，这个是他的朋友，那个是他的表亲。但是在给他介绍的时候，他虽然也很热情地和这些新朋友打招呼，但他总是想说："真见鬼，我一开始是怎么闯到这伙人中的呢?"

因此，对于那些被我们当作自己的表象而认识的现象，事因学并不能给出我们想要的超出现象以外的解释。就算事因学进行了说明，但这些出现在我们面前的现象仍然是陌生的，因为我们不了解它的意义。而因果律只是告诉我们这些现象在时间和空间中出现的规律和秩序，并不能加深我们对于出现的事物本身的认识。而且因果律原本只对表象即对某种类型的客体有效，只有对于这些客体才有意义。因此，不论是因果律还是客体，都对于主体并在某种条件下存在。所以正如康德所说，因果律一方面可以从主体出发，即先验地去认识；另一方面也可以从客体出发，即通过经验进行认识。

促使我们不断探求的，正是我们对于知识的不满足。我们不满足于只认识了表象、表象的表现形式、遵循的规律，以及这些规矩的总形式即根据律，等等。我们不满足于此，我们想了解表象的意义，我们想知道这个世界除了表象之外是否别无他物；如果真的如此，那这个在我们眼前掠过的世界就像虚无的梦和缥缈的海市蜃楼一般，不值得我们眷恋了——；我们想知道这个世界除了表象之外是否还有其他东西，如果有的话，是什么东西呢？可以肯定的是，我们所寻找的东西在本质上一定与表象完全不同，表象的表现形式和规则对它来说也毫无意义，所以不能根据表象或者那些形式和法则去寻找它。法则的作用只是在客体即表象之间建立关联，法则也就是根据律的那些形态。

所以说，从外界来寻求事物的本质是徒劳无功的，无论人们付出多少努力，所能得到的也只是作为比喻的形象和空洞的名称而已。就好像一个人绕着一座宫殿转圈，却始终找不到进入宫殿的入口，只好绘制了一幅幅关于宫墙的素描。这就是之前所有哲学家进行的工作。

第十八章

实际上，如果探讨的人仅仅是认识着的主体（只有翅膀没有躯干的天使），此外并非其他的话，那么他无论如何也不可能寻求到这个作为我的表象而与我对立的世界的意义，更不可能发现这个认识主体的纯粹表象的世界作为表象以外的其他含义。可是这个进行探讨的人自己就存在于这样的世界中，他就是这个世界中的一个个体。也就是说，虽然他的认识是作为表象的世界赖以存在的基础，但这种认识却需要身体作为媒介。前文已经指出，身体感受是悟性对世界进行直观时的出发点。对于只是认识着的主体来说，身体也是一种表象，与其他表象并无区别，是客体中的一个客体。对于主体来说，身体的活动和行为的意义原本将和他所知道的其他直观客体的变化一样，都是陌生的、不可理解的，幸而我们有另外一种方式来揭露谜底。否则，主体就会发现自己的行为由于某种已经出现的动机而按照某种自然规律发展变化，就像其他客体随着原因、刺激、动机而发展变化一样。对主体来说，动机的影响只表现为对主体产生的后果与其原因之间的联系而已，除此之外不可能有更深入的了解。他会将自己身体的活动和行为的无从了解的内在本质随意称为某某力、某某属性或特质，此外便没有进一步的认识了。其实，以上看法都是错误的，作为个体出现的认识主体实际上已经知道了这一谜底，它就是意识。意识，只有意识才能使主体了解自己这一现象，指出它的本质，即行为和行动的意义及内在动力。认识主体由于它和身体存在同一性而以作为个体存在，因此对于主体来说，身体有两种形式：一种形式是悟性中的直观表象，是客体中的一个客体，并且遵循客体的规律。另外一个完全不同的形式则是每个人直接认识到的、“意志”一词所指出的东西。他的意志的每一次真正活动都立刻并无可置疑地表现为身体上的动作，如果他并没有发现意志活动是通过身体动作表现出的，那么他就并没有真的要求这一活动。意志活动和身体活动并不是两个客观认识到的不同情况，两者之间也不是靠因果性来联结的，它们是二而一的，是同一的，只是有着不同的给予方式。意志活动是完全直接给予的，而身体活动是在直观中给予悟性的。

身体活动只是客体化的、进入了直观的意志活动而已，别无其他。接下来我们还会了解到，这一点不仅符合由于动机出现的活动，也符合由于刺激而出现的、无意的身体活动，乃至于符合每种身体活动。也就是说，整个身体只是客体化的、成为表象的意志，绝非其他。后文会对这些进行详细的解释。在本书第一篇以及《根据律》中，我故意采用片面立场（表象的立场）将身体称为直接客体。而在这里从另一个意义上讲，我又称之为意志的客体性。所以，从某种意义上来说，意志是对于身体的先验认识，而身体则是对于意志的后验认识。作用于将来的意志决断只不过是理性对人们所欲求之物的考虑，而非原本意义上的意志活动。在付诸实践之前，决断只是一种可以改变的预先决定，只在理性和抽象中存在，只有付诸实践才能使决断落地。欲求和行动在反省思维中是两件事，而在现实中却是同一件事。每一个真正的、直接的意志活动都应该立刻表现为身体的外在活动。反过来，身体的作用也立即会对意志产生作用。如果这种作用与意志相悖，就是痛苦；如果与意志相符，就是适意、愉悦。两者在程度和分量上都差别很大。因此，不应该把苦乐看作表象，因为苦乐并非表象，而是意志的直接感受，存在于作为意志体现的身体中。身体对于其所忍受的外来印象产生的一瞬间的适意或不适意就是苦乐。只有作用于身体的少部分印象是例外，可以看作直接表象。这些印象不会对意志产生刺激，由于这些印象身体才能成为认识的直接客体。这是因为，作为悟性中的直观，身体已经与其他客体一样是间接客体了。这些例外的印象即身体感官的纯粹客观的感受，例如视觉、听觉和触觉的感受，并且仅限于这些官能，是通过其特有的符合本性的方式所感受到的。只有在这种情况下，这些感受才是对于那些器官的得到加强的特有的感受力的最小刺激，这种刺激微小到无法对意志产生影响，也不会受到意志波动的影响。这些感受只能对悟性起作用，为直观提供资料。对于感性器官来说，更强烈的或者其他种类的感受都会导致痛苦，也就是与意志相悖，因此感性器官也是意志的客体性之一。如果这些外来刺激的强度过强，超过了仅能够使其成为悟性的材料的强度，而对意志产生了刺激，引发了痛苦或欢愉，大多数时候是痛苦，就是所谓的神经衰弱，这种感受会有些迟钝和模糊。神经衰弱的人不仅容易受到个别声音和强光的刺激，还可能出现多愁善感、喜怒无常的病态精神状态，而且往往不能清楚地认识。此外，身体和意志的同一性还体现在这一情况中，那就是每当意志产生剧烈的激动即激情时，都会对身体及其内在动力产生直接的影响，扰乱生命机能的运行。《自然界的意志》第二版第 27 页有关于此问题的详细阐述。

最后，虽然我对于自身意志有着直接的认识，但是这种认识却不能离开我对于自己身体的认识。对于我的意志，我并没有整体的、统一的认识，也无法认识它的全部本质，而是只能在个别活动中，也就是在时间中认识它。而时间又是我的身体这一现象的形式，也是所有客体的形式，所以身体是我对自己的意志进行认识的先决条件。也即是说，如果我没有身体，我便无法去认识意志。在《根据律》一文中，我曾把意志或者说欲求的主体看作表象或客体的一个特殊类别，然而就算这样也能看出，客体和主体合二为一了，即客体已经不再是客体了，当时我们用最高意义上的奇迹来称呼这种融合。某种程度上来说，本篇的所有内容就是对这一奇迹的说明。如果我把自己的意志作为客体来认识，实际上就是把它当作身体来认识。这里又涉及我在上述论文中所提出的第一类表象，也就是实在客体。接下来我将继续说明，第一类表象只能在同一篇文章中提出的第四类表象中获得解释和谜底，而第四类表象已经不能被看作与主体对立的客体了。还会继续说明，关于支配第一类表象的因果律以及根据此规律运行的东西的内在本质，必须通过第四类表象所遵循的动机律来理解。

上文中已经对意志和身体的同一性进行了初步的描述，接下来便要对其进行指实，这里是第一次指实，后面还会继续加强。“指实”指的是将直接的意识、具体的认识转化为理性的知识或抽象的知识。从另一角度来说，这种同一性在本质上是不能被证明的，因为同一性本身就是一个最直接的认识。如果我们不把它看作直接认识来理解和掌握，而把它当作引申而来的认识而间接地理解和掌握的话，就会徒劳无功。这是一种十分特殊的认识，所以它的真实性不属于我在《根据律》一文第二十九章各节中将真理分成的四大类中的任何一类，既不是逻辑的、经验的，也不是形而上的和超逻辑的。它在本质上与这四类真理都不一样，既非一个抽象表象对另一表象的关系，也非一个抽象表象对直观表象的作用或这一作用所必需的形式之间的关系。这种特殊的认识是对一种关系的判断，这种关系是作为直观表象的身体对其他种类的绝非表象的东西，即意志的关系。所以，我要将这种真理置于其他所有真理之上，称之为最高意义上的哲学真理。这一真理可以通过各种方式进行表达，例如：我的身体和我的意志是同一的；或者作为直观表象的我的身体，如果以一种完全不同并且无法比拟的方式被我认识，就是我的意志；或者我的身体就是客体性的意志；或者如果不考虑我的身体是我的表象这一点，那么我的身体就是我的意志；等等。①

第十九章

在第一篇中，我们将身体和直观世界的所有其他客体都看作认识的主体的表象。当时这样说时我内心曾出现过一些争执，不过现在我们已经明白，人的意识是怎样把自己身体的表象和其他所有表象区分开的，尽管其他表象在别的方面仍与身体的表象别无二致。两者之间的区别在于，身体还以另外一种完全不同的方式出现在意识中，这种方式被称为意志。正是因为我们对自己的身体有着这种双重认识，所以我们才能够理解身体本身、身体根据动机而做出的作用和运动，以及外来作用对于身体的影响等。总而言之，这种双重认识使我们能够理解身体作为表象之外的本质内容。这种理解不同于我们对于其他实在客体的本质、作用及所受影响的直接认识。

认识的主体正是由于对身体有这样的特殊关系才成为个体。如果脱离了这种特殊关系，对于认识主体来说，身体和其他表象一样都不过是表象而已。使主体成为个体的这一关系也因此只存在于主体和其所有表象中的唯一一个表象之间，所以主体不再仅仅将这唯一表象看作表象，而是同时用另外一种完全不同的方式来认识它，即将之作为意志来意识。而主体一旦失去了这个特殊关系，失去了对唯一与自己同一的事物所具有的完全不同的双重认识，那么这唯一的事物——身体就又成了与其他表象相同的表象。为了弄清楚情况，认识个体或者必须假定这唯一表象与众不同的原因，仅在于他的认识只对这一表象有双重关系，即是只对于这一直观客体他才能够通过两种方式来理解；不过这种解释并不在于这一客体与其他客体的区别，而是在于他的认识对这一客体的关系与他的认识对其他客体的关系之间的区别。又或者必须假定这唯一客体与其他客体存在本质上的区别，在所有客体中只有它既是意志又是表象，而其他客体则仅仅是表象和幻象而已；也就是说，他的身体是世界上独一无二的真实个体，即唯一的意志现象和主体的唯一直接客体。而作为表象时，其他客体和他的身体

① 第二卷第十八章是对此处的补充。——原注

一样，都占据一定空间（只有作为表象时才有空间），并在空间中起作用。这一点当然可以通过对于表象来说先验存在的因果律而得到证实，但没有原因的后果是为因果律所不容的。可是脱离了从后果只能推导出一个原因而非其他相同原因这一点的话，就仍然只能局限在单纯的表象范围内，因果律只对表象起作用，绝不能超出这一范围。像上一篇所提到的那样，关于外在世界的真实性这一问题的本质就是：个体单纯作为表象而认识的其他客体是否也和他的身体一样，是意志的诸多现象。如果对这个问题给出否定答案，那么就陷入了理论上的自我主义。所谓自我主义就是认为除了自身以外的其他现象都是幻象，实践上的自我主义在实践中也只把自己本人当作人，而把其他所有人都当作幻象来对待。而理论上的自我主义是无法用推论进行驳斥的，然而在哲学上它只能够带来怀疑、诡辩和假象，此外别无用处。将理论上的自我主义当作严肃的信念的人恐怕只在疯人院中存在，对付这样的信念，与其用推论来驳斥，不如用一个疗程更有效。所以，我们就不在它身上耗费工夫了，只把它看作永远争论不休的怀疑论的最后一个堡垒好了。我们的认识永远受到个体性的束缚，并且因此而有局限。实际上，正是因为我们的认识具有局限性，所以才产生了我们对于哲学的需要。这种情况导致我们每个人都只是“一”，却能认识其他所有事物，我们也正是因此不断地努力通过哲学来扩大我们的知识范围。因此我们要把与我们作对的理论的自我主义所提出的那个怀疑论点看作一个小小的堡垒，虽然可能永远无法攻克它，但是幸而对方的守卫也绝对无法冲过来，所以我们可以放心大胆地从它旁边走过，把它留在后方也不用担心会出现什么危险。

因此，我们要把现在已经理解的、我们对于身体的本质和作用的双重认识，也就是通过两种完全不同的方式得到的认识，看作探讨自然界中任何现象本质的一把钥匙。所有除了我们身体以外的其他客体，都不是通过双重方式被我们意识的，只是单纯表象。要按照之前所说的身体的类似性来对这些客体进行判断，我们假定，这些客体在一方面与身体完全相同，都是表象，在这一层面上与身体是同类的；从另一方面来说，如果抛开这些客体的本质是主体的表象这一面，那么剩下的那一面在本质上就与我们身体中的意志是同一种东西了。实际上，我们还能赋予这个物体世界以其他的实际存在或实在性吗？哪里有其他的构成世界的因素呢？除了意志和表象以外，便没有任何我们能够知道、了解的事物了。这一物体世界直接存在于并且仅存在于我们的表象之中，如果我们要赋予它一种我们知道的最大的实在性，那就是赋予其我们自己身体所有的实在性，因为对于每个人来说身体都是最实在的。如果我们对身体的实在性及其活动进行分析的话，那么它除了是我们的表象之外，剩下的就只是意志了。除了这两者之外，身体的实在性别无其他。所以，除此之外我们不可能找到其他实在性来给予物体世界了。如果物体世界除了是我们的表象之外，还是其他的什么，那就是在它自身，在它最内在的本质上，也就是我们在自己身上直接发现的东西，即意志。这里既然提到了“最内在的本质”，那么就必须首先对意志的本质进行更深入的认识，从而使我们能够将意志与并非意志本身而属于其种类繁多的现象的东西区分开来。伴随着“认识”，并且以这一认识为条件，从而由动机所决定的情况就属于此类。下文便会说明这类东西并非意志的本质，而是属于意志作为动物或人的鲜明的现象。所以，如果我说使石子掉落的力的本质，在一切表象之外，在其自在的本身上，也是意志。[①] 人们就不会把这句话理解为，石子是按照认识了的动机而运动的，尽管意志在人身上是这样表现的。接下来，对于前面初步地、一般地讨论过的问题，我要进行更加清楚的证明，并且指出其根据，从而进行充分发挥。[②]

第二十章

如上所述，意志作为人的身体的本质，作为身体除了是直观客体，除了是表象之外的东西，首先呈现在身体有意识的运动中，只要这种运动是个别意志活动的“可见性”而非其他。“可见性”和意志活动是完全同时出现的，两者完全是同一事物。“可见性”转化为“认识”的形式后才成为表象，才和意志活动区别开。

但是，意识活动还有一个自身以外的根据，即在动机中的根据。不过动机所规定的只限于我在这一时间、这一地点、这一情况下所欲求的，它既不能规

---

① 培根觉得，物体的所有机械物理运动都起源于在这些物体中找到了先知，这尽管是对真理的一种冥悟，进而生发出了这个荒谬的命题，我们是怎么也不会承认这种观点的。克卜勒的观点，其意味也是一样的。在《论火星》一文中，他认为行星也必须具备认知才能精准地根据椭圆轨道前进，才能这样掌控自己的前进速度，也就是轨道平面的三角形和时间始终成正相关的关系，而行星就通过这三角形的底边。——原注

② 第二卷第十九章是对此处进行补充的。——原注

定我根本上有欲求，也不能规定我所根本欲求的是什么，也就是不能规定标志着我所有欲求的特征的行为规范。所以，动机并不能说明我的欲求的全部本质，而只能规定欲求在某一个时刻上的表出，它只能促使我的意志将自己表出。而意志本身则存在于动机律的作用范围之外，只有当它在某一时刻上显现出来时才被动机律所规定。只有先假定了我的验知性格，动机才能够对我们的行为做出充分的说明。如果完全不考虑我的性格，就问我为什么这样做而不那样做，我是无法回答的。因为只有意志的现象遵循根据律，而并非意志自身，从这一层面上讲，意志是没有根据的。关于这一问题，康德在关于验知性格与悟知性格的学说中，我自己在《伦理学基本问题》（第一版第 48—58 页、第 178 页，第二版第 46—53 页、第 174 页等）中都进行过讨论，本书第四篇也会进行详细讨论。现在只需要注意这一点，那就是现象以另外一个现象为根据这个事实，也就是行为以动机为根据这一事实，与现象的自在本质就是意志这一事实并不矛盾。意志是没有根据的，因为任何形态的根据律都只是认识的形式，亦即根据律只对表象，也就是现象或意志的“可见性”起作用，而不涉及意志本身，原本不可见的意志后来才变得可见。

既然我身体的所有活动都是意志活动的现象，我的意志本身，也就是我的性格，又由于一定的动机在这意志活动中表现出来；那么，意志的显现自然就成了每个活动必不可少的前提条件。因为，意志的显现只能依赖于直接的单纯由意志发动的东西，也就是不能依赖于对意志来说只是偶然的事物。意志的显现如果依赖于偶然的事物，那么其自身也就是偶然的了，然而上述条件正是身体本身。我的身体作为意志的现象，对于我的整个意志，也就是悟知性格（悟知性格表现在时间中即为验知性格）的关系，必须和身体的个别活动对于意志的个别活动的关系相同。因此，只要身体是第一类表象，也就是直观客体，那么整个身体必然就是我的可见的意志，除了是可见意志本身之外，再非其他。前文所说的事实可以证明这一点，即每当我的身体受到外来作用时，这一作用会直接对我的意志产生刺激，也就是产生痛苦或快感，如果程度较轻则是适意或不适意。反之亦然，每当意志产生激动，即产生感动和激情，都会对身体产生极大影响，并干扰身体机能的运行。尽管属于事因学的生理学能够对我身体的产生进行不甚完善的说明，对于我身体的发育和保存做出较为完善的说明，但生理学所做的说明和动机对行为的说明是相仿的。既然个别行为的根据是动机及其产生的必然后果这一事实，与行为的本质只是没有根据的意志的现象这一说明并不冲突；那么生理学对于身体机能的说明同样不会与这样一个哲学真理产生矛盾，那就是身体的实际存在及其全部机能只是意志的客体化，而这意志本身则根据动机体现在身体的外在活动中。虽然生理学试图将这些直接的、有意识的外在活动归结于一些有机体内的原因，例如通过液体的聚集来说明肌肉的运动。（雷尔：《生理学资料丛书》第六卷第 153 页："好像湿了的绳子要缩短一样。"）不过就算做出更加彻底的说明，也无碍于这任何有意识的运动（动物的机能）都是意志活动的现象这一真理。与此相同，无论生理学对于生命的繁殖成长（自然或生命的机能）进行的说明如何发展，也无碍于这样一条真理，那就是繁殖成长着的动物生命本身就是意志的现象。据此，所以事因学上的说明都只能指出某一时间、某一空间中的规定，只能指出在某一场合现象必然出现的固定规则，除此之外，什么也无法说明。从另一方面来说，通过这种方法根本无法考察现象的内在本质，因为事因学只能预先假定其本质的存在，而用力、自然律等名称表示它；而对于行为，则用性格、意志等名称来表示。因此，虽然个别行为、假定性格是被规定的，一定会跟随动机而出现；虽然动物的成长、营养过程以及其身体内部的变化都必然根据原因而进行；但是这一系列的行为整体，乃至所有个别行为，以及行为的条件，发出行为的身体，和身体存在于其中并由之而存在的过程等，都只是意志的现象，是意志的可见性、客体化，而非其他。这就是人和动物的身体之所以能够分别与其自身的意志相符的原因，就像有意制造出的工具与制造者的意志相符一样，不过前者的相符关系远超后者。两者之间的相符表现为目的性，也就是给身体的可能性一种目的论的解释。所以，身体的各个部分必须完全符合意志借以宣泄的主要欲望，必须是欲望的可见性表现：牙、食道、肠的输送就是饥饿的客体化表现，生殖器是性欲的客体化表现，用来拿取物体的手和用于跑步的腿则是意志较为间接的要求的表现。人类的一般形体与人类的一般意志相符合，与此相同，个别人的身体也与个别的意志，即个人的性格相符合。所以，人的身体无论从整体上还是从局部上说，都具有特殊性，具有表现力。亚里士多德所引用的（《形而上学》Ⅲ,5）巴门尼德斯的一段诗句就体现了这种观点：

每个人都有活动灵活的肢体结构，

同时，他们还拥有心灵；
因为精神和肢体
对所有人都相同，因为在其之上
起决定性作用的仍是智慧。①

第二十一章

如果一个人通过现在的抽象考察，能够获得具体的直接认识，也就是感到的认识，从而理解到自己的现象的本质就是他的意志，而这现象是通过他的行为以及行为的基础即身体，作为表象显现出的；理解到意志是他的意识最本质的内涵，而这种内涵并不完全属于表象的形式（在表象的形式中，主客体是相互对立的），而是通过一种直接的方式（这种方式中主体和客体的区别并不明显）表现出的，而且并非完全地表现出来，而是在个别活动中才能使个体认识它。——如果一个人获得了这样的观点，那么这种观点就会成为他认识整个自然的本质的一把钥匙，因为这种观点适用于所有自然现象。当然，那些现象与他自己的现象并不相同，并非既属于间接认识又属于直接认识，而仅仅属于间接认识，也就是只作为表象被认识。他不仅能够认识到，意志是与他自己的现象类似的现象，即人和动物的最内在的本质；而且反省思维还会使他认识到所有这些现象：促使植物生长的力，使结晶体形成的力，使磁针指向北极的力，不同金属相互接触产生的震动的力，物质的亲和作用中表现为吸引或排斥的力，以及影响最大的重力，也就是把石子吸引向地球，把地球吸引向太阳的力——所有这些现象虽然各不相同，但在内在本质上则是相同的，那就是最直接地、最充分地被认识的东西，它最鲜明的表现就是意志。只有使用反省思维获得这样的理解才能使我们不局限于现象，超越现象达到自在之物。现象就是表象，绝非其他。不论是何种表象，何种客体，都只是现象，只有意志是自在之物。意志在种类上与表象完全不同，绝非表象。它是所有表象、客体和现象，所有可见性、客体性的基础和来源。它不仅是个别事物，而且是所有事物整体上的

① 第二卷第二十五章是对此处的补充。此外，在我的《论自然中的意志》中的“生理学”和“比较解剖学”等主题；凡我在此处一笔带过的，在那里都进行了详尽的叙述。——原注

最内在的本质，核心。它在所有无意识地起作用的自然力中表现出来，也在人类有意识的行动中表现出来。在两者中的意志只有显现程度上的差别，意志本身则是完全一样的。

第二十二章

既然自在之物（我们把康德提出的这一术语作为固定用法）已经作为自在之物，那么它就绝非客体，因为所有客体都只是它的现象而非它本身。但是如果需要客观地对它进行认识，那么就必须从一个客观上已知的东西，从它自己的现象，即从客体中借用名称和概念。为了达到共同理解，所选择的这一现象就必须是最完善、最鲜明、最发达的，被直接认识的现象，那就是人的意志。也可以说这里使用了从优命名法，由此意志这一概念的范围得到了前所未有的扩展。从不同的现象中发现同一性，从相似的现象中发现差异性，如柏拉图所说，这就是研究哲学的条件。然而，至今人们还没有认识到自然界中任何一种作用着的力和意志之间的同一性，也就是没有认识到各种复杂的现象并非完全不同属的事物，而是同一属中的不同种。因此，也没有对“属”这一概念加以命名。那么，我就把这个属称为最优先的种，对于这一种的直接认识又导致对其他所有种的间接认识。现在需要做的是把“意志”这一概念扩大，如果不能理解这一点，而仍旧把它理解为其字面意思所指示的，在认识的指导下按照抽象动机——由理性指导——而自行表现出的意志，那么就会陷入迷误中。因为，正如上文所说，由理性指导的意志只是意志最鲜明的一个形象罢了。我们需要把对这一现象的内在本质的直接认识在思想中进行提纯，然后把它推广到所有拥有同一个本质、只是较为模糊的现象上，这样一来意志这一概念就得到了扩大。反过来说，如果人为将所有现象的本质命名为意志或者其他什么字词都没什么区别，那也是错误的。如果自在之物只能从推论中得出，只能获得抽象认识，那么人们倒是可以随便称呼它，因为名称只不过是一个未知之物的符号而已。但是，既然意志一词所揭示的是自然界中所有事物的最内在本质，那么它就不是什么未知之物，不是从推论得出的，而是代表着我们直接认识的、非常熟悉的事物。不论意志是什么，我们对它的了解都比其他任何东西更多。以前人们将意志这一概念包含在力这一概念中，我的观点恰恰相反，我认为自然界中的所有力都是意志。不要以为这是无关紧要的字词上的争论，实际上这一点具有非常重大的意义。实际上，与所有概念一样，力这一概念的根据和来源也是对客观世界的直观认识，即现象或表象。它来源于直观表象，而直观表象是受到因果律支配的，从而意味着原因之所以为原因，事因学对于原因之所以为原因无法做进一步的说明，这说明反而是以之为前提的。反之，唯独意志这一概念的根源并不在现象，也就是单纯直观表象中的，它的根源是人内心中的直接意识。通过这种意识，每个人能够不依靠任何形式，甚至没有主客体的形式，就直接认识他自己的个体的本质，以及认识到他本身正是这个体，在这里认识者和被认识者是完全统一的。所以，将力这一概念包括在意志这一概念中，实际上就是把我们不甚明了的事物还原为我们最熟悉的事物，还原为已经完全、直接认识到的事物，而且我们的认识也随之扩大了。如果我们仍像过去一样，将“意志”这一概念包括在“力”这一概念之中，我们就失去了自己唯一的直接认识，也就是失去了我们对世界内在本质的认识。因为我们用一个从现象中获得的抽象概念取代了这种认识，所以我们通过这一概念进行的认识只能困囿于现象之内。

第二十三章

作为自在之物的意志与它的现象完全不同，现象的全部形式它都不具备。只有当意志作为现象表现出来时，才获得了这些形式，也就是说形式只涉及意志的客体性，而与它本身毫无关系。客体对主体的形式，一切表象最普遍的形式因此也与它无关，而在根据律中的所有次一级的表现形式更与之无关。众所周知，属于次一级形式的有时间、空间，以及依赖这两者而存在的杂多性。针对这一点，我借用古经院哲学的术语，将时间和空间称为个体化原理，希望各位读者能牢记在心。原来，在本质和概念上具有同一性的东西只有在时间和空间中才能体现出差别性和杂多性，成为在时间上继起、在空间上并列的东西。为了这个作为“个体化原理”的时间和空间，经院学派大伤脑筋并且争论不已。可以参考苏阿内兹[①]为这一问题搜集的材料（《争辩集》第五节第三分段）。

① 苏阿内兹：Franz Suarez，德国神学家、哲学家。——译者注

参照上述，虽然作为自在之物的意志的每一现象都严格地遵循根据律，但它自身却不受具有各种形态的根据律的规定，因此可以说它是没有根据的。而且，虽然在时间上和空间之中意志拥有无穷无尽的现象，但它本身却不具有杂多性，而是单一的，这种单一性与客体之唯一又有所区别，客体的单一性只是在与杂多性的对比中体现出来的。意志的单一性与概念之唯一也不同，后者是从杂多的抽象中提取出的。而意志并非如此，它独立于作为个体原理的时间和空间之外，也就是独立于杂多性之外。只有理解了下文对各种现象和意志的不同之处的阐述，才能够明白这里所说的观点，从而深入理解康德学说的内涵，并理解时间、空间和因果性只是认识的形式，而与自在之物自身毫无瓜葛。

当意志在作为人的意志时表现得最为清楚，而人也正可以由此认识到意志是没有根据的，是自由的、独立的，也就是无所依附的。但是，由于意志本身是没有根据的，导致人们往往忽视了意志的现象是要遵循规律、服从必然性的，从而错误地认为行为也是自由的。实际上，行为并不自由，因为任何行为都是动机对性格所起的作用所导致的，其发生都要严格地遵循必然性。如前所述，所有必然性都只是后果对原因的关系，绝非其他。既然根据律是所有现象的普遍形式，人的行动当然与其他现象一样受到根据律的规定。由于意志是在自我意识中，在它自身中被直接认识的，因此自我意识中也包含了对自由的意识。但是，这样一来就把个体的人忽略了，人格的人便因此不再是自在之物的意志，而成了意志的现象，从而进入了现象的形式，受到根据律的制约。由此便引发了一个奇怪的现象，那就是每个人都先验地认为自己是完全自由的，在个别行动中也是自由的，并因此以为自己能够在任何时刻开启全新的生活，变成另外一个人。但是经验过后会使他后验地认识到，自己实际上并不自由，而是受制于必然性。他会发现不论制订多少计划，经过多少思考，他的行为始终不曾改变。他不得不从生到死都扮演着他所不愿意扮演的角色，并把自己负责的那部分剧情一直扮演到最后。关于这一问题在这里就不展开阐述了，本书另外一篇会对这个伦理学问题进行详细考察。现在我只想说明这一问题，即虽然意志本身没有根据，但它的现象作为现象时仍然需要遵循规律，即遵循根据律。所以当我们考察意志在自然现象中的表现时，不要对这些现象依赖于必然性感到奇怪。

以前人们认为，只有以表象和动机为根据的变化才是意志的现象，所以，人们认为在自然界中只有人类、最多再算上动物有意志。因为如上所述，认识作用和表象作用是动物界所特有的。然而，哪怕没有任何认识的指导，意志也可以起作用，例如动物的本能和天生的技巧[①]就是很好的证明。因为在这种情况下，它们根本没有表象或者认识，它们只是在这样冲着目标一路前行，它们根本不明白这一目标，所以也根本谈不上什么动机。所以说它们的行为并不是由于动机产生的，也没有表象作为指导，最先也最清楚地向我们证明了在没有认识的情况下，意志是如何活动的。对于一岁的鸟儿来说，它并没有蛋的表象，但它却能够为了蛋而修筑巢穴；年幼的蜘蛛也不懂得什么是俘虏的表象，但它却为了自己的俘虏而织网；食蚁兽也并没有蚂蚁的表象，但它却可以为了捕捉蚂蚁而挖坑。锹甲的蛹会为了给将来的蜕变预留足够的空间而在树中打洞，它总是会把洞打得有自己蜕变后的身体的两倍大，这样不管将来蜕变成雌性还是雄性，都有足够的空间了。如果他变成雄性，这个洞正好可以容纳它的两只角，而它在做这一切时并没有角的表象。动物的这些行为以及其他行为中，肯定有意志的作用，不过这种作用是盲目的，虽然有认识的存在，但认识却并没有起到指导作用。我们已经知道，表象和动机并不是意志活动所必需的、本质的条件，那么我们就应该在一些不太明显的情况中认识到意志的作用。譬如，蜗牛背着它的“房子”，就不是由于一个与它无关、由认识指导的意志。就好比我们自己建造的房子并不是由于别人的意志，而是由于我们自己的意志才建成的。我们认为，这两种房子都是意志的客体化在这两种现象中的产物。对于人类来说，意志通过动机起作用，而对于蜗牛来说却是盲目的，是通过对外界的营造冲动起作用的。在我们人身上，意志也在许多方面是盲目地起作用的，例如在我们身体中不受认识指导的机能和成长过程中就是如此，包括消化作用、血液循环、内分泌、生长和再生作用等。不仅如此，就连整个身体本身，像前文已说过的那样，都是意志的现象，都是客体化的、具体的意志。所以，在身体里运行的一切都必须通过意志，但这里的意志不受认识的指导，也不由动机决定，而是盲目地根据原因起作用，这种情况下的原因就是刺激。

当我把物质的某一状态叫作原因时，指的是原因最狭义的意义，就是说某一状态在引起另外一个状态的时候，它自身也产生了与它引起的变化程度相同

① 第二卷第二十七章专门对这些冲动进行了讨论。——原注

的变化，这体现了“作用与反作用相等”这一定律。对所谓真正的原因进行深入说明，后果和原因的变化是成正比的，反作用也是如此。因此，如果知道了作用的方式，那么就可以通过原因的强度推导计算出后果的强度，反之亦然。在力学、化学等所有现象中，这种原因都起着作用，也就是说在所有无机体的变化中起作用。而被称为刺激的那些原因，不会受到与自己所起的作用程度相同的反作用的影响，其强度也和后果的强度没有相关性，因此无法通过后果的强度推测出原因的强度。反之，刺激很微小的加强有可能导致后果出现很明显的加强，而刺激很小的减弱有可能把作用完全取消。有机体中的所有作用都属于这一类，所以说动物体内的所有真正有机的变化和生长都是由于刺激而非由于单纯的原因产生的。不过刺激和任何其他原因一样（包括动机），所能决定的只有力在时空中表现出的那一点，此外无法决定任何事物，更无法决定自行表出的力的内在本质。参照上述，这种内在本质就是我们所谓的意志，因此我们把身体内一切有意识和无意识的变化都归为意志。刺激则是位于动机（由认识作用而来的因果性）和最狭义的原因之间的桥梁。一些情况下，刺激更接近于动机，而另一些情况下又更接近于原因，不过不论它离哪一方更近，都可以与两者相区别开。譬如，植物中各种汁液的上升就是由于刺激，而不是由于原因，不能用水力定律、毛细作用来解释，不过这一现象仍然受到这些作用的影响，而且与纯原因的变化十分接近。反之，向日葵和含羞草的动作虽然是由刺激引起的，但是和随动机起的变化十分接近，几乎就要到指向动机那一方的桥头了。强光下瞳孔缩小是由刺激引起的，但如果瞳孔的缩小是为了避免光线过强而使视网膜感到疼痛，那么就非常接近由动机而起的行动了。生殖器勃起的导因是动机，因为这导因本身是一个现象，但导因在其作用时仍然具有刺激所具有的必然性，也就是说这种导因是不可抗拒的，如果想要阻止它发生作用，就必须去除它。那些令人感到恶心的污秽之事的情况与此相同。如前所述，我们认为动物的本能是由刺激产生的动作和由认识了的动机产生的行为这两者之间的一个中间环节。因此，人们可能会认为呼吸也属于这类中间环节。之前已经有过关于呼吸是否是有意识的动作这一问题的争论，也就是关于呼吸究竟是由于动机还是由于刺激产生的问题，也许可以将呼吸解释为两者之间的中间环节。马歇尔·霍尔[1]认为（《神经系统疾病论》第293节及下文）呼吸是一种混合机能，它既受到脑神经有意识的支配，又受到脊髓神经无意识的支配。虽然说法众多，但我们应该把它看作由动机产生的意志表象，因为其他作为动机的单纯表象也可以使意志对呼吸进行加速或阻碍；而且与其他所有有意识的行为相同，呼吸也有可能完全停顿或自行窒息。实际上，如果有一种强有力的动机能够作用于意识的话，这一动机便有可能胜过人们对于吸气的迫切需要。有人认为，狄奥琴尼斯[2]就是用这种方法来结束生命的（《希腊哲学家传记》Ⅵ，76），也有人说黑人也做过同样的事（阿西安德尔：《论自杀》1813年版第170—180页）。这些事实为我们提供了关于抽象影响的作用的有力证明，这种影响就是由理性而来的欲求比单纯动物性的欲求更加强大。这一事实能够说明呼吸至少部分由大脑活动所决定，那就是氰酸在人体内发挥毒性时，首先将大脑麻痹，其次间接地阻碍呼吸，但是如果使用人工呼吸维持人的呼吸的话，脑部麻醉失效时人并不会死亡。这一情况还能证明，动机和刺激与侠义的原因相同，起作用时都要根据同等的必然性，而必须由相反的动机才能使其作用消失，就像压力的作用由于反压力而消失。与其他由于动机产生的活动相比，呼吸能够容许停顿的时间更少。对于呼吸这一活动来说，它的动机非常迫切、直接，而由于执行这一活动的肌肉是不知疲倦的，因而动机的实现较为容易，所以呼吸往往不会受到阻碍，并且受到个人长久的习惯的支撑。我们知道，所有动机都是通过同样的必然性起作用的，而且不论是由动机产生的活动还是由刺激产生的活动都拥有必然性，那么就应该明白这一点，那就是有机体中由于刺激而进行有规律的活动的东西，其内在本质就是意志。虽然意志本身不受根据律的限制，但意志的所有现象都需要遵循根据律，也就是遵循必然性。[3]所以，我们就不应该只认为有动物（既指其行为，也指其整个实际存在）的形体和组织是意志现象，而应该把植物也纳入我们对于事物本质的唯一直接认识中来。植物的一切活动都是在刺激之下产生的，动物和植物之间的本质区别在于，植物没有认识，也没有出于动机并被认识决定的活动。因此，对于所有在表象上呈

① 马歇尔·霍尔：Marshall Hall，英国医生。——译者注

② 狄奥琴尼斯：希腊哲学家，著有《希腊哲学家传记》。——译者注

③ 我讨论意志自由的获奖论文已经确立了这一认识，所以在《伦理学基本问题》第30—44页，第二版第29—41页详细论述了意志产生的原因、刺激和动机之间的关系。——原注

现为植物、单纯的生长、盲目的冲动力的事物，我们都按照其自身的本质将其认定为意志，并将其看作构成我们自身现象的基础。因为这种基础正表现在我们的行为，以及我们自身的整个实际存在中。

最后，我们要将这种研究方式扩展到自然界中所有遵循普遍规律而起作用的力上。一切没有器官、无法感觉到刺激、无法认识动机的物体，其运动都必须受制于这些不变的规律。因此我们必须用对事物本质进行理解的方法（只有直接认识了我们的本质才能得到这种方法）对无机世界的现象进行了解，也就是了解距离我们最远的现象。当我们对这些现象进行观察研究时，当我们看到这些现象：水带着强大的冲力流入深渊；磁针永远指向北极；铁屑执着地奔向磁铁；电的正负极总是强烈地想要结合，并且像人们所希望的那样，受到阻碍越强其激烈程度也越强；结晶体的形成异常迅速，而且结构非常符合规律，而这种结构只是由于精确地指向不同方向的力在僵化作用下冻结而形成的；物体从固态转变到液态时，由于挣脱羁绊获得自由而产生了互相吸引或排斥的作用；当我们直接地感觉到身体的负载以及将其向地球吸引的重力，这种力量沿着它唯一的方向对我们的身体施加压力，阻碍我们挺直身体……当我们看到或者感到这一切的时候，不管这些现象离我们有多远，都能无须费力想象就能认出我们自己的本质，也就是我们人。它在认识的作用之下追寻目的，而在大自然中，它则在最微弱的现象中盲目地、模糊地、片面地、不变地向前发展。然而，不论在哪儿，它都是同一种东西，就好比熹微的晨光和正午的艳阳同样都是阳光，在我们中和在大自然中的这同一种东西则都是意志。意志既是世界上所有事物的实际存在本身，又是每种现象的唯一的内在本质。

无机的自然现象和意志（我们将意志认做我们自身的内在本质）之间之所以存在区别，存在使两者表面上看上去完全不同的区别，首先是因为前者完全遵循着固定的规律，而后者则有着表面上无规则的活动。原来，对于人类来说，个性的力量是极其强大的：由于每个人都有自己的独特性格，因此同样的动机对于不同的人会产生不同的力量；此外，个人的知识领域中还有别人不知道的无数种次要情况可能发挥作用，从而改变动机带来的影响。因为我们缺少对于个别性格以及这种性格所具有的知识的准确了解，所以仅仅通过动机是无法预测行为的。而对于自然力的现象来说情况却完全相反，它们完全按照普遍规则而起作用，完全没有个性可言，没有任何情况是例外；同一个自然力在所有不同的现象中都会按照已出现的情况，遵循着准确的规则，用完全相同的方式表现出来。为了说明这一点，为了说明不可分割的意志在所有不同的现象中，即使是在最模糊和最鲜明的现象中都是同一的，就必须先对作为自在之物的意志与其现象之间的关系，也就是作为意志的世界与作为表象的世界之间的关系进行考察。这样一来我们就拥有了深入讨论此篇问题的最好方法。①

第二十四章

伟大的康德已经向我们证明，时间、空间、因果性，在其规律性以及规律性的所有可能形式上来说，都是我们的意识中现成存在的，不依赖于客体的。客体是其内容，并在其中表出。换言之，人们不论是从主体出发还是从客体出发，都能够发现时间、空间和因果性。所以人们既可以将之称为主体的直观方式，也可以将之称为客体的本性，只要它是客体（康德称之为现象），也即是表象。这些形式也可以被看作主客体之间的不可跨越的界限，所有客体都必须表现在这些形式中，而所有主体则不依赖于任何表现出的客体，就完全拥有并看到这些形式。然而，如果表现在这些形式中的客体不是虚无的幻影，而是拥有意义的话，那么这些客体就必须标志着什么东西，必须是某个东西的表现。而且这种东西是和客体不同的，它不是相对的客体或表象，不是仅对主体而存在的东西。这一东西的存在不需要另一个与之相对的东西作为主要条件，也不依赖于那与之相对的东西的形式，也就是说这一东西并不是表象，而是自在之物。于是就会产生这样的疑问：表象和客体除了是表象，是主体的客体之外，还能是其他东西吗？如果答案是肯定的，这东西是什么呢？这种完全不同于表象的自在之物究竟是什么呢？答案就是——意志。这就是以上所有问题的答案，不过我们现在先暂且不讨论这个问题。

我们把自在之物到底是什么这一问题抛开不谈，先来看康德那正确的理论：时间、空间和因果性（这些都是根据律的形态，而根据律则是现象的各普遍表现形式）并不能对自在之物起作用，只有在自在之物转为表象之后才能对其起

① 第二卷第二十三章是对此处的补充。在我的《论自然界中的意志》中的“植物生理学”一章，以及对于我的形而上学的内核极为重要的“物理天文学”一章。——原注

作用。也就是说它们都只属于现象，而不属于自在之物本身。既然主体可以不依赖于一切客体就能由其自身认识到时间、空间和因果性，并且使之成立，那么这些东西一定属于表象之为表象，而不属于那还未成为表象的事物。这些东西只能是表象之为表象的形式，而不能是接受这些形式的东西自身的属性。这些东西是由主客体间的单纯对立（这种对立是事实上的而非概念上的）产生的，因此只能是对于认识的根本形式的更加详细的规定，而主客体的对立就是这一根本形式的普遍规定。也就是说，凡是在现象、客体中的东西（这是由时间、空间和因果性决定的，因为它们只能通过这三者才能表现出来），即是被并列的空间和继起的时间所规定的杂多性，被因果律规定的变更性和持续性，以及只有通过因果性才能加以表象的物质，乃至所有通过物质才能够加以表象的所有事物——所有这些在本质上都不属于那进入表象的形式才能加以显现的东西，而是附属于这种形式。反过来说，那显现着、自在之物直接自行表现出的东西，就是在现象中不被时间、空间和因果性决定，既不能还原于此，也不能用它们说明的东西。因此，使认识成为认识的形式，就会获得最完整的认识的可能性，也就是最高的明晰性以及能够包揽一切的彻底性；但那本身既非表象也非客体，必须要进入这些形式，也就是成为表象或客体才能被认识的东西并不具备以上这些。因此，完全依赖于被认识、依赖于是表象的事物，以及不依赖于被认识和表象的事物所共同拥有的，也就是不论从主体出发还是从客体出发都能发现的东西——只有它能够为我们提供一个真正的、彻底的、无所保留的、鲜明的认识。不过这个东西只存在于我们先验意识到的所有现象的形式之中，此外不存在在于其他任何事物中。而所有现象的形式则都可以在根据律中表现出来，根据律和直观认识（我们现在只关注直观认识）相关的形态就是时间、空间和因果性。纯粹数学和纯粹先验的自然科学的基础完全建立在这些形态之上，即时间、空间和因果性之上。因此，只有这些科学的认识才不会遇到漆黑难辨的谜团，不会遇到没有根据的东西（即意志），也不会遇到无法继续引申的东西。正因为如此，如前所述，康德也把这些知识单立于逻辑之外，将它们称为科学。不过从另一个角度来看，这些知识除了能够告诉我们一个表象和另外一个表象之间的空洞的关系之外，便什么都没有了。它并没有给我们任何内容，所给的只是形式而已。这些形式所包含的内容，也就是填充这些形式的所有现象，在其本质上都包含着一种不能被完全认识的东西，不能通过其他东西加以说明的东西，也就是没有根据的东西。在这种情况下，认识便失去了自明的根据以及完整的明晰性。然而，这个无法被探究的东西正是自在之物，是本质上既非表象也非认识之客体的东西，是只有通过那些形式才能被认识的东西。对于这一东西来说，形式没有任何意义，它既无法与形式完全结合，也无法还原为形式，由于形式就是根据律，所以这个东西便无法被彻底探究。所以，就算数学将所有现象上关于数量、位置和数目的知识，也就是关于时间和空间关系的知识悉数传授给我们；就算各种事因学将所有符合规律的条件，即所有现象及其规定出现在时空中时所遵循的条件都告诉我们——但是，所有这一切告诉我们的只是某一现象之所以出现在此时此地或此地此时之外的原因，此外没有告诉我们任何东西。因此，我们根本无法通过这些知识来深入考察各事物的内在本质，所以肯定还有一种东西是不能随意解释又必然存在的，这些东西就是：各种自然力、事物固定的作用方式、物性、各个现象的特征，它们是不依赖现象的形式的东西，不被根据律所决定因此没有根据的东西，与形式无关却在转为形式后按照规律表现出的东西。这种规律只规定了此物出现，而不规定彼物出现，只规定了现象如何表现，而不规定它是什么，只顾形式而不顾内容。力学、物理学和化学传授给我们关于力起作用的规则和规律，这些力包括重力、凝聚力、弹力、热力、光、磁力、电力、固体的力、液体的力、化学亲和力、不可透入的力等等；而规律指的就是这些力在时空中表现出时所遵循的规则。然而，不论人们怎么努力，这些力本身对于我们来说仍然是无法理解的隐秘属性。这是因为，自在之物自身和它所表现出的现象是完全不同的，它的现象完全遵循作为表象的形式的根据律，而它本身却无法还原为这些形式，因此事因学无法对它进行彻底的说明和探究。当它转入形式，作为现象表现出来时，是很容易理解的，但这种理解对于我们关于它的内在本质的理解却没有任何帮助。所以说，一种认识的必然性越强，所拥有的无法用其他方法想象和表象的东西越多，例如空间中的关系，这种关系越充分、越清楚，那么这一认识所拥有的实在性或纯粹客观的内容就越少。与之相反，认识中必须通过偶然进行理解的东西越多，在我们经验上已经知晓的东西越多，这种认识所包含的真正客观的、实际的东西也就越多；只不过其中包含的不可解释的东西，也就是说不能由其他东西引申而来的东西也就越多。

当然，总有一些事因学搞错了自己的目标，例如，试图将所有有机生命阐释为化学或电的作用；接着将所有化学作用或物性阐释为力学作用（原子形态的作用）；再将一部分力学作用阐释为运动的对象，也就是在运动中将时间和空间统一起来，另一部分则阐释为几何学的对象，也就是空间中的位置（例如，人们用这种纯几何的方法求出一个作用的减小与距离的平方之间的比例关系，或求出杠杆理论）。最后几何学可以用算术来阐释，算术只有一个维度，所以是根据律中最容易被理解、最容易被全面地认识、最容易探究的形态。关于这种方法还有以下例子：德谟克利特的原子论，笛卡儿提出的旋涡说，勒萨琦的机械物理学。18 世纪末，勒萨琦曾经试图将化学的亲和力与引力机械地解释为作用与反作用力，《牛顿的卢克瑞斯》一书中有关于这一点的详细阐述。与此种方法类似的还有雷尔用形式和混合解释动物生命原因的尝试。而 19 世纪中叶又卷土重来的粗鄙的唯物主义则完全属于这一类，这种唯物主义自以为是创新，实际上只是由于无知而已。它首先不承认生命力的存在，而用物理、化学上的力来对生命现象进行笨拙的解释，又认为这种力产生于物质中、空间位置中的想象的原子形态和机械作用。这一做法实际上是试图将自然界的所有力阐释为作用与反作用力，认为这就是其“自在之物”。按照这种观点，光也就成了一种想象出的以太的机械振动或者是一种波动。当以太被观察时，就像在击鼓般撞击到视网膜上，如果每秒 483 兆次就显现为红色，每秒 727 兆次则显现为紫色，如此类推。这样一来，色盲就成了那些数不清每秒撞击次数的人了。歌德颜色论的提出距今已有 50 年了，居然还有人相信这样粗糙的、机械的、笨拙的、死板的德谟克利特式的学说，这些人仍然毫不惭愧地信奉牛顿的光素同质理论。不过，在科学发展的历程中，德谟克利特相当于一个小孩，而现代人则是成年人，人们对于孩子犯错是可以原谅的，对成人却没有那么宽容大度。这些学说迟早有一天会彻底败落，到时候人们都会溜之大吉，装作从未支持过这一学说似的。关于原始自然力相互解释的错误以后再谈，现在暂且说到这里。即使通过这种方法真的将一切事物都解释透彻了，找到了最根本的东西，甚至最终将一切都还原为一个运算公式。根据律很幸运地将人们带到了这里，不过这公式就成了智慧殿堂上最神圣的东西，只是一个空洞的形式，而现象的内容全部消失了。表现出的东西被转化为其表现的方式，那么这方式就必须是可以被先验认识的，因此是完全依赖于主体，只对于主体而存在的，因此只是幻象或表象，只是表象的形式，与自在之物没有任何关联。如果这种说法是有道理的，那么据此而言，整个世界就成了由主体得来的了，而且使费希特的胡言乱语得以实现。但这是不可能的，人们通过这种方式得到的只是用幻想、诡辩构筑成的空中楼阁，而非科学。当然，将自然中复杂的现象还原为个别原始力的尝试也有成功的情况，每次成功都是科学的一个进步。人们曾在一些被认为是不同类型的力或物性之间相互引出（譬如从电引出磁力），从而使力的数量得到了减少。事因学的目标无非就是提出所有原始的自然力，并确定其现象按照因果律在时间和空间中表出时所遵循的规律，以及现象之间相互决定对方地位的方式和规律。然而，总有一些原始力是无法还原的，现象的内容中总会剩下一些不可还原为现象的形式的东西，也无法通过根据律得到解释。因为大自然的所有事物中，总有一些既没有根据，也没有原因，因而无法解释的东西存在；这就是每一事物所特有的作用方式、存在方式，也就是它的本质。虽然事物的任何个别作用都能找到原因，并由此得出它恰好在某时某地起作用，但却并不能得出它的作用的根源以及作用方式的根源。就算是一个没有任何其他属性的事物，就算是空气中的一粒尘埃，它所拥有的重力和不可透入性仍然是不可探究的。我认为，尘埃所拥有的不可探究的东西，就像人所拥有的意志一样，在本质上无法进行解释和说明；这种不可探究的东西和意志是同一的。意志的每一次表出，在某时某地的每一个活动，当然都可以找到一个动机，而且意志还要根据个人性格按照动机发生作用。但是，对于人为何有这样那样的性格，为何有欲求，为何有这一动机而非另一动机，动机如何发动意志等问题，是无法进行根究的。这种不可探究的东西在人这里就是无法解释的随动机发出行动时所预设的性格，在无机物体那里则是它本质上的物性，也就是它的作用方式。它的作用方式是由外来影响引发的，而它本身却不受外来之物的决定，因此无法进行解释说明。它的个别现象，也就是它借之转为可见的现象，都遵循根据律，但它本身却没有根据。对这一问题经院学派已经做出了正确的阐释，并称之为实体的形式。（见苏阿内兹《形而上学的辩论》）

最容易出现的一个严重错误是，认为最普遍、最简单的现象就是最容易被我们理解的现象。但实际上，这些现象只是因为太司空见惯了，所以我们便不再有意识地去寻求解释，而其实我们对它们一无所知。如前所述，人们曾认为可以用最普遍的自然力（如引力、凝聚力、不可透入性等）来说明那些不常见的、只在复合情况下起作用的力（如化学性质、电力、磁力），然后试图用这些力来阐释有机体和动物的生命，甚至人的认识和欲求。人们已经默认以各种隐秘属性作为研究的出发点，并且放弃了对于这些属性的深入探究，因为他们的目的是以这些属性为基础进行构筑，而并不想对这些属性寻根究底。我在前面已经强调过，这种做法注定会失败。不仅如此，这样建起的建筑是飘浮在空中的。所有的说明和解释最后被还原为一个未知数，而这个未知的东西与最初的那个问题其实并没有什么区别，这样做的意义何在？不论是对普遍自然力的内在本质，还是对动物的内在本质，人们都一无所知，都未曾进行探究。这两种本质都是无法探究的，因为它们都没有根据，只是现象的内容即“现象的什么”，并且无法还原为现象的形式即“现象的如何”，所以无法还原为根据律。不过我们的目标并非事因学而是哲学，也就是说不是为了得到关于世界的相对认识，而是为了得到关于世界的绝对认识。因此，我们的研究道路是与之相反的，我们以最接近的、最熟悉的、认识最完整的事物为出发点，来探究那些比较远的、认识比较片面的事物；以最鲜明、最清晰的现象为出发点，来探究那些较微弱、较不完整的现象。除了自己的身体，我们对于其他所有事物的认识都只停留在表象上，而其内在本质，也就是我们所认识到的这些变化产生的原因，对于我们来说却是无从得知的隐秘。我们只有通过对比动机使我们的身体产生动作时我们内在发生的变化，对比我们自己的、由外在根据引起的变化的内在本质，才能够理解无机体随着原因产生变化的方式，理解其内在本质。而关于其本质得以显现的原因的知识，只能告诉我们它在时间和空间中表出时所遵循的规律罢了，再无其他。这种对比之所以可能，是因为我们的身体是我们唯一可以进行双重认识的客体，也就是说我们不仅认识它作为表象的一面，而且还认识它作为意志的另一面。因此，就算我们把自己的有机体、认识、欲求以及由动机产生的行动阐释为由原因产生的动作，即由电力、化学作用、机械作用所产生的动作，我们对自己本身的理解、对欲求的理解也并不会因此而变得更加深入。如果我们的目标是哲学而非事因学，就应该反其道而行之，通过我们由动机产生的行为，来理解无机物最简单、最普遍的由原因引起的运动的本质；从而认识到，大自然所有物体所具有的无法探究的力，实际上与我们内在的意志是同一种东西，只不过程度不同而已。应该以《根据律》一文中所提出的第四类表象作为钥匙，来理解第一类表象的内在本质，应该通过动机律的内在意义来理解因果律。

斯宾诺莎曾说（《书札》第六二封），如果被抛入空中的石子有意识的话，那么它会认为自己是由于意志飞到空中的。对这句话我想做一个补充，石子这么认为或许是对的。对于石子来说投掷这个动作就像我们的意志一样。石子在上述状态中作为凝聚力、重力和恒存性表现出的东西，与我们内在认作意志的东西在本质上是同一种东西，如果石子具有意识的话，它也会把这种东西认作意志。斯宾诺莎的这句话强调的是石子之所以飞的必然性，他认为这和一个人个别意志活动的必然性是一样的，这种做法也是正确的。不过我的重点和他相反，我注重的是对于内在本质的考察。所有现象的必然性都是以这种内在本质为前提的，并且由之才获得意义和妥当性。这种内在本质在人这里就是性格，在石子那里则是物性。这两者是同一事物，不过只有被直接认识的才是意志。在石子那里，它的可见性和客体性的程度都很低，而在人这里，它的可见性和客体性的程度则最强。圣奥古斯丁就曾经正确地认识到，所有事物中那种向上的冲动与我们的欲求是一样的。让我在这里重复一下他那朴素的观点，他认为："如果我们是动物，我们对肉体生命以及与此意义相应的东西的爱就能使我们的幸福，因此不再有更多的欲求。如果我们是树木，我们便没有意识，也不能运动，因此无法爱慕什么，但我们仍仿佛有所追求，这种追求使我们生产果实并获得丰收。如果我们是石头，是流水，是风，是火，或者诸如此类没有感觉和生命的东西，那也不是说我们对自己的位置和秩序就没有欲求了。因为和欲望类似，重量也会对物体产生决定作用，或者通过引力使之下降，或者使轻飘的东西上升。物体是由于重量而被驱使的，就像心是被欲望所驱使的一样，被驱使的方向就是前进的方向。"（《上帝之国》Ⅺ,28）

此外，倭以勒还指出，引力的本质是物体原有的"倾向和欲求"（即意志）（《上公主书》第68函）。正因为抱有这种观点，所以他不喜欢牛顿所谓的"引力"这一概念，并试图按照笛卡儿的理论对这一概念进行修正，即将引力看作一种以太对物体的冲击。他认为这样"更合理"，更适合"偏好简明易懂的基本原理的人"。他认为这种吸引作用是一种隐秘属性，不应该包含在物理学中。这种观点正与倭以勒所处的时代中所流行的、与非物质灵魂相对应的死气沉沉的自然观相符。不过对于我所确立的这一基本真理来讲，当时这位优秀的哲学家在远远地瞥见这一真理时，却急于回头，并且由于害怕当时的基本观点因此受到冲击，甚至又回到了陈旧的、已被推翻的谬误中。

第二十五章

前文已经说过，杂多性必须以时间和空间为条件，并且只有在这两者中才能够思维，时间和空间在此意义下被称为个体化原理。时间和空间还被当作根据律的形态，我们的一切先验知识都是在这一定律中表出的。如上所述，这些形态作为形态只属于事物的可知性，而不属于事物自身，也就是说它们只是我们认识的形式而并非自在之物的属性。正是由于独立于一切认识形式之外，甚至独立于“是主体的客体”这一最普遍形式之外，自在之物才是自在的，也就是说自在之物与表象有本质的区别。我已经充分证明并解释清楚了这自在之物就是意志，那么意志自身就和其现象分离了，它自身是独立于时间和空间之外的，并且不具有杂多性，因此只是“一”。如前所述，这“一”既不是单独个体的“一”，也不是一个概念的“一”，而是与形成杂多性的条件，即个体化原理无关的东西。事物在时间和空间中所有的杂多性只是意志的客体性，所以杂多性和意志之间毫无关联，意志是不可分割的。并不能说石头所具有的意志是一小部分，而人具有的意志是一大部分，因为只有在空间中才存在整体与部分的关系，如果脱离这种直观形式的话，这种关系就毫无意义。这种关系只对现象，亦即只对可见性、客体化有意义。可见性或客体化是有程度的，这种程度在植物中高于在石头中，在动物中又高于在植物中。意志表现为可见性或客体化之后就有了无数等级，就好像最微弱的晨曦或傍晚的阳光与最强烈的阳光之间有着无数等级一样，就好像最微弱的尾音与最响亮的声音之间有着无数等级一样。可见性所具有的等级差别属于意志的客体化，即属于它的本质的映象，关于这一点后面还会详谈。意志客体化所具有的级别与意志自身没有直接关联，因此现象在这些不同级别中具有的杂多性就与意志自身更没有关系了；而每种形式中个体的数量或者每种力表现出的数量就是现象的杂多性。杂多性之所以与意志无关，是因为杂多性是由时间和空间决定的，而意志完全不属于时间和空间。不论它呈现于一颗橡树中还是呈现在成千上万棵橡树中，都是一样完整的、彻底的。对于意志自身来说，橡树在时空中的数量和繁殖没有任何意义，它们只对个体的杂多性有意义。而个体只能在时间和空间中繁殖、散播于时间和空间中，并在其中被认识。个体的杂多性只关涉到意志的现象，而管不到意志自身。所以也许可以假设（因为这不可能）某一个生物个体，哪怕是最最微小的生物完全消失了，那么整个世界也势必要与它一同消失。伟大的神秘主义者安琪路斯·席勒治乌斯[①]也对这一点有所感悟，他曾说：

> 我明白，如果我不存在，上帝一秒钟也不能存在；我如果消失为无，他的精神也会消失。

人们曾经试图用各种方式让天体的无穷大变得更容易让人理解，并因此进行了各种考察研究。例如，声称地球甚至人类是十分渺小的，但渺小的人却有着伟大的精神，能够发现、了解甚至测量无穷大的宇宙之类。这些都是好的尝试，但我认为，对宇宙之无穷大的研究的重点应该是其本质，包含着所有现象的世界自身的本质——不论它可能是什么——它的真正本质肯定不可能是这样分散地遍布于无限空间之中的。这种无边无垠只是它的表象，它自身却在任何事物、任何生命体中都是完整的、不可分割的。所以，人们仅限于对个别物体或生命体的研究，对无垠宇宙的测量，或者亲身飞向宇宙，这些都是有益的，但不能带给我们真正的智慧。只有通过彻底地研究每个单独的事物，对这个事物的内在本质获得了真正的、完整的认识，才能够得到智慧。

因此，下一篇中我们将详细讨论的问题就是每个信奉柏拉图的人心中已经涌现的东西。那就是意志客体化的各个级别在所有个体中表现出来，或表现为个体没有达到的标准模式，或表现为事物的永久形式；它自身却位于时间和空间之外，位于个体这一媒介之外，它是永恒的、不变的，并不是后来转变而成的；而这些个体却是不断变化，不断处于生灭之中的。所以我认为“意志的客体化”的级别与柏拉图的那些理念是相同的。之所以要提这一点，是为了后面在这一意义上使用“理念”一词。也就是说，当我使用“理念”一词的时候，指的是它最原始、最本质的、柏拉图所赋予的意义，而不是经院派用来进行独断理性的抽象产物。柏拉图最早使用了“理念”一词，并且使用得十分恰当，而康德用“理念”一词来称呼那些抽象产物是非常不合适而且不合理的。我对

---

① 安琪路斯·席勒治乌斯：Angelus Silesius，德国神秘主义者，作品为《捷努平厄式的流浪人》。——译者注

理念的理解是：理念就是意志客体化的每一个固定不变的级别，前提是意志是自在之物，与杂多性无关。这些级别对于个别事物来说就是它们的永恒形式或标准模式。狄奥琴尼斯对柏拉图的知名理论做了一个简短的描述（《希腊哲学家传记》Ⅳ,12）："柏拉图的观点即是，对于自然来说，理念就像是给它套上的一种格式，而其他所有事物都是和理念相似的摹本。"至于康德对理念这一词的误用，我们这里就不再赘述了。

第二十六章

最低一级的意志客体化的表现是普遍的自然力。这种自然力有一部分普遍表现在所有物质中，例如重力和不可透入性；另一部分则分别属于不同物质，这些表现在这种物质中，那些则表现在另一种物质中，这些物质因此具有了特殊性，例如固体性、液体性、弹性、电气、磁力、化学属性以及各种物性。这些都和人的动作一样，是意志的直接表现；并且与人的性格一样，这种直接表现是没有根据、没有原因的。而只有它们的个别现象才遵循根据律，与人的行为相同。它们自身既非后果，也非原因，而是一切先于因果关系的前提条件，它们自身的本质是通过这些因果关系表现出的。所以，无法探究重力、电气的原因。这些都是原始的自然力，虽然它们按照因果关系表现出来，虽然它们的个别现象都有着同样为个别现象的原因，这原因决定着它们在何时何地表现出来，但这些力自身却既不是原因的后果，也不是后果的原因。所以，"石子下落的原因是重力"这种说法也不正确，实际上石子下落的原因应该是地球处在近处，对石子有吸引力；如果地球不存在了，虽然重力还在，但石子也不会下落，这种力自身是处于因果关系之外的。因果关系由于时间而存在，并且对于时间才有意义，而力自身位于时间之外。个别变化的原因总是有一个同类的个别变化，而不是力，个别变化只是力的表现。对于任何多次出现的原因来说，以因果赋予原因的是一种自然力；而自然力自身却没有原因和根据，也就是完全存在于因果关系之外，存在于根据律的范围之外。在哲学上，自然力被认为是意志的直接客体性，是整个自然的自在之物；事因学——这里特指物理学——则将它认为是最原始的力，称为"隐秘属性"。

显著的个性会在较高级别的意志客体性中表现出来，尤其在人身上表现出巨大的差异，由此构成了完整的人格。人的不同相貌就是这种个性的外在表现，人的相貌包括整个体形。动物在个性上的差异程度远远比不上人，只在最高等的动物上有些许体现；对于动物来说起决定作用的是“种姓”，因此个别相貌并没有太大的差异。动物的等级越低，埋藏在种属中的个性也就越不明显，所以这些属种的相貌都是相同的。对于动物来说，人们只要知道了某一种属的生理特征，就能据此对所有个体进行精确的预判。而对于人来说则正相反，对于每一个体都要进行单独的探讨和研究，因为人由于具有理性，所以有了伪装的能力，所以预先判断一个人的行为是非常难的。这一点可能与人类和其他所有物种的区别有关。例如，鸟类的大脑皮层完全没有褶皱，啮齿类动物的褶皱也很轻微，即使是高等动物的褶皱也比人类的更整齐一些，其个体的相似性也比人类更高。[①] 此外，人类和动物有无个性特征还体现在以下方面，那就是动物在寻求“性”的满足时是没有特殊选择的，而人类的选择是本能的，独立于反省思维之外的，而且非常强烈以至于转变为了激情。因此，应该把每个人都看作一个特殊规定的、具有独特性的意志现象，某种意义上甚至要看作一个独特的理念；而动物整体都不具有这种特殊个性，因为只有物种是有特殊性的。与人类离得越远，个性特征越不明显，以至于植物，除了受到土壤、气候以及其他偶然的利害影响而获得的特殊属性之外，完全不具备其他个性特征。到了无机世界中，则不存在任何个性了。能够勉强算作个体的只有结晶体了，它是趋向固定方向的力在僵化作用中冻结而形成的痕迹。它也是其原始形态的，通过一个理念联结而成的聚合体，就像由各自发展的纤维组织聚合而成的树一样。这种纤维在每片树叶的脉络中，在每根枝条中都存在并呈现，而在某种意义上，每一片树叶和每一根枝条都是单独生长的，寄生在一个更大的生物体上来获取营养。所以树木和结晶体一样，可以看作一个小植物的聚合体，不过作为整体的树才是一个不可分割的理念的表现，也就是意志客体化的一个固定级别的完整表现。然而，对于结晶体来说，不同的个体之间只具有偶然性带来的外在区别，而不存在其他差异；人们甚至可以任意改变结晶体的大小。在无机自然界，绝对不存在个体意义上的个体，也就是不存在具有个性特征的个体。无机自然

---

① 文则尔 1812 年出版的《人类和动物的大脑构造》第三章。居维叶：《比较解剖学教程》第九课第四条和第五条。维克·达助尔 1783 年出版的《巴黎科学院史》第 470 页和第 483 页。——原注

界的所有想象都只是普遍自然力的表现，即意志客体化中这样的级别：这些自然力的客体化完全没有个性上的差异（像有机自然界那样）——整体理念部分地表现在这些个性中——而仅有种属上的差异，而种属在任何现象中表现出的都是完整的、没有任何差别的。不论是意志还是理念（即意志客体化的级别）都与时间、空间、杂多性和来自原因的规定无关，与之有关的只有意志和理念的个别现象。所以，在如重力、电力等自然力的无数现象中，自然力所表出的形式是完全相同的，只有外来因素的影响才能使之发生改变。自然力在它的所有现象中表现出的本质上的统一性，也就是这些现象遵循的固定规律，或在因果关系中发生的条件，被称为自然律。自然力的特征通过自然律表现出来，并且在其中固定下来，所以如果对某一自然律有了经验上的认识，那么就可以通过这一定律对自然力的现象进行预判和计算。这种规律性使较低级别的意志客体化的现象在外表上有别于同一意志的较高级别、较为清晰的客体化，即有别于意志现象在动物、在人及其行为中的表现；由于意志现象的个别特性在各处的强弱不同，而且还具有由动机引发的行为——动机只存在于认识中，旁观者无法获知——所以人们始终没有认识到这两类现象有着相同的内在本质。

如果以个别事物的认识，而非以理念的认识为出发点，那么人们就会惊异于自然律的精准性，精准的程度甚至使人心生畏惧。使人惊奇的是，大自然竟然一刻也不曾忘记自己的规律，比如说只要符合某一规律以及规律所要求的条件，一些物质相遇之后就会产生化合作用，释放出气体，产生燃烧；因此只要具备合适的条件，不论是由于设施的作用还是偶然情况（因为不是有意为之的，所以这种准确性就更使人惊讶），都会立刻发生预定的现象，古今皆是如此。在一些罕见的、非常复杂的情况下才会出现的现象更使我们感到惊异——当然是在通过这些条件已经预判出会发生的现象的情况下——比如：一些含有酸化水分的金属排列在一起时，将一片银箔放入其中，银箔就会突然燃烧并发出绿色火焰；或者在某些条件下，坚硬的钻石也会变成碳酸。我们之所以感到惊异，是因为自然力仿佛拥有无处不在的心灵，那些在日常生活中容易被我们忽略的事实际上都表现出非常神秘的因果关系，这种因果关系简直和人们在符咒和鬼神之间建立的虚构的关系类似，人们认为符咒肯定可以召唤出鬼神。但是，一旦我们已经获得了哲学上的深入认识，理解了自然力就是意志客体化的某一级别，即我们自认的自身内在本质的客体化的某一级别；理解了意志是自在之物，与它的现象及其形式都不同，它存在于时间和空间之外，因此受时间和空间制约的杂多性与意志自身以及它客体化的级别即理念都无关，只与理念的现象有关；理解了因果律只在时空中具有意义，因为因果律只是理念在时空中所表现出的无数现象，也就是意志表现其中的现象，因果律决定了它们在何处发生，并给这些现象制定规律和秩序。我认为，如果通过这些理解我们明白了康德的伟大学说的内涵，明白了时间、空间和因果性不属于自在之物而只属于现象，只是我们认识的形式，而非自在之物的内在本质，那么，由自然力的规律性、自然力无数现象表现出的一致性以及这些现象出现时的毫无误差的精确性所带来的惊奇也就可以理解了，可以把这种惊奇比作一个孩子或者原始人第一次透过多棱镜来观察一朵花时的惊奇，由于他对花朵之间的一致性感到惊奇，所以不停地数着每一朵花的花瓣。

因此，任何普遍的、原始的自然力的内在本质都是意志在最低级别上的客体化，而非其他。按照柏拉图的说法，我们将每一个级别都称作一个永恒的理念，而理念与其现象之间的关系则是自然律。现象的形式也就是时间、空间和因果律，这三者是密不可分、紧密相连的，理念在时间和空间中表现为无数的现象，而现象转为多样化形式所遵循的规律是由因果性规定的。可以把因果律比作不同理念的现象之间的界限，时间、空间和物质按照这些界限分配给不同的现象。所以，这种界限一定与所有物质的同一性有关，而物质则是所有不同现象所共同具有的根本内容。如果现象不依赖于这共同的物质，物质也不分属于不同现象的话，就不需要因果律来对现象进行规定了。这样一来，现象就可以并存，存在于无尽的时间空间之中。哪怕仅仅因为永恒理念，所有现象都需要依赖于同一物质，物质表现于现象时必须遵循一个规则，如果没有规则的话，现象之间就会出现混乱。因此，因果律与实体恒存律有着本质上的关联，两者互为意义，时间和空间对两者的关系也与此相同。在同一物质上存在相反规定的可能性就是时间，而同一物质能够在所有相反规定下恒存的可能性就是空间。上一篇中，我们将物质解释为时间和空间的统一，这种统一表现为实体恒存中偶然属性的变化，这种变化的普遍可能性就是因果性或变易。因此，正如前面所说，物质从始至终就是因果性。前面我们说过，悟性就是因果性在主体中的对应物，而且物质（也就是整个作为表象的世界）只对于悟性存在，悟性是物质存在所必需的对应物、条件和基础，在这里将第一篇里讨论的问题回忆一下。

想要真正理解前两篇的内容，就必须注重第一篇和第二篇之间的内在一致性，对于真实世界来说，意志和表象是统一的不可分割的两面，而这两篇却将它们分开讨论，这样做是为了更加清晰地、单独地认识这两个方面。

为了更清楚地说明因果律的意义只存在于它和时间、空间以及存在于两者统一中的物质的关系中，让我们稍后再举一个例子。因果律的意义在于它划分出了一些界限，自然力的现象便根据这些界限分别作用于不同的物质。而作为意志的直接客体化的原始自然力，以及作为自在之物的意志，都不遵循根据律，也不存在于这些形式中。而一切事因学的说明只有在这些形式中才有其正确的意义，因此事因学的说明是绝对无法深入阐释自然的内在本质的。下面来看这个例子：假设有一部按力学原理制造的机器，由于重力，铁质的机器才能够运动；由于固体性，铜制的轮盘才发生抗拒作用；由于不可透入性，这些部件才能够相互推动，从而举起杠杆等。在这一系列现象中，重力、固体性、不可透入性都只是没有被解释的原始的力，而力学所指出的只是这些自然力表出自己，以及支配物质、时间和空间的条件和方式。如果有一块强力磁铁作用于铁质的机器，将重力抵消，那么机器就会停止运转，这一现象中的所有物质也就被另外一种自然力控制了。事因学对这一自然力的解释也仅限于指出磁性出现的条件而已。如果把铜质轮盘放在锌板上，然后导入酸性液体，那么组成这台机器的物质就又在另外一种原始力的控制之下了，那就是金属的化学放电作用；这种作用按照自己独有的规律控制着物质，并在物质上表现出它的现象。对于这种现象，事因学所能说明的也只是一些会出现的情况和遵循的规律而已。如果把温度升高并导入纯氧的话，机器便会燃烧，这说明又有另外的自然力占据了这些物质，这种自然力就是化学作用，它是意志客体化的一个固定级别，并在物质上显现为理念。通过燃烧产生的金属白垩再和某种酸产生化合反应，就会形成一种盐，产生结晶体。这一现象又属于另一理念，现象的出现依赖于事因学所能指出的那些条件，而理念本身却无法探究。接下来又出现了新的意志现象，结晶体风化并和其他物质混合，从这种混合物中生长出了植物……这样没有止境地跟踪恒存物质，有时是这一自然力在起作用，有时又是另一自然力获得了控制权，这些自然力通过这种权力将自己的本质表现出来。这一权力是由于因果律才有意义，才能够规定的，但是以此为根据的说明只能到此为止。力本身是意志的现象，不属于根据律的形态，因此也没有根据。力不属于任何时间，而是无所不在，好像在时刻等待着一些情况的出现，以便在上一个起支配作用的力之后能够及时地控制这一物质。时间只是力的现象，对力本身来说毫无意义。化学作用的一些力甚至能在物质中贮藏上千年，直到碰到反应剂时才得以释放，从而显现出来；但是时间只对于力的显现有意义，而与力本身无关。例如，铜和锌中始终蕴含着金属放电作用，甚至长达几千年，哪怕铜、锌、银三者相遇也不会释放出来，而如果三者在合适的条件下进行接触，银就一定会燃烧。在有机界中，也有长眠三千多年的种子，在遇到合适的条件时，将保存了三千多年的力释放出来，长成植物。①

通过此处的讨论，我们明白了自然力与它所有现象之间的区别；明白了自然力就是某一固定级别上的客体化的意志本身；明白了来自时间和空间的杂多性只与现象有关，因果律也只是决定了个别现象在时空中的地位；那么，我们就能理解马勒布朗希关于偶然原因的学说的真谛了。这一学说见于马勒布朗希《真理研究》第六章第二段以及第三章。如果不辞辛苦将他的学说和我的论述进行比较就会发现，我们的研究虽然思想路线不同，却殊途同归，结论完全一致。马勒布朗希受到了他的时代所流行的学术观点的束缚与局限，但在这种压力之下，他最终还是艰难地寻觅到了真理，并且在字面上将这真理与当时的观点统一起来，实在令人敬佩。

真理的力量是无穷的，它的经久不衰也令人惊异。在不同时代、不同国家所流行的独断的学说中，甚至是最荒谬、最杂乱的学说中，都能寻觅到真理的微光。真理常常和一些稀奇古怪的东西混杂在一起，虽然杂乱但是仍然能够被

① 1840 年 9 月 16 日，在伦敦市的文艺科学研究院，帕蒂格溜（Pettigrew）先生发表了有关埃及古迹的演讲，他展示出了 G. 威尔金生（Wilkihson）爵士在特本（Theben）周边的坟墓中所找到的一些小麦颗粒。被找到时，它们被装在一个密闭的容器中，放在那坟墓里已经有三千多年的历史了。他把其中十二颗麦粒种了下来，其中一颗长出了植物，现在已高达五英尺，所结的果实现在已经彻底成熟。（引自 1840 年 9 月 21 日的《泰晤士报》）——和这个相似，1830 年，霍尔顿（Haulton）先生在伦敦医药植物学学会上展示出了一块植物根，它被发现在一个埃及的木乃伊手中，也许是出于什么宗教的宗旨才搁置在那里的，因此也有两千多年的历史了。他将这块植物根种在花钵里，这根马上发芽了而且还长出了茂密的树叶。以上这一段是 1830 年 10 月《大不列颠皇家研究院杂志》第 196 页从 1830 年的《医学杂志》引申而来的。“在格立姆斯顿（Crimstone）先生的小院中，有来自伦敦海格特区（Highgate）植物标本室的豌豆苗正结出累累硕果。这是帕蒂格溜先生和大英博物馆的工作人员从一个瓶中拿出来的豌豆苗结出来的。这个瓶子发现于埃及的一个石椁，搁置在那里已经有 2844 年了。”（引自 1844 年 8 月 16 日的《泰晤士报》）——是啊，在白垩石缝中找到的活蟾蜍也导致人们提出假设，就算是动物的生命，如果开始于冬眠，而又出现不一般的情况，也可以存续几千年。——原注

识别。真理就像生长在岩缝中的植物，虽然苍白、扭曲、佝偻，但仍然在迂回地、顽强地向着阳光生长。

马勒布朗希无疑是正确的：任何自然原因都只是偶然的原因，只是为那唯一的、不可分割的意志能够表现出来提供契机；而意志则是所有事物的内在本质，它不同级别的客体化则组成了整个可见的世界。现象的整体、现象的内在本质与原因无关，只有在它转化为可见而在某时某地表出时才有赖于原因，才是由原因引起的。现象的内在本质就是意志，它不遵循根据律，所以没有根据。世界上任何东西在其本质上、整体上的存在都没有什么原因，只有它之所以恰好出现在某时某地的原因。一个石块之所以有时表现出重力，有时又表现出固体性，是由原因和外来作用决定的，也可以用原因和作用来解释；不过石子的自身属性，石子的全部本质，亦即由这属性所构成并按上述方式表现出的内在本质，也就是石子之所以如此这般，它之所以根本存在，都是没有根源的，而且是没有根据的意志的可见化。因此，所有原因都是偶然原因。既然无知的自然界是这样，那么，在并非由原因和刺激，而是由动机决定着现象出现的时间地点的领域，也就是在人和动物的行为中也是这样。因为不论在自然界还是在人和动物的行为中，所表现出的都是那唯一的同一的意志，意志的显露程度有着很大的差别，但在各个程度上都是同样的；而现象则服从于根据律，现象的自在本质却独立于所有这些之外。动机并不能决定人的性格，只能决定性格的表出，亦即决定行动；也就是只能决定生命的外在形态，而不能决定生命的内在意蕴。生命的内在意蕴是由性格决定的，而性格是意志的直接呈现，因此没有根源可寻。这个人之所以善，那个人之所以恶，是无法解释说明的，更不会因为某些动机或外在作用，例如箴言劝诫之类而改变。但是，一个恶人到底是在他身边的小范围内作小恶、施展怯懦的诡计、随意捣蛋从而表现自己的恶，还是作为侵略者危害一个民族、使世界陷入悲惨的境地、使无数人丧命来表现自己的恶，这些都是他外在的表现，属于现象而不是本质，取决于命运如何安排他所处的情况，受到环境、外来影响和动机的左右。但是，他出于动机的决断并不来源于上述这些方面，而是来源于意志，他这个人就是意志的现象。第四篇会对这一点展开论述。性格表现出独特性的方法和无知自然界中的物体表现出物性的方法类似。由于其内在特性，水永远是水。无论是景物倒映其中的宁静湖泊，还是岩石上飞溅的浪花，或者是人工设施中喷出的水柱——这些都是水在不同外因下的不同表现，对于水自身来说都是一样的，只是不同情况下有着不同的表出。在任何可能情况下，水都处在准备状态中，而且在任何情况下它都表现出自已固有的性格，并忠于此性格。与此相同，每个人的性格也都在所有情况中表现出来，至于引发的现象则根据不同情况而不同。

第二十七章

如果我们通过以上对自然力及其现象的探讨明白了用原因进行说明所能到达的边界——前提是这种说明不愚蠢地试图将所有现象的内容都还原为其空洞的形式，以至于除了形式之外别无其他——那么，我们就可以大概规定事因学的职责所在。事因学的任务就是探寻自然界中所有现象的原因，也就是找到这些现象在任何时候都会表现出的情况；再将各种情况下表现为各种形态的复杂现象还原为作用于所有现象的。作为原因的前提而存在的东西，也就是还原为原始的自然力。此外，还要正确地判断各种现象之间的区别是由于力的区别，还是由于力表现出的那些情况的区别；并且要避免将同一种力在不同情况下的不同表现看作不同种类的力的现象，反之也要避免将不同种类的力的现象看作同一种力的不同表现。这些都要求一个人具有判断力，因此物理学上只有少数人能够扩大我们的真知灼见，但所有人都能将经验推而广之。在物理学的领域中，人们由于懒惰和无知过早地引入了各种原始力，这一点经院学派已经在其存在和本质上夸张地、带有讽刺意味地表现了出来。我最不希望看到的就是这些东西死灰复燃，不希望人们只求助于意志的客体化或上帝的创造力而忽视了物理上的解释。物理学所寻求的是原因，而意志却与原因毫无关系。意志与现象的关系根本不服从根据律，而一个东西一方面在自在本质上是意志，但另一方面也是表象，即现象。作为现象则需要遵循那些构成现象的形式的规律，例如，虽然每个运动都是意志的表现，但仍然需要一个原因；不过这一原因只能解释这个运动与一定时间、地点的关系，也就是对作为个别的现象的运动作出解释，而不能解释其普遍性和内在本质。在石头那里，这个原因就是力学；在人的行为这里，这个原因则是动机，总之必须有一个原因。而那所有同类现象所共有的普遍的东西，也就是其本质，如果没有它作为前提，由原因进行的解释就会失去意义——这个东西就是普遍的自然力。在物理学范畴内，这种自然力自始至终都只能是隐秘属性，也就是说事因学的说明抵达了它的终点，而形而上学的说明则从此发源。因果关系的链条不会被人们用来求助的原始自然力截断，也不会将它当作链条的第一个环节而回归于它；实际上，因果链条的所有环节都以这原始自然力为前提，否则便失去了意义。许多因和果组成的链条可以是完全不同的力的现象，这些力在因果关系的作用之下变为可见的，上文中金属机器的例子已经说明了这一点。虽然这些无法互相引出的原始力互不相同，但因果链条的统一性并没有被打破，这链条中的所有环节之间的联系也没有被破坏。对自然的事因学研究和对自然的哲学研究并不会互相阻碍，两者只是从不同的角度对同一对象进行研究，可以共存而并不冲突。事因学的工作是论证那些需要且必然会引出需要说明的个别现象的原因，指出在所有因果关系中起作用的力，并以之作为事因学所有说明的基础。然后对这些力的数目、差别进行精确的规定，并规定每种力在不同情况中分别出现的不同作用。每种力的出现都遵循着其自身特定的性格，而这种性格又遵循着一个稳定不变的规则，即自然律。对于上述所有工作，物理学都完成得很圆满，所以在无机自然界中的所有力都已经被我们了解了，所有作用都被证明是那些力中的某一种在特定情况下，遵循某一自然律而显现出来的。然而，自然律只是根据对自然界的观察而记录下来的规则，只要出现合适的条件，大自然便会按照这一规则行事。所以，可以将自然律定义为：自然律是一个普遍表出的、一般性的、概括性的事实。所以，将所有自然律一一枚举出来也不过是一本记录详尽的流水账而已。因此，对大自然进行研究的重担就落到了形态学身上。形态学的工作是将自然界中所有固定的形态都列举出来，然后进行分类整理。形态学并不关注个别生物出现的原因，因为对于任何生物来说，这个原因无非就是生育而已，关于生育的学说则是另外一回事了；极少数情况下生育还有两种可能的方式。严格来讲，较低级别的意志客体性，也就是物理化学现象，是以何种方式出现的也是形态学的研究对象，而事因学的任务则是指出其出现所需要的条件。哲学在任何领域，在自然界中也是同样，研究的都是最普遍的东西，这里所说的原始力本身就是哲学的研究对象。哲学认为，这些原始力是意志客体化的各个级别，而意志则是世界的内在本质，是自在之物；而如果抛开本质的话，哲学则将世界看作主体的单纯表象。事因学应该做的是为哲学论证提供例证，从而使哲学学说能够得到应用，也就是为哲学开辟道路；如果它不这样做，而是否定所有的原始力，最终只剩下最普遍的一种，例如不可透入性，并认为这就是探索的终点，从而将所有其他力都还原到这一种力上来，那么，它无异于在自掘坟墓，它绝对无法提出任何真理。这样做就等于是否定了大自然的内涵，而只剩下了空洞的形式，将所有一切都归于从外面起作用的情况，事物的内在本质则空无一物。如果说这种方法真的能够获得成功，那么，如前所述，最后一个运算公式所表示的就是宇宙的谜底了。但是，正如前面说过的那样，如果一个人把生理作用依次还原为形式和化合作用（例如还原到电）、化学作用、机械作用，那么他所采用的就是这种方法。比如，笛卡儿和所有原子论者们所采用的就是这种错误的方法。他们曾经将天体运行还原为流体的推动作用，把物性还原为原子的形态及其相互关系，他们的目的是用不可透入性和凝聚力的表出来解释所有自然现象。虽然现在大部分人都已经离开了这条错误的道路，但今天还有一些电气、化学、理学领域的科学家在这样做，非要固执地用有机体组成部分的“形式和化合作用”来解释生命和有机体的所有功能。麦克尔编纂的《生物学资料汇编》1820 年第五卷第 185 页上还能见到这种言论，说生理学的意义就是把有机生命还原为物理学上的那些普遍自然力。拉马克在《动物哲学》第二卷第三章中也认为生命只不过是电和热所产生的作用，他在书中说道：“构成生命的内在本质的原因完全是由电与热的物质合成的。”（《动物哲学》第 16 页）按照他的说法，电和热就是自在之物，而动植物界则是这自在之物的现象或表出，此书的第 306 页凸显了这种说法的荒谬之处。众所周知，最近那些已经被推翻的观点又有东山再起之势。用心思考一下就会明白，所有这些说法都是以这样的假设为前提的，那就是假设物理的、化学的、机械的力的各种现象集合起来就构成了有机体，这些力偶然地聚集在一起就形成了有机体；不过这种成功也只是大自然的游戏罢了。按照这种说法，在哲学上人和动物的有机体就不成为一个特殊理念的现象了，也就是说有机体本身不再是较高级别的意志的客体性了；在有机体中所显现的则是那些在电气、化学作用和机械作用中使意志客体化的理念，有机体自身则成为这些力偶然拼凑到一起的，人和动物的形体似乎只是由云雾和钟乳石组合而成的，有机体自身便没有什么值得讨论的了。不过，在某种范围之内，可以用物理化学的方法来对有机体进行有益的研究，因为生命力虽然使用无机自然界的一些力，却并非由这些力构成，就好像铁匠并不是铁锤和砧板构成的一样。所以，就算是最简单的植物生命，也断然不能解释为毛细管作用和渗透作用，至于动物生命则更是如此。为了对这一困难的问题做更清楚的说明，我们有必要进行下面的考察。

参照上述内容，自然科学想把较高级别的意志客体性还原为最低级别的尝试是错误的，因为这种做法否认了原始的、独立的自然力，而又无凭无据地假定了一些特殊的力，这些力并非新的原始力，只是已知的力的一种特殊表现方式而已。所以，康德的说法是有道理的。他认为：错误在于人们希望为了一根草就有一个牛顿，也就是希望有一个人能够将这根草还原为物理化学上的某种力的现象，好像这根草只是力的偶然集合，是大自然的游戏而已；他们认为在这根草中并没有什么特殊的理念表出，也就是说意志并不是在较高的、特殊的级别上加以显现，而是和意志在无机自然界中一样，只是偶然地在这一形式中显现出来。经院学派是绝对不会赞同这种说法的，他们会说这是对本质的形式的否定，是把本质的形式贬低为偶然的形式。亚里士多德所谓的本质的形式与我所说的意志在所有事物中的客体化程度是一样的。由此可见，不要漏掉这一方面：那就是在所有理念中，无论是在无机自然界的力中，还是在有机自然界的所有生物体中，所显现出的都是同一个意志自身，这种显现也就使它转为了表象的形式，即客体性。所以，在所有意志现象之间的内在亲属关系上就可以体现出意志的单一性。在较高级别的意志客体性的整个现象中，这种亲属关系表现比较鲜明，亦即在动植物界中，它能够通过所有形式普遍具有的类似性，在所有现象中将自己无差别地重现为一种基型。19 世纪法国人首创的动物学体系的指导原则正是这种基型，这种基型体现在解剖学上就是“设计的统一性”和“解剖学因素的一致性”，并且已经得到了完善的证明。谢林学派的自然哲学家们的主要任务也是寻找这一基型，虽然他们对自然中类似性的追求大多数情况下都不太严肃，但这种目的是好的，并且也取得了一定成就。他们做出的成就包括，证明了亲属关系和属类间的类似性也普遍存在于无机自然界的理念中，例如存在于电和磁之间（两者的同一被证实），化学吸引力和重力之间等等；他们还提出了“极性”的相反相成，也就是说一个力可以被分成两种活动，这两种活动有着不同的属性和相反的方向，但又会趋向重新统一（这种现象常见于空间中方向相反的背道而驰），并指出这几乎是所有自然现象，包括磁石、结晶体和人的一种基型。不过从历史上来看，中国的阴阳对立学说已经提出了这种观点。由于世界上的所有事物都是同一意志的客体性，所以在本质上都是相同的；因此，不仅仅是事物之间必然存在着显著的类似性，较低级别的事物中同样存在较高事物中拥有的东西的痕迹、粗胚；而且由于所有形式都只在作为表象的世界中存在，所以可以这样认为，哪怕是在表象最普遍的形式中、在现象世界独有的基本形式——时间和空间——中，也存在着这些形式所表现出的所有事物的基型、痕迹或粗胚。关于这一点以往的一些学说已经有了一些大体的认识，例如犹太伽巴拉密教、毕达哥拉斯派的数理哲学以及中国的《易经》。此外，谢林学派一方面试图揭示所有自然现象之间的类似性，但另一方面也试图用单纯的空间和时间规律来引申自然律。这些企图自然是不幸的，人们不知道一个天才的大脑究竟能够将这两种企图实现到什么程度。

虽然现象与自在之物有着显著的差别，但绝不能认为存在于所有理念中的客体化的意志（意志的客体性有一定的级别）的同一性混同为意志在其中显现的个别理念自身的同一性；比如，虽然化学或电力的吸引力与重力之间的类似性已经被证实，而且前者可以看作后者更高级的形式，但也绝不能将前者还原为后者。与此相同，虽然所有动物身体的内在构造存在类似性，但也绝不能因此将所有物种混为一谈，不能认为较为完备的物种是由较为不完备的物种转变而来的。最后，虽然绝不能将生理机能还原为化学和物理过程，但在一定限制之内，下列具有很大盖然性的事实却可以在一定程度上证实这一观点。

假设在级别较低的意志客体化，即无机体中，几种意志现象出现了冲突，每种现象都试图根据因果律控制当前的物质。这时，这些现象中一个较为高级的理念的现象便会战胜其他较低级的现象而表现出来，这些较低级的现象在被战胜后仍然存在于一个较低级的状态中，而获胜的现象就从其他现象中吸取了一种和它们相似的东西。对这一过程只能这样解释，那就是显现在所有理念中的意志都是同一的，这一意志总是趋向于级别较高的客体化。比如说，骨骼硬化中可以发现一种类似于结晶体的东西，这是因为骨化作用原本就对石灰质有支配作用，不过骨化作用绝不能因此还原为结晶作用。在肌肉硬化过程中的类似性则更加微弱。与此相同，动物机体中各种液体的混合与分泌也与化学中的化合作用和分解作用相类似，而且在前者中化学规律同样起作用，不过这种作用是次一级的，受到一个更高理念的制约和限制。因为，如果化学的那些力不存在于有机体中的话，便不会产生那些体液，可以说：

化学不知我，解嘲有何用？

暂且定义为，“自然之精华”。

那个战胜了其他较低级的理念或较低级的意志客体化的较完备的理念，正是由于在这一过程中吸收了所有被它战胜的理念中较高级别的类似物，而使它自身获得了新的特性。意志通过一种新的、更清晰的方式转为客体化。原本是由于拥有两种可能性的双重方式而产生，后来却由于同化为已有的种子而产生的东西，包括有机体液、植物、动物和人。通过较低级的现象之间的冲突产生了一个较高级的现象，它制服了所有其他现象但又使这些现象的向上冲动在一个较高的程度上得以实现。在这种情况下，可以用“蛇不吃蛇，无法成龙”这句话来解释。

我原本以为我已经把这些问题论述清楚了，从而使这些思想在题材上不再那么晦涩，但我现在明白，为了让人们能够真正地理解我的思想，就必须让读者们自己进行一些考察。参照上述，虽然能够在有机体中发现一些物理化学作用的迹象，但绝对不能用这些迹象对有机体进行解释。因为有机体怎么也不是这些力集合在一起发挥作用而产生的现象，也就是说绝对不是偶然产生的；它是一个级别较高的理念，通过压倒一切的同化作用战胜了其他级别较低的理念。这一过程的产生是因为将自己客体化于所有理念之中的那个意志，在努力趋向它所能达到的最高级别时，在一场冲突之中放弃了那些级别较低的现象，从而使其在较高级别上的显现更加明晰、有力。任何胜利都是冲突的结果。既然级别较高的理念或意志客体化，只有在战胜了级别较低的理念后才得以显现，那么它一定会受到这些级别较低的理念的反抗。虽然这些理念的地位已经低到可供驱使了，但仍然挣扎着想要使它们的自在本质能够独立、完整地显现出来。吸起铁块的磁石就时时刻刻都在与重力做斗争，因为重力是最低级别的意志客体化，对铁这种物质拥有更原始的权力。在与重力进行斗争的过程中，重力带来的阻力反而使磁石变得更加顽强、更加努力。与磁石相仿，所有意志现象，包括人体中表现出的那些意志现象，都在与许多物理化学的力做着持续不断的斗争；而作为级别较低的理念的力，对有机体中的物质也有着较原始的控制权。因此，人的手臂在克服了重力高高举起后，过不了多久仍要落下。所以，健康舒适的感觉代表了一种胜利，说明意识着这种舒适感的有机体的理念在与原本支配着体液的物理化学规律的战斗中取得了胜利。不过这种舒适感并不是连续不断的，与之相伴的常有一些由于物理化学的力的抵抗而产生的不适感，所以我们默默运行的生命体实际上总是与一种微弱的痛苦为伴。因此，消化作用需要压低所有动物性的机能，以便占据所有生命力来通过同化作用压制住化学的自然力。正是因为这些自然力的存在，生物体才会感到肉体的重负，才需要睡眠，才不可避免地走向死亡。在死亡中，那些被打败的自然力又获得了有利于它们的情况，将那被不断斗争的有机体所夺走的东西又重新夺了回来，从而可以毫无阻碍地尽情展现它们的内在本质了。也可以说，每个有机体表达出的理念（有机体就是这理念的副本），都是除去了用于降服与之斗争的低级理念的力量之后剩余的部分。雅各布·伯麦似乎已经认识到了这一点，他曾说，人和动物，甚至植物的身体，实际上都是半死的。在有机体与表现出较低级别的意志客体性的自然力进行战斗时，按照其所获得的胜利的大小，有机体便成为其理念较完备或较不完备的表现，或者说与理想的典型理念离得较近或较远；在有机体中，美就属于这种典型理念。

因此，大自然中处处充满了争斗、胜败，以及无常的转败为胜，接下来我们还要在这种情况中更清楚地认识到对意志的本质来说十分重要的自我分裂。意志客体化的每一个级别都在与其他级别抢夺物质、时间和空间。恒存的物质需要常常改变自己的形式，在改变过程中，机械的、物理的、化学的、有机的现象全部都在抢夺着物质，迫不及待地根据因果律想要表现出来，因为任何现象都想要表现它的理念。这种斗争，在整个自然界中普遍存在，实际上，正是因为这种斗争，自然才成为了自然："如果事物之中没有冲突、没有争夺，那么，恰如恩披托克勒斯所说，一切都只会是'一'。"（亚里士多德：《形而上学》B.,5）这种冲突和争夺本身实际上就是对意志的本质来说非常重要的自我分裂的外在表现。在从植物中获取营养的动物界中，这种普遍的斗争表现得尤为显著。而在动物界自身领域内，每一动物又是另外的动物的俘虏和食物，亦即每一动物都必须让出它用以表出自身理念的物质，从而让另一理念通过这物质进行表出，因为每一动物只能通过不断地消灭异类来维持自身的存在。所以，生命意志始终这样在不同的形态中自己作为自己的食物，自己啃食自己，一直到人类为止，因为人类战胜了其他所有物种，从而将大自然看作供他自己使用的产品。但是，正如我们在第四篇将会论述的那样，在人类这一物种中，这种斗争、这种意志的自我分裂已经表现得极为显著，甚至令人恐惧，可以说“人对人，都变成了狼”。在较低级别的意志客体化上也有着同样的斗争，同样是一物降一物。许多昆虫（特别是膜翅目昆虫）在其他种昆虫的蛹的表皮甚至体内产卵，卵孵化成幼虫后就会慢慢地毁灭掉这些蛹。枝生水螅的幼虫从成虫体内生长出来，就好像树上的树枝一样，逐渐与成虫分离；幼虫在成虫体内生长时，就在和成虫争夺食物了，从彼此的口中抢夺食物（春百烈《百足动物》）。澳洲的猛犬蚁之间的斗争尤为触目惊心：当它被切断后，它的头部和尾部会展开争斗，头部用上下颚紧咬尾部，尾部则用力刺向头部进行防卫。这场头尾大战常常要持续半个小时，直到两方死去或者被其他蚂蚁拖走才停息，每次试验的结果都是如此（引自《英国 W. 杂志》豪威特的一封信，转载自贾立格兰尼《邮报》，1855 年 11 月 17 日）。密苏里河两岸，许多高大的橡树的枝干都被野葡萄藤缠住，大树由于受到捆绑和束缚而枯萎死亡。在最低的级别上也存在相同的状况，比如，水和碳通过有机同化作用转变为植物的汁液，植物或者面包变成动物的血液；凡是有动物分泌的场合，都会发生这样的变化，化学力都会被压制为级别较低的作用。无机自然界中也存在相同的状况，比如正在形成的结晶体相遇后会相互干扰，从而无法呈现出自身完整的结晶形式，所以每一结晶簇都是意志在较低级别的客体化上冲突的显现。比如磁石赋予铁块磁性时，磁石要把它的理念呈现在铁块中；比如化学放电作用战胜了所有化学亲和力，使稳定的化合物产生了分解，化学规律受到了极大的限制，导致一种盐酸在阴极被分解后转变为阳极，这一过程中又与碱类相结合，彻底失去了酸性而无法使石蕊试纸变红。在宏观宇宙中，同样的情形也出现在恒星与行星的关系上。虽然行星毫无疑问地依附于恒星，但它仍然像有机体内的那些化学力一样，在做着抗争，所以导致了向心力与离心力之间的矛盾。正是这种矛盾的存在才使得天体得以不断运行，这矛盾自身就是我们正在探讨的、意志现象本质上的斗争的普遍表现。因为既然所有物体都是意志的现象，而意志又表现为一种向上的冲动，那么任何形成球状的天体，其本原状态就是运动的而非静止的，它必须在无尽的空间中漫无目的、无休无止地向前运动。这一点和惯性定律、因果律并不矛盾。因为根据惯性定律，物质自身对于动或静并没有特别的选择，所以动与静都可以是物质的本原状态。所以，如果某一物质处在运动状态，那么我们没有权利假设它此前是静止的，也无法追寻运动是如何发生的；反之，如果一种物质处在静止状态，那我们也无权假设它此前是运动的，也无法追寻运动是如何停止的。所以，我们无从寻得离心力的最初推动力，因为按照康德和拉布拉斯的说法，行星的离心力是恒星自转运动的残留，这是由于恒星在缩小时分离出了行星。对于恒星的本质来说，运动是非常重要的，它一边在无休止地自转，一边又绕着一个更大的不可见的恒星旋转，或者朝着广阔无垠的空间运动。这种说法完全符合天文学家猜想的中央恒星说，也符合已经发现的太阳系在整体移动的事实。从我们所在的太阳系的移动，可以推论出所有恒星，包括中央恒星，普遍都在移动，不过在无垠空间中的这种移动也就没有意义了（因为在绝对空间中无法区分运动与静止）。在无垠空间中的这种没有意义的运动，是一种没有目标的前进，从中已体现出本书末尾提到的，意志在所有现象中没有目标的奋力前进的虚无性。所以，无穷无尽的时间和空间必然是意志所有现象最普遍、最基本的形式，而意志的全部本质就是为了呈现为现象。最后，既然物质现象的本质是康德指出的排拒力和吸引力，那么即使在最单纯的物质自身中，也存在着这里所讨论的那种意志现象之间的相互斗争。因此，物质实际上即是存在于这种相反力量的斗争中。让我们假设物质的所有化学差异都不存在，或者从因果链条上向上追溯，一直到化学差异还未出现的时候，这样一来剩下的就只有单纯的物质了，世界也变成了一颗小圆球，小圆球的生命或意志的客体化，就是由吸引力与排拒力之间的斗争所构成的。吸引力表现为重力，从所有的方向冲着中心逼近；而排拒力则表现为不可透入性，通过固体性或弹性对前者进行反抗。这种向中心逼近的趋向和相反的抗拒作用可看作最低级别的意志客体性，意志的特性在这一级别中已经表现了出来。

在最低级别上，意志的表现好像只是盲目的冲动，是一种冥顽的、晦暗的躁动，无法被直接认识。这是最简单、表现最微弱的意志客体化。在无机自然界的所有原始力中，意志以这种盲目、冥顽的冲动表现出来；物理化学的任务就是找出这些原始力并且认识其规律。每一原始自然力都是在无数次完全相同的、符合规律的现象中表现出来的，没有任何个性特征，只是不断地被时间、空间亦即个体化原理复制，就像一个图像在多棱镜中的无数重复的影像一样。

意志客体化的表现随着级别的升高也越来越明显。在植物界中，引发意志现象已经不是原因而是刺激，但意志产生的作用仍然是盲目无知的冲动；在动物界的自然运行中，在所有动物的生育成长过程中，在动物体内的营养输送过程中，决定意志现象的仍然是刺激，而意志也仍然是无知的。意志客体化的级别不断上升，最后到达一个点，在这里那表出理念的个体仅凭由刺激产生的活动已经无法获得它需要用来同化的营养物质了；因为只能被动地等待刺激的出现，而在这一级别中，营养物质都是特殊规定的，现象越复杂，情况就越混乱，以至于现象产生了互相干扰，所以个体如果仅凭刺激产生的偶然的机会来获取食物的话，就会处于不利状态。所以，动物在卵或母体中时的生长是无知无识的，但当它从卵或母体中脱离的那一刻开始，就必须搜寻、挑选才能获得食物。正因为如此，行动必须由动机引发，而要有动机就必须有认识；也就是说在这一级别的意志客体化上，认识可以被看作个体保存和族群延续所必需的辅助工具或“器械”。认识是通过大脑或更大的神经节表现出的，就好像客体化的意志的其他企图或规定都是通过某一器官表现出的一样，都是为了表象而将自己通过某一器官①表出。正是因为有了认识这个辅助工具或“器械”，作为表象的世界才得以出现，同时出现的还有它的所有形式：主客体、时间和空间，杂多性和因果性。这样一来世界就表现出了它的另外一面。在此之前，世界只是意志，现在它同时也是表象，是认识主体的客体。在此之前，意志一直在黑暗中准确地跟随着它的冲动；而在这一级别中，它为自己带来了光亮。有了这光亮，就有可能消除从意志的现象的各种复杂情况中产生的缺陷，即使最完备的现象仍会具备这种缺陷。在此之前，意志在无机自然界和单纯植物性的自然界中，之所以能够准确地、符合规律地起作用，是因为它是凭借着自己的原始本能，凭借着盲目冲动在运动；这一过程中虽然得不到其他援助，但也没有来自那个完全不同的作为表象的世界的干扰。作为表象的世界虽然是意志自身的本质的表现，但两者的性质却完全不同，现在这个世界开始干涉意志现象的联系了。于是，意志现象便不再永远稳妥可靠了，动物便容易被假象、幻觉所迷惑。而动物只有直观表象，并没有概念和反省思维；它们只局限于“现在”，无法触及未来。这种缺乏理性的认识可能并非在一切情况下都能达到目的，有时会需要一定的帮助。这种情况值得我们注意，那就是盲目的意志作用和有认识的作用这两者，在两种不同的现象中常常出人意料地互相入侵对方的领域。在动物

① 第二卷第二十二章是对此处的补充，我的《论自然界中的意志》第一版第54页，第70—79页，第二版第46页，第63—72页。——原注

那些由直观认识和动机引发的行为中，就存在着没有认识和动机的行为，亦即意志盲目的作用所引发的行为。例如，动物制作东西的本能就是这种行为的体现，这种本能的行为既没有动机，也没有认识，但是看上去却像是有抽象的、理性动机在进行指导似的。与之相反，认识也会存在于盲目的意识占主导作用的领域，它所带来的光亮使人类有机体的纯生理机能不再一片漆黑，这在磁性催眠术中就有所体现。当意志最终达到它最高程度的客体化时，那来自动物悟性的认识就不够用了，这是因为它所采用的材料来自感官，而且仅限于眼前的直观。人是一种复杂的、多方面的、需求最多的动物，既有很强的可塑性，也难免受到很多伤害，为了生存，人必须依赖于双重认识，也就是在直观认识的基础上再加上一个级别更高的能力，也就是加上对直观认识进行反映的思维，或能够获得抽象概念的理性。理性带来的还有思考，包含着过去和未来的全部图景，于是便产生了忧虑、考量，预先计划的能力，不局限于眼前现象的行动，以及对自己这样的意志决断完全清楚的意识。而单纯的直观认识还可能带来假象和幻觉，所以，之前在意志盲目冲动的作用中的可靠性便消失了。因此，在由认识指导的意志作用中夹杂着的本能和制作冲动，就必须出面提供帮助了；也就是说，在与理智相伴随出现时，之前意志的表出所具有的可靠性就消失了。当本能完全消退后，代替它占据主导地位的思考（如第一篇中所论述的）就会发生犹豫和徘徊。于是谬误的可能性就诞生了，并且许多情况下通过行动阻碍意志的客体化。这是因为，虽然在性格中意志已经决定过了它固定的方向，而在动机的促使下欲求也不得不按照这个方向显现；但是幻想的动机同时掺杂在真实动机中，从而真实动机就被取消了①，谬误便有机会对意志的表出进行篡改。比如，如果迷信进入了幻想动机，那么就会使一个人做出与其意志没有受到干扰时的行动完全相反的行动：如阿格梅姆隆②杀害了自己的女儿；自私的吝啬鬼为了得到上百倍的报酬而进行布施；等等。

所以从根本上来说，不论是理性认识还是直观认识，都来源于意志本身。认识作为辅助工具或“器械”，与身体的其他器官一样，都是维系个体保存和种族延续的工具。作为这种工具的认识，原本属于较高级别的意志客体化的本

① 所以，经院学派所说的：“目的因并非按其是什么的本质起作用的，而是按其被认识的本质起作用的。”这句话见于苏阿内兹《辩论集》，《形而上学的辩论》XXⅢ，第七段和第八段。——原注

② 阿格梅姆隆：Agamemnon，土劳埃战争中希腊联军的统帅。——译者注

质。认识注定要服务于意志，服务于意志的目的，因此它也总是服从于意志并且胜任自己的工作；在所有动物中，在绝大部分人中都是这样。不过，本书第三篇中我们会看到在少数一些人中，认识逃开了它所受到的束缚，独立于欲求的目的之外，而纯粹自在地作为世界的一面镜子而存在，艺术就是从中产生的。在本书最后一篇中，我们将讨论这种自在的认识反过来对意志发生影响时，如何使意志产生自我扬弃，这就是无欲。无欲是人生的终极目标，是所有美德和神圣性的内涵，也是从尘世解脱的唯一途径。

第二十八章

现象是意志的客体化，我们已经了解到这些现象是多种多样、千差万别的，亦即拥有杂多性，我们也了解到这些现象之间在进行着无休止的争斗。然而，如前所述，作为自在之物的意志本身，却与这杂多性和争斗无关。无论是理念（柏拉图所说的）的差别，亦即意志客体化的不同级别，还是每个理念都将自己表出其中的个体，抑或形式之间为占有物质所进行的争斗，都与意志无关，而只是意志客体化的方式和形态而已，它们与意志之间通过客体化而有间接的关系。通过这一关系，所有这些才成为意志本质转为表象时的表现。就好像一盏灯照映着许多图像，而图像之所以能够被看到只是由于那灯光的存在；同样，在所有复杂的现象中（这些现象或者并列于宇宙空间中，或者先后继起、此消彼长），在所有变动中，都只有意志本身在显现，并且它是恒定不变的；而所有的一切现象和变动都只是它的可见性、客体性。只有它是自在之物，而其他一切客体都是它的表出，如康德所说，都是现象。作为理念（柏拉图所说的）的意志，虽然在人类中具有最显著、最完备的客体化，但这客体化仍然不足以表现出意志的本质。人的理念如果想要完整地表出，就不能是孤立的、割裂的，而必须拥有各个较低的级别，必须有动物界、植物界，乃至无机界伴随其后。有了所有这些才能使意志的客体化获得完备性。这一切都是人的理念的前提，就像枝叶、树根、树干是树上的花朵的前提一样。这些各种级别聚在一起就形成了一个金字塔，人处在金字塔的顶端。用一个比喻来说明，那就是人的现象由所有这些现象伴随，就像白昼的光明必须由各级明暗不同的光亮所伴随一样，要通过这些不同程度的明暗才能抵达彻底的黑暗。或者还可以将所有这些都比作人类这一基音的谐音，动物和植物是较低的第三和第五音阶，而无机自然界则是更低的第八音阶。在下一篇在对音乐内蕴的探讨中，我们会更好地理解最后一个比喻；届时我们会明白，由轻快的高音组成的接连不断的曲调，就像人类通过反省思维进行的连续不断的生活与奋斗一样，而那些不连续的辅助音和低慢音则是构成音乐完整性的谐音所必不可少的，这些音可以比作动物界和无知无识的自然。后文会对这一点进行详细阐述，到时会更加清晰明了一些。我们也已经了解到意志现象之所以要分为不同的级别的内在必然性，这种必然性与意志的恰当的客体性有着密切关系，所有意志现象都以通过一种外在的必然性得以显现。因为有这种外在必然性，为了生存人需要动物，动物又需要另一种动物和植物，而植物又需要土壤、水分，化学中的元素与化合物等，需要行星和太阳以及它们的自转和公转，黄道倾角等。总之，这些现象都是由于意志必须填饱自己的肚子而产生的，意志是饥饿的，而除它之外再没有其他存在。人世间所有的焦虑、欲望和痛苦都是因此而产生的。

只有从现象无穷无尽的杂多性中，认识到作为自在之物的意志的同一性，才能够真正地说明自然界所有产物之间所有的奇妙的类似性，亦即亲族间的近似性。只有认识了这种亲族的近似性，我们才能将自然界的产物当作那同一的主旋律的变化。同样，只有深刻而清晰地认识了世界各部分间的和谐，其在本质上的联系，认识了对各个部分为何必须分为各个级别的原因（这一点我们刚论述过），我们才能真正充分地理解自然界所有有机物的内在本质以及它的目的性的意义。在我们对这些自然界的有机物进行研究时，已经先验地假定了这种目的性。

这一目的性有两方面的性质：一方面是内在目的，亦即个别有机体的各个部分之间已经有了协调的安排，从而使这一有机体的族群得以延续，那种协调的安排就是目的。另一方面是外在的目的，通常表现为无机自然界与有机自然界之间的关系，然而有时也表现为有机自然界各个部分之间的关系；这种关系使个别物种，乃至整个有机自然界都得以保存。所以，我们将这种关系看作达到这一目的的手段。

下面就在我们的考察中对这内在目的性进行说明。参照上述，自然界中所有形态所具有的差异性和个体的杂多性都与意志无关，而只与意志的客体性及其形式有关，那么，虽然意志的客体化的程序，亦即（柏拉图所说的）理念之间有着很大的差别，但它自身是不可分的，出现在任何现象中时都是完整的。为了方便理解，我们不妨将这些不同的理念看作个别的、简单的意志活动，在这些活动中不同程度地体现出意志的本质。而个体则是这些理念（也就是那些活动）在时间、空间和杂多性中的现象。即使在最低级别的意志客体性中，意志活动或理念也仍然拥有统一性；而在较高的级别中，这种活动为了将自己表出，就需要一整个时间序列上的情况和发展，所有情况和发展组合在一起才能使其本质表现出来。比如说，理念在任何普遍自然力中显现出来时，不论它的外在情况多么千差万别，它的表出始终只有单独的一个，否则它就失去了同一性，而这种同一性正是通过取消那些外在情况的差异性而得到的。正因为如此，结晶体只有一次生命表现，即结晶活动。当它表出之后就只剩下了僵化的形式，它完全而充分地显现在它那一瞬即逝的生命的残骸上。植物也是理念的表现，但植物对理念的显现并不是一次性的，也不是单一的，而是显现在植物不同器官在时间中的成长发育上。而动物的有机体则不仅仅表现在这同一形式下，不仅仅表现在连续但通常不同的形态中，这形态本身虽然是意志在这一级别上的客体性，却不能充分展现出它的理念；只有再加上动物的行为，理念才能够得到完备的呈现。这是因为动物的验知性格，亦即这一物种所具有的同样的性格，是通过行为表现出来的，而这种性格才是理念的完整表出。这种情况，那个有机体就成了理念得以表出的基本条件。对于人类而言，每一个体都具有各自独特的验知性格（第四篇中我们会看到种性是如何通过意欲的自我扬弃而被取消的）。那些以时间的必然发展为条件而分散于个别行为中的所谓“验知性格”，如果抽去了现象所属的时间形式，就成了康德所谓的“悟知性格”。康德指出了这两种性格之间的差异，并且说明了自由与必然的关系，其实就是说明了作为自在之物的意志与意志在时间中的现象两者之间的差异；这就是康德所取得的辉煌的、不朽的成就。[①] 也就是说，悟知性格是与理念，或者是与更狭义的在理念中表出的原始意志活动相等的。从这个意义上来说，不仅应将每个人的验知性格，而且应将每一动植物种属的、无机自然界中的每一原始力的验知性格，看作悟知性格，亦即一个脱离于时间之外、不可分割的意志活动的现象。

① 见《纯粹理性批判》，“由世界大事的一切引申出来的宇宙观念之解决”第五版第560—586页，第一版第532页和之后的各页，以及《实践理性批判》第四版第169—179页，罗森克朗兹版第224页和之后的各页。与我的论文《根据律》第43节对比。——原注

我想在这里顺便强调一下植物的直接性。每一种植物已经将它的全部性格直接表现在了它的形态中，坦率地表现着它的存在与欲求，这也是植物形态之所以颇具趣味性的原因。动物却不同，如果想要了解它的理念，就必须对它的行为进行观察；对于人来说，他由于具有理性而能够进行伪装，所以只能通过研究和试探来认识他。动物比人更直接更坦率，正与植物比动物更直接坦率相同。相比于人，在动物身上更能看到直接的生命意志，这是由于人拥有许多知识，同时具有伪装的能力，所以只是在偶然情况下才会显示出自己的真正本质。植物中的生命意志则更加直接和坦率，不过也更加微弱，这种意志是漫无目的、盲目求生的冲动。植物对其本质的显示是赤裸而纯真的。虽然动物的生殖器官的部位都比较隐蔽，而植物却将之一览无余地展示出来，但这并不会损害它的纯真。植物的纯真是因为它无知无识。邪恶的源头并不是欲求，而是有知识的欲求。每一种植物都会直接显示出自己从何处来，显示出它的故乡的气候以及土壤性质。所以，即使是没有学过的人也能轻易判断出一种外来植物是热带的还是温带的，生长在水中还是沼泽，抑或山林和荒地。而且，每种植物还表现它所属的种属的特殊意义，这是用任何语言都无法表示的。下面我们来看一看如何用前面讨论的这些来研究有机体的目的性，仅限于其内在目的性。在无机自然界中，理念在任何地方都表现为同一的意志活动，并且总是通过单一的相同的方式进行表出，因此在这里验知性格和悟知性格有着直接的统一性，也就是两者是合一的，所以也并不存在什么内在目的性。反之，一切有机体的理念是通过前后继起的发展表现出来的，而不同位置相互并列的多样性又决定了这种发展，亦即有机体所有“验知性格”的全部表现合在一起才相当于“悟知性格”的表现；但是，显现着的理念的统一性并没有因为各种部位的并列以及发展的前后继起而消失。实际上，正是在那部位和发展按照因果律而产生的必然关系和链条上，这统一性才得以显现出来。不论是在所有理念中进行显现的，还是在某一个意志活动中进行显现的，都是那唯一的、不可分割的、因此与自己完全一致的意志；所以，虽然意志的现象分别表现在不同的部位和情况上，但仍然在这些部位和情况的协调一致中显示出它所具有的统一性。这是因为所有部分之间存在着必然的关系并且相互依存，因此，即使是在现象中理念仍然具有统一性。参照上述，我们可以认为有机体的各个部分和各个功能互为目的和手段，而有机体本身则是最终的那个目的。一方面，单一的理念分别表现在有机体复杂多样的部位和情况中；另一方面，由于这些部位和情况之间存在着互为因果的必然联系，理念的统一性以及手段和目的得到了恢复。然而，对于显现着的意志自身亦即自在之物而言，这两面都不是它所特有的或本质的；只有对于意志在时间、空间和因果性（这些都是根据律的形态，现象的形式）中的现象，这两方面才是特有的、本质的。这两方面都只属于作为表象的世界，而非作为意志的世界；是在这一级别上意志的客体性得以转为客体（亦即转为表象）的方式方法。如果理解了这个较为难懂的问题，对康德的学说则会有更好的理解。康德的学说认为，无论是有机自然界的目的性，还是无机自然界的规律性，一开始都是被我们的悟性带入自然界的，所以目的性和规律性都只与现象有关，而与自在之物无关。如前所述，无机自然界规律性所具有的那绝不会出错的稳定性使人惊异，与此相同，有机自然界的目的性也会使人感到惊异。因为这两种惊异都是由于我们认识到了理念原有的统一性，它只是在现象中才具有了杂多性和差别性的形式。①

至于第二种的外在目的性（按前述分类），有机体的内部生活中是不存在的，只存在于有机体从外在的无机自然界，或者从其他有机体那里获得的援助中。对于这外在目的性，同样可以用上述论点进行说明，那就是说，既然整个世界及其所有现象都是同一个不可分割的意志的客体性，而其他理念之于这一理念又相当于乐曲中的谐音之于个别基音，那么，意志的统一性也必然存在于意志的所有现象之间的和谐一致中。为了把这一观点理解得更加透彻，需要对外在目的性的现象以及自然界各个部分之间的协调进行深入考察，而且这种考察还可以再次论证前面的观点，因此让我们进行下面的类比。

我们可以将任何一个并非包含于种性中的，而是个别的人的性格，都看作一个特殊的理念，也就是一个特殊的意志客体化的行动。那么，这一行动本身就可看作人的悟知性格，而悟知性格的表现就是人的验知性格。作为自在之物的意志的悟知性格是没有根据的，亦即不遵循根据律。而验知性格完全被悟知性格所规定，也就是说验知性格必须在生活过程中将悟知性格展现出来，并且必须始终受制于悟知性格的本质的要求。但是，这种规定只对显现出的生命过程的本质起作用，而对于非本质的方面没有意义。非本质的方面即是经历和行

① 比较《论自然中的意志》中“比较解剖学”这一段的结尾。——原注

为的详细规定，而验知性格就是通过经历和行为加以显现的。外在情况对经历和行为进行规定，并产生动机，而性格则按照其本性对外在动机产生反应。由于外在情况是千差万别的，所以“验知性格”通过外在情况表现出的外在形态（也就是生活过程中某些实际形态或历史形态）就必然受制于外在情况的影响。外在形态可以多种多样，但现象的本质、内容仍然是同一的。举例来说，无论人们用胡桃还是王冠做赌注，都是非本质的；而赌徒们是出老千还是遵守规矩进行赌博，则是本质的。因为前者取决于外来影响，而后者取决于悟知性格。就像同一个主旋律可以有多重变调一样，同一个性格也可以体现在多种不同的生活过程中。虽然外来影响多种多样，但不管影响如何变化，表现在生活过程中的验知性格都必须将悟知性格的客体化准确地加以显现，因为悟知性格总是会使它的客体化适应于实际情况中的已有资料。如果说意志在其客体化的原始活动中决定了用以表现其客体化的不同理念（这些理念即各种自然产物的不同形态），而且由于意志的客体化分别表现于这些形态中，所以这些形态的现象之间也必然存在着相互联系；那么，就说明存在着一种东西，这种东西与外在情况对本质上被性格决定的生活过程产生的影响相似。在一个意志的所有现象之间必然存在着普遍的相互协调，不过应该排除所有时间上的规定，因为理念不存在于时间之中。参照上述，任何现象和它所属的环境之间都必须相互适应，虽然显现在时间上出现得更晚。因此，这种“自然界的协调”随处可见：每种植物都与它生长的土壤和自然带相适应；每种动物都与它赖以生存的自然因素、食物来源相适应，并且拥有抵御自然界中的敌人的防御能力。眼睛与光及其折射作用相适应，肺脏和血液与空气相适应，鱼鳔与水相适应，海狗的眼睛与它用来看东西的本质的变化相适应，骆驼胃中的蓄水细胞与干旱的沙漠相适应，鹦鹉螺身体中的“帆”即气室与推动它前进的“风”即水流相适应……还可以继续列举那些更加特殊、更加奇特的外在目的性。[①] 但是，这种讨论一定要排除所有的时间性关系，因为它只对理念的表现起作用，而对理念自身无意义。所以，上述观点也可以反过来说，即不仅每一物种都与已有情况相适应，而且在时间上预先存在的情况本身也要适合于未来出现的生物。这是因为，整个世界中所显现出的只是同一个意志，根据律的形态——时间——与它无关，也与

---

① 参见《论自然中的意志》的“比较解剖学”。——原注

它原始的客体性亦即理念无关，而只作用于这理念如何被其复杂多样的个体所认识的方式，亦即理念的表出。所以，在我们对意志客体化如何将自己分散到各个理念所进行的研究中，时间顺序没有任何意义，因而那些其现象按照因果律在时间中出现较早的理念，对于那些其现象出现较晚的理念来说，并没有什么优先权；出现较晚的现象反而是意志的更为完备的客体化，那些出现较早的现象必须与之相适应，就与后者必须适应前者一样。因此，行星的运行、黄道倾角、地球自转、地球的水陆分布、大气层、光和温暖，以及所有类似现象，它们就像是大自然这首乐曲之中为谐音伴奏的通奏低音，做好一切准备迎接即将降生的各种生物族群，准备好成为它们的生命源泉。与此相同，土壤要适应于植物，变成它的营养，而植物则又成为动物的营养，这些动物则成为其他动物的营养，所有后者又都反过来成为前者的营养。大自然的所有部分之间之所以都能够相互适应，是因为它们其中所显现的都是同一个意志；而时间顺序对于意志那原始的、唯一的、恰如其分的客体性（在下一篇中会对这一术语进行解释）亦即理念却并无任何意义。接下来，当所有族群都只需要延续而不再产生的情况下，我们再来看一看大自然为迎接未来所做的准备，这种准备很像时间序列中的预先筹划。例如，鸟儿在还未认识雏鸟的时候就开始为它们筑巢，海狸没有任何目的地建造巢穴，蚂蚁、蜜蜂和土拨鼠要为它们并不了解的冬季屯粮，蜘蛛、蚁狮还并不知晓它们的猎物时就开始设下陷阱，昆虫总是在将来的幼虫容易获得食物的地方产卵。还有，并蒂螺旋藻那螺旋花茎上的雌花原本长在水面之下，但在传粉期间，螺旋花茎却会一直升到水面，同时生长在水下短茎上的雄花也会自动脱落，冒着风险漂浮到水面上来寻找雌花；雌花在经过传粉之后，螺旋茎又会缩回水中，并在水中孕育果实。[①] 这里还需要提到锹甲的雄性幼虫，它为了将来的变形做准备而在树木中咬出的洞，是雌性幼虫咬出的洞的两倍大，这样是为了给将来长出的角留出足够的空间。通过动物的本能我们可以对自然界其他的目的性进行解释。就好像是本能在按照目的概念做出行动而实际上并没有目的概念一样，大自然的所有创造也都像是按照目的概念进行的，实际上这目的概念却并不存在。无论是在大自然的外在目的性，还是在内在目的性中，被我们看作手段和目的的东西，都只不过是彻彻底底自相一致的意志的同

---

① 夏丹：《螺旋藻》，参见《科学汇报》1855 年第十三期，由法国科学院整理。——原注

一性：也就是在我们的认识形式中分布于时间和空间中的现象。

但是，这种同一性导致的现象之间的相互适应，并不能使上文所说的，自然界普遍斗争的内在矛盾消失。这种矛盾存在于意志的本质中。上述那种相互协调只能够维系世界及其中的生物的生存，如果没有这种相互适应，世界便会不复存在。这种协调只涉及物种的延续以及一般生活条件，而对于个体的存在来说没有什么意义。所以，通过这种协调与适应使物种和普遍自然力能够在各自的领域即有机界和无机界中共存，不发生冲突，甚至可以相互援助；而另一方面，在所有理念中客体化了的意志的内在矛盾，如前所述，则分别体现在统一物种的个体之间，以及自然力的现象之间那无休无止的互相争斗中。这场斗争所争夺的对象就是物质，双方都要从对方手中夺取物质、时间和空间；而物质就是时间和空间通过因果性获得的统一，第一篇中已经说明了这点。①

第二十九章

我希望能在这一章中结束本篇的第二个主要讨论。希望我通过对这个全新的思想所进行的说明（因为是全新的，所以这一思想有着个性的痕迹，它也正是由此个性产生的）已经阐明了这一真理，那就是我们所生活的世界的全部本质，即完全是意志，也完全是表象；表象作为表象自身，就已经假设了这一形式的存在，也就是主体和客体的形式，因此表象是相对存在的。如果抛开这个形式和所有根据律的其他形式来看的话，那与表象完全不同类的东西，就是意志，而绝非其他。所以，意志就是真正的自在之物。所有人都能认识到自己就是这意志本身，意志中包含着世界的内在本质。所有人也能认识到自己就是认识着的主体，而整个世界就是主体的表象；而表象依赖于人的意识作为其存在的支点。因为这两点，每个人都是一个世界，一个小宇宙，并且能够认识到自我之中完整地具备这世界的两方面的本质。每个人认识到的自己的固有本质，也就包含了整个世界、整个宇宙的本质。因此，世界和人自身同样既完全是意志，也完全是表象，此外绝非他物。因此，泰勒斯对大宇宙的哲学研究和苏格拉底对小宇宙的哲学研究在这一意义上合二为一了，因为它们的对象实际上是

① 第二卷第二十六七两章是对此处的补充。——原注

一样的。接下来两篇的探讨会使本书前面两篇所提出的观点更加完备，从而也更加稳妥可靠。之前的讨论中隐隐约约提到过一些问题，希望后两篇中的论述能够对此进行详细的说明。

现在让我们来谈谈这个问题，这个问题是在还未完全理解之前的论述的意义时才会提出的，因此在这里谈论有助于说明上述观点。这个问题就是：既然所有意志都欲求，有它欲求的对象和目标，那么，那些被我们看作世界的内在本质的意志的欲求是什么呢？与许多其他问题一样，这个问题的产生都是由于把自在之物和现象混为一谈了。根据律只对现象起作用，而与自在之物无关，而动机律作为根据律的一个形态，任何情况下都只对真正的现象起作用，即赋予个别事物一个根据或理由，而绝不能赋予显现着意志客体化的理念一个根据或理由。因此，每一项个别动作或自然界的每一变化都是有原因的，那必然会引起这些变化的情况就是此原因；而自然力本身，它显现在所有现象之中，因此并没有什么根据或原因。只有缺乏智慧和思考能力的人，才会去寻求重力或电等的原因。只有当重力、电等不再是原始的自然力，而变成了普遍的、已知的自然力的显现方式时，才能够追寻其原因，亦即追寻自然力之所以产生重力、电的现象的原因。这些问题前面都已经详细阐述过了。与此相同，对于一个认识着的个体（个体本身只是作为自在之物的意志表现出的现象）来说，它的任何个别意志活动都有动机可寻，如果没有动机的话就不可能出现意志活动；不过，物质的原因只是指出某一自然力表出的必然的时间地点，也就是在这物质上的规定；同样，动机也只是规定了一个认识着的生物在某时某地、某种情况下的个别的意志活动，而无法规定此生物的根本欲求甚或当下的欲求。生物的欲求出自它的悟知性格，而悟知性格则是意志本身，也就是自在之物，因此没有根据或因由，是不属于根据律的。所以，虽然每个人都有目的和动机，并且按此发出行为，任何情况下他都可以为自己的个别行动找到一个原因。但是，如果有人追问他的根本欲求是什么，或者问他存在的理由，他便无法回答了，他会感到这个问题莫名其妙。在这种情况下，正可以看出他认识到自己便是意志本身，而非其他。意志的欲求是不证自明的，只有每一时间点上的意志的个别活动才受到动机的支配。

实际上，意志的内在本质既没有目的也没有尽头，它永远在不停地追寻。之前关于离心力的讨论已经涉及这一点了。这一点也体现在最低级别的意志客体化上，亦即在重力上；重力在无休无止地向一个方向前进，而且立刻可以看出它并没有最终目的地。这是因为，就算所有物质都服从重力的意志聚集成一个整体，但是在这整体之中，重力还是要在与不可透入性（不论它表现为固体性还是弹性）做斗争的过程中不断地向中心逼近。因此，物质的追求永远都会受到抵抗，所以永远无法获得满足或安宁。而且意志的所有现象的追求也与之相同。每当达成了一个目标之后，紧接着又要开始追求下一个目标，如此无休止地反复。植物的显现级别从根系、干、枝叶到花和果实逐渐提高，但是又产生了新的种子，产生了一个新的个体，这个新个体又如此这般地重复之前的一切过程，在无穷的时间中循环往复。动物的生活过程也如此：一切从生育开始，然后个体生命便有快有慢地走向衰亡，与此同时，另一个新个体便诞生了，从而确保这一物种得以存续，不断地重复这一过程。没错，所有有机体物质的新陈代谢实际上只是这种不断冲动和变换的现象。生理学家们已经不再将这种现象看作对运动中消耗的物质进行的补偿了，因为这种通过营养进行的补充与机器出现的损耗是完全不同的。意志的本质的表出就是这种永远在变化、永远在流动的东西。最后，人类的追求和愿望也是如此。我们总是误以为某一欲望的满足就是我们的欲求的最终目标，可实际上，当一个欲望达成之后，它就不再是欲望了，于是很快就会被忘掉、被抛弃；即使人们不想承认，其实他们总是把它当作消逝的幻想而弃置不顾。如果还有其他可为之努力的愿望，并从愿望的达成中得到满足，使从满足愿望到产生新愿望这样的游戏能够接连不断地延续下去，就已经很幸运了。从满足愿望到产生新愿望这一过程，如果进行得比较快，就是幸福，比较慢就是痛苦；这一过程如果停止了，就会产生巨大的空虚无聊，甚至使生命僵化，就会产生缺少目标、模糊、微弱的想法，使人陷入绝望的苦闷中。综上所述，当认识的光亮存在于意志中时，意志总能知道自己此时此地的欲求，但却对根本欲求一无所知。任何个别活动都有目的，但总体的欲求却漫无目的。与此相同，任何个别自然现象都有一个决定它出现在此时此地的充分的原因，但表出于现象中的力却没有任何原因，因为这原因是自在之物，是意志现象的级别，所以没有根据。意志唯一的自我认识在总体上来说就是全部表象，即整个直观世界。直观世界就是意志的客体性，亦即意志的表出，是意志的一面镜子。接下来的篇章中我们会继续讨论直观世界在这特殊意味中表达着什么。①

① 第二卷第二十八章是对此处的补充。——原注

第三篇
再论世界作为表象

独立于充分根据律以外的表象
柏拉图的理念　艺术的客体

那永远不会消失而不是发生了的是什么？那一直变化着、消失着而不可能实际存在着的又是什么？

——柏拉图

第三十章

在第二篇里，我们已经从另外一方面对第一篇里作为单纯表象，作为一个主体的客体眼中的世界进行了研究，并觉察出这另外一方面就是意志。这个世界上除了表象以外，也只有意志还是什么的东西。从这以后，我们就从这个观点出发，将这个世界的全部或局部都称为表象，称为意志的客体性。这样说来，表象或意志的客体性就代表着已经是客体——客体就是表象——的意志。除此以外，我们应该还有印象，意志的这种客体化有多个稳定的层次。通过这些层次，意志的实质深入表象中，也就是以客体的角色出现，而清楚和完善的程度却是一级级上升的。只要这些层次代表着某个物种或有机和无机的所有自然物体的最初状态，固定的形式和性质，代表着那些根据自然规律而将自己暴露在外的广泛的力，那么，在第二篇里，我们已经在那些层次上发现了柏拉图的理念。一切的理念汇聚起来又将自己暴露在若干个体和少数单位中。理念相对于个体的关系就是个体的代表性相对于理念的摹本关系。这种个体的复杂性就是时空上的原因，而其存在和幻灭则要通过因果关系才能设想出来。从时间、空间和因果关系的所有形式中，我们又只了解到根据律的很多不同形态。而根据律却是所有有限事物，所有个体化的最高准则，而且在表象进入这种个体化的“认知”时，根据律也是表象的广泛形式。与之形成鲜明对比的是，理念并不属于这一最高准则，因此一个理念不仅谈不上什么复杂性，更谈不上什么改变。理念彰显于个体中，个体则基本有若干个，而且生生不息。可是理念作为同一个理念，是固定的，对于它来说，理念也是没有任何价值可言的。可是根据律不仅是主体的所有“认知”的形式，只要这个主体是作为个体而被了解的，那么，这些理念也就会彻底被排除在这种个体的认知范围以外。所以，如果要让这些理念变成认知对象，唯一的办法就是抹除正在认知着的主体的个性。之后我们会对这一点进行更加细致的阐述。

第三十一章

在对这一点进行细致阐述以前，我们必须先关注以下这个关键问题。期待在前面一个章节里，我已经完美打造了一种信念，也就是说在康德哲学里被叫作自在之物的东西，在他的哲学里，它是作为一个非常关键却又寓意含糊而相互冲突的学说出现的。特别是因为康德引入这个概念的形式，也就是因为取决于根据的东西推导到根据的形式，这自在之物就被看作他那哲学的拦路虎，是他的不足之处了。现在我要说，假如人们经过我们所走过的另外一条路抵达自在之物，那么这个自在之物就是意志，是在这个概念被之前的方式所延展、被锁定了的含义圈中的意志。除此以外，我还希冀在以上事实被陈列出来以后，对于在组成世界本身的意志之客体化的某种层次上看出柏拉图的所谓永恒理念或不变形式，人们不再有过多的担心。这永恒理念的观点，很多世纪以来就被看成是柏拉图学说中最为关键的，可同时也是最艰涩的、最冲突的学说，是很多心绪不一样的思维在考虑、辩论、嘲讽和尊敬的对象。

我们觉得，意志既是自在之物，而且理念又是意志在某种层次上的直接客体性，那么，我们就会察觉康德的自在之物和柏拉图的理念——于他来说，理念是仅有的“真正的存在”。这两位西方最伟大的哲学家的两大艰涩的思想尽管不是完全相同，却非常相似，而且它们之间的区分只能通过仅有的一个规定。两大思想，一方面因为其本身的一体性和亲缘关系，另一方面因为二者的创始人那种截然不同的个性而非常不同调，却又刚好以此而互相成为最好的说明，因为二者相当于是直指一个目标的两种截然不同的方式。这是可以不用费太多周折就可以解释明白的。也就是如康德所说，从实质上来说就是以下这一点：“时间、空间以及因果关联并不属于自在之物的一些准则，而只是归属于自在之物的现象，因为这些恰好是我们‘认知’的形式。而且所有的杂多性和所有存在和毁灭仅仅是因为时间、空间和因果关联才变成可能的，那么，杂多性和存在、毁灭也只是现象所持有的，而和自在之物无关。再加上我们的认知取决于那些形式，因此我们的所有经验也只是对现象的认知。所以也就不能让经验的规律对自在之物产生作用。就算是我们对于本身的自我，这里所说的也还是有作用，只有被看作现象时，我们才能了解自身，而不是通过自我本身是什么来了解的。”从这里讨论的重点来说，这就是康德学说的主旨和内在。可是柏拉图却说：“世界上根本没有通过我们的官能来感知的事物，它们是不停变化着的，不可能是存在着的。它们只有一个相对的存在，只存在于相互关系中，因为相互关系的存在，所以人们还可以将它们的所有依赖都称为‘非存在’，进而它们也不是一种真正意义上的认知对象，因为我们只有真正了解那些自在的，自为的而一直不改变的东西才能形成真正的认识。它们与之完全不同，只是因为感觉造成的自然而然的对象。我们既然被困囿于对它们的感知，我们就相当于处在黑暗中的人，被牢牢锁定在那里，全身上下都不能动，也看不见任何东西。只有依靠背后熊熊燃烧的大火，才能在对面的墙壁上看到火光和这些人之间闪现的本身事物的一些影子。甚至于这些人彼此看到的，每个人所见到的自己也只是墙壁上的影子而已。可是这些人的才智就是可以预知他们来自经验的那些影子前后连续发展成系列的先后次序。与之形成鲜明对比的是，由于一直存在却不衍生也不毁灭的可以被叫作仅有的一个真正存在的，那就是那些影子形象的本象，就是永久的理念，就是所有事物的最初本象。杂多性不能抵达最初本象，因为每个原象本身，它的摹本或阴影都是与之叫一个名字的、个别的、没有规律的类似物。衍生和毁灭也抵达不了最初本象，由于它们是确实存在的，和它们马上就要消失的摹本不一样，会出现一个循序渐进的过程。（在这两个悲观的规定中肯定涵盖这样一个前提，那就是时间、空间和因果性对于原象并不存在价值和作用，原象不存在于这些形式中。）所以，只能真正认识到这些原象，由于这种认知的对象只能是恒久的和无论从哪个方面看都是存在的东西，而不能从人们各自的观点出发，说东西既有又没有。”——这就是柏拉图的观点。很明显，柏拉图和康德的这两种观点从内在本质来说是一样的。双方都认为可以看到或听到的世界是一种现象，认为这个现象原本是不存在的，只是因为把自己浮出于现象的东西（在一方是自在之物，另外一方是理念）才拥有了价值和借助于他人的实在性。可是从这两家观点出发，那现象的所有形式，就算是最常见的也是最根本的形式，也肯定和那自然表现出来的东西，实实在在存在的东西没有关系。康德为了要对这些形式的实在性进行否认，他已经将这些形式本身径直概括成了一些虚幻的名字，并直接声称时间、地点和因果性，作为现象的一些形式，是排除在自在之物之外的。柏拉图与此形成鲜明的对比，他并没有将话说得那么绝对，他是因为要否认那些他的观点中必须要采用某些形式才变成可能的东西，也就是同类中的杂多性、衍生和毁灭，而将这些形式委婉地从他的理念上剥离出来的。这里虽然已经讲得不少了，可是我还是得采用比喻的形式把两家观点中必须加以小心的、关键的、彼此相同的地方说得更生动一点。打比方说，在我们前面有一个动物正处在活力状态，这时，柏拉图就会说：“这个动物并没有本质上存在，只是一个表象而已，只有不停变化，只有相互依赖。这种依赖不仅可以称为一个存在，同时也可以被称为一个‘非存在’，而实际存在着的只是将自已照搬于这动物中的观点或这个动物本身。这种动物本身没有和什么产生相互依赖的关系，而是自为的和自在的，不是衍生出来的，不是时有时无的，而是一直存在一个形态的。如果我们从这动物中了解它的理念来说，那就无论在我们前面的是这一动物或是它本身存在于上千年前的始祖，无论它是在这里，还是在遥不可及的其他地方；无论它是以这一方式，这一形式，这一行动或者另外一种方式，另外一种形式出现，最后无论它是它所属种族的哪个个体，无论怎样都是一样的而没有关联，因为这一切都不是真实存在的，而只与现象有关系。只有这动物的理念才是真实的存在而变成真正‘认知’的对象。”——这是柏拉图的观点。如果换成康德，他应该会这样说：

“这个动物是时间、空间和因果性中的一个现象，而时间、空间和因果关系全都属于我们的认识能力以内的、经验并因此可能的前提条件，而不属于自在之物的某些规定。所以，这个动物，在我们既定的时间，既定的地点，作为在经验的关联中——在因果关系链条上肯定会发生，而且又肯定消失的个体——而被感知的动物，就不属于自在之物，而只是在我们的认知范围内才被称为一个现象。假如通过动物自在的本身来了解它，也就是排除时间、空间和因果性中的所有规定来了解它，那就要在我们仅有的、借助感性和悟性的认知方式以外，还必须寻找一种新的认知方式。”

为了让康德的说法和柏拉图的说法更贴近，人们也可以说，时间、空间和因果性是我们心智的一种设备，也就是说通过这种设备不管哪类仅有的一个事物把自己展现为同类事物的杂多性，一直反复出现又反复消失以至于无极限。对于事物的认识如果是通过并吻合以上心智的设备，那就是内在的认识；相反，对于事物的另外一种认识，也就是认识着事物所有的单个情况则是超绝的认识。这种认识是人们在抽象中从单纯理性批评得到的，可是在特殊的场合，这种认识也可以直观得到。最后这一点是我添上的，这就刚好是我在现在这第二篇里尽力要来解释的。

假如人们过去真正了解而领悟了康德的学说，假如人们从康德以后真正明白了柏拉图，假如人们虔诚地、仔细地思考这两位大师的学说的内在宗旨和意义，而不是随便套用这位大师的学术以显示自己的博学，又效仿另外一位大师的风格以自我寻乐，那么人们就会早早发现这两位大师之间的相似程度和两种学说本来意义和宗旨的完全一致。那么，人们就不但不会老是用柏拉图和莱布尼兹——后者的精神完全不是以前者为根本的——，甚至和现在还健在的一位知名人物[①]相媲美——似乎人们是故意在鄙视之前伟大思想家的阴灵样的——，而且是根本要比现在走得远多了，或者还可以说人们就不会像这四十多年以来一直往后退了。人们也不至于今天被这种空话，明天又被另外一种乱语所指挥了，不会在康德墓上表演滑稽剧来帮这19世纪——在德国代表着非常重大意义的世纪——掀开篇章了。这种滑稽剧的上演被其他国家嘲笑也是公正的，因为这和庄严的甚至拘束的德国人完全不相协调。可是真正的哲学家们，他们的虔诚观众屈指可数，以至要

① 指F.H.雅各璧。——原注

很多个世纪才能给他们提供可怜的几个明白他们的后代——“举着巴古斯的雕花杖的人倒是不少，可是真正笃定这位酒神的人却很少。”“哲学之所以被瞧不起，那是因为人们不是根据哲学的尊严来开展哲学的，之前不应该是那些假冒的假哲学家，而应该是真正的哲学家来开展哲学。”（柏拉图）

人们之前只是停留在字面意义上进行研究，反复研究这样的词句像：“先验的表象”“独立于经验以外而被意识到的直观和思维形式”“纯粹悟性的基本定义”，如此等等——于是就问，柏拉图的理念既然也是最初概念，既然也是对从前真正存在过的事物进行回忆而直观得来的，那么，理念是不是和康德之前先验地在我们意识中的直观形式和思维形式大体是一样的呢？这两种截然不一样的学说——康德的学说是和形式相关的，说正是因为这些形式，个体的“认知”才被困囿在现象以内；柏拉图的学说是和理念相关的，认知了理念是什么，就对那些形式予以了否定。在这一点上刚好相反的两种学说，只由于它们在说法上有一些共同之处，人们就专心地予以对比、探讨，对于二者是一还是二进行了讨论，之后才最后发现二者到底不是一回事，最后还是给出了结论说柏拉图的理念和康德的理性批驳并没有任何相似之处。[①] 可是，有关这一点已经说得太多了。

第三十二章

通过我们之前的观察，虽然在康德和柏拉图之间从内在来说有一种相同，虽然呈现在二人眼前的是同一目标，而激发他们、引导他们开展哲学的是同一世界观，可是我们觉得理念和自在之物并不等同于是一个东西。在我们看来，倒是应该说理念只是自在之物的直接的，所以也是合适的客体性。而自在之物自身却是意志，是意志——只要它还没有客体化，还没有成为表象，之前就是康德的观点，自在之物就应该不是附属于所有附着在“认识”上的形式以外的。只不过他在这些形式之中没有第一个将对于主体是客体这一形式添加上去，才是康德的不足，因为这刚好是所有现象的，也就是表象的，首要的和最广泛的形式。因此他本应该显著地剥夺自在之物之为客体，那就可以保证他不会进

① 人们可以参考 Fr. 布特维克的《依曼纽尔·康德：一个纪念碑》第 49 页，以及蒲尔的《哲学史》第六卷第 802 页至 815 页和 823 页。——原注

入明显的、早就被察觉过的前后不一致了。相反，柏拉图的理念却肯定是客体，是一个被了解了的东西，是一个表象。正是因为这一点，可是也只是因为这一点，理念才能和自在之物有所区别。理念只是挣脱了，更确切地说，只是还没有进入现象的那些不太重要的形式，也就是没有进入我们将它所有涵盖在根据律中的那些形式，可是依然保留了那第一重要的同时也是最广泛的形式，也就是表象的根本形式，保留了对于主体是客体这形式，至于形式低于这一级的某些形式，那就是将理念拷贝成很多个别的、没有规律的个体的那东西，而这些个体的数量相对于理念来说，则是根本没有关联的。因此理念又可以进入根据律的形式，当理念进入视为个体的主体的认知中时，它就进入这形式了。于是，单个的、根据根据律而表现的事物就只是自在之物的一种不直接的客体化，在事物和自在之物中间还存在理念。理念作为仅有的一个直接的客体性，只有表象这一根本形式，也就是主体是客体的形式，再找不到认识作为认识时所有的其他形式。所以也只有理念是意志或自在之物最大程度上的合适的客体，甚至可以说是整体自在之物，可是只是在表象的形式以下而已。而这恰好就是柏拉图和康德二人之间之所以有强烈相同的原因所在。个别事物并不是意志的整体合适的客体性，而是已经被那些以根据律为总表现的形式给弄得不清楚了。可是这些形式却是认知的前提，是认知对于这样这般的个体之所以可能。如果允许我们从一个虚假的前提来推导，如果我们在作为认知的主体时不刚好又是个体，这就是说如果我们的直观不是把身体当作媒介，那这直观就是起源于身体的感知，身体本身又只是具体的欲求，只是意志的客体性，因此也是所有客体中的一个客体，而且作为这样的客体，当它抵达认识着的意识时，也只能在根据律的形式中抵达意识就已经被设定好了，并因此引荐了根据律所表达的时间和其他所有形式，实际上我们就会完全不再认识单个事物，也不会了解某个事件，也不会了解变换和杂多性，而是在清晰还没有被迷糊的认知中只领悟理念，只领悟那一个意志或真正自在之物客体化的那些层次，进而我们的世界也就变成“常住的现在了”。时间却仅仅是一个个体的生物对这些理念所有的那种分割部分、局部的看法，理念则在时间以外，进而也是恒久的。因此柏拉图说“时间是永久性的动画片”。①

① 第二卷第二十九章是对此处的补充。——原注

第三十三章

作为单个存在的我们既然只能有遵从根据律的意识，而根据律这形式又摒弃了人对理念的认知，那么，如果有机会让我们从单个事物的认知提升到理念的认知，那就当然只有这样才有机会，也就是说在主体中必须产生一种改变，而这改变和在认识中换过整个一类客体的惊人变化不仅是相吻合的也是相对应的。这时的主体，从它认识理念这个角度来说，通过这个变化就已经不再是个体了。

在前一篇，我们还有印象，认识作用本身完全是隶属于更高层次上的意志的客体化的，而神经、脑髓和感性也只是和有机生物的其他部位相同，都是意志在它客体性这一层次上的表现，所以借助这些东西而出现的表象也刚好是肯定要效忠于意志的，是抵达它那些如今已经非常繁杂的目标和方式，是保留一个具有多种需要的生物的方式。因此认知从始至终，而且在其实质上就完全是可以效忠于意志的。和直接客体——这因为因果律的采用已经成为认知的着眼点了——只是客体化了的意志一样，所有一切遵从根据律的认知和意志都会有一种或近或远的关系。这是因为个体不仅察觉他的身体是所有客体中的一个客体，而身体对这些客体又根据根据律有着错综复杂的关系，因此对这些客体进行研究，道路可以远，也可以近，可是最终要回到这个体的身体，也就是要返回他的意志。既然根据律将这些客体置于它们对身体，而且借助身体又是对意志的这种关系中，那么，效忠于意志的认识也只能尽力从这些客体了解根据律所确立的那些关系，也就是研究它们的时间、空间和因果性中的错综复杂的关系。之前只有借助这些关系，客体对于个体才是饶有兴致地，也就是说这些客体才和意志有关联。因此为意志服务的“认识”从客体所了解的也只是它们的一些关系，认知这些客体也就只是就它们在这里。在这些情况下，由于这个原因，就最后得到的结果来说，总之一句话，就是视为单个事物而了解的，正因为“认识”在客体上所得到的就只有这个了。我们也不用忌讳什么，不同科学在事物上研究的东西，在实质上同样也是事物的这所有关系，这时间空间上的关系，自然改变的原因，形态的对比，产生事态的企图，等等，也就是这非常多的关系。科学和一般常识的区别就只是科学的形式是有条不紊的系统，是因为以概念的分层设置为手段而归纳所有特殊为一般所得到的知识之简单化，和因此而得到的知识的完整性。所有关系本身又只有一个相对的现实存在，打比方说时间中的所有存在就也是一个非存在，因为时间刚好只是那么一个东西，因为这东西截然不同的规定才可以共同归属于一个事物，因此每个现象都既在时间中又不在时间中。这又因为将现象的前后分开来的刚好只是时间，而时间从实质上来说却是转瞬即逝的东西，没有本质存在的、相对的东西，在这里人们叫它为延续。可是时间却是效忠于服务的知识所有的一切客体最常见的形式，而且是这些客体的其他形式的最初模型。

按常理来说认识总是忠心为意志效劳的，认识也是因为这种服务产生的，认识是因为意志生发的，就好像头部是因为四肢才长出来的一样。在动物，认识服务于意志的常规是完全取代不了的。在人类，让认识不再为意志效劳也不是常规出现的，这是我们马上要进行详细研究的。人兽之间的这一不同点在外表上是因为头部和四肢二者之间的关系不一样而展现出来的。在低级动物，头和身还是彻底长在一块儿没有接榫的影子。所有这些动物的头部都是和地面成直角的，因为意志的对象都在地面上。就算是高等动物，和人相比，头和身还是混为一体不容易区分，可是人的头部却似乎是自由安放在四肢上一样，只是由四肢顶戴着而不是效劳于四肢。贝尔维德尔地方发现的阿波罗雕像将人类的这一优势展现到极致，这个文艺之神目光如炬的头部是非常自在放松地安放在两肩以上，似乎这头部已彻底远离了躯体，再也不以心为形役一样。

第三十四章

前面已经说过从普通的认识单个事物引申到认识理性，这一可能的、可是只能视为例外看的转折，是在认识摆脱了它为意志效劳的关系时，突然出现的。这正是因为主体已不再单单只是个体的，而已是认识的单纯而不含意志的主体了，这种主体已经不根据根据律来研究那些关系了，而是停留在、沉浸在眼前对象的亲切观察中，超脱于该对象和任何其他对象的关系以外。

为了将这一点弄清楚，肯定需要进行详细的探讨，其中让人觉得惊讶和陌生的地方，人们只得短时间再退后一步，到本书将要表达的整个思想概括起来以后，这些不熟悉的地方也就自然没有了。

如果人们因为精神之力而被提升了，摒弃了对事物惯有的看法，不再根据根据律众多形态的线索去探究事物的彼此关系——这些事物的最后目标总是对自己意志的关系——人们在事物上研究的只是“什么”，而不再是什么时间、什么地点、什么作用；也不是让抽象的思维、理性的定义占据着意识，而取代这所有的却是将人的所有精神能力都奉献给直观，沉浸在直观，并让所有意识为安静地观审刚好在眼前的自然对象所填充，无论这对象是风景，还是岩石，还是树木、建筑物或其他什么。人在这时，根据一句有趣味的德国成语来讲，就是人们自失于对象之中了，也就是说人们不再记得他的个体，不再记得他的意志，他仅仅只是作为纯粹的主体，作为客体的镜子而存在，似乎仅有对象的存在而没有意识这对象的人了，因此人们也不能再将直观者本人和直观本身区别开，而是二者已经合二为一了。这同时也是整个意识彻底为一个单一的直观景象所填充、所占领。因此，客体如果是采用这种方式脱离了它对本身以外任何事物的所有关系，主体也脱离了对意志的所有关系，那么，这所认识的就不再是像这样的个别事物，而是理念，是永久的形式，是意志在这一层次上的直接客体性。而且正是因为这一点，投身于这一直观中的同时也不再是个体的人了，因为个体的人已经自失于这种直观中。他已变成认知的主体，纯粹的、没有意志的、没有痛苦的、没有时间的主体。现在就其本身来说还很惊心的这一点（有关这一点，我已经无比确切地知道它验证了来自托马斯·佩因[①]的一句话：“从崇高到可笑，还不到一步之遥。”），将因为下文慢慢明晰起来而减少陌生感。这也就是在斯宾诺莎写下“只要是在永久的典型下认识事物，则精神就是永恒的”（《伦理学》第五卷，命题31，结论）这句话时[②]，呈现在他眼前的东西。在这样的观察中，轻易之间个别事物就已变成种类的理念了，而在直观中的个体则变成认知的纯粹主体了。作为个体，人只了解单个事物，而认知的纯粹主体则只了解理念。个体本来只在他对意志的某个现象这关系中才是认识的主体，也是服务于意志的现象的。因此这种单个的意志现象是遵循根据律的，在这个定律的所有形态中遵循该定律。所以，所有和这认识的主体有关联的知

---

① 托马斯·佩因：Thomas Paine（1737—1809），英国作家，著作有《理性的时代》。——译者注

② 我还推荐他在同书第二卷，命题40结论2，还有第五卷，命题25至38，有关“直观以外的第三种认识”所说的，应好好阅读进而阐述清楚此处在话题中的认知方式，而且特别参考命题29的结论，命题36的结论，命题38的证明和结论。——原注

识也遵循根据律，而且从意志的立足点来说，也只有这个知识是有用的，而这种知识永远也只包括对客体的一些关系。这样认知着的个体和被他所了解的单个事物总是在某个地方、某个时间，总存在于因果链条上。而知识的纯粹主体和他的对应物——理念——却是挣脱了根据律所有那些形式的。时间、空间、可以认识的个体，被认知的个体对于纯粹主体和理念都没有什么价值可言。完全只有在以上的那种方式中，一个认知着的个体已升华为“认知”的纯粹主体，而被研究的客体也刚好因此快速提升为理念了。这时，作为表象的世界才可能理想而纯粹地产生，才完满地达到了意志的客体化，因为只有理念才是意志合适的客体性。这合适的客体性以相同的方式将主客体都涵盖在它本身以内，因为这二者是它仅有的形式，可是在这种客体性以内，客体主体双方一直维持着对称，而且和客体在这里只是作为主体的表象一样，主体，当它彻底沉沦在被直观的对象时，也就变成这对象本身了。因为这时整个意识已只是对象最明显的写照而不是其他什么了。正是这个意识，在人们借由它而先后按顺序想到所有一切的理念或意志的客体性的层次时，才确实组成作为表象的世界。所有时间和空间的单个事物都不是其他什么，而只是被根据律变成大多数，进而在其纯粹的客体性上被弄迷糊了的定义。在理念产生时，理念中的主客体已经混为一体了，因为只有在这二者彻底相互填充，互相进入时，理念、意志的合适的客体性，真正作为表象的世界，才产生。和这个一样，这时可以认知的和所认识的主体，作为自在之物，也是合在一起的。因为我们假如抛开那真正作为表象的世界，那么，留下来就只是作为意志的世界了。意志是理念的自在本身，理念将意志客体化了，这种客体化是理想的。意志也是单个事物以及认识这单个事物的个体的自在本身，这些物和人也将意志客体化了，可是这种客体化是有待改进的。作为意志而在表象和表象的所有形式以外，则在被观察的客体中和在个体中都只是相同的一个意志，而这个体当他在这观审中提升时又认识到自己是纯粹主体。所以被观察的客体和个体二者在它们自在本身其实是一样的，因为它们就“自在本身”来说都是意志。意志在这里是自己了解到自己，而且只是作为意志怎样得到这认识的手段，也就是只在现象中，通过现象的形式，根据根据律，才出现杂多性和区别性。和我不存在客体，不存在表象，就不能算是认识着的主体而只是冲动的意志一样。没有我作为认知的主体，被认识的东西也同样不能称得上是客体而只是意志，只是盲目的冲动。这个意志就是自在本身，也就是在表象之外说，和我的意志是相同的，只是在作为表象的世界中，因为表象的形式至少涵盖主体或客体中的一项，我们才能被区分成被认识和可以认识的个体。如果将认识、将作为表象的世界抹杀，那么留下来的就只有意志、盲目的冲动了。至于说如果意志得到客体性，变成表象，那就势必确定了主体和客体，而这客体性如果单纯地、理想地是意志的合适的客体性，那就认可了这客体是理念，挣脱了根据律的那些形式，也认可了主体是"认识"的单纯主体，挣脱了个性和为意志效劳的可能性。

谁如果根据上述方式而将自己沉浸在对自然的直观中，把自己都忘却到了这种地步，以致他仅仅是作为纯粹认识着的主体而存在。那么，他也就会因此直接领悟到他作为这样的主体，是世界以及所有客观的现实存在的前提，进而也是这所有一切的支撑，因为这种客观的现实存在已说明它自己是依赖于它的现实存在的。因此他是将大自然包括进他本身了，进而他觉得大自然只是他的本质的偶尔性质而已。基于这个层面，拜伦说：

难道青山、波涛和众天
不属于我，不是我
心灵的一部分，
正如我是它们的一部分吗？

可是，谁要是觉悟到了这一点，他又如何会在和常住的自然对比时把自己看作一定没有规律的呢？笼罩他的反而应该是那么一种意识，也就是对于《吠陀》中的《邬波尼煞昙》所说的话的意识，即："所有天生之物合起来就是我，在我以外所有其他东西都是虚无的。"（邬布涅迦 I. 122）[①]

① 第二卷第三十章是对此处的补充。——原注

第三十五章

为了更深刻地认识世界的本质，人们就必须学会将作为自在之物的意志和它的合适的客体性划分开来，之后将这客体性一级级更完备更清楚地展现在它上面的不同现象，和个体以一定的认识方式划分开来。这样，人们就会认可柏拉图只同意理念有真正存在的做法。相反，对于在空间和时间中的事物，对于个体觉得真实的世界，则只认可它们有一种虚幻的、近似于做梦的存在。这样，人们就会认识同样一个理念怎样又将自己展示在那么多现象之中，对于认知着的个体又怎样只是局部地、不同角度地展示出它的实质。这样，人们就会区分开理念和它的现象根据进入个体的研究方式，而认可前者是本质的，后者不是本质的。以打比方的方式，我们将在细枝末节中的和最大的事物中来研究这一点。在云朵飘移时，云所组成的那些形相对于云来说是没什么意义的，可是作为有伸缩性的蒸汽，被风的冲力所带动时紧紧缩成一团，有时飘散、破碎、伸展，这却是它的本性，是将自己客体化于云中的所有力的本质，是理念。云每次所组成的形相，那只是对个体的观察者的事。对于在巨石之间汹涌流去的溪水来说，它呈现在我们眼前的那些波涛、泡沫、旋涡等是没有意义的，不是本质的。而水因为引力而往下，作为没有伸缩性的、极易流动的、没有固定形态的、透明的液体，这却是它的本质。这些假如是直观被认识了的，那就是理念了。对于我们来说，如果我们是作为个体被认知时，才会出现那些波涛、泡沫、旋涡。窗户玻璃上的薄冰根据结晶的规律而变成结晶体，这些规律彰显着出现在这里的自然力的本质，展现出了理型；可是冰在结晶时所构成的树木花草却只是相对于我们而有的，不是本质的。在浮云、溪水、结晶体中出现的已是那意志最微不足道的尾声了，它如果出现在植物中那就要圆满些，在动物中又要圆满一些，在人类是最圆满的。可是只有意志的客体化所有那些层次的实质上的东西才组成理念。相反，理念的实施——因为理念在根据律的所有形态中已被分割成很多种和多层面的现象——对于理念却不是本质的东西，这只存在于个体的认识方式以内，而且它的实体性只相对于这个个体才有。那么，这种情况对于那一理念的实施——意志最圆满的客体性的那一理念——也肯定是一样的，因此人类的历史，事态的接连出现，历史的变迁，在不同国家、不同世纪中人类生活的复杂形式，这一切都只是理念的明显的偶尔形式，都不归属于理念本身——在理念本身中只有意志的合适的客体性——而只属于现象：现象才进入个体的认识；对于理念，这些都是没意义的、非本质的、不熟悉的，就好像苍狗的形相相对于浮云来说——是浮云组成那些形相，旋涡、泡沫的形相相对于溪水来说，树木花卉相对于窗户上的薄冰来说一样。

谁如果把握好了这一点，而且明白怎么将意志从理念，把理念从它的现象区别开来，那么，对于这个人来说，再大的事就只是代号，可以从中看出人的理念，之后才有价值，而不是这些事自在的和自为的本身具有什么价值。他也就不会和其他人一样，相信时间会确实产生什么新颖的和意义重大的东西，相信确实有什么完全实际的东西是经由时间或在时间中得到具体存在的，或甚至于相信时间本身作为一个整体性的东西是有规划、有发展、有头有尾的，而且也要以支持活到三十岁的最近这个世代抵达最高的完备（依据他们的概念）为终极目标。所以，这人就不会效仿荷马，成立整个的奥林匹斯山，满是神祇的导演那些存在于时间中的世事；当然他也不会效仿奥希安[1]，将云中形象看成具体事物；因为前面已经讲过，世事和白云苍狗二者从其中表现出来的理念而言，都具有相同的意味。在人类生活错综复杂的架构中，在世事不间断的变换中，他也会只将理念看作是常有的和本质的对待。在这理念中，生命意志具有它最圆满的客体性，而理念又将它的所有层面展现在人类的那些特性，那些情欲、错误和优势，展现在爱、害怕、勇敢、自私、仇恨、迟缓、轻易、聪明、天才等；而这所有又聚合并汇聚成万千姿态而不断上演大小不一的世界史；而且在上演中，带动这一切的是什么，是王冠还是胡桃，就理念自在的本身来说是没有关联的。最后这人还发现在人世和在戈箕[2]的杂剧中相同，在所有那些剧本中总是上演同样的人物，而且那些人物的命运和目标也是一样的。虽然每个剧本的情节和主题不一样，可是情节的精神却始终是那一个，而且，这一剧本的人物也对另一剧本中的情节完全不知情，尽管他们自己是那一剧本中的人物。所以，虽然在有了上演前此不同剧的经验以后，上场人物班达龙并没有因此变得大方些或灵敏些，达塔格利亚也没有变得严肃本分些，布瑞格娜也没有

① 奥希安：Ossian，生活在公元前三世纪，是凯尔特族人的传奇英雄。——译者注

② 戈箕：Gozzi，Graf Carlo，意大利喜剧作家。——译者注

因此变得胆大些，而哥隆宾涅也没有变得守规矩些。

如果有那么一天，请允许我们在可能性的王国里，在所有前因和后果的链条上看得清清楚楚。如果地藏王菩萨出现在一幅图画里为我们指明那些出色的人物、世界的指路人和英雄，在他们还没有发挥作用以前，就有意外事件毁灭了他们，之后又指出那些重大的变革，本可以改写世界历史而且带来高度文明的时代，可是最冲动的机遇、最细微的偶然，在这些事变产生之初就把这些事迹磨灭了，最后还指出大人物宏伟的精力，可是因为错误或被情欲所误导，或因为无奈而被迫，他们将这种精力毫无意义地损耗在没有意义和没有结果的事物上了，甚至是开玩笑地浪费了。如果我们看到了所有这一切，我们或许会恐惧而因为毁灭了的稀世珍宝而喊冤。要是那地藏王菩萨会一脸微笑地说："个体人物和他们的精力所从产生的源头是无尽的，是和时间空间一样没有止境的，因为人物和他们的精力，就和所有现象的这两种形式一样，也只是一些现象，是意志的'可见性'。那无穷的源泉用有限的尺度是量不完的。所以，对于任意一个在发生时便被扼杀了的变故或事业又再次席卷而来，这丝毫不逊色于往昔的无止境的源泉还是开启大门给予无限的机会的。在这现象的世界里，不仅不可能有什么实质意义上的损失，也不可能有什么实质意义上的收获。只有意志是存在的，也只有它，这自在之物；也只有它，这所有现象的源头。它的自我认知和因此而产生的、发挥决定作用的自我批评或自我褒奖，那才是它本身仅有的大事。"①

第三十六章

历史沿着大事的轨迹一直朝前行进。如果历史是根据动机律来引导出这些大事的，那么，在这个领域内，历史是经过实践了的。在意志的客体性比较低的层次上，意志在没有"认识"而发挥作用时，自然科学是作为事因学来对意志现象变化的准则进行研究的，是作为形态学来对现象上永恒的东西进行考察的。形态学通过概念将习以为常的汇总起来以便从而带出不一样来，这就是让它的差不多无止境的课题简单化了。最后数学则对那些光秃秃的形式进行考察，

① 读完了下一篇，才能理解最后这一句。——原注

在这些形式中，对于作为个体的主体的认知，理念表现为分散的杂多，因此也就是对时间和空间进行考察。所以这所有以科学为共同称号的学术都在根据律的不同形态中沿着这个定律往前走，而它们的课题一直是现象，是现象的规律和联系和因此产生的关联。可是在考察那不在所有关系中，不依靠所有关系的，这世界仅有的真正本质的东西，世界不同现象的真正内涵，考察那不存在于变化之中所以在何时都以一样的真实性被人们所了解的东西。一句话，在研究理念、研究自在之物的，也就是意志的直接而合适的客体性时，又是哪种认知方式呢？这就是艺术，就是天才的使命。艺术照搬着从纯粹观审而把控的永久理念，照搬着世界所有现象中本质的和常住的东西，而分别按用来照搬的材料是什么，可以是文艺，也可以是音乐，更可以是造型艺术。艺术的仅有源头就是认知理念，它仅有的目标就是传播这一认知。当科学跟随着四种形态的根据和后果二者不间断的洪流向前走时，在每次实现目标以后，总要再往前走而始终抵达不了最后的目标，也不可能得到彻底的满足，就好像人们快步走、希望可以抵达云天和地平线相交的那一点一样。和这个相反的是艺术，艺术在所有地方都抵达了它的目的地，这是因为艺术已将它观审的抽离了世界进程的洪流，这对象独立出现在它前面了。而这一个其他的东西，在那洪流中本只是最不值一提的一涓滴，在艺术上却是代表了整体，是时间空间中无极限“多”的一个对等物。所以艺术就停在了这里，守着这个独特的东西，艺术让时间的齿轮也停在了这里。从艺术来讲，那些关系也不见了。只有本质的东西，理念是艺术的对象。所以，我们可以将艺术直接叫作独立于根据律以外观审事物的方式，刚好和遵从根据律的研究方式相对应，后者是经验和科学的必经之路。后一种考察方式可以比拟为一条无止境的、和地面不相交的横线，而前一种可以比拟为在任何一点阻断这根横线的垂直线。遵从根据律的是理性的研究方式，是在现实生活和科学中仅有的一个有效又有用的研究方式，而抛开这定律的内容不谈，则是天才的研究方式，那是在艺术上仅有的一个有用又有效的研究方式。前者是亚里士多德的研究方式；后者总的来说，是柏拉图的研究方式。前者就好比大风暴，没有原因，没有目的地向前行进而撼动着，把一切都弄弯，把一切都席卷；后者就像是安静的阳光，穿过风暴肆虐的道路而岿然不动。前者就好比瀑布中若干的、有劲地搅动着的水点，一直在改变着地位，一眨眼也不停留；后者就像是安静地照射在这波涛汹涌之中的长虹。只有通过以上所述的、彻底沉浸于对象的纯粹观审才能把握理念，而天才的本质就在于实现这种观审的杰出能力。这种观审不仅要求彻底忘记自己的本人和本人的关系，那么，天才的性能就是最理想的客观性，也就是精神的客观方向，和主观的、指向本人也就是指向意志的方向南辕北辙。鉴于此，天才的性能就是立足于纯粹直观地位的本事，在直观中忘却自己，而让之前为意志服务的认识现在挣脱这种苦役，也就是说彻底不在自己的兴致、意味和目标上着手，进而一时彻底地丢掉了自己的人格，以便在人格丢掉后留下为认识着的纯粹主体，闪耀的世界眼。而且这不是短时间的事，而是通过需要来决定应该保持多长时间，应有多少考虑以将熟悉了的东西通过审慎思考的艺术来复制，以便将现象中犹疑不定的东西紧紧禁锢在永恒的思想中。这似乎是假如在个体中要发掘天才，就必须让这个个体拥有定量认知的能力，远大于为个别意志服务所需要的定量，这得到自由的超限部分如今就成为不包含意志的主体，成为世界本质的一面透明的镜子了。从这里可以说明为什么有天才的个人，他的激动情绪竟会让它心神不宁，之前眼前的现在极少有满足他们的可能，这又是因为现在不能把他们的意识充满。就是这一点常让他们进行不停歇的追求，不间断地找寻更新的、更有观察意义的对象，又让他们为了找到和自己同行的、与生俱来就和他们一样的、可以情意相通的人物，却差不多永远得不到满足。同时，一般人是通过眼前现在彻底填满而实现满足了的，彻底渲染在这现在中，而且他们处处都有和他们相似的人物，在平常生活中他们也有着天才不具备的那种特别舒服劲儿。人们曾经觉得天才性能的基本组成部分包括想象力，有时甚至将想象力和天才的性能画上等号。前一种看法是科学的，后一种则是不成立的。如果天才作为天才，他的对象就是永久的理念，是这世界及其所有现象永久存在的、根本的形式；而认识理念却又肯定是直观的，不是抽象的。那么，如果不是想象力将他的地平线远远延伸到他个人经验的现实以外，而让他可以从现实进入他感知的少数东西形成所有其他的事物，进而可以让差不多是所有可能的生活场景展现在他眼前的话，则天才的认识就会被束缚在那些现实出现在他本人前面的一些客体理念了，而且这种认识还要依靠将这些客体带给他的很多情况，而且那些现实的客体差不多经常只是在这些客体中将自己表现出的理念的很多不足的样本，因此天才需要想象力才可以在事物中看到并不是大自然现实已有的东西，而是看到大自然尽力要构成却因为前一篇所论述的它那些形式之间的互相攻击而没能竟其功的东西。我们在后面说到雕刻时，将回过头再说这一点。所以想象力从质和量两方面将天才的眼界延伸到现实出现在天才本人之前的众客体之上，之外。因为这个原因，特别猛烈的想象力就是天才的伙伴、天才的条件。可是并不是想象力反过来会产生天才性能，实际上往往甚至是特别没有天才的人其想象力也非常丰富。这是因为人们可以用两种截然不同的方式观察一个现实的客体，一种是那纯客观的、天才的把握这个客体的理念；一种是一般常见的，仅仅只在该客体根据根据律和其他客体、和本人意志产生的关系中进行观审。和这个一样，人们也可以用这两种方式去对一个想象的事物进行直观，用第一种方式考察，这想象之物就是认识理想的一种方式，而艺术就是表达这理念的方式。用第二种方式考察，想象的事物是用来建造虚幻的景物的，这些虚幻的景物是和人的私欲、意旨相通的，有短时间让人迷惑和心情愉悦的作用。可是这时人们从这样联系在一块的想象之物所了解到的通常只是它们的一些关系而已。进行这种东西的人就是幻想家，他非常轻易地将他那些用来自己高兴的形象带入到现实而因此变成在现实中难以好好生活的人。他也许会将他幻想中的剧情描绘下来，这就产生了不同类型的世俗小说。在读者假想自己就处于小说主人翁的地位而觉得故事非常有意思时，这些小说也可以让那些和作者相似的人物甚至广大民众都得到娱乐。

这种平凡人，大自然的产物，每天出生数千个。像上面所说，至少是绝不可能连续进行一种在所有意义之下都完全不关系到利害的审察——那就是真正的静观。他只是在这样一个领域内，也就是说这些事物相对于他的意志来说，总存在某种关联，就算只是一种不够直接的关系才可以将他们的关注力吸引过来。就这一点来说，所要求的既然一直只是对关系的认知，而事物的抽象概念已应用够多了，在很多场合甚至作用更明显，因此普通人就不在纯粹直观中徘徊了。不将他的视线一直停留在一个对象了，而只是快速地在展现在他眼前的所有事物中寻找概念，以将这个事物放置在这个概念下面，就像疲倦的人想要寻找一把椅子一样，如果找到了，那么他就对这个事物丧失兴趣了。所以，他会对于所有事物，对于艺术品，对于美的自然景物，还有生活中的每个场景原来处处都有意味的场景，都大致扫一遍完事。他可不意犹未尽。他只找生活中的门道，顶多也不过是找一些终有一天也许会变成他生活的门道的东西，也就是找最大范围内的地形记录。对于生活本身是怎么回事的观察，他是不想浪费时间的。天才则与之截然不同，在天才一生中的部分时间里，他的认知能力，因为占据上风，已挣脱了服务于他自己的意志，他就要徘徊于考察生活本身，就要尽可能把握每个事物的理念而不是要把握每个事物对其他事物的联系了。于是，他常常不在意观察自己的生活道路，在大部分情景下，他走这条道路是非常愚蠢的。一个人的认知能力，在平凡人是点亮他生活道路的指示灯；在天才人物，却是光耀世界的阳光。这两种截然不一样的透视生活的方式，甚至还可以从这种人的长相上看出来。一个人，如果天才存在于他的腔子里并发挥作用，那么这个人的眼神就极易彰显出天才，因为这种眼神不仅灵动，而且很笃定，带有明显的静观、观审的特点。这是我们可以从少见的几个天才，大自然在万千人中不时产出一两个这样的天才，他们的头部画像中可以窥见的。相反，其他人的眼神，即便不像在多数情景那么迟缓或谙于世故而薄情，却依然极易在这种眼神中看到观审态度的反面，看到"窥探"的态度。鉴于此，则人相上存在"天才的表现"就在于可以从相上看出认识对欲求有一种绝对的优势，进而从面相上表现出一种对欲求没有任何关联的认知，也就是单纯认知。相反，在通常的相中，最明显的例子是欲求的表现，人们而且看到认知老是因为欲求的带动才进入活动的，因此"认知"的活动也只是相对于动机而发的。

如果天才意味的认识或对理念的认识是那不恪守根据律的认识，与此相反，遵从根据律的都是在生活上带给人小心和谨慎，也是将科学成立起来的认识。那么，天才人物就难免会有一些不足，因为这些缺点所导致的后面这一种认识方式也没有引起人的重视。可是就我将要说明的这一点来说，我们还要关注这样一个极限，也就是说我所说的只是指天才人物真正浸润于天才意味的认识方式，而且只以这个为界限，可是这当然不是说天才的一生中每时每刻都处于这种状态中，因为挣脱意志而把握理念所要求的高度紧张尽管是自动产生的，却肯定又要松懈，而且在每次紧张以后都有很长时间的停歇。在这些停歇中，不管是从长处方面还是从短处方面来说，天才和普通人基本上都是一样的。所以，人们一直以来就将天才所发挥的作用视为灵感。是的，这就像天才这个名字所代表的，一直以来就是看作和个体本身不一样的、超人的一种东西的作用，而这种超人的东西只是有规律地侵占个体而已。天才人物不想把关注力都放在根据律的内容上，这首先表现在存在根据方面就是对数学的讨厌。因为数学的考察是对现象进行分析最常见的形式，研究时间和空间的，而时间空间本身又只是根据律的两种形态而已，所以数学的考察和脱离所有关系而只追求现象的内容，追求在现象中展现出的理念的那种考察截然不同。此外，用逻辑方法来对数学问题进行处理也是和天才相背离的，因为这种方法不但会把真正的领悟阻断，不能让人得到满足，而且只是赤条条地根据认识根据律而表现出一些推论连锁，所以在所有一切精神力中最关键的是对记忆力提出要求，以便常常在心目中拥有前面所有的人们要以之为依据的那些选题。经验也验证了艺术上的伟大天才在数学上并没有什么建树。从来没有一个人可以同时在这两个领域中表现突出。阿尔菲厄瑞[1]说他自己竟连欧几里得的第四定理也没有理解通透。歌德因为欠缺数学方面的知识，那些反对他的色彩学说的无知之徒对他进行了无尽的指责。其实这里的问题关注的并不是根据假设的数据进行演算和推断，而是在于悟性对前因后果的直接了解，因此那种指责根本就是牛头不对马嘴，是不合适的。反对他的人们缺乏根本的判断力，因为这一点刚好和因为他们像米达斯王的胡言乱语一样已经全部暴露在外了。以至于到了现在，在歌德的色彩学说已经出现五百年以后，牛顿的空谈甚至在德国还是畅通无阻地霸占着那些教授的讨论，人们还非常严肃地接着讲什么七种同质的光和其不一样的折射度。这，终有一天会要称为一般人性的，尤其是德国人性的心灵特点之一。因为上面这相同的理由，还可解释一个大家都知道的事实，那就是反过来说，伟大的数学家在艺术方面是不怎么在行的。这一点在一个知名的故事中表现得特别生动，故事讲的是一位法国的数学家在看完拉辛的《伊菲琴尼》以后，抖了抖肩膀问道："可是这验证了什么呢？"而且接着说，如果准确地把握那些根据因果律和动机律的关系事实就是生活中的智慧，而天才的认识又不是专门针对这些关系而来的。那么，一个智慧的人，就他是精明人来说，当他正是精明时，就不是天才；而一个天才的人，如果当他是天才时，就不精明。最后，直观认识和理性认识或抽象的认识完全就是成对立的关系。在前者领域内的一直是理念，而后者却是认识根据律所引导的。大家清楚，人们也很难找到杰出的天才和显著的凡事要求合理的性格相匹配；实际却相反，天才人物往往都要臣服于强烈的感受和不合理的情欲之下。可是这种情况的原因倒并不是理性微小，而一方面是因为组成天才人物的整个意志现象有着极不一样的特殊精力，要从各种意

---

① 阿尔菲厄瑞：Alfieri，Graf Vittorio，意大利古典派戏剧家。——译者注

志活动的强烈性中展现出来，一方面是借由感官和悟性的直观认识对于抽象认识的长处，所以一定要关注直观事物的走向，而直观事物对天才的个人们所产生的那种非常剧烈的印象又强烈掩盖了昏暗的概念，以至于引导行为的变成了那印象，行为也就正是鉴于此而成为感性的了。所以，眼前印象对于天才们来说是非常有力的，常挟天才冲破枷锁，不经思考而进入激动、情欲的沼泽。所以，因为他们的认知已局部挣脱了对意志的服务，他们也会且完全就会在交谈中不那么关注谈话的对象，而只是尤其关注他们在讲的事，形象地呈现在他们眼前的事。所以，从他们自己的利害说，他们的判断或讲述也许会太客观，一些最好不要讲出来，沉默反而是睿智之举，他们也不清楚沉默，却一定要说出来，等等。最后，他们还因此喜欢自己跟自己讲话，而且根本也经常表现出一些真有点接近于疯癫的不足。天才的性能和疯癫有着互为邻的一条分割线，甚至交互交叉，这是多次指出过的，人们甚至将兴致盎然的兴致叫作一种疯癫：荷雷兹[①]把它叫作“可爱的疯癫”，维兰特在《奥伯隆》的开篇语中叫它为“可亲的疯癫”。根据辛乃加的引文，亚里士多德曾说过：“每个伟大的天才都有几分疯癫。”在之前洞喻的神话中，柏拉图是这样说的，他说：“在洞外的那些人看到真实的太阳和现实存在的事物之后，因为他们的眼睛已经和黑暗不再适应，如果再回到洞里就什么也看不见了，看那下面的阴影也是一团模糊了，所以在他们不知所措时，就会被他人耻笑，而这些耻笑他们的人一直都待在洞窟里，从来没有真正离开过那些阴影。”柏拉图在《费陀罗斯》中也开门见山地说：“诗人都有某种一定的疯癫。”还说：“不管谁在反复无常的事物看到永久的理念，他看上去就跟疯了一样。”齐撒罗也引证说：“德谟克利特不认为没有狂气就不能是杰出的诗人这一说法。可是柏拉图却是这样认为的。”最后薄朴[②]也说：

> 大智与疯癫，就像亲和邻；
> 隔墙如纸薄，莫将畛域分。

---

① 荷雷兹：Horaz，罗马诗人。——译者注

② 薄朴：Pope，英国古典派诗人。——译者注

从这一点来说，歌德的剧本《托尔括多·达索》非常有价值。他在这剧本上不仅让我们瞥见天才的痛苦，天才的本质是殉道精神，而且让我们看到天才经常游走在疯癫的转折中。最后，天才和疯癫直接靠近的事实可通过天才人物，像拜伦、阿尔菲厄瑞、卢梭的传记得到验证，也可从另外一些人生平的事迹得到验证。还有一部分证据，我必须换一个角度来说：在经常到疯人院参观时，我曾经看到过极个别的患者具有非常吸引人眼睛的特殊天赋，在他们的疯癫中可以很明显地看到他们的天才，只是疯癫在这里总是占据绝对优势而已。这种情况不能都归因于偶然，因为一方面疯人的数量本来就不多；而另一方面，一个有天才的人物又是特别少见的，比往常任何预计都还要少的现象，是作为最明显的例外而在自然界中出现的现象。要相信这一点，人们可以看一下真正杰出的天才有几个，数一下从古至今，整个文明的欧洲出现了几个天才，而且只能把那些将自己具有珍藏价值的作品奉献给人类的天才算进去。那么，我说，将这些少得可怜的天才和经常住在欧洲，每三十年就有新一代人出现的二亿五千万人对比一下。是的，我也可以提一下我曾经认识某些人，他们尽管不怎么伟大，可确实在精神上有一定的优越性，而这种优越性同时就带有一定的癫狂性。这样看上去，似乎是人的智力每每超出往常的极限，作为一种反常现象就已经有疯癫的意思了。说到这里，我想竭尽所能地更简单地表明我自己对于天才和疯癫之间之所以有那样亲密的关系，纯粹从智力方面来看是什么原因的观点，因为这种探讨不管怎样都可以帮助说明天才性能的真正本质，这本质也是仅有的一个可以创造真艺术品的那种精神属性，可是这又肯定要求我们简略说一下疯癫本身。①

根据我所了解的，有关疯癫的本质一直到现在还没有过完整和明确的看法，对于疯人和常人之间真正的不同点，如今还没有一种科学和清楚的概念。我们不能说疯人没有理性也没有悟性，因为他们也讲话，也可以听明白话，他们的推导往往也很科学。通常情况下，他们也可以科学地看待眼前事物，可以认识因果关系。幻象，和热昏中的谵妄一样，都不是疯癫的通常症状，谵妄只对直觉产生影响，疯狂则会对思想产生影响。在大部分情境下，疯人在直接认识眼前事物时往往是正确无误的，他们的疯言疯语总是和不在眼前的事物和过去的

① 第二卷第三十一章是对此处的补充。——原注

事物相关，只是因此才胡说这些事物和眼前事物有关。所以，我觉得他们的病症和记忆有非常大的关联，可是这并不是说他们彻底丧失了记忆，而是说他们的记忆的线索中止了，这条线索接着被联系的可能性没有了，一直连贯着去回忆过去也做不到了。过去的某个场景和个别的眼前场景一样，可以准确地看到，可是回忆往事就有问题了，疯人就拿一些虚幻的思想去填补这个空缺。这些虚幻的东西或者还是老样子，成为一种定型的妄念，这就是传说中的偏执狂、忧郁症。或者每次都是另外一个样子，是突然产生的妄念，那就称之为痴愚，是“心里不亮”。所以，在疯人刚开始进疯人院时，要问清楚他过去的生活经历是极其不容易的。在他的记忆中，越往下问，越会真假不分了。就算他准确地认识了当前的现在，马上又要因为牵扯到一种假想出来的过去而与当前现在产生虚构的关系，而将“现在”也弄迷糊了。所以他们将自己和别人也和他虚构的过去人物画上等号，有些熟人也分辨不出来了。这样，当他们对眼前的个别事物有科学的认知时，心里的关系都是错误的。疯癫如果到了非常厉害的程度，就会出现完全丧失记忆的现象，所以这个疯人就再也不能考虑所有不在眼前的或过去的事物了，他完全只是取决于眼下一时的兴奋，联系着他在自己头脑中用来对过去进行填充的想象。因此靠近这样一个疯子，人们只有经常让他看到对方的长处，才能保证不被他攻击或损伤——疯人的认知和动物的认知在某一点是一样的，也就是说二者都只是困囿于眼前。而让二者区分开来的是，对于过去，动物完全是一无所知的状态，过去尽管有习惯作为引荐而在动物身上发挥作用，比如说多年以后，狗依然能认出他从前的旧主人，那就称为从主人的长相重新得到那习惯了的印象，可是对于离开主人以后的日子，它却一点记忆都没有。疯人刚相反，在他的理性中总存在着抽象的过往，可是，这是一种不真实的过去，只在他那里存在，这种情况可以是经常出现的，也可以只出现于当前一时。不真实的过去的这种影响又会阻碍他科学地看待“现在”，而这反过来却是动物可以用到的。而强烈的精神痛苦、恐怖的意外事件因此往往会带来疯癫，我认为是这样的：每一种这样的痛苦作为真实的过往总是困囿于眼前的，因此只是一时的，那么这痛苦就不会太让人难以承受。只有一直持续的痛苦才会变成难以忍受的痛苦。可是这样的痛苦又只是一个思想，所以是记忆中的东西。那么，假如有这样一种烦恼，有这样一种难受的认知或回忆竟是那么折腾人，以致根本不能忍受而个体就要撑不住了，这时被胁迫到如此境地的自然就要向疯癫求救当作最后的救命手段了。痛苦程度如此之深的精神似乎是拉断了记忆的线索一样，它用幻想来填补漏洞，这样，它就从它自己不能战胜的精神痛苦向疯癫奔去了——就好像人们用木制的手脚取代烧伤的手脚一样。作为例子，我们可以看看疯癫的阿亚克斯、奥菲利亚和李尔王，因为真正天才笔下的人物可以和真人真物相对等。在这里，人们也只能采用这些大家都知道的人物为例子。除此以外，一贯有的实际经验也通常证实相同的情况。从痛苦的这种形式转折到疯癫还有一种很相似的情况可以与之进行对比，那就是我们所有的人，经常在一种会引发痛苦的回忆侵袭我们时，我们不禁会不自觉地想要喊叫一声或做个什么姿势来赶走这一回忆，将自己带向其他方向，强迫自己想些其他的事情。

在前面我们已经看到，疯人可以科学地看待眼前事物，也可以认知某些曾经的单个事物，可是对它们之间的联系和关系却搞混了，所以产生错误和疯言疯语。那么，这就是疯人和天才人物之间的临界点。这是因为天才人物也没有遵循事物的关系——根据律关系——的认知，以便在事物中只是寻找、瞅见他们的理念，从学习到展现在直观中的理念的真正实质。就这实质来说，一个东西就可以代表其一类的东西，因此，歌德也说，“一个情况是如此，成百上千个情况也是如此”。天才人物也是在这一点上弃之不理事物联系的认知的。他静观中的个别对象或相当形象地被他掌握了的“现在”反而显得非常突出，以至于这个“现在”所在的链条上的其他环节都因此黯然失色了，这就刚好产生一些现象，和疯癫现象有着很早就被认知了的相似性。只要是在单个现成事物中只是不理想的，和因为种种条件所限而被盘剥了的东西，天才的观察方式却将它升华至那些事物的理念，变成理想的东西，所以他在各个地方都只看到极端，他的行动也正由此进入极端。他不明白什么样的分寸才是合适的，他没有理智的头脑，结果就如刚才所说。他对理念认识通透，可是他对个体却不是这样认识的。所以，像人们所说，一个诗人可以对人进行深刻和完整的认知，可是对于那些具体的人却总是欠缺认识，他是极易上当的，精明的人们总是将他们当作戏弄的对象。[①]

① 第二卷第三十二章是对此处的补充。——原注

第三十七章

从我们的论述中，尽管要说天才之所以是天才，就是因为他具有这样一种本事：他可以不被根据律所约束，进而不是对那些只在关系中存在的单个事物进行认识，而是认识这些事物的理念。还可以在这些理念的对立面变成这些理念的对应物，也就不再是个体的人而是“认知”的纯粹主体。可是这种本事，就普通人来说，尽管在水平上要低一些而且也是因人而异的，却肯定是所有人所共有的，要不然一般人就不能对艺术作品进行鉴赏，就好像他们不能创作艺术作品一样，而且根本就没办法具备感受优美和壮美事物的能力，甚至优美和壮美这些名词对于他们来说也没有什么价值了。所以，如果不能说有些人是完全不能从美感得到任何愉悦的，我们就必须认可在事物中有认知其理念的能力，所以也正就是短时间抛弃本人的能力，是所有人所共同拥有的。天才之所以远胜于所有人之上，只在于这种认知方式的更高水平上和一直以来的长久上，这就让天才可以在认知时拥有一种冷静的观照能力，这种观照能力是天才将他这样认知了的东西又在一个独树一帜的作品中原样照搬过来的所不可或缺的，这一原样照搬就是艺术品。通过艺术品，天才将他的理念表达出来，这时理念是恒定的，依然是同一个理念。因此美感的愉快，不管它的生发是艺术品，还是直接从观审自然和生活而来的，实质上是同一种愉快。艺术品仅仅只是让这种愉快所以可能的认识变成比较简单的一个方式而已。我们之所以可以从艺术品比直接从自然和现实中看到理念更容易，那是因为艺术家只对理念有所认识，而对现实本身没有认识，他在自己的作品中也只是把理念原样照搬了过来，将理念从现实中分离出来，摒弃了所有会起到影响作用的偶尔性。艺术家让我们借助他的眼睛来看这个世界。而艺术家有这样的眼睛，他了解到事物最实质的东西，在所有关系以外的东西，这是天才的异禀，是与生俱来的，可是他还可以把这种异禀借我们使一使，将他的眼睛安在我们头上，这却是后天得到的，是艺术中的技巧角度。所以，我在前面已在最浅显的轮廓中衬托出了美感认识方式的内在实质，那么我就要一起探讨现在接下去的有关自然和艺术中的优美、壮美二者更翔实的哲学观察，而不再划分界限了。我们将首先研究一下，当一个人因为优美或壮美而激动时，他内心到底有怎样的起伏。而这个人是直接从自然，还是从生活，还是间接通过艺术而得到这种激动，却不组成本质上的不同，而只是一个表象上的不同。

第三十八章

在美感的观察方式中，我们找到了两种不可分割的成分，一种是将对象不看作单个事物而是看作柏拉图的理念认知，也就是当作事物整体的一般形式的认知；之后是将认识着的主体不看作个体而是看作认识的单纯而没有意志的主体之自意识。这两个成分总是统一出现的条件就是离开和根据律相关的那认知方式，后者和这里的认知方式截然不同，是效忠于意志和科学的仅有的合适的认知方式。我们将看到因为审美而带来的愉悦也是从这两种成分中出现的，而且以审美的对象为变换，有时一大部分是这一成分，有时一大部分又是那一成分产生的。

所有欲求都出于需要而产生，因此也就是出于缺失，所以也就是出于痛苦。这一欲求只要实现也就结束了，可是一面有一个理想得以满足，另一面至少就有十个没有实现。更何况，欲望是一直都存在的，需求可以无极限。而所得满足却是时间非常短的，分量也很少。再加上这种最后的满足本身甚至都不是真实的，实际上这个实现了的愿望马上又被另外一个新愿望所取代，前者是一个已被了解了的错误，后者还是一个还没有意识到的错误。在欲求已经得到的对象中，都无法提供持续的、不会衰弱的满足，而是这种得到的对象的远近就好像给予乞丐的恩赐一样，今天让乞丐的生命延续下来了，而明天他的痛苦还在持续。正是这个原因，因此，如果说我们的意识里充满的还是我们的意志，如果说我们还是被愿望所支配，再加上愿望中不停地希冀和害怕，也无法得到宁静。而我们是追求，还是躲避，还是恐惧灾难，或是得到享乐，这从实质上来说是一码事。无论处于哪种形态下，揪心于这样的不停提出要求的意志，将时刻充满着激动着意识，可是没有宁静也就不会有真正的愉悦。如此一来，欲求的主体就像是一直躺在伊克希翁[①]的风火轮上，就好像一直以妲娜伊德[②]的穿底桶在汲水，就像是水深至肩却一直喝不到一滴的坦达努斯。[③]

①②③ 此三人皆希腊神话人物。——译者注

可是当内外因素猛然间把我们从欲求的无穷洪流中拉出来，在意识扔掉了效忠于意志的牢笼时，在关注力不再汇聚于欲求的目的，而是远离事物对意志的关系而掌控事物时，因此也就是和利害无关，纯客观性地来观察事物，只就它们是赤条条的表象，而不是从它们的目的来看，让心跟随于它们时，那么，在欲求的第一条道路上一直寻找而永远不可能得到的平和就会在眨眼间自觉光临，而我们也就十分愉悦了。这就是没有痛苦的心境，伊壁鸠鲁称之为最高的善良，是神的心境。之前我们在这样短的时间已经远离了龌龊的意志的奴役，我们为逃脱欲求强迫加诸在我们身上的劳役而欢庆假日时，这时伊克希翁的风火轮就不再转动了。可是这刚好是我在前面描述过的那种心境，是认识理念必须达到的状况，是单纯的观审，是在直观中沉沦，是在客体中迷失，是所有个体性的忘却，是遵循根据律的和只掌控关系的那种认识方式之摒弃；而这时直观中的单个事物已经提升为其族类的理念，有认识作用的个体已提升为不含意志的“认知”的单纯主体，双方是相提并论不可分割的，于是这二者作为理念和纯粹主体就不再存续于时间之流和所有其他关系中了。如此一来，人们是在牢笼中，还是在王宫中看日落，就是一回事了。

内在的情调、认识对欲求的长处，都可以不管哪种环境下带来这种心境。那些伟大的荷兰人给我们指明了这一点。他们将这样纯客观的直观专注于最不明显的一些对象上，而在静物写生中为他们的客观性和精神的安宁树立了长久的丰碑。审美的观众看到这种丰碑，是不可能麻木不仁的，因为它将艺术家那种安宁的、静默的、脱离意志的胸怀生动呈现在观众面前，而为了那样客观地观审那么不关键的事物，为了这样专心致志地观察而又将这直观如此深深思考地加以原样照搬，这种胸怀是不可或缺的。而且在这画面也引起他这个观赏者对那种心境产生同样的感受时，他的激动也经常因为把这种心境和他自己不平和的、被强烈欲求所模糊了的心情相比就更加强烈了。在同一精神中，风景画家，尤其是路以思大尔①，创作了一些无足轻重的自然景物，而且因为这样做进而得到更让人欣慰地产生同样的效果。

艺术胸怀的内在力量完全独立地已取得如此成就，可是这种纯粹客观的情怀还可以因为如意的对象——因为自然美就引人去欣赏，向人纷至沓来的多种

① 路以思大尔：Ruisdal，荷兰风景画家。——译者注

多样而从外界得到支持——而更简单。自然的曼妙多姿，在它每次全部呈现在我们眼前时，虽然时间很短，可是差不多总是毫无意外地让我们远离了主观性，远离了为意志效忠的枷锁而转入纯粹认知的情况。因此一个被情欲或贫穷或忧思所折磨的人，只要投入大自然的怀抱中，也会这样瞬间再次得到力量，又被激励而挺直了腰杆，这时情欲的波涛，理想和害怕的压迫，因为欲求而出现的所有痛苦都马上在一种神奇的方式下安静下去了。之前我们在那一刻已远离了欲求而跟随于纯粹没有意志的认知，我们就似乎进入了另一个世界，在那里，平常带动我们的意志所以猛烈地震撼我们的东西都消失了。认识如此得到释放，就像睡眠和梦一样，可以完整将我们从以上所有释放出来，幸和不幸都统统不见了。我们已不再是那个体的人，而只是认识的纯粹主体，个体的人已经被淡忘了。我们只是作为那一世界眼而存在，所有有认识作用的生物当然都有此眼，可是仅有在这人这只眼才可能彻底从意志的奴役中解脱出来。因为这一解脱，个性的所有不同点都不见了，以致这只观审的眼无论是属于一个权力高高在上的国王，还是一个被折磨的乞丐，都没有关系而是一回事了。这是因为幸福和难过都不会在我们跨过那条界线时一起被带到这边来。一个我们可以在其中彻底脱离所有痛苦的范围经常就在我们眼前，可是谁具备这个力量可以一直保持在这片范围内呢？只要这纯粹被鉴赏的对象对于我们的意志，对于我们在人的不管哪种关系重新进入我们的意识，这魔术就结束了。我们又来到了根据律所决定的认识，我们就只对单个事物进行认知，认识链条上的一个环节——我们也是在这个链条上的，我们又要听从于自己的难过了。大部分人，因为他们彻底没有客观性，也就是没有天才，差不多一直站在同一个角度上。所以他们不喜欢单独和大自然待在一块儿，他们需要有人做伴，至少也要一本书。这是因为他们的认知经常是效忠于意志的，因此他们在对象上也只寻找这对象于他们的意志有什么关联，在所有一切没有这种关系的场合，在他们的内心深处，似乎通奏低音一样，就会产生一种不停的、无奈的声音：“这于我一点意义都没有。”所以，他们认为，在孤单中即便是当面对最优美的环境，这种环境也有一种荒芜的、昏暗的、陌生的、仇视的意思。

在曾经和遥远的场景上面渲染一层如此美好的幻影，让它在强烈美化作用的光线之下而产生于我们之前的东西，最终是这不包含意志的观赏的愉悦。这是因为一种自我安慰的幻象而出现的，因为在我们让已经过去很久了的、在很远地方历经了的日子再次出现在我们眼前时，我们的想象力所唤回的也只是当时的客体，而不是意志的主体。这意志的主体在当时具有难以磨灭的痛苦，就好像如今一样，可是这些痛苦已被淡忘了。因为从那时开始，这些痛苦又被其他痛苦所取代了。于是，如果我们自己可以获得，将我们自己不带意志地跟随于客观的欣赏，那么，回忆中的客观欣赏就会起到和眼前的观赏一模一样的作用。因此还有这么一种表象，特别是在任意一种困难让我们的恐惧超出平常时，猛然回忆到过去和遥远的场景，就如同是一个失乐园又重新出现在我们眼前一样。想象力所唤回的只是那客观的东西，不是个体主观的东西，所以我们就认为那客观的东西在过去那时，也是纯粹的，没有因为它对于意志的任何关系而隐约出现在我们之前，就好像它现在出现在我们想象中的形象一样，而实际上却是在当时，那些客体的东西关联于我们的意志，让我们难受，正和今日没有区别。我们可以通过眼前的对象，就好像通过遥远的对象一样，让我们远离所有痛苦，只要我们提升到这些对象的纯粹客观的观审，并因此而可以产生幻觉，因为眼前只有那些对象而没有我们自己了。于是我们在远离了那作恶的自我以后，就会当作认识的纯粹主体而和那些对象整体融合到一起，而就像我们的困难对于那些客体对象没有关联一样，在这样的转眼间，对于我们自己也是没有关联的了。如此一来，留下来的就仅是作为表象的世界了，作为意志的世界已经不见了。

因为所有这些观察，我期待已弄明白了在审美的快感上，这种快感的主观条件的成分是什么样的以及占到多大比例；而所谓主观条件也就是认识摆脱意志的驱使，忘记作为个体人的自我和意识也升华为单纯的，不带意志的，超脱时间的，在所有相对关系以外的认识之主体。和审美的观赏这一主观方面，作为不可或缺的对应物而一起出现的是观赏的客观方面，也就是直观掌控柏拉图的理念。可是在我们更仔细地对这一点进行探究前，在就这一点来对艺术的成绩进行考察前，最好还是要在审美感的快感的主观方面多持续一会儿，以便通过探讨那依靠主观方面，因为这主观方面的一种约束而产生的壮美形象来实现对主观方面的观审。在这以后，对于审美的快感的研究，我们将因为从客观方面来观察而得到所有的完整性。

可是下面这一点应该在上文叙述的。光明是事物中最受青睐的东西，光明已成为所有美好事物的福气的代表了。在所有宗教中它都是标志着持久的福报，而黑暗则代表着沦落。峨马磁德住在圣洁的光明中，阿瑞曼住在持久的黑暗中[①]，在但丁的天堂里看上去有些像伦敦的佛克斯霍尔水晶宫，因为那里的圣灵也会表现为一些光点，这些光点又汇聚成规整的形象。没有光明会让我们忧虑，光明的恢复又会让我们高兴。不同颜色直接带来形象的愉悦，如果颜色是透明的，这种愉悦就达到了顶峰。所有这一切都只是因为光是理想的直观认识方式的对应物和条件，而这也是仅有绝不直接鼓舞意志的认知方式。之前视觉和其他官能的感受不一样，本身根本不可能直接或借助视觉的官能效果而在器官上产生是否适应的感觉，也就是说和意志没有直接关联，而只有在悟性中出现的直观才有这种关联，那么这种关联也就是客体相对于意志的关系。听觉就已经不一样了，声音可以直接带来痛感，而且也可以直接产生官能上的快感，而并不关系到谐音或乐调。触觉，作为和全身的感触一样的东西，那就更加要遵从意志所受的这一直接影响了。可是也还有一种没有痛和没有快感的触觉。至于嗅觉就通常是适或不适的，味觉更是如此。因此最后这两种也是和意志最有关联的感官，进而也是最低等的，康德称它为主观的感官。光不仅是最纯粹、最理想的直观认识方式之客观的可能性，所以对于光的快乐，在实际上就只是对于这种客观的可能性的快乐；而且作为这样的快乐就可以来自纯粹的，通过所有欲求解救出来的，远离了欲求的认识是最令人欣慰这一事实引申而来，而作为这样的东西就已经在审美的快感上占据举足轻重的地位了。我们从对于光的这一看法又可以推导出我们为什么觉得事物在水中的倒映有一种不可置信的高度的美。物体之间这种最快捷、最简单、最细微的互相作用方式，就是我们在更大水平上最理想的、最单纯的知觉也要将功劳归在它头上，归在这种通过光线反射而产生的作用上面。在这里这种作用非常明白地、完整地、在前因后果中，而且是滥竽充数地呈现在我们眼前的。所以，我们在这上面有美感的快乐，而这种快乐的源头则主要是来自审美的快感的主观根据中，而且也是对于纯粹认知和其方式的快乐。[②]

---

① 古波斯宗教，经教王 Zordaster 变革成为一神教，峨马磁德成为最崇高的神。——译者注

② 第二卷第三十三章是对此处的补充。——原注

第三十九章

这一切考察都是为了凸出审美的快感的主观方面，也就是这快感和意志相背离，是对于纯粹的、直观的认识本身的高兴。现在要接着这些观察的，与之有直接联系的，就是下面这一解释，表明人们叫作壮美感的那种心境。

前面已经提出在对象逢迎着单纯直观的时候，进入单纯直观状态也最简单。所谓对象逢迎纯粹直观，是说因为这些对象繁杂而同时又是不变的、明确的形态极易成为它们理念的典型，而从客观层面来说，美就存在于这些理念中，比什么都明显，美妙的自然风景就有这样的属性，因为这种属性，就算是感悟最慢的人们，至少也可以强迫他们产生一点飘移不定的审美的快感。植物世界特别引人注意，植物带动人们欣赏美，就好像强逼着要人观赏一样，以至于人们要说这种逢迎上来的邀约和下面这一事实息息相关，也就是说这些有机生物和动物身体截然不同，自身不是认识的直接客体，所以它们需要他人有感悟的个体进行协助，以便从盲目欲求的世界进入表象的世界，因此它们似乎在期待这一转变，以便至少可以间接地得到它们通过直接的方式不能得到的东西。我这个大胆的，或者相当于说梦话的思想完全可以不讨论，因为只有对于自然极为亲密的、更深情厚重的观察才能引发这种思想，才能给这种理由提供缘由。[①]因此，将我们从为意志效忠的，只是对于关系的认知转入对美感的观察，进而将我们上升至认识的不包含意志的主体时，假如就是自然界这种主动逢迎上来的邀约，就是自然界那些形式的关键寓意和明朗性——而在这些形式中被个别化了的理念极易和我们发生对话——那么，不仅仅只是美对我们起作用，被引发来的还有美感。可是如今，假如只是这些对象，以其寓意重大的形态邀约我们对其进行纯粹的观赏，可是对于人的意志，对于本身显露于其客体性中——人身中——的意志完全有着一种仇视的关系，和意志唱反调，或是因为那些对象拥有完胜所有障碍的长处而恐吓着意志，或是意志在那些对象的无穷大之前

---

① 在我犹豫地、战战兢兢地写下这一思想四十年以后，现在我才察觉到圣明的奥古斯丁也发表过此类观点，这就让我更加兴奋了，也是我从来没有想象过的。他说："植物形态各异地出现在感官前面，以此为这可见的世界的装点，以让它们不仅不能有认识，却表现得很甘愿被人知晓样的。"（《上帝之国》XI，27）——原注

被减小至零，可这时的观察者并没有将自己的专注力全部放在这触目的、和他的意志相仇视的关系上，而是尽管观察着、认可着关系，却故意躲开这些关系，因为他这时已大力摆脱了自己的意志的主体，安静地观赏着那些对于意志非常恐怖的对象，只掌控着对象中与所有关系都没有关联的理念，所以很高兴停留在对对象的观赏中。最后，这观察者正是因此而超然了自己，超然了他本人，超然了他的欲求和所有欲求——如此，他就被满满的壮美感所填充，他已经处于超脱于物外的状态了，所以人们也将那造成这一状态的对象称为壮美。因此壮美感和优美感的区别就是这样的：如果是优美，单纯认识毫无疑问地斗争占据了优势，这时客体的美，也就是客体让理念的认知变得更加轻易的那种本能，畅通无阻地、继而悄无声息地将意志和被意志所俘虏的对于关系的认知带出了意识以外，让意识留下来作为“认知”的纯粹主体，以致对于意志的所有回忆一点都没剩。如果是壮美，情况则截然不同，那种纯粹认知的状况要先通过故意地、费力地摆脱这客体对意志那些被觉得不太好的关系，采用畅通的、有意识相伴的超然于意志以及和意志相关的认识上，才能得到。这种超然不仅一定要通过意识才能得到，而且要用意识来保存，因此往往伴随对意志的回忆，可是不是对纯粹的、单个的欲求的回忆，像害怕或梦想等，而是对人的总的欲求的回忆，只要这欲求是因为其客体性——人身——广泛表示出来的。如果因为对象方面的真实的，涉及人身的危险和强迫，而有现实的、单个的意志活动进入意识，那么，这真正被激发的个人意志就会马上占据优势，观审的安宁就不能实现了，壮美的印象就会因此消失，因为忧思会取代印象，个体人在忧思中奋力拼搏会打消所有其他想法。说几个案例会帮助我们弄明白美学的壮美理念并让之不存疑虑。同时，这些例子还可彰显出壮美感在水平上的差异，因为壮美感不仅和优美感在关键的决定因素层面，在纯粹的，不包含意识的认识上，在与此共同出现的，对于理念——不在所有由根据律所决定的关系中的理念——的认知上，是一样的，而单单只是因为一个附注规定，也就是超然那被认知了的，正在观审中的对象相对于意志的完全仇视关系，才和优美感相区分开。那么，分别根据这一附注规定或是非常显眼的、逼近的或只是细微的、远远的，只是表意而已，就出现了壮美的各级水平，产生了从优美到壮美的承接。我觉得在说明上更适合的是率先将这种承接和程度较轻微的壮美印象用例子彰显出来，尽管那些对于美的感受力完全不是太激烈而想象力又不形象的人只会明白后面那些有关水平更高、更为清楚的壮美印象的例子。他们原本只能关注后面那些例子，对于这里要先说的那些有关水平更低的壮美印象的例子，却可以弃之不管。

人一方面是欲求的猛烈而迷茫的冲动，与此同时在另一面又是纯粹认知固定的、恣意的、开明的主体，那么，和人有这两方面的对立一样，与这种对立相对应，太阳是光的源头的同时，也是获得最圆满的认知方式的条件的源头，所以也是事物中最受人青睐的东西。而且还是温暖的来源，也就是生命了，更高级别上的意志现象的首个条件的源头。所以，温暖于意志来说，就相当于光相对于认识而言。因此光就是在“美”的王冠上再加上一颗硕大的宝石，对于每一美的对象的认知是最拥有决定权的。光本来就是美不可或缺的条件，而在更合适的角度还可以美化最美的东西。不过特别明显，和所有其他一切不一样的是建筑艺术，建筑的美可是因为光的支持而提升，也就是最不被人在意的东西也可因此变成最美的对象——在寒风瑟瑟的冬天，大自然都处于严寒中，这时，我们看一看余晖对砖石的建筑物的美化作用，就像所有美一样，也会让我们进入纯粹认知的状态。可是在这里，因为稍微联想到那光线欠缺温暖的意义，欠缺有助于生命生长的原则，这情况就已对超脱意志的利益提出了要求，已涵盖了一种细不可闻的鼓舞要在纯粹认知中持续下去，躲开所有欲求，也正是因为如此，这一情况已经从优美感，转折到壮美感了。这是优美中带有些微壮美的意思，是很细微的一点意思，可是这里的优美本身也只是在更低水平上产生的。接下来还有一个壮美的例子，从壮美感上来说差不多是一样轻微的例子。

打比方说，我们来到一个很孤独的地区，广阔无垠，在万里无云的天空下，树木和其他植物在纹丝不动的空气中，动物不存在，人不存在，流水不存在，只有最安静的肃穆——那么，这种环境就相当于一个进入严谨、开始观赏的呼吁，进而摆脱了所有欲求和需要。可是仅凭这一点就已让这只是安静的环境带有壮美的意味了，这是因为这个环境对于这不停需要追寻什么和实现什么的意志没有给予任何对象，无论是好的还是不好的对象，因此就只剩下单纯观赏的情况了。谁如果不能进行这种观赏，就会因为羞惭的自卑而进入意志浑浑噩噩的空虚，进入闲着的难受。从这一点来说，这个环境让我们知道了自己的才智有什么意义，对于这种意义，我们容忍或喜欢孤立的能力可以达到一个什么水平完全就是一个好的标杆。因此这里所描绘的环境给低水平的壮美提供了一个例子，由于在这个环境中，单纯认知的状况在其安静和准备充分的心态中，作为这种心情的对比，依然夹杂着一种回忆，回忆到不可或缺的要不停寻求的意志的那种可怜相和依靠性——这就是壮美的一个种类，北美洲内地无边无际的草原美景就被称为这种类型的壮美。

现在让我们把这个地方的植物也取消掉，只看到光秃秃的岩石，那么，因为彻底缺失可以维持我们生存的有机物，意志已被恐吓，这块荒地得到了一种恐怖的气氛，我们的心情也因此变得更加悲观了。这里提升至纯粹认知是经过更果决的摆脱意志所关注的利害而来的，在我们持续徘徊于单纯认知的状态时，就明显产生了壮美感。

接下来这种环境还可以引发更高水平的壮美感：大自然在飙风般的运动中；天色昏暗，穿透暴风雨来临前的乌云；光秃秃的、怪异的巨石悬岩，一层又一层阻住了前面的视线；狂奔的、四处飞溅的山洪；处处是孤单荒芜；大气流经过岩谷裂缝的怒吼声。这时，我们就可以直接看到我们自己的依赖性，看到我们和对立的自然抗争，看到在抗争中，我们的意志被打垮。可是只要不是个体的焦虑感占据优势，而是我们依然持续着观赏美，那么，认知的纯粹主体的视线还可以通过大自然的抗争，通过被打垮了的意志那副形象而安静地、悄无声息地，不连同被撼动不关心地就在恐吓着意志的，被意志所害怕的那些对象上掌控理念。壮美感就刚好在这种可怕的环境和安静的心态二者之间的对比中。

可是有时印象还要猛烈些，那就是当我们在自己眼前看到惹怒了的自然力在进行大规模抗争时，打比方说在以上那环境里有悬河下泻，水声汹涌喧闹，振聋发聩，让我们听不到自己的声音了；抑或是当我们在辽远的，狂风惹怒了的海洋中时，水花飞溅，看到狂风喧嚣，海在沸腾，乌云中电光闪烁而雷声又比风暴和海涛之声还响。于是，在观察这一幕景象而无动于衷的人，他的双重意识就抵达了至高点。他觉得自己一面是个体，是偶尔的意志现象，那些自然力轻微一振就可以将这个现象损毁。在无与伦比的自然力面前，他一点办法都没有，生命全出于偶然，而面对恐怖的暴力，他是差不多快要消失的零。而同时，他又是一直安静地认知的主体，作为这个主体，它是客体的前提条件，也刚好是这个世界的责任人。大自然中恐怖的斗争只是存在于其表面，它本身却在安静地掌控着理念，自由而不知有所有欲求和需要，这就是完善的壮美印象。这里是因为看到恐吓着生存的，没办法比拟的，超过于个体的力量而形成这个印象的。

在截然不同的方式以下，通过想象空间的辽远和时间的悠长也可以造成壮美的印象，辽远悠长、无边无际可能让个体减小至几乎没有。上述一种我们可以叫它为动力的壮美，而这一种则可以被叫作“数学的壮美”，这就保存了康德的命名和他正确的分类法，可是在说明那种印象的内在实质时，我们和他截然不同，我们不仅不会认可什么道德的内省，也不会认可来自经院哲学的假设在这里有什么位置可言。

当我们沉浸在观察这世界的在时空上无边无际的辽远悠长时，当我们反思过去和将来的若干千年时，抑或是当夜间的天空将若干个世界实实在在地展现在我们眼前，所以宇宙的无垠进而直直窜入我们的意识时，那么我们就会发现自己微小得几乎等同于无物，认为自己作为个体，作为活生生的人身，作为变幻不定的意志现象，就如同是沧海一粟一样，在消失着，直到没有。可是同时又有一种直接的意识开始对我们自己微小这种魂灵似的想法进行反抗，对这种虚假的可能进行抗争，就是让我们意识着这一切世界只在我们的表象中存在，只是作为单纯认知的恒定主体所规定的一些形态而存在，而我们只需要遗忘自己的个体性，就会觉察到我们就是那纯粹认知的恒定主体，也就是所有世界和所有时代都不可少的、作为前提条件的责任人。之前让我们忧虑的世界之辽远，现在却已安然地躺在我们心中了。我们的依存于它，已由它的依存于我们而抵消了。可是所有这一切却不是马上就进入反省思维的，刚开始只是作为一种感知的意识而产生的，意识着在一定意义上人和宇宙是统一的，所以人并不是因为宇宙的无垠而被降低了，相反的却是被提升了。这是那感知到的“意识”意识到了吠陀教《邬波尼煞昙》在多种表述中再三强调的东西，特别是意识到以上所采用的这句话：“所有无生之物汇合起来就是我，在我以外再也找不到其他任何东西。”[①] 这就是超脱于本人的个体之上，就是壮美感。

只要存在这么一个空间，它和宇宙空间比当然要小，可是因为我们是完全直接地感知这种空间，它用三进向的所有容积对我们发挥作用，这就足够让我们明白自己的身体差不多是无穷的微小，这时我们就可以直接得到数理壮美的

① 见第三十四章结尾。——译者注

印象了。假如所觉察到的是一个虚无的空间；那就不可能实现这一点，也不裸露在外的，那只能是在三进向都有极限而直接可以觉察到的空间，因此只能是非常高耸的圆顶建筑物，像伦敦的圣保罗教堂、罗马的圣彼得教堂。这里之所以出现壮美感，是因为人们一方面在一个辽远的空际之前觉察到了自己的身体微小接近于零；另一方面又觉察到这种虚无只不过是存在于我们表象中的东西，而我们作为认识的主体又刚好是这表象的承载人。因此这里也和处处一样，壮美感的产生是因为两相对照：一方面是我们自己作为个体，作为意志现象的无足轻重的依靠性，另一方面是我们对于自己是认识的纯粹主体这一意识。就是满天星宿的天空，如果不是用反省的思维去观察的话，对于我们产生的影响也只是和那砖石的圆顶建筑一样，这里发挥作用的不是天空真正意义上的广阔，而只是其表面上彰显出来的无垠。我们直观的一些对象之所以可以引发壮美印象，既是因为其空间的广阔，又是因为岁月的流逝，也就是时间上的悠久，而我们在这种广阔悠久之前尽管觉得自己微小接近于零，可是我们依然在观赏这种事物时觉得很畅快。属于这种对象的是高山峻岭，是很早时期的大型废墟，以及埃及的金字塔等。

的确，对于壮美的解释，我们还可以运用到伦理的事物上，也就是用在被人们称为高尚的品质上。这种品质的出现也是因为对象原来是和激励意志相吻合的，可是意志始终不会被激励，这里也是认识占据了优势。那么这样的人物就会纯粹客观地看待世人，而不是通过这些人会对他的意志产生关系来看待他们。比如说他会察觉世人的荒谬，甚至看到他们对他自己的讨厌和不义，可是在他那方面却并不会因此而被激发怒气，他会看到他们的快乐，却并不因此忌妒，他会认可他们绝佳的品质，却不期待和他们有更亲密的联系，他会看到妇人们的美貌而并不想拥有她们。他自己本人的幸和不幸都不会对他产生强烈的影响，反而可以说他像汉姆勒特所描绘的霍内觉[①]那样：

> 因为你曾经，
> 像这么一个人，
> 在品尝了无数的痛苦后却不觉得痛苦；

---

① 霍内觉：Horatio，莎士比亚的悲剧《王子复仇记》中王子汉姆勒特的挚友。——译者注

像这么一个人，
无论命运赐给他的是折磨还是馈赠，
你都经常用同样的谢意加以接受，等等

（第三场第二幕）

这是由于有高尚品质的人在自己的一生和不幸中，他所关注的一多半是整个人类的命运，而极少关注到自己个人的命运，进而他对这些事的态度认识比感受要多。

第四十章

由于相反的事物相互映衬，在这里来说一说人们刚看到并不以为意，而事实上却是壮美的真正对立面的东西——媚美，乃是正合适的。我所认为的媚美是直接对意志举荐，用来满足而激励意志的东西。假如壮美感的出现是因为一个直接对意志不好的对象变成纯粹观赏的客体，而又只能因为不停躲开意志，超脱于意志所关心的利害之上才能得到这种观赏，这组成壮美的情怀，那么与之形成鲜明对比的是，媚美却是把鉴赏者从任意时候领悟美都一定要有的纯粹观赏中拽出来，因为这媚美的东西由于它是直接逢迎意志的对象，势必要激励观赏者的意志，让这鉴赏者不再是认知的纯粹主体，而成为有所欲求，不是独立的欲求主体了。而人们惯于把所有闲散一类的优美都叫作媚美，这是因为欠缺科学的区别而有的一个太过于宽泛的定义，这种定义我只能彻底不理或进行指责。可是在已确认和已表明了的意义上，我觉得在艺术的范围内只存在两种媚美，而且两种都不够资格叫作艺术。一种是非常粗鄙的，打比方说在荷兰人的静物写生中如果迷失了方向，描绘出来的都是些食物，而因为画中食品非常像实物而又肯定激发食欲。这肯定就是意志的激励，这种激励斩断了我们在事物上所有审美的观赏。画出水果是被准许的，因为花卉发展到最后就是水果了，而且可以通过形状和颜色来彰显美丽的自然产物，还不会直接强迫人们一想到它就想到可以食用的东西。很遗憾我们也老是看到很像实物，画展示在桌上的，烹制完毕的食品，像海蟹、啤酒、奶油面包、牡蛎、葡萄酒等，这些都是不能要的东西。在历史的绘画和雕刻中，裸体人像中常见这种媚美。这些裸体像的仪态，半遮半露甚至一整个的处理方式都是为了激发鉴赏人的肉欲，所以纯粹审美的观赏就马上没有了，而作者创作这些东西也和艺术的宗旨相背离了。这个错误和我们适才批评过荷兰人的，完全有异曲同工之妙。古代艺术虽然形象很美而又是整体裸露，可是差不多从来没有犯过这种错误，因为古典的艺术家自己就是用单纯客观的、为圆满的美所填充的精神来创作这些人像的，而不是用主观的、卑鄙的满是肉欲的精神来创作的。因此媚美在艺术的领域里是处处都应该规避的。

还有一种悲观的媚美，它比刚才所论述过的乐观的媚美情况还要恶劣一些，那就是让人讨厌想吐的东西。这和真正的媚美一样，也会激起观赏者的意志，进而击垮了纯粹的审美观赏。可是这里所引发的是一种强烈的不想要，一种讨厌，其之所以激励意志是因为把意志所讨厌的对象呈现在观赏者面前。所以，人们自始至终都已经认识到在艺术里不能有这样的东西存在；相反倒是丑恶的东西，只要不让人想吐，在合适的地方还是可以允许出现的。我们接下来会看到这一点。

第四十一章

这一考察的进程让我们在这里得顺便引入一段壮美的探讨，其实在这里有关优美的探讨才刚进行了二分之一，只从主观一面完成了探讨。可是区别壮美和优美的东西正好只是这主观方面所规定的一种特殊状态。这就是所有审美的观赏所要求的、以之为前提的单纯而没有意志的认识状况到底是在客体邀约，引领人们前去观赏时，没有任何阻碍地，仅仅是因为意志从意识中消失又理所当然地出现的呢，还是因为甘愿超脱意志才得来的呢？而且这观赏的对象本身对于意志本身有一个不好的、对立的关系，怀念这一关系，就会撤销观赏审美，这就是优美和壮美之间的差别。从客体上来说，优美和壮美在实质上并无二致，因为在这两种场景下审美观赏的客体都不是单个事物，而是这事物上趋向于展示的理念，即意志在某种层次上合适的客体性。这客体性所肯定有的，和它一样脱离了根据律的对应物就是认识的单纯主体，就好像单个事物的对应物是认知着的单个人一样，只是单个的物和单个的人，二者都属于根据律的认知领域以内而已。

当我们叫一个对象为美时，我们是想说这对象是我们审美观赏的客体，而这又涵盖两个层面。一方面是看到客体就将我们也变成客观的了，也就是说我们在欣赏这客体时，我们所感知到的自己已经是纯粹没有意识的认识主体。另一方面是说明我们在对象中看到的其实是一个理念，而之所以可以这样，只是因为我们观察对象时不遵循根据律，不紧紧尾随在该对象和其本身以外的什么关系后面（这种关系最终要和我们的欲求联系起来的），而是一直观察到客体本身。之前理念和认知的纯粹主体作为彼此的对应物总是一起进入意识的，当其进入意识时，所有时间的差异就马上没有了，因为这二者都根本不清楚有根据律和其所有形态的存在，而是隶属于根据律所确定的某些关系以外。可以和虹与太阳相提并论，二者在雨点不断下落过程中都不参与，持续不断地下落。因此，打比方说当我用审美的，也就是艺术的视角来看一棵树，那么，我并不是对这棵树有所了解，而是了解了这棵树的理念。而所观察到的到底是这棵树还是其上千年以前郁郁葱葱的先祖，观察者到底是哪一个在任意时空存活着的个体，那就马上无关紧要了。这时单个事物和认识着的个体因为根据律的撤销而一并撤销了，留下来的就只有理念和“认知”的纯粹主体。而这二者聚合在一起就组成意志在这一层次上合适的客体性。理念不仅排除了时间的干扰，而且排除了空间的干扰，因为并不是呈现在我眼前的空间形象，而是这形象所展现的，它的单纯意义，它最深处的实质，对我暴露了它自己，告诉我的内在本质才是真正的理念，而且虽然这形象的空间关系有很大的差别，这理念却是不变的。

既然一方面对任何眼前事物，我们都可以纯粹客观地在所有关系以外进行观察，既然在另一方面意志又在所有事物中表现在某客体性的某个层次上，进而该事物就是表现的一个理念，那也就可以说所有事物都是美的。至于最不起眼的事物也准许人们进行纯粹客观的和不包括意志的欣赏，而且因此而证明它的美，这在上面从这一点而说到荷兰人的静物写生就已经被论证了。可是一物之所以美过另一物，则是因为这个物体让纯粹客观的欣赏变得更加简单了，是因为它将就、配合这种欣赏，甚至好像是它强迫人来进行观赏，这时我们就会称赞这物很美。其之所以这样，一方面是因为该物作为单个事物，可以通过它那些部分间比较清楚的，规定得非常明朗化的，一直耐人寻味的关系而纯粹地表示出这个种类的理念，借由在它的这一种类可能的所有表现都齐聚它一身而将这一种类的理念都完整展现出来，这就让观赏人从单个事物转折到理念简单多了，所以也让纯粹的静观状态因此变得简单了。另一方面，一个客体尤其美的那种优势是在于从客体中向我们宣示的理念自身，它是意志的客体性很高的一个水准，因此是非常有价值的、含义丰富的。所以，人比其他所有都要美，而彰显人的本质就是艺术的最高目标。造型艺术最不可或缺的对象就是人的形态和表情，就好像文艺中最关键的对象就是人的行为一样。可是无论什么事物依然有其独一无二的美，不但是每个有机的，展现出个体性的单位中的东西，还是所有无机的，没有形式的，甚至所有工艺品都有这种美。之前所有这些东西都彰显理念，意志借由这些理念而自行客体化在最低层次上，似乎是演奏出了大自然最低落的，回音袅袅的低音符一样。重力、固体性、液体性，还有光等都是在岩石中、建筑物中以及流水中表现出来的一些理念。风景园艺和建筑艺术不仅帮助岩石、建筑物以及流水等准确地、全方位地、完整地展露出它们各自的属性，给它们提供平台以便纯粹地表示它们自己以外，不能再有其他动作。可是它们因此得以邀约人们观赏它们的美，大大降低了鉴赏的难度。相反，不太好的建筑物和景物，抑或大自然没有注意到的或是艺术被损毁了的，就极少或者根本没有这种功效。可是大自然的广泛基础理念就会一直存续在它们那里。在这里基本理念还是要呼唤它的鉴赏者，就算是不好的建筑物和与之类似的东西也可以被鉴赏，它们那些物质的最常见的属性的理念还可以从它们身上看出来，只是人们故意让它的形式变成一个很难被欣赏的方式，反而成为一个阻碍，让鉴赏的难度增加，进而工艺品也是用来对理念进行表达的，只是从工艺品中传达出来的并不是工艺品本身的理念，而只是人们赐予它这人为的形式的材料，它的理念。经院学派的说法中，这一类可以用两个字更便捷地表示出来，就是说在工艺品里表达出来的事实上是其实体形式的理念，而不是其偶尔形式的理念，可是后面这一形式并不引申出什么理念，而只是引向这形式所表现出来的一个隶属于人的定义。无须多说，我们这里所说的工艺品当然不是就造型艺术的作品而言。除此以外，经院学派在实体形式这一词中所认为的，事实上就是我所谓意志在一物中客体化的水平。我们马上就会在观察美术的建筑学同时再返回来探讨材料的“理念”这个词。从我们的观点出发，那么我们就不敢苟同柏拉图的说法。他认为桌子和凳子就是代表着桌子和凳子的理念，而我们却说桌子和凳子所代表的理念就是在其纯粹的材料中所彰显出来的理念。可是亚里士多德却说（《形而上学》第十一篇第三章），柏拉图本人只认可自然界的事物有理念。“柏拉图说，自然事物有多少，理念就有多少。”亚里士多德又在同书第十一篇第五章里说，根据柏拉图派的学者所说，不具备什么马戏场和房屋的理念。不管怎样，据柏拉图的正式弟子阿尔基诺斯留给我们的报道上说——都没有认可工艺品也有理念。阿尔基诺斯说：“他们将理念界定为自然事物的超时间的最初形象，因为柏拉图大部分的学生都对工艺品有理念表示反对，像琴或盾，还有和自然事物相对立的东西，像霍乱症或热病，还有单个生物，像苏格拉底或柏拉图，还有那些琐碎事物，像破片和垃圾，还有那些关系，像超过什么或大过什么的关系，都没有理念。因为理念是属于上帝的恒定的、本身完满的思想。”（据《柏拉图哲学入门》第九章）通过这个机会，我们还可以说一下我们在理念学说上和柏拉图截然不同的另外一点。这就是说他认为（《共和国》X）美术尝试彰显出的对象，绘画和诗歌的典型都不是理念而是单个事物。截至现在，我们的所有分析都刚好认为是相反的一面，而柏拉图的这一主张越是被人们共同认定为这位杰出人物错误的源头所在，在这里就越不会让我们疑惑。他的错误就在于瞧不起艺术，特别是文艺，他将他有关文艺的错误推断都直接放在以上那段引文的后面。

第四十二章

我现在返回来对美感的印象进行探讨。对于美的认知当然总是将纯粹认识的主体和作为客体而被认知的理念规定为一起的、不可分割的。可是美感的源头有时在于对已认识到的理念更加领悟，有时也在于纯粹认知脱离了欲求，进而摒弃了所有个体性和通过个体性而出现的痛苦以后的安静和愉悦。而且，是美感的这一成分还是那一成分占据上风都要以直观地领会到的理念是意志客体性的更高还是更低层次为转换。因此在无机物、植物和建筑艺术中欣赏自然美，来源于纯粹没有意志的认识的美感就占据上风，因为这里领悟到的理念只是意志客体性的低层级别，进而也不是耐人寻味的和含义丰富的现象。相反，假如动物或人是欣赏的或艺术表现的对象，那么，美的享受就会更侧重于在这些理念的客观领悟之中。理念在这里是意志的最明确的表出，因为动物和人彰显出了最繁杂的形态，展现出了现象的多样和耐人寻味，而且是给我们展现出了最完整的意志的本质。无论这本质是存在于意志的兴奋中、害怕中、满足中或是在其磨难中，最后或甚至在其方向转换或自我放弃中。自我放弃特别是基督教教义绘画的主题，就像故事画和戏剧本质上就是以被认识完全照亮了的意志之理念为对象一样。接下来我们对不同艺术进行分别研究，这样研究以后这里成立起来的美学理念就会变得更完整和明晰。

第四十三章

物质作为物质论不是表现出一理念，因为物质，像我们在第一篇里已经看到的那样，完全只是因果性，它的存在也只是起到一些作用。可是因果性却是根据律的形态，而理念的认识则截然不同，大体上把这条定律的内容排除在外了。在第二篇里，我们又看到物质是理念所有的一切单个现象的共同基质，进而又是理念和现象或单个事物之间的关联。因此物质本身，不管是从哪个理由说，都不能彰显出一个理念。不过后验地验证这一点一直是这样表述的：我们对于这样的物质完全不可能有一个直观的表象，而只可能产生一个抽象的定义。只有在表象中才能展示出形状和属性。承载形状属性的是物质，在这所有形状属性中才会表现出理念。这和因果性（物质的所有本质）本身没办法进行直观描绘而只是某种因果联系这事实是相吻合的。在另一方面则完全不一样，一个理念的所有现象，因为这种现象既然已经抵达根据律的形式或个体化原理，就不得不在物质上作为物质属性而展示出自己。因此从这一点来说，物质是把理念和个体化原理联系在一起的步骤，而个体化原理就是个体的认知形式，抑或说就是根据律。所以，柏拉图觉得在理念及其现象，也就是单个事物以外，这二者本来可以把世界上所有事物都包括进去，单单就只有作为第三者而和这二者不一样的物质，这是完全无误的。个体作为理念的表现，一直是物质。物质的每个属性也一直是一个理念的表现，而且作为这种表现也就可以进行审美的鉴赏，而鉴赏就是认识现象中彰显出的理念。这一点，是从物质最广泛的属性说来说，也是有用的。不具备这些属性就不能称其为物质，而这些属性的理念却是意志最细微的客体性。这样的属性是：内聚力、液体性、重力、固体性，还有对光的反应，等等。

假如我们现在将建筑艺术只看作美术，忽略它在应用宗旨上的规定，因为在这些宗旨中，它是效忠于意志的而不是纯粹服务于认识的，根据我们的说法也就不能称其为艺术了。那么，除了让某些理念——这些都是意志的客体性最低的层次——可进行更清晰的直观以外，我们不能认定建筑艺术还有其他宗旨。这个最低层次的客体性就是内聚力、固体性、硬性，以及重力，也就是砖石这几个最常见的属性。意志的这几种最初的、最简易的、最顽固的可见性，是大自然的一些根本通奏低音。在这些以外还有光，可是光在很多方面和这些属性又是截然不同的。也就是在意志客体性的这种低层次上，我们已经看到意志的本质彰显在冲突中，因为建筑艺术在审美方面仅有的选题事实上就是重力和固体性之间的战斗，通过多种形式让这一战斗完整地、清楚地彰显出来就是建筑艺术的任务。它解决这类任务的方法是割断这些永生的力所因此得到满足的最短路径，而采用一种曲折的路径支撑这些力，这样就将战斗持续下去了，两种力无止境的奔向这一走势就可以在不同方式之下看得到了。建筑物的整体质量，如果一直听命于它之前的走向，那就只会变成一整块的东西，竭尽所能紧紧靠在地面上，而这里意志不仅显示为重力，这庞然大物就会不断挤向地面，这时固体性，也就是意志的客体性，也在抗争着。可正是这一走势，这一冲动，建筑艺术就不准许它获得直接满足，而只能辗转实现满足，通过曲折的方式得到满足。打比方说横梁就只有通过直柱才间接和地面相连，圆顶则必须自我承载，而且只有通过一些柱子才能实现它直指地球的冲动，诸如此类。可是正是在这被强迫的间接方式上，正是因为这种妨碍，躲藏在顽石中的那些自然力才可以以最清楚、最多样化的形式表现出来。此外，建筑术也就不能再有什么纯粹艺术方面的目标了。所以，一个建筑物的美，不管怎样都完整地在它每个部分一眼看穿的目的性中，可这不是为了外在的、和人的意志相吻合，而是直接为了所有结构的稳定。对于这所有结构，每个部分的方位、大小和形状都必须有这样的一种肯定关系，也就是如果有可能的话，拿掉其中不管哪个部分，则所有的都会倒塌。这是因为只有每个部分所负载的刚好是它可以胜任的，每个部分又刚好是在它一定要在的位置上，一定要具有的程度上被承载起来，之后在形成顽石的生命或其意志展现的固体性和重力之间的那一相反作用，那一战斗才进行到最完整的可见性，意志客体性的最低层次才明显表现出来。同样，每个部分的形态也一定有其目的和它对于所有的关系，而不是任由人随意规定。圆柱是最简单的，只是通过目的规定的一种支柱的方式。弯成曲折的柱子是一点意思都没有的。四方桩有时尽管做起来简单些，实际上却比不上圆柱那么容易。

一样，托梁、飞檐、拱顶、圆顶的形式也都是由它们的直接目标所确定下来的，而这目标也就当然阐述了这些形式。柱端等地方的雕饰已划归到雕刻的范围而不属于建筑领域了，这是额外的装饰，它的存在性并不是不可或缺的。如这里所说，对于一座建筑物如果要得到认可和美感的享受，就无法规避要在重力、固体性、内聚力这几个方面直观了解建筑材料，如果有人披露消息说这建筑材料是浮石，那就会马上削减我们对于这幢建筑物的观赏，因为如此一来，这个建筑就好像是一种虚假的物体一样。如果说我们之前假设是麻石建筑，却有人说这只是用木头做的，这消息也会产生一样的效果。因为在木质房屋中，那些自然力的表现要细微得多，这就将固体性和重力的关系，建筑物所有一切部分的意义和肯定性进而改变了。因此用木材作为材料虽然也可用多种形式表现出来，却不能变成艺术的建筑，而这一点只能经由我们的理念得到解释。可是如果有人跟我们说，有一座建筑物，从外表看上去相当好，可是却是由多种材料建成的，材料的重量和耐性都不一样，仅凭我们的肉眼又是看不出来的，那么，这整个建筑物就会因此而没办法欣赏，就好像用一种我们看不懂的文字所创作的一首诗一样。所有这些都刚好验证了建筑艺术的作用不仅属于数学，也属于动力学，还验证了借由这一艺术而让我们观赏的不单单是形式和规整性，更应该是大自然的那些基本力，那些最初的理念，意志客体性那些最低的层次。建筑物以及不同部分的规则性一方面是因为所有环节对于整体结构的直接目的性所带来的，另一方面又有让整体的预览和认识更加简单的作用，最后这些规则的图形，因为它们展露出了空间之为空间的规律性，对美观也有帮助。可是这所有都只有不太重要的价值和肯定性，而肯定不是主要的东西，要知道规则性也并不是一定不能少的要求，就是废墟其实也是可以被称为美的呢。

建筑艺术的作品对于光还有一种极其不一样的关系。这些作品沐浴在充足的阳光下，以湛蓝的天空为背景，就可以得到双重的美；而在月光之下，它们又展现出截然不同的另外一种效果。所以在打造一座建筑艺术上的作品时，总要尤其考虑到光线的效果和朝向的方向才可以。这所有的根据当然大部分是只在于清晰的、猛烈的照明才能让建筑物的所有部分及其关系被看得清楚通透，可是此外我还觉得建筑艺术肯定要显示的当然是重力和固体性，同时也还有和这二者相对立的光的本质。也就是说光在被那庞大的、不能透视的、界限清楚的和形态复杂的巨形物体所接纳、所阻隔、所反射的时候，光才能以最纯洁地、最清楚地显示出其本性的一些属性而让鉴赏者蒙受其巨大的恩赐。因为光——作为最理想的直观认知方式的条件和客观方面的对应物——是事物中最受人青睐的东西。

由于建筑艺术接近清楚直观的这些理念是意志客体性的最低的一些层次，进而建筑艺术展现在我们眼前的东西，它的客观意义也就相应变小了，因此人们在发现一个动人的、适度照亮了的建筑物时，欣赏的享受与其说是掌握了理念，不如说是在理念的，因为掌控理念而发挥的主观对应物方面，也就是说欣赏的享受，主要是因为观赏者在看到建筑物时，摒弃了效忠于意志的，遵从根据律的个体认知方式而升华为单纯的，不包含意志的“认识”的主体了，也就是在纯粹的，从欲求和个性的所有痛苦释放出来的观赏本身中。从这一点来说，那么和建筑相对应的那一极端，不同艺术组成系列的另一极端就是戏剧了。戏剧可以让那些最关键的理念抵达认知的范围，所以在戏剧的观赏中客观的那一面就占据相当的优势了。

建筑艺术和造型艺术以及文艺的不同就在于建筑所提供的是实物本身。和造型艺术、文艺不同的是，建筑艺术不是原样照搬了那已经被认知了的理念。在原样照搬中，艺术家将自己的眼睛借给观众；在建筑上，艺术家只是将客体对象完好无损地呈现在观众面前，在他让那现实的个别客体明确地、完整地展现其本质时，可以让观众掌控理念更简单。

建筑艺术的作品，和艺术的其他作品一样，极少是纯粹为了审美的目的而创作的。审美的目的反而是附加在其他的、和艺术没有关联的实用目的以下的，因此建筑艺术家的功绩就在于审美的目的虽然附属于其他不相关的目标，但依然可以执行、实现审美的目标，而这是因为他可以灵活地、采用不同方式让审美的目的配合每个现实目的，可以科学地推断哪种建筑艺术的美适合放在庙宇上，哪种适合放在宫殿上，哪种适合放在武器展览馆，等等。残酷的气候越是增强了实现特殊需要的要求，功能上的要求，越是刻板地规定了这些要求，越是难以更改地确定了这些要求，那么，美在建筑艺术也越没有多大的活动空间了。在埃及、印度、希腊和罗马的温带气候，那里生活上的要求就要提出得少一些，规定也要宽松一些，建筑艺术就可以更畅快地追求审美的目标了。在北欧的天空下，建筑艺术的审美目的就要被大打折扣，这里的要求是鸟笼式的房子，尖顶的圆塔，建筑艺术如果只可以在很局促的范围内展现其独有的美，就更加要倚重雕刻的装饰成为取代品了，这是我们在哥特式艺术建筑物上可以看到的。

在这样的情形以下，一方面建筑艺术尽管有功用性和肯定性的要求而必须受到特别大的约束，可是在另一方面这些要求和约束又极大地成就了它。因为建筑如果不同时又是一种有实用功效的工艺而在人类行为中有着一个稳定和荣耀的地位，那么，因为其工程的宏大和经费的巨大而艺术功效的范围又这么狭窄，它就完全不可能作为纯粹的艺术而保留到现在了。还有一种艺术虽然从审美角度来看，完全可以和建筑艺术比肩，可是因为没有以上那些实用主义的寓意，我们就不能将这种艺术和建筑艺术一起叫作姐妹艺术。我的意思是指风景美的水利工程。之前在建筑艺术上，重力的理念是和固体性相伴出现的，而在风景美的水利工程中，重力的理念则是和液体性，也就是有形状的不确定性、流动性、透明性相伴的。两种艺术都是效忠于同一理念的，有从悬岩之上倾泻的洪流，波涛汹涌，有飞流直下的瀑布，安静悠闲，有水柱般高大的喷泉和明镜般的湖水等，其彰显笨重液体物质的理念刚好和建筑物展露固体物质的理念是相同的。可是风景美的水利工程不能从实用的水利工程方面得到支持，因为两种水利工程的目标通常是水火不相容的，只在特殊的场合才能统一，罗马的特莱维人工瀑布就是其中一个典型例子。①

第四十四章

以上两种艺术是意志客体性的那些最低层次所造就的，在相应领域内也就是审美的园艺学是植物界的较高级别所造就的。一个地方的风景美绝大多数依赖于齐聚在这里的自然对象多种多样，之后又在于这些对象分别有明显的分类，有条不紊，之后又展现出合适的相互配合和轮番变化。园艺的美所追求的就是这两个条件，可是园艺和建筑艺术相比，它在掌控自己的材料方面就逊色多了，所以园艺的成就就非常受局限了。园艺所展现的美差不多都是自然所有的，一方面，园艺本身在自然上面增色的部分却非常有限；而且在另一方面，假如天气不佳，园艺就很无奈了，如果自然残酷到帮倒忙的地步，那么园艺的成就就

① 第二卷第三十五章是对此处的补充。——原注

更不值一提了。

植物界没有艺术作为媒介也可以处处供人欣赏，可是把它当作艺术的对象而言，则最关键的是风景画的对象。和植物界位于同一范围的还有其他所有一无所知的自然界——在静物写生中和画出的纯粹建筑物、教堂内部以及废墟等场合，欣赏的主观方面是占据主要地位的。也就是说，我们在这上面的愉悦主要的不直接在于掌握了展示出的理念，而更是在于掌握理念的主观对应物，在于单纯而没有意志的认识，由于在画家让我们通过他的眼睛看到事物时，我们在这时对于那永恒的心神之安静和意志的彻底沉默就会一起得到一种相同的感受和余味，而这是为了我们将自己的认识彻底沉浸到那些无生的对象中去，为了以这样的喜欢——在这里也就是用更高的客观性——来体会事物所不可或缺的。真正风景画的成效整体来说当然也归为这一类型，可是因为所展示出的理念已经是意志客体性的较高层次，这些理念的意义就更多样化了，表现力也更加强悍了，因此美感的客观方面就要更明显些而同时主观的方面得到了协调，这里纯粹的认识本身已不是最关键的了，而是被认识了的理念，作为表象的世界在意志客体化更明显的层次上以相同的力量在发挥作用。

可是动物画和动物雕刻又表现出一个更高的层次。从古代留传下来的动物雕刻还非常多，像马，在厄尔翠的浮雕上、威尼斯的马山都可以找到；在佛罗伦萨还可以找到铜马和大理石的马。此外，还有古代的野猪、嚎叫的狼，在威尼斯的兵器展览馆还可以看到雕刻的狮子像，梵蒂冈一个厅子的大半都被古代的动物雕刻所占据，数不胜数。在这些作品上，美感的客观方面相比主观方面，已经占据了绝对的优势。这里认识理念的主体已将自己的意志削弱下去了，可是已有了主体的这种宁静——所有鉴赏都是如此，可是鉴赏者并不觉得这宁静的效果，因为我们的心境在观赏时已被展示在我们前面的那意志的不安和兴奋所霸占了。展现在我们眼前的就是组成我们本质的那一欲求，可是这欲求在雕刻的形态中的表现和在我们之中的表现不一样，不是被思考所掌控的，而是在大体轮廓中以一种近乎荒诞不经和野蛮的明显性所表现出来的，可是好在还算真实，是坦诚的、无邪的、没加遮掩的，我们对于动物产生兴趣也就是因为这一点。在画出植物的时候就已经彰显出了种类的特点，可是还只是在形状中彰显出来。在动物雕刻中这个特征就要显著得多，并且不仅仅在形态中彰显，而且在体态、行为以及姿势中彰显出来，可是总体还只是种类的特点而没有显现出个体的特点。对于更高层次的理念之认识，我们在绘画中经由别人的推荐而接纳的那些认知，是我们在观赏植物和动物时也可以直接得到的，而且如果是动物，就应该在它们最自然、最放松的时候进行观察。客观地观察它们曼妙多姿、美轮美奂的形态和举止行动是从大自然得到极具教育意义的一面，是辨识出了真正的“事物的标记”。[①] 我们在这些记号中看到意志表现的不同水平和方式，而在所有生物中又只是相同的一个意志，这意志所欲求的处处是相同的一个东西，也就是变化太多，形态那么多样化而将自己客观化为生命，为现实存在的东西。同时，一切这些形态又都是适应不一样的外在条件，可和同一主节奏的很多变调相比拟。假如我们要给观赏者，为了他的反省思维，而用一句话来表达我们对于动植物的内在实质所得到的认识，那么，我们采用经常在印度神圣典籍中出现的叫作摩诃发古亚来说就是最合适的了，也就是大咒语的梵文公式：“塔特，都阿门，阿西。”也就是说：“凡此有情，无非即汝。”

第四十五章

最后直观地、径直地将这种理念，也就是意志，可以在其中实现最高客体化的理念表述出来的就是故事画和人像雕刻的惊人选题。在这里，观赏的客观方面占绝对的优势，而那主观的方面则已经退居幕后了。除此以外要关注的还是比这低一级的层次上，在画动物时，特征和美根本就是一样的，最能体现出特点的狼、马、犍牛、狮也一直是最美的。这里的原因是：动物只有族类特点而没有个性特点。艺术在对人进行表述时，族类特点就和个体特点相区别开了，前者现在从客观意义上来说就是美，后者还存续有“特征”或“表情”的称号，于是就出现了新的难题，也就是怎样将二者同时在一个个体中完整地表述出来的难题。

人的美是一种客观的表现，这种表现代表着意志在其可以被认知的最高层次上，最理想的客体化上，完全是人的理念彻底表现在直观可以看到的形式中。

---

① 耶各白·丕姆（Jakob Böhm）在他所著的《事物的标记》一书中第一章第15、第16、第17节中都说：“而且自然中所有的物质都是将内在形态表露在外的，因为内在的总是不停向外抗争……所有事物都有显示自己的一条途径。……所有物质的表现都是从它的特性出发，总是显示出自己，这就是自然的语言。……因为所有物质都把它的母亲显示出来，赋予本质和意志形态的就是这母亲。”——原注

在这里，虽然是美的客观方面非常显著，可是那主观方面依然是这客观方面一直以来的陪伴。而且正因为没有一个对象可以像美人的相貌和身材那样快速地将我们拉入审美的直观，但凡看到这种相貌和身材时，我们就马上被一种难以言说的快感所掌控，让我们超脱出我们自己，超脱于所有让我们难过的事物之上，因此这种情况的可能就只在于：意志可以进行最明确、最纯粹的认识的可能性也能最快速、最简易地将我们带入纯粹的认知状态。在这个状态中，只要纯粹的美感依然还在，我们的尊严，我们的欲求以及常见的痛苦就都没有了。因此歌德说："如果谁看到人的美，就没有任何丑恶的东西可以侵犯他，他觉得自己和自己，自己和宇宙都和谐统一了。"——至于自然怎么成功创造了一个美的人体形象，我们不得不这样来解释：当意志在这最高层次上将自己客体化于一个个体中时，因为幸运的情况和本身的力量它彻底打败了所有的阻碍。较低层次的意志现象往往让这些阻碍和阻力和意志唱反调——不同自然力量都属于这类现象——意志一直都是先从这些阻力手里抢得并得到那本应该属于所有现象的物质。更深入地说，位于更高层次上的意志现象在其形式上总是丰富多彩的。一棵树已经是一个若干重复着的、生长着的纤维的有系统的组合体，这种组合到更高的层次越是不断增加；而人体就是非常不一样的由部分构成的最复杂的系统，其中每个部分都有一个归属于整体的，然后又是独树一帜的生命。而所有这些部分又刚好是在合适的方式下归属于整体，在合适的方式下相互协调，为了整体的表现而默契地齐心协力，不多出一点。其结果就是这样一些难得的条件，就是美，就是完整刻画出来的种性。大自然是如此，可是艺术又是怎样的呢？人们的看法是：艺术是以效仿自然来造就美的。可是如果艺术家不是在经验之前就预示着美，要他去哪里鉴别在自然中已实现、要我们去效仿的事物呢？又怎样从那些没有成功的作品中去找到这些已经成功了的呢？大自然又曾经创造过所有部位都完美的人吗？于是人们又曾经觉得艺术家应该将所有分布在很多人身上的，不同部位的美都聚拢到一块儿，拼成在一个完美的整体。这是一种调换次序的没有多加思考的看法。因为这里又要问艺术家：从哪里鉴别刚好这一形式是美的而另一形式是不美的呢？我们不是已经看到那些远古时代的德国画家效仿自然吗？可是在美的范围内他们又前进了多远呢？请看他们的裸体画像吧！纯粹从后验和只是从经验着手，完全不可能认识美；美的认识一直都是，至少局部地是先验的，可又完全是另外一种先验认识，和我们先验意识着的根据律的形态是不一样的。这些形态只把现象当作现象论，它们的共有形式以及这些形式怎样根本就是认识的可能性的根基，只顾得上现象的共有的没有例外的怎样，打比方说数学和纯粹自然科学就是从这种认识着手的。相反，这一种先验的认知方式，即让美的表现有可能的认识方式，则与之截然不同：不是管现象的形式而是现象的内涵，不是管怎么表现，而是管表现的是什么。如果我们看到人体的美，我们都可以对这种美加以认识，可是在真正的艺术家，他意识中的这种美竟这么明确，以至于他表达出来的美竟是他从来没有在现实中看到过的美，在他的表述中已经超越了自然。而这因此可能又刚好是因为意志——它的合适的客体化，在其最后层次上，要在这里来推断，来发现——就是我们自身。单单是因为这一点，实际上我们才能对于自然尽力要呈现的东西有一个预测。在真正的天才，这种预测是和高度的观照力相辅相成的，也就是说当他在单个事物中认识到该事物的理念时，就犹如大自然的话刚表述二分之一，他就已经心领神会了。而且将自然磕磕巴巴没有表达清楚的话也清楚地表达出来了。他将形式的美，在大自然试验过千百次而宣告失败以后，雕刻在坚固的大理石上，将它呈现在大自然面前，似乎在回应大自然："这就是你原本要说的话。"而内行的鉴赏家则回应道："是，这就是了！"——唯有如此，天才的人才可以发现人类体型的最初典型，才能确定这典型是人体雕刻这一艺术的典范。我们所有的人也只有通过这样的预测，才有可能在大自然在单个事物中真正成功了的地区认识到美。这个预测就是完美的代表。只要理念，至少有二分之一是先验地认识了的，而且在作为这种理念从先验方面来填补大自然后验地提供出来的东西，进而对于艺术起到实践作用时，理念也就是理想的代表。艺术家对于美所以有这种先验的预测以及观赏家对于美所以有后验的称赞，就是将自己客体化的意志。就像恩披陀克勒斯曾经说的，同类的只能够认识同类，因此只有大自然可以理解他本身，只有大自然才可以研究它自己，那么，精神也只被精神所认知。[①]

觉得希腊人之所以找到已成定局的，人体美的完美代表完全是来自经验，

---

① 最后这一句是黑尔维修斯（Helvetius）的名言 il n'y a que l'esprit qui sente l'esprit 的德国译法，这在本书第一版我还不需要特别注释。可是从这以后，因为黑格尔那种胡乱智慧的愚昧影响，时代竟这样没落了，变得这样粗放，以致也许有人胡思乱想，觉得这里也是映射着"精神和自然"的对立，所以我才不得已采取防范措施，不允许有人把这种平庸的狡辩诬陷在我头上。——原注

是因为收集了不同的美的部分，这里展示一个膝盖，那里展露一只胳膊，要留心一下了：紧随其后的是一种错误观点[①]，还在文艺方面有着截然不一样的观点，其实也就是同样一种观点。打比方说莎士比亚剧本中那么多繁杂的、那样有真实性的、那么认真处理的、那么专心刻画出来的人物都是来自他对他自己生活经验的总结，之后进行复制而来的。这种观点的不可能和荒诞已不用再分析了。明显的是一个天才，好像他只是因为对于美有一种假想的预测才创作出造型艺术的作品一样，他在文艺上的创作也是因为对人物特点先进行了这样预测，可是这两种创作都需要经验作为一种底本，只有在这个底本上，那先验迷糊地意识着的东西才能引申出来变成彻底清楚的东西，这之后才产生了淡定创作的可能性。

上面已经将人的美理解为意志的最理想的客体化，在其可以被认知的最高一层次上的客体化。这种美是通过形式表现出来的，而这形式又只存在于空间中，和时间没有肯定的关联，不像运动是具备这样一重关系的。仅凭这一点，我们可以说意志因为纯粹的空间现象而有合适的客体化就是客观意义上的美。植物，抛开仅是意志的这种空间现象以外，再不是其他什么，因为要展现出植物的本质不需要借助运动，进而也不需要时间关系（抛开植物的发育不说）。只是植物的形态已展现出了它所有的本质，已将它的本质揭示出来了。可是在动物和人，要彻底显示正在它们身上表现出来的意志就还需要一整套动作。因为动作，在它们身上的现象就得到了对时间的直接关系。这些都是在前一篇论述过了的，却因为下面这一点又和我们当前的观察取得了联系。如意志的纯粹空间现象可以在每一稳定的层次上让意志理想或不理想地客体化——这就刚好是组成美或丑的东西。意志在时间上的客体化，也就是行为，而且是直接的行为，也就是身体的行为，也可以理想地配合在动作中客体化了的意志，没有外来因素，没有画蛇添足或不够的地方，而刚好只是表现出每次特定的意志活动，也可以和这所有相反。在前面一种情况下，动作的完成是有仪态的，后一情况则没有。因此假如完全就是意志借由它纯空间的现象而有的对应表现出来，那么，与之类似，仪态就是借助它在时间上的现象而有的对应表现出来，也就是

① 虽然是由克森诺风口中的苏格拉底说出来的（斯多帕阿斯：《古希腊箴言集锦》Floril，第二卷第 384 页）。——原注

每个意志活动借助让意志客体化的行为和举止而有的完全对称、无误的表示。行为和姿势既然把身体当作前提，因此文克尔曼[①]的说法是非常科学的，也很值得肯定的，他说："优雅是行为的人和行为之间一种极其特殊的关联。"结果当然是，我们当然可以说植物有美，可是不能说植物具备优雅。如果一定要这样说，也只能是拟人化的手法。动物和人则二者都具备。如前面所讲，有优雅就是说每个动作和姿态都是在最放松、最对称和最祥和的方式下达到的，也就是纯粹适合动作的宗旨，适合意志活动的表现，没有多的，多了就背离目标了，成了没有价值的方案或丑恶难看的姿势；没有少的，少了就是刻板僵直的表现。优雅的前提条件是所有一切肢体的对称，端正平和的体形，因为只有通过这些，在所有姿势和动作中才可能有彻底的放松的意味和明显的目的性。因此优雅不可能没有相应程度的体形美。优雅和体形美二者兼而有之而又和谐统一起来就是意志在客体化的最高层次上的最清楚的呈现。

像前面已经说过的，让人显著的标志是人的族类特点和个人特征各成一体，以至于每个人，就像前一篇里所讲的，在某种限度内都可以展现出一种特殊的理念。所以，以展现出人的理念为目标的不同艺术，不仅要表现出族类的特点的美，还要表现出个人特点。个人特点最好的就是性格，可是表现出性格又只能在这样一个领域内，也就是说不能将性格看成什么偶尔的、一个人所专属的个体的东西，而是要将性格看成人的理念刚好在这一个个体中尤为显著的一个方面，这样性格的描绘才有利于突出人的理念。于是性格，作为性格说，当然是单个的，却依然要根据完美的模式来掌控、来描绘，也就是说完全要从人的理念（性格用它的方式帮助成人的理念的客体化）来强调性格的特殊意义。除此以外，这一描绘也是一个人，作为单个人的相貌，原样照搬，涵盖所有偶尔的东西，而且就算是相貌，就像文克尔曼所说，也理应是个体最完美的代表。

应作为完美的代表来领悟的那种性格，也就是人的理念某一特殊方面的显著，它之所以可以明显看出来，一方面是因为固定的长相和体形，另一方面是因为情过境迁的感悟和激情，因为"知"和"意"的相得益彰，而这所有又都是通过面部表情和举止行为表现出来的。个体既然是归属于人类的，在另一方面人性又一直在个体中而且是涵盖个体所独有的典型的意味而彰显出来的，因

① 文克尔曼：德国研究古代艺术的创始人，代表作有《古代艺术史》。——译者注

此既不可以用性格来代替美，也不可能用美来代替性格，因为以个体特点来撤销族类特点就是漫画，而用族类特点来取代个体特点，结局只会虚无。所以，以美为目标的艺术表现——主要是雕刻——总还是用个体性格在某些角度将这种美进行修订和约束，总要在彰显人的理念的某一方面时通过一定的、个别形式表现出人的理念，这是因为人的个体作为个体说，在某种程度上都有一个专属的理念这样一种尊严，而从人的意志而言，最重要的就是将自己彰显在某些非同一般重要的个体中。因此我们经常在古典作品中看到他们明确地领悟到的美不是用一个，而是用很多具有不同特点的形象来表现的，相当于一直都是从一个不一样的角度来领悟的，进而阿波罗表现出的是一个形象，酒神巴库斯又是一个形象，青年美的代表安迪诺奥斯是一个形象，大力神赫库勒斯又是一个形象，而且非同一般的性格对于美还有一定的约束作用，这种性格方面甚至可以表现为丑，像森林神浮恩、酩酊大醉以后的酒鬼席仑等。假如性格方面竟到了将族类特点完全取消以后，也就是到了做作的程度，那就会变成漫画。可是和美比较，优雅更不能被性格所侵扰，无论性格的表现要求具有什么样的举止和姿态，这种姿态和举止肯定要以本人最合目标、最对称、最简易的方式来做。这一点不但是画家和雕刻家，也是所有杰出的演员必须恪守的，要不然这里就会因为姿势不端、举止别扭而出现漫画式的场景。

在雕刻中，美的仪态当然是最关键的。在感悟中，热情中，知和意的彼此影响产生的精神特点是只能通过面部表情和行为举止表现出来的，因此精神特点最好是绘画的选题。之前眼神的展现和颜色的采用都属于雕刻的领域，这两种方式当然也有利于提升美，对于性格的展现更是不可或缺。除此以外，美对于从这几个角度出发的观赏就会更整体性地表现出来。相反，如果是表情，是个性，从一个角度出发就可以被整体了解。

因为美明显是雕刻的关键性目标，因此勒辛曾尝试着用惊呼和美两不相容的论断来对拉奥孔不惊呼进行说明。这个对象既然已经变成勒辛自己一本书的课题或至少是本书的过渡，而且在他之前或之后依然有那么多著名作品来对这一现象进行探讨，那么，请允许我在这里顺便提一下我对这件事的看法，尽管这样一种个体探讨是超越我们的考察范围内的，因为我们的考察一直都是以“广泛”为目标的。

第四十六章

拉奥孔在最知名的那一群雕刻形象中并没有在惊呼，这是毋庸置疑的。那么，这一点因此一直让人觉得惊讶，当然是因为我们假想自己处在拉奥孔的位置时肯定要惊呼，而且出于人的本能也会惊呼。因为他当时不仅有强烈的生理上的痛苦和猛然发现的肉体上非常大的害怕，而可能让人隐忍不发的所有反省思维，这时都被排除在意识外面。那么，自然的本能就会促使他发出惊呼，不仅用来代表痛苦和害怕，也用呼救来吓退来攻击他的敌人。文克尔曼尽管已经发现拉奥孔的表情上不带有惊呼，可是在他尝试为创造这艺术的艺术家申辩时，他竟然将拉奥孔说成一个斯多噶派了，觉得拉奥孔是为了保持自己的自尊，瞧不起因为自然的本能而发出惊呼，反而要在其痛苦的上面再附加上毫无意义的约束，强行忍住了痛苦的表情。所以文克尔曼在拉奥孔身上看到的是"一个杰出人物的可以忍受磨难的精神，和强烈的痛苦斯打而试图压抑自己痛苦的表情，将痛苦深埋于内心。他不像维琪尔[①]那样大声叫喊，而只是发出沉痛的叹息"等等。勒辛在他的《拉奥孔》中就指责了文克尔曼的这个看法，并以上面提出的意见修正了这个观点。勒辛用纯粹美学的理由取代了心理学缘由，觉得美、觉得古代艺术的准则，不允许出现惊呼这样的表情。他还额外添加上了另外一个论点，说一种静态的艺术作品中不能出现一种犹疑的、不能长久存在的状态。可是这个论点的反面却被几百个优美雕像的例子进行了强有力的印证，这些雕像都是变幻莫测的运动中，比如在搏击、跳舞和追逐等中抓住了的形象。歌德在他的论拉奥孔的那篇文章中，甚至认为选择运动中这短暂的一瞬间刚好是非常需要的。在当代，希几特将所有都归结于表情的最高真实性是这样处理问题的，他说拉奥孔之所以没有发出惊呼，是由于他在无法呼吸时马上就要死去，已没办法再惊呼了。最后，费诺（《罗马研究》第一卷第426页及其后几页）将所有这三种观点都评论了、对比了，可是他自己却没有什么开创性的意见，而只是将这三种意见综合了一下而已。

我不禁觉得惊异，为什么这样深思熟虑的人们要不辞劳苦地去找一些并不

① 维琪尔（公元前70—19）：Virgil，罗马诗人，民族史诗 Äneis 就是他所写。——译者注

靠谱的理由，要找一些心理学的、生理学的论点来对这回事进行诠释，其实这件事的缘由就摆在我们面前，而且对于没有偏见的人也是非常明显的缘由，更让人觉得讶异的是勒辛已如此靠近科学的解释，却还是与真正的主旨失之交臂。

在没有进行任何心理学和生理学的探讨以前，到底拉奥孔在当时那个情况下会不会惊呼这个问题——顺带说一下，我是始终坚定站在肯定这一方的。首先应从这群雕刻形象本身来做一个决断，也就是在这群雕像中不可能展现出惊呼的仅有的一个理由就是因为表现出惊呼的艺术手法完全不属于雕刻的范畴。人们不可能通过大理石创造一个惊呼着的拉奥孔，而只能雕刻出一个嘴张大的、想呼却不能呼的拉奥孔，一个声音就这样卡在了喉头的拉奥孔。惊呼的实质，进而惊呼对于观众的效果也完全取决于惊呼本身，而并不在这张开的嘴。张开嘴这势必要和惊呼同时出现的现象，必须先有因为张嘴而发出的声音为契机才好认同，这之后作为这一行为的特点，张嘴才是被准许的，甚至是必定这样做的，尽管这已经对作品的美产生影响了。可是造型艺术本身不擅长表现惊呼，要在造型艺术中表现出用来惊呼的手法，那是有点强人所难的，打破所有面容轮廓和其他表情的方式，也就是表现出张开的嘴，那可是太愚蠢了。因为就算人们这样做好了，也只是将这种额外的还要要求很多牺牲的手段呈现在眼前而已，而这手法的目标，惊呼自身，和惊呼对于我们情绪的影响却依然很欠缺。再加上还不仅仅是欠缺而已：当人们这样做时，只是创造出了一个努力终归无用的可怜相，简直可以和一个更夫相比，在他睡着以后，促狭鬼为了逗乐将他的牛角用蜡塞住，之后大叫着火了以吵醒他时，尽管使再大的劲儿也吹不响牛角的可怜相。相反，如果是在陈述或表演的艺术领域内展现出惊呼的表情，那又是可以容忍的，因为这样做可以提升艺术的真实性，这真实性就是理念的完整表达。在文艺中就是如此，文艺要求读者具备充分的想象力以让它所描绘的形象性更加直观，所以在维琪尔的诗中，拉奥孔就像公牛被砍了一斧又强力逃脱绳索的桎梏时那样狂叫，所以荷马也让战神马儿斯和智慧之神闵涅华发出非常恐怖的叫声，可是这不仅不会损伤他们神的威严，也不会损伤他们天神的美。在戏剧艺术中也是如此，在舞台上的拉奥孔必须惊呼。索福克勒斯也让非洛克德特惊呼，在古代的舞台上大概也确实呼叫过的。我印象中有一个特别类似的情况，在伦敦我看到知名演员肯帕尔在翻译自德国的《皮查洛》这个剧本中出演美国人洛拉。洛拉是一个粗鲁的人，可是具有高尚的品质，在他受伤以后，他大叫不止，这在剧情上起到了很好的效果，因为这最可以表现出人物的性格，大大提升艺术的真实性。反之，一个画出来的或石雕的安静的呼叫者，那就比画出来的音乐还要荒谬。歌德在《庙堂》杂志中已经对此提出过批评，因为在造型艺术中呼叫相比音乐，对其他一些表情和整体的美更具有杀伤力。在这里，音乐大概只是让手臂发生行为，还可以视为标志其人的性格的行动，而且只要不要求身体的猛烈运动或歪嘴缩腮，还可以画得特别贴近真实，像弹风琴的圣女车栖利亚，罗马斯希阿拉画廊里拉菲尔的“提琴演奏者”，等等，因此，因为艺术各有自己的领域而不能用惊呼来表现拉奥孔的痛苦，那么，那位艺术家就必须采用所有其他的方法来展现拉奥孔的痛苦了。就像文克尔曼的大笔所描绘的，那位艺术家非常完美地做到了这一点，而人们只要摒弃文克尔曼给予拉奥孔用斯多噶派思想意识的浸染，文克尔曼出色的描绘依然可以保留它十足的意义和真实性。①

第四十七章

由于除了仪态以外还有“美”是人体雕刻的主要选题，因此雕刻特别青睐裸体，只在服饰不会掩藏身段时，才允许穿衣服。雕刻采用艺术上的褶裙不是用来隐藏，而是用来间接地展现身材。这种表现手法要求具有非常强大的悟性，因为悟性只是由于直接彰显出的成效。因为有了衣裙的褶皱，就要更直接地看到这褶皱的缘由，看到身材。那么，褶皱对于雕刻来说，在某种范围内，刚好是缩影对于绘画。二者都是示意，可是不是代表性的，而是这样一种会意，也就是在其成功时就会强迫悟性将只是示意的地方当作全盘托出的来看。

这里请准许我顺便插入一个和语文艺术相关的比喻，也就是说少穿衣服或者干脆不穿衣服对于观赏美的身材更有帮助，因此一个很美的人，如果他不仅有审美的意趣，又可根据趣味来做事的话，他最青睐的就会是少穿衣服，当然最好是差不多全身光溜溜地过日子，只是穿很少的衣服。和这个一样，每个心灵美好而思想有趣的人，在他有任何机会时都会把自己的想法告诉给他人，以便因此而减少他在俗世中肯定要觉得的落寞，也会经常只采用最直接、最放松、

① 这一插曲在第二卷第三十六章也有所补充。——原注

最简单的方式来表述自己的想法。反之，思想贫瘠、心智迷糊、怪癖多多的人就会拿些勉强的词句，艰涩难懂的成语来装点自己，以便用晦涩而华美的辞藻以掩盖他自己那卑微的、平凡的思想。这就好像那个并没有俊俏的威仪而尝试用服饰来弥补这一缺憾的人，要用非常怪异的装扮，像羽毛、高垫的肩袖、卷发来掩盖他本人的猥琐。有些作者，在人们强制他更改他自己写得那么冠冕堂皇而又艰涩的著作，以和书中微小的、一眼就可以看出全貌的内容相吻合时，就会和一个人赤裸着身子走路一样不好意思。

第四十八章

故事画除开美和优雅，主要对象还有人物性格。这根本就要认识为在意志客体化的最高层次上来表现意志。在这最高层次上，个体作为人的理念在某个不一般方面的显著，已具有它非同寻常的意义。而且这种意味不仅仅是在形体上就可以意识到的，要通过面部表情和姿态彰显出来的多种行为，还有造就这行为，和这行为相互依存，因为认知和欲求带来的影响才可以意识到。人的理念如果要在这样的范围内表现出来，那么，人的理念在多个层面的进行就必须借由有非同一般意义的个体让我们目睹，而这些具有非同一般意义的个体又只能通过花样百出的背景、故事和行为才能让他们明显表露。故事画用来处理这些若干任务的方法就是将不同生活的情景、意义不等的大小呈现在我们眼前。不仅没有一个个体，也没有一种行为可以是毫无价值的。人的理念是在这所有个体所有行为中，通过这所有个体所有行为慢慢展开的。所以，不可能有一种生活经历是可以排挤在绘画以外的，因此如果人们提前圈定自己的思想，只认可世界史上的大事或《圣经》上的故事有非同凡响的意义，对于荷兰派画家则只关注他们的技巧方面而瞧不起他们其他方面，认为他们大概也只能创作出一些日常生活中的对象而已，那就对这些杰出的画家太不公平了。人们应该先考虑这样一个问题：一个行为的内外意义是根本不一样的，二者也往往各自单独出现。外在的意义是一个行为相对于现实世界来说，于现实世界中的后果来说的严重性，因此是通过根据律来设定的；内在的意义是我们深刻体会人的理念，这种体会因为通过按目标而配置合适的情况，让那些展现明晰而坚定的个性展示出它们的特点所以揭示了人的理念不太多见的那些方面，就彰显出了人的理念。在艺术里只有内在意义才有价值可言，而在历史上有价值的是外在意义。二者自成一体，可以一起出现，但也可以分开出现。在历史上非常重要的一种行为在内在意义上极有可能是平淡的行为。反之，日常生活中的任意一个场景，如果个体的人以及人的作为、人的欲求，一直到最不可见的细枝末节都可以在这个场景中显现得淋漓尽致，也可能有极大的内在价值。另外，外在价值虽然可能非常不一样，而内在价值依然一样或者是同一个价值。打比方说，抑或是内阁大臣们在地图上为了抢夺土地和臣民针锋相对，抑或是农民们在小酒店里用纸牌和骰子赌博斗嘴，这从内在价值来说，根本就是一回事。就像人们下棋，无论棋子是用黄金做的还是木头做的，其实都是博弈。再加上仅凭这一原因，组成亿万人生活内容的这些场景和事态，他们的作为和营谋，他们的困难和快乐都有非常充足的重要性作为艺术的选材，而且因为这些场景和事态多种多样，肯定也可以在理念的诸多方面给予充足的材料。甚至转瞬即逝，一通过艺术掌握而稳定在画面（现在叫作生活素描）上面，也要激发一种细微的，别具一格的感悟。之前在一些单个的，却可以代表所有的事态中将这眨眼间不断更新的世界稳定在持续不变的画面上，就是绘画艺术的成绩。因为这种成绩，在绘画艺术将单个的东西上升为其族类的理念时，这一艺术似乎已让时间本身也停了下来似的。最后，绘画上历史的、拥有外在意义的选材经常有这样一种缺憾，也就是说这种选材的意义有时刚好不能有直观的表现而只能用最自然的想法来填充。从这一点来说，我们根本就应该区分一幅画的命名意义和它的实物意义。前者是外在的，可是只是作为定义而拥有的意义，后者是人的理念的一个方面，是这幅画直接彰显出来的。打比方说，前者是摩西，发现者是埃及的公主，是历史上至关重要的一点，而这里的实物意义，真正给实物提出的东西又刚好相反，只是一个贵妇从水上的摇篮中解救出一个被人抛弃的婴儿来，是一种可以经常发生的事。在这里，仅仅那一套穿衣打扮就可以让一个学者认出这一桩历史公案，可是穿衣打扮只在命名的意义上有作用，在实物的意义上却不值一提，因为后者只认人本身，而不认衣服，不认任意找来的形式。艺术从历史上获得的选题和从单纯可能性得到的选题，也就是说并不是单个的而只有被叫作普遍的选题相比，并没有什么明显的优势，这是因为在历史选题中真正有价值的并不是单个东西，不是个别事物本身，而是个别事态中最常见的东西，是通过这事态表现出的人的理念的一个层面。所以，在另一方面，某些历史题材却也不能过分责备，可是用真正艺术眼光来看待这些题材，无论是画家还是观赏家，都完全不在意这些题材中单个的、单一的东西，刚好是组成历史性的东西，而是在意题材中展现出来的广泛意义上的东西，关注理念。并且也只有在主题就可以彻底展现出来，不需要想当然来填充的场景才能运用历史题材，要不然命名意义和实物意义就会相差太远，在画面上联想到的就会变成最关键的东西，而对直观看到的东西产生不好的影响。在舞台上（打比方说在法国的悲剧里）已经不适合让展现主题的剧情在后台发生，假如在绘画中这样做，那就错得太离谱了。历史的题材只在把画家困在一个不是根据艺术的目标而是随意根据其他目标选定的领域中时，才是绝对不好的。肯定不好的是这个领域没有画意和有趣味的题材，打比方说如果说这个领域是一个微小的、顽固的、被分开的、被教会立法所管辖的，也就是被错误的妄念所指挥的，被东西方当代各大民族所瞧不起的弱小的民族——像犹太民族——的历史。在我们和所有古代民族之间如果曾经有一次民族大迁移挡在中间，就像曾经一度的海底变化挡在今日的和我们如今只能通过化石来认出其结构的两种地壳之间一样，那么，称得上最不幸的是在主要成分上以曾经的文化作为我们民族文化基础的民族，并不是希腊人，也不是印度人，甚至连罗马人也不是，刚好是这些犹太人。可是最悲惨的是15世纪和16世纪中意大利的杰出画家们，他们的选材被局限于一个特别狭隘的圈子，必须得抓住多种可怜虫作为创作选题。之前《新约全书》，从历史的部分来看，作为绘画题材的源头要比《旧约全书》还要糟糕。至于《新约全书》出现以后的殉道者和教会传道人的历史，就更加糟糕了。可是（又不能笼统地说）在这些画中，人们还得仔细加以鉴别，一种是那些画，材料来源于犹太教和基督教的历史或神话部分，一种是让真正的，也就是基督教的伦理精神可以直接显示出来的画，而所采用的办法就是画出这种精神满满的人物。后一种画实际上是绘画艺术中最高的，最值得人钦佩的成就，也只有这一艺术中最杰出的画家，特别是拉菲尔和戈内琪奥[①]——后者基本上是在其早期作品中——才能得到这样的成功。这一类的绘画原本不属于历史故事画，因为这些画基本上并不描绘一种事态的经过，不写什么行为，而只是将一些神圣人物拼凑到一块儿而已，往往是救世主本身，大部分还在幼儿期，和他的母亲以及天使

① 戈内琪奥：Corregio，意大利著名画家。——译者注

们等。我们从他们的面部，特别是从他们的眼神中，看到那种最完满的“认识”的表情和反映。这不是注重单个事物，而是掌控了那些理念，也就是彻底掌控了宇宙和人生所有本质的认识。这一认识在那些神圣人物心中反过来对意志产生影响时，就和其他认识不一样，只是给意志提供一些动力。而是相反，变成脱离所有欲求的清静剂了。从这种清静剂中可以产生相当的无欲——这是基督教和印度智慧的最本质精神，可以产生所有欲求的放弃、意志的抑制、意志的撤销，因为意志的撤销也可以出现最后的解脱。那些一直可尊崇的艺术大师就是这样用他们的作品直接展现出了这一最杰出的智慧，因此这里就是所有艺术的巅峰。艺术在意志的合适的客体性中，在理念中跟踪意志，通过了所有层次，从最低层次开始，刚开始是原因，之后是刺激，最后是动力这样从多个角度带动意志，展现它的实质，一直到如今才终于以表示意志的自我放弃而宣告终结。这种自我放弃是通过一种强大的清静剂来造就的，而这清静剂又是意志在最圆满地认识了它自己的本质之后得到的。①

第四十九章

我们之前对艺术的所有考察，不管在什么地方，其根据都是这样的真理，也就是说，艺术的对象——把这个对象表现出来就是艺术家的宗旨，因此认识这个对象，作为艺术品的雏形和源头，就肯定要走在艺术家作品前面了——就是柏拉图心中的理念，而肯定不是其他什么，不是单个事物，不是理性思维和科学的对象。理念和定义在二者分别当作单位的“一”而代表现实事物的同时，当然也有一些共同点，可是二者有着非常显著的不同，这根据在第一篇里有关定义和本篇里有关理念所讲的，应该是比较明晰的了。可是说柏拉图也知道了这一不同点，我是不敢苟同的，反而应该说他有很多有关理念的例子，有关理念的探讨都只对概念适用。有关这一点，我们现在先不讨论，而只沿着我们前行的路。聊以安慰的是我们尽管多次走上了一个杰出的人物的老路，却并不是亦步亦趋地沿着他的足迹前行，而是一心追寻我们自己的目标。概念是抽象，是来自推理。概念在其含义圈内是完全不肯定的，只在范围内是肯定的。

① 要理解这一段，必须以下一篇为前提。——原注

概念是所有人只要具备理性就可以被认识和把握的，只要借助词汇而不需要其他媒介就可以向他人传输，它的定义就将它表述完了。理念则是另外一回事，虽然可作定义的适当代表来下概念，却终究是直观的。而且理念尽管代表着若干的个别事物，却一直肯定的是，它不可能被个体所认知，而只能被那超脱于所有欲求、所有个性而已提升为了认识的纯粹主体的人所认识，即只能被天才和那些因为提升自己的纯粹认知能力——大部分是天才的作品所带来的——而在天才心目中的人所得到。所以，理念不是没有前提条件地，而只是在条件具备下才能向他人传播，因为那已经被掌握又在艺术作品中被照搬过来的理念只有根据每个人不同的智力水平而吸引人们的目光。由于这一原因，因此刚好是不同艺术中最杰出的作品，天才们最宝贵的东西，对于人类中慢半拍的大多数肯定一直是一部无法看明白的天书。在这些作品和大部分之间横亘着一条鸿沟，大部分人不能靠近这种天书，就好像普通群众不能靠近王侯们的左右一样。最没有情调的人当然也将共同的杰作视为权威，可是那仅仅是为了不显露出他们自己的低能而已。这时他们尽管嘴上不说，可是总是时刻准备着指责这些杰作；如果有人准许他相信可以这样做而且不会让自己曝光，那么，他们对于所有伟大的、美好的东西——他们从来不会欣赏这样的东西，所以正是因此而损害了他们的自尊心——对于这些东西的创作者既然已经记恨很久，现在就可以乐不可支地尽可能发泄他们的愤恨了。之前一个人要甘愿认可他人的价值，尊重他人的价值，前提是自己有自身的价值。这是一个人虽然有成绩却必须谦卑的原因所在，也是人们对于他人的这一品德一直大加赞赏的原因所在。在所有相提并论的德性中，只有谦卑是所有敢于表扬任何一个杰出人物的人，为了消弭人们自己没有价值的生气，每次都要在他的歌颂后面加上的。可是谦卑不是假装的卑躬屈膝，又是什么呢？难道谦卑不是人们因为自己有长处和成绩而在这处处是卑劣的世界里用来请求那些无长处和成绩的人进行谅解的方式？之前谁要是因为没有功可处罚而不自大，这不是谦卑，而只是老实。

理念是通过我们直接感受的时间、空间形式才划分成多的一，概念则与之截然不同，是凭借我们理性的抽象作用从多恢复的一，这可以叫作事后统一性，而前者则可以被叫作事前统一性。最后，人们还可以打这样一个比方来对概念和理念之间的不同点进行表示：人们可以说概念就相当于一个没有生命的容器，人们搁置进去的东西在里面紧挨着，错综复杂，可是从里面可以拿出来的东西也只有人们事先放进去的。理念则不一样，谁如果掌控了它，它就会在谁心里表现出一些表象，而这些表象和它们叫相同名字的概念来说，都是崭新的。理念就像是一个有生命的、前进着的、拥有繁衍生息能力的有机体，这有机体所生发出来的东西都是之前没有提前搁置进去的东西。

由此可见，概念，虽然它对生活非常有帮助，对于科学非常有功用，很必要，也很有结果；可对于艺术却是一直不生发的。和这个相反，被领悟了的理念是所有正宗艺术作品唯一且真正的源头。理念，从其明显的原始性说，只能来自生活本身，来自大自然和世界，而且也只有真正的天才抑或是一时激动已跻身于天才行列的人才可以这样做。只有从这样的直观感受才可能出现真正的、一直保有生命的行为。正由于理念如今是、未来也仍然是直观的，因此艺术家不是在抽象中认识着他那作品的主旨和目的，呈现在他眼前的是一个理念。所以，他不能替他的作为找出一个什么原因来。他是像人们所形容的，只是从他所感知到的着手，没有意识地，也可以说本能地在工作。相反，效仿着的、做作的、奴隶般的家伙，这些人在艺术中都是从概念着手的。他们在真正伟大的作品上记住哪些是让人喜欢的，哪些是让人感动的，将这些弄清楚了，就全部用概念，也就是抽象地来认识，之后用狡诈的用心或公开或隐蔽地来进行效仿。他们像寄生植物一样，从他人的作品那里吸收营养，又像水蛭一样，营养品表现出什么颜色，它们就有样学样，表现出什么颜色。是啊，人们还可以接着打比方说，他们就像是一些机器，机器当然可以将搁置进去的东西弄碎、搅匀，可是却不能让之消化，如此一来，放进去的成分还在，还可以从杂合物里将它分辨出来。相反，只有天才才可以和那些有机的、有同化作用的、有变质作用、可以生产的身体相比拟。因为他尽管被前任们以及他们的作品所教育、所感染，可是通过直接所看到的事物的印象，直接通过他孕育的结果却是生活和这世界本身。所以，就算是最好的教育也不可能会对他的独创性产生影响。所有模仿者，所有做作的人都将人家样品的本质搁到概念里来领会，可概念一定不能用内在的生命赐予一个作品。时代本身，也就是不同时期愚蠢的民众，就只知道概念，固守着概念，因此他们愿意用大声的欢呼来接纳那些装腔作势的作品。可是这些作品，没过几年就已经没有了欣赏的价值，因为时代精神，也就是一些广为流传的概念，已自更改了，而那些作品本身就只能以这些概念为着眼点。只有真正伟大的作品，它们是来自自然、来自生活，才能和自然本身一样千古流传，而一直拥有最初的感动力。因为这些作品并不归属于哪个时代，而是属于整个人类的。它们也正因此而瞧不起逢迎自己的时代。这时代也不温不火地接受它们。又因为这些作品往往要间接地悲观地揭示当今的错误，因此人们就算认可这些作品，也总是犹疑不前，也不是真心实意。可是，可以冲销这所有的，是它们可以千古流传，在最久远的将来也还可以有生龙活虎的、最崭新的吸引力。那时它们就不会再被人视而不见，被人错看了，因为那很多世纪以来少得可怜的几个有判断力的人物因为表扬它们已给它们戴上了王冠，同意了它们。这些少数人的发言慢慢增多了，就形成了威信。假如人们对于后世有所期待的话，只有这种威信才是人们心目中的评审员。这根本只是那些接连出现的少数个别人。最初后世的大众和人群，不管在什么时代，还是和当代的大众和人群一样，曾经是、现在是、未来也还是愚钝的。人们请看一下所有世纪的伟大人物对其当代人的指控吧，这听上去总似乎就是今天所发出来的声音一样的，因为都是同一类的人。在所有时代，在所有艺术中都是以空架子的格局时代取代精神。精神一直只是单个人的所有物，而格局却是新近才有的，是公认的精神现象剥落下来的一件旧衣服。由此可见，如果要得到后世的敬仰，只有唯一的一个办法，那就是牺牲当代人的认同，反过来也是一样。①

第五十章

可是，如果所有艺术的目标都是为了表达一个被领悟了的理念，那也就是说，这个理念的出现是要借助于艺术家的心灵所做的计划，已撇清了所有不相关的东西，和这些东西分离开来了，所以感受力较弱且没有生产力的人也可以体会到了。如果再深入地说，人们在艺术中也会从概念着手，是会让事情越来越糟的，那么，如果有人有意地、毫不避讳地公开指认一件艺术作品来代表一个概念，我们当然也不能予以认可，寓意画就是这种情况。寓意画是这样一种艺术作品，它寓意着不是画面上所直观显示出来的别的什么东西。可是那直接可以看到的东西，进而还有理念，都是直接而非常理想地将自己展现出来的，不需要一个其他什么作为媒介，不需要用这个来暗示。因此，所有因本身不能

① 第二卷第三十四章是对此处的补充。——原注

作为直观的对象，而要采用这种形式，要凭借绝对不一样的另一什么来表意、来进行代表的，就都是一个概念。所以寓意画总要暗示一个概念，进而要引领鉴赏者的精神脱离画出来的直观表象而转移到一个截然不同的、抽象的、非直观的、根本在艺术品以外的表象上去，因此这里是用绘画或雕刻去代替文字的任务，只是文字表现更好而已。那么，我们所谓的艺术宗旨，也就是表现出只有直观可以领悟的理念，就不是这的宗旨了。可是要实现这样的目的，倒也并不需要什么非常理想的艺术品，只要人们可以看出画出的是什么东西就可以了，因为只要看清了是什么，目的也就达成了。之后人们的精神也就会被引领到截然不同的另一种表象，引领到抽象概念中去了，而这就是之前既定的目的。因此寓意的造型艺术并不是其他的什么，其实就是象形文字。这些象形文字，在另一面作为直观的表现依然可拥有其艺术价值，只不过这价值是从其他方面得以拥有的。而戈内琪奥的《夜》，汉尼巴尔·卡拉齐的《荣誉的天使》，普桑的《时间之神》都是非常美的画，这些作品尽管是寓意画，可还是要彻底分开来看。作为寓意画，这些作品所完成的只是一种有名的铭刻而已，或者还比不上。这里又让我们想到之前对一张画的实物意义和名称意义进行的区分。名称意义就刚好是这里所寓意的东西，像《荣誉之神》；而实物意义就是切实画出来的东西，这里是一个有着翅膀的美少年，有漂亮的孩子们在他身边飞，这就表现出一个理念。可是这实物意义只在人们忘却了名称意义、忘却了它的寓意时才发挥作用。如果人们一想到这寓意，他就脱离了直观，人们的精神又被一个抽象的概念所占领了。可是从理念转化到概念总是一种沉沦。确实，那名称意义，寓意的目的，往往会对实物意义产生损伤，会对直观的真实性产生损伤，像戈内琪奥的《夜》里就和自然的照明相违背了，尽管处理得很漂亮，依然是从寓意的主题着手的，事实上并不可能。因此假如一幅寓意画也有艺术价值，那么这价值和这幅画在寓意上所成就的都是毫无关联的，是分开的，这样一种艺术作品是同时效劳于两个目的的，也就是概念的表现和理念的表出。只有后者才是艺术的目的，另外那一目的是来自外部的目的。让一幅画同时具有象形文字和文字的功能，是替那些从来不能被艺术的真正本质所欣喜动心的人玩乐所发明出来的东西。这就相当于说一件艺术品同时又要当作一个有用的工具，这也是服务于两个目的，像一座雕像不仅是烛台，还是雅典寺院中楣梁的支柱；又打比说一个浅浮雕同时又是阿希尔[①]的盾牌。真正的艺术爱好者不仅不会表扬前者，也不会表扬后者。一幅寓意画因为也刚好可以用这种寓意的属性给人留下活泼的印象，可是在同样的情况下，所有文字也可以产生相同的效果。打比方说：如果一个人特别注重名利，不仅是很久以前的事，而且非常顽固，以致他觉得荣誉都是他的主权范围内的，可是因为他还没拿出所有权证件来，所以他一直没被允许去领取。那么如果这样一个人来到了头戴桂花冠的《荣誉之神》面前，他的心灵会整个兴奋起来，就会激励他将精力付诸行动。可是，如果他突然看到墙壁上无比分明地写着“荣誉”二字，那也会产生一样的效果。又打方说一个人公开了一个真理，这个真理抑或是作为格言而在现实生活中，抑或是当作观点而在科学上都非常重要，可是所有人都质疑他。这时如果有一幅寓意画，画出时间在掀开帷幕而让人们看到直白的真理，那么，这幅画就会产生激烈的作用，可是“时间揭示真理”这个标语也会产生相同的作用。之前在这里发挥作用的常常只是抽象的思想，不是直接看到的东西。

如果照上面所说，造型艺术中的寓意不仅是一种不正确的、为艺术不存在的目的服务的努力，那么，如果逐级往下，以至刻板地、牵强地附会在表现的手法上竟沦落成荒谬滑稽的东西，那就彻底不能忍受了。这类例子还有很多，像乌龟代表着妇女的很少出门；报复女神涅美西斯看她胸前衣服的里面代表着她可以看穿所有隐秘的事情；贝洛瑞解释说汉尼巴尔·卡拉齐之所以给象征酒色之乐的形象穿上黄色衣服，是因为这个画家要用影射这形象的快乐马上要枯萎而变成和枯草一样的颜色。如果在所表现出来的东西和以此来暗示的概念之间，甚至连用这一概念以下的总括或观点结合为根基的联系都不存在了，而只是符号和符号所暗示的东西，二者彻底按习惯，因为臆断的、偶尔达成的规定联结在一起，那么我就将这种寓意画的变种称为象征。于是，玫瑰花就象征着沉默，月桂就象征着荣誉，棕榈就象征着胜利，贝壳就象征着香客朝圣，十字架象征基督教。归为这一类象征的还有直接用单纯色彩来示意的，像黄色代表欺诈，蓝色代表忠诚。这类象征在生活中也许经常会有作用，可是从艺术上来说，它们的价值是根本没有关联的。它们只能彻底被看成象形文字，甚至可以

① 阿希尔：Achill，荷马史诗中最为骁勇的勇士，只有脚后跟能为刀剑所伤。——译者注

看成是中国的字体，而实际上也只是和贵族的家徽、代表客栈的灌木丛、代表寝殿侍臣的钥匙，代表登山者的刀鞘同属一类。最后，如果是某一历史或神话中的人物，或一个人格化了的概念，可从一个一劳永逸而确认了的象征分辨出来，那么这些象征就应该叫作标志。属于这一类的有四福音书编纂人的动物、智慧女神闵涅华的枭、巴黎斯的苹果、希望之锚等。可是人们所认识的标志大部分是指那些用格言解释的、寓意让道德真理生动化的素描，这些东西 J. 卡美拉瑞乌斯、阿尔几阿都斯和其他的一些人都有大规模的收藏。这些东西组成转移到文艺上的寓言的纽带，这种寓言到后面再说。希腊雕刻偏向直观，因此是美感的；印度雕刻偏向概念，因此只是象征的。

我们之前对艺术的内在本质所进行的研究，是有关寓意的这一结果的根本，而且是和这考察紧密联系在一起的。这和文克尔曼的观点正好相反。他和我们不同，我们觉得这种寓意和艺术目标完全没有关联，而且是往往会阻挠艺术目的的东西。他则处处维护寓意，甚至于确定艺术的最高宗旨就在于“表达广泛概念和理性的事物”。到底是认可哪一种观点，则悉听尊便。可是，因为文克尔曼在美的形而上学中的这些以及相似的观点，我倒懂得了一个真理，也就是说人们虽然可以对于艺术美有最大的感知力和最科学的推断，可是不能为了美和艺术的本质提出抽象的、真正哲学意义上的说明。就像人们虽然崇高而有美德，虽然他有敏锐的良心，可以在单个情况下做出公平的决断，可是和用哲理根究行为的伦理意义而进行抽象的说明却不是同一个道理。

寓言对于文艺的关系和它对造型艺术的关系截然不同。从后者来说，寓意当然是不适合的；可就前者来说，却是可以被准许的，而且正合适。因为在造型艺术中，寓言引领人们离开画出的、直观看到的东西，脱离所有艺术的真正对象而转向抽象的思维，在文艺中这个关系就完全反过来了。在文艺中直接用字眼表示出来的是概念，接下来的目标才是从概念引申到直观的东西，读者必须通过自己的想象力才能完成这直观事物的任务。如果在造型艺术中是从直接表出的转到其他的什么，那么这其他的什么就肯定是一个概念，因为这里只有抽象的东西是不能直接提出的。可是一个概念一定不能是艺术品的来源，表达一个概念也一定不能是艺术品的目的。相反，在文艺中概念就等同于材料，就是直接提出的东西。因此人们也可以从概念中脱身而出，以此来激发与这个完全不一样的其他的直观事物，而文艺的宗旨就在这直观事物中达到了。在一篇诗文的结构中，也许有些概念或抽象的思想是不可或缺的，虽然它们本身直接地完全没有直观看到的可能。这就要用一个总括在这个概念以下的例子让它可以直接看到。在所有转义语中都可以看到这种情况，在所有隐喻、直喻、比兴和寓言中也可以看到这样的情况，而所有这些东西的区分只能通过叙事的长短及详细与否。所以，在语文艺术中，比喻和寓言都具有很诚恳的效果。塞万提斯为了彰显睡眠可能让我们远离所有精神和身体的痛苦，将睡眠描绘得非常美："它是一件大衣，将整个人都包裹起来。"克莱斯又是怎样优美地采用比喻的方式将哲学家和科学家启示人类这个事实用诗句表达出来：

这些人啊！
他们夜间的灯，
照亮了整个地球。

荷马写那个引来祸害的阿德是多么显著和生动，他说："她有着羸弱的两足，因为她没有踏在坚实的地板上，而只是在人们的头上徘徊。"门涅尼乌斯·阿格瑞巴所说的胃和肢体的寓言对搬出罗马的平民产生了巨大的影响。柏拉图在《共和国》第七篇一开始就用之前已经提到过的洞喻很唯美地提出了一个非常抽象的哲学观点。还有有关阴间女神帕塞风涅的故事，说她在阴间吃了一颗石榴就必须留在阴间了，也应视为有深刻哲学意味的寓言。歌德在《多愁善感者的胜利》中将这个故事作为插曲放在剧本中，因为他这种超然于所有赞扬的处理，这寓言的意味就相当清楚了。我所清楚的三部长篇寓言作品：一篇明显的，作者自己绝对是当作寓言来创作的作品是巴尔达萨·格拉思[1]精彩绝伦的《克瑞蒂巩》，这是由彼此联系的、非常具有意味的寓言相互交叉成为庞大丰富的篇章所组成的，寓言在这里的功能却成为道出真理的放松外壳了。作者正是通过这个才让这些真理拥有了最大的直观意味，他那种创造故事的卓越才能也让我们讶异。另外两篇不那么直接的则是《堂吉诃德》和《小人国》。前一篇的寓意是说所有人的一生，如果他和普通人不一样，不只是顾及他本人的福利而是寻

① 巴尔达萨·格拉思：Balthasar Gracian，西班牙耶稣会作家。——译者注

求一个客观的、完美的、掌控着他的思想和欲求的目标，那么，他在这世界上当然就要显得有些怪异了。在《小人国》，人们只需要把所有物质的、肉体的东西都看成精神的，就可以体会这位“擅长嘲讽的淘气鬼”——汉姆勒特会这样叫他——所指的是什么。就文艺中的寓言来说，直接可以提出来的都是概念，如果要用一个形象来让这概念可以直接看到，有时可以是采用画好的形象来代表或协助。那么，这幅画并不能因为这个就被看作造型艺术的作品，而只能视为示意的象形文字，也不能拥有绘画的价值，而是只有文艺的价值。归属于这种象征画的有来自拉伐特尔[①]笔下的一幅漂亮而富含寓言意味的、书本中填补的小画。这幅画饰对于一个支持真理的高尚战士来说肯定有激励的作用，画着的是拿着一盏灯的手被黄蜂蜇了，另外灯火上燃烧着一些蚊蚋，下面是几行格言诗：

哪在意蚊蚋将翅膀都烧完，
哪在意它们的小脑袋鲜血直流，
　　光明依然是光明。
就算讨厌的蜂虿毒蜇我，
　　我哪能丢弃光明。

属于这一种类的东西还有某人刻在墓碑上的东西，碑上刻着吹灭了的、余烬还在蒸发的烛花和旁注：

烛烬既灭，真相大白，
牛脂蜜蜡，判然有别。

最后有一张古德国家族世系图也是属于这一类。谱上有着历史悠久的世家最后一代单传的子孙为了表示他一生完全禁欲不近女色，进而让自己没有子孙后代的决心，将他自己画在一棵繁茂的树根上，用一把剪刀将自己上面的树干剪掉。属于这类画的，只要是上面说过的，通常叫作标记的象征画都是，可是人们也

① 拉伐特尔：Lavater，德国作家。——译者注

可以把这些画称为包括明显教导意味的图画寓言。这类寓言始终是文艺方面的，不能被称为绘画方面的东西，所以这也就是寓言可以存在的原因。而且这里的画面功夫并不是最关键的，要求也只是将事物表达到可以被认识的水平就可以了。如果在直观表出的现象和用这个来影射的抽象事物之间，除了随意规定的联系外再没有其他联系，那么，在造型艺术也和文艺一样，寓言就成为象征了。因为所有象征事实上都是以约定俗成的东西为基础，因此象征在其他不足之外还有一个不足，那就是象征的意义将随着岁月的流逝而被遗忘，最后彻底沉没。如果人们不是已经提前知道，谁可以猜出来鱼为什么代表基督教呢？除非是一个香波亮[①]。因为这类东西已彻底是一种语音学上的象形文字。所以，使徒约翰的启发作为文学上的寓言，一直到如今依然和那些镌刻着《伟大的太阳神米特拉》的浮雕一样，人们到如今都还在找寻科学的说明呢。[②]

第五十一章

如果我们现在沿着我们之前对于艺术的普通考察而从造型艺术转到文艺上来，那么，我们就会相信文艺的目的也在于揭露理念——意志客体化的不同层次——而且是借助诗人心灵用来掌握理念的明晰性和形象性将它们传达给读者。理念实质上是直观的，因此，在文艺中直接通过文字表达的如果只是些抽象概念，那么，文艺的目的明显还是让这些读者在这些概念的取代品中直观看到生活的理念，而这是只有通过读者自己的想象力才有可能达到的。可是为了符合文艺的宗旨而带动想象力，就必须这样来排列那些组成诗词歌赋和单调散文的直接材料的抽象概念，也就是必须这样交叉这些概念的含义圈，以致所有概念都要抽离它抽象的一般性，而是以一种直观的替代品代替它而出现在想象前面，之后诗人接着反复用文字根据他自己的目的来规定这替代品。化学家把两种澄明的液体组合在一块，就可以得到固体的沉淀；同样，诗人也会用他排列概念的方式，让具体的东西、单个的东西、直观的表象，就像是在概念的抽象而透

---

① 香波亮：Champolion，法国埃及学家。——译者注

② 第二卷第三十六章是对此处的补充。——原注

明的普通性中沉积下来。这是因为理念只能直观被了解，而了解理念又是所有艺术的宗旨。诗人在文艺中的本事和化学家在试验中的本事一样，都可以让人们每次都刚好得到他想要的那种沉积。诗文里面的很多形容词都是服务于这个目标的，所有概念的广泛性都被这些形容词缩小了范围，不断压缩，一直到直观的明晰性。荷马差不多是在每个名词的前面或后面都加上一个定语，这定语的概念和名词概念的含义圈交错就明显缩小了这个含义圈。如此一来，名词概念就和直观更靠近了，打比方说：

当然是太阳神闪耀的余晖落入海洋，
是黑夜慢慢覆盖在滋养万物的大地上。

又比方说：

从湛蓝色的天空刮过来一阵微风，
山桃静立着还有月桂高耸。

只用极少几个概念就让南国怡人的所有风光都沉积在想象前面了。

文艺所有的特殊辅助工具是节奏和韵律。节奏和韵律为什么有让人难以置信的强烈效果，我不清楚还有其他什么说明，除非说我们的多种表象能力大体上都被时间所约束了，才具有一种特点，鉴于此特点，我们在内心里应和着每一根据规律而再次出现的声音，而且似乎是产生了共鸣一样的。于是节奏和韵律，一方面因为我们更愿意倾听诗词的朗诵，就变成吸引我们关注力的方式了，另一方面又让我们对于人们朗诵的东西，在没有进行任何判断以前，就产生一种冲动的共鸣。因为这种共鸣，人们所朗诵的东西又得到一种增强了的、不依靠所有理由的说服力。

因为文艺用来表达理念的材料随处可见，也就是概念的普及性，文艺领域的范围就更加宽广了。整个自然界，所有层次上的理念都可以来源于文艺，文艺根据那表达的理念有什么具体要求，有时采用描绘的手法，有时采用叙述的手法，有时又直接用戏剧表演来处理。可是，如果是在表现意志客体性的更低层次时，因为不含有认识的自然和纯粹动物性的自然都可以在把控得很好的某一刹那差不多就彻底揭示了它们的本质，那么造型艺术通常就要强于文艺。人则与之截然不同，人展现他自己不但是因为单纯的体态和面部表情，而且是因为一系列的行为以及和行为相伴的思想和感情。从这一点来说，人是文艺的主要选题，在这方面没有其他艺术可以和文艺站在相同的高度上，因为文艺有可能写出演变，而造型艺术却不可能。

那么，彰显意志的客体性到了最高级别的这一理念，在人的反抗和行为一环扣一环的系列中表出人，这就是文艺的关键选题。当然还有经验，还有历史也告诉我们认识人，可是那大部分是教我们认识人们而不是人，也就是说经验的历史侧重于提供人们相互对待上的一些事实记载，而极少让我们深切地看到人的内在本质。同时，我们也不能说经验和历史就不能揭示人的内在本质，可是只要在历史或在我们个人自己的经验中也可以看到人自身的本质，那么我们认识经验和历史学家认识历史就演变成通过艺术眼光、诗人眼光看问题了。也就是说我们和历史学家已经是根据理念，根据内在本质来对自己的对象进行认识了。个人自己的经验是认识文艺和历史不可或缺的前提，因为经验就像是这二者的语言一样从而可以一起使用同一本字典一样。可是历史对于文艺就好像是肖像画之于故事画，前者提供某个特殊的真，后者提供通常共有中的真；前者具有现象的真实性，并可以从现象中验证真实性的来源，后者则具有理念的真实性，而理念的真实性是在所有单个现象中找不到，可是又在所有现象中显露出来的。诗人要凭借自己的选择和宗旨来表现出关键情况下的关键人物，历史学家却只看这二者是怎么来的就知道要如何撰写了。是的，他不能根据情节和人物内在的、实质的、代表理念的意义，而只能根据外在的、表面的、相对的，只在关键上、结果上重要的意义来看待和抉择情节和人物。他不能对所有自在的自为的事物根据其本质的特点和表现来考察，而是对所有都必须根据关系，必须在一系列中，看对于接下来会发生的事会产生什么影响，尤其是对于他本人所在时代的影响来考察。因此他不会对一个国王的行为视而不见，虽然这行为并没有多大价值，甚至行为本身庸俗不已，那是因为这行为会产生后果和影响。反之，单个人物本身非常有价值的行为，或者非常出色的个人，如果他们没产生后果和影响，历史学家就不会提到他们。之前历史学家的考察都是根据根据律开展的，他揪住现象，而现象的形式就是这根据律。诗人却在所有关系以外，在所有时间之上来掌控理念——人的本质，自在之物在其最高层次上最合适的客体性。尽管说，就算是在历史学家所一定要采用的考察方式，也一定不是现象的内在实质，现象所表明的东西，所有那些外壳的内核就彻底没有了，至少是如果谁一定要搜寻它，也还可以把它辨认出来、找出来，可是那不是关系上而是在其本身非常关键的东西。理念的切实实施，和在历史里相比，文学里要清晰得多，科学得多。因此虽然听上来是那么冲突，我们应该认可相比在历史里，诗里有更多真正的、实质的内在真实性，这是因为历史学家一定要严格根据生活来叙述单个情节，看这个情节在时间、因果多方交叉的链条上是怎样前进的，可是他不可能霸占这里必要的所有材料，不可能看到了所有、考察了所有。他所描写的人物或情节的真实面目随时都在逃避他，或是他不自觉地用假的来充当真的，而这种情况出现的频率又是如此之高，以致我觉得可以肯定在所有历史上假的都比真的多。诗人则与之完全相反，他从某个特定的、正准备表现出来的方面掌控了人的理念，在这理念中对于他是客观化了的东西就是他本身的本质。他的认识，就像前面讲雕刻时所研究过的，是半先验的，在他心目中的代表是恒定的、明晰的、透亮的，不可能远离他。所以诗人在他那像明镜一样的精神中让我们干净地、清楚地看到理念，而他的描绘，一直到单个细节，真实性都可以和生活本身媲美。① 因此古代那些杰出的历史学家在单个场合，当他们没办法找到资料时，比如在他们那些英雄怎样交谈的场合，也就变成了诗人。是的，他们对材料进行处理的方式也相当于史诗了。可是这

---

① 不容分说的是，我在所有地方都是专指少量杰出的、正宗的诗人来说，而肯定不是指那些停留在表面的、庸俗的一群诗匠、打油诗的作者和童话创作人。在如今的德国，这些东西出现的速度太快了，可是人们应该全方位地不停地对他们的两只耳朵欢呼：

> 诗人也平庸平凡，
> 这是人们，是上帝，也是招贴柱所不能允许的。

还有值得慎重考虑的是这批平凡诗人浪费了自己和他人的多少时间和纸张，他们的影响是多么恶劣，因为读者们中一部分总是对新鲜事物充满渴望，一部分却依然向往那些不正确的、低俗的东西，这些东西既和他们更贴近，他们从本性出发就更喜欢这些东西了。这种平庸诗人的那些作品就将作者们从真正出色的作品和因此产生的教育作用脱离开了，将他们阻挡住了，进而这些平凡作品同天才们的好影响刚好起到了反作用，更加对欣赏力带来了损坏，也就妨碍了时代的前进。所以，批判和讽刺就应该毫不容忍，劈头盖脸地鞭笞这些平凡诗人，直到他们因为自己的好而迷途知返，与其写些不好的艺术作品，还不如读点好的东西来利用他们的空余时间为止——因为，当一些有辱使命的人用笨伯的拼凑甚至惹怒了温柔的文艺之神时，这神也可以剥离马尔苏阿斯（希腊神话中的山精，敢和阿波罗比吹笛，失败后被剥皮。——译者）的皮，因此我觉得平庸的诗词没有理由要求人们的谅解。——原注

样做刚好让他们的叙述具有统一性，让这些叙述具有内在的真实性，就算是在这些叙述没办法抵达外在的真实性时，甚至基础是不真实时，也是这样。我们在前面既然已经用历史来对比肖像画，用文学来对比故事画，二者两相对比。那么，我们看到文克尔曼所说“肖像应该是个体完美的代表”这句格言也是古史家所恪守的，因为他们描绘个体是突出人的理念在个体中最显著的那一面。现代的新史家则反其道而行之，抛开少数，他们大概只是提供垃圾箱和杂物堆放间，最多也只是记录一场关键的政治活动。那么谁想要根据人的内在本质——在所有现象中、发展中一样的本质——根据人的理性来了解人，则杰出的、千古流传的诗人们的作品就会让他看到一幅画，比之前历史学家所给予的还要更具有真实性，更明确。因为最杰出的历史学家作为诗人肯定和一流的诗人相差很远，再加上他们不能在写作上任意驰骋。从这一点来说，人们还可以用下面这个比方来对二者的关系进行说明。那纯粹的、专属的，仅仅是根据材料来工作的历史学家就好比一个人不具备任何数学素养，只是用量长度短的方法来对他偶尔发现的图形之间的关系进行分析，所以他从经验上得到的数据也肯定会有制图中的所有错误。反之，诗人则好像另外一位数学家，他是先验地在制图中，在单纯的直观中组成这些关系，而且他不是看画出的图形中事实上有什么关联，而是看这些关系在理念中是怎样的，他就怎样确定这些关系，至于制图只是让理念生动而已。因此席勒说：

> 从未在任何地方也没有发生过的，
> 这是仅有的一定不会衰老的东西。

从认识人的本质来讲，我甚至必须承认传记，特别是自传，比规范的历史还要更有价值，至少是用习惯的形式写成的历史不能比的。之前一方面是传记，自传等和历史对比，材料要正确些，也可以搜罗得更加完整些，一方面是在正式的历史中，说是一些人，还不如说是民族，是军队在发挥作用，而单个的人，尽管他们也出场了，可是却远在千里以外，在如此多亲信和大批扈从的包围中，还要加上刻板的礼服或让人不能行动自如的重铠，要通过这所有而看出人的活动，确实太难了。反之，个人在一个小圈子里的身世如果写得很诚恳，则会让我们看到这些人的种种行为方式，看到单个人的杰出、美德，甚至神圣；看到大部分人混淆黑白的错误，卑贱可怜，阴险害人；看到有些人的随心所欲。在描写这样的个人身世时，仅是从这里考察的论点说，也就是从显露事物的内在意义说，完全就不问生发行为的那些对象，相对应来看，是琐碎的小事或关键的大事，是村庄人的庭院或是国王的领地，因为所有这些东西本身并没有什么价值，其之所以有价值，只是因为意志是被这些东西所激发的，也只是在这个范畴内有价值。动机只有因为它对意志的关系才有价值，其他关系、企图作为一事物对另一这样的事物而有的关系而完全不在思考的范围内。一个直径一英寸的圆和一个直径四千万英里的圆有着一模一样的几何特点。和这个一样，一个村落的事迹和历史同一个国家的事迹和历史在本质上也是一样的。或从村史或从国史，人们都同样可以分析而且了解人类，倒是应该说在自传里说谎比在所有地方难度都要大。在面对面沟通中伪装起来最简单，这听上去尽管非常冲突，可是在书信中伪装到底难度还是要大一些。这是因为人在这时是独自和自己为伴，他是向内看自己而不是向外看，而他人远离我的情况也不容易移到近处来，所以在眼前就没有评价这信对他人会产生程度多重的印象了，而这位他人则相反，他闲适自得，在写信人没办法获悉的心情中匆匆看过这封信，在不一样的时间还可以再读几遍，这就极易察觉写信人的动机了。最容易了解到一个作家的人品如何也是在他的作品里，因为以上所说的那些条件在这里所发挥的作用还要明显些，还要历时久一些。而且在自传里伪装既然这么艰难，因此或许没有一篇自传，整体说来，真实程度不会高于任何其他史书。将自己生平记录下来的人是从整体、从大处来看他一生的，单个事态变小了，眼前的事就被挪远了，遥远的又贴近了，他的思虑变小了。他是自己坐下来反省，而且是自发这样做的。在这里，他不那么容易会撒谎。原来任何人心里都有一种青睐真理的偏向，这是每次说谎时一定要提前克制的，可是在这里这个偏向刚好已进入了异常坚牢的阵营。传记和民族史之间的关系通过下面这个比方可以看得更清晰。历史让我们看到人类，就好像站在高山上远眺让我们看到自然一样，我们一眼就看到了非常多的东西：辽阔的平原、巨型物体，可是什么都看不清楚，也没办法根据其整体的真正本质来了解。反之，单个人生平的记事让我们看到人类，就好像我们游荡在大自然的花草、树木、流水、岩石之间而了解大自然一样。可是就像一个艺术家在风景画里让我们借由他的眼睛来看大自然进而让我们了解自然的理念更简单，得到这种认识不可或缺的、纯粹的、没有意志的认识情况更简单。文艺在表现我们在历史和传记中可以找到的理念时也有很多地方比历史和传记要好。因为，在文艺里也是天才将那面让事物更清晰的镜子呈现在我们面前，这面镜子给我们当面显示出所有本质的和有意义的东西，它们都完整地放置在最耀眼的光线以下，而那些偶尔的、毫无关联的东西则都被清除干净了。①

表现出人的理念，这是诗人的任务。可是他可以采取两种方式来履行他的职责。一种方式是被描绘的人也同时是正在描绘的人。在抒情诗里，在正式的歌咏诗里就是如此。在这里，赋诗者只是形象地考察、描绘他自己的情况。这时，因为主题的关系，这种诗一定有相关的主观性。还有一种方式是准备描绘的和正在描绘的人完全不一样，比如在其他诗体中就是如此。这时，进行描绘的人是多多少少埋藏在被描绘出的东西之后的，最后则彻底看不到了。在传奇的民歌中，因为整体的色调和态度，作者还描绘出自己的某些情况，因此尽管远比歌咏体客观，可是也含有主观的成分。在田园诗里，主观成分就格外少了，在长篇小说里更少，在正式的史诗中就几乎全部消失了，而在戏剧里则找不到一点主观的影子了。戏剧是非常客观的，而且在多个观点上而言，也是最理想、最艰难的一种体裁。抒情诗正因为主观成分占得最多，因此也是最简单的一种诗体。而且，在其他场合艺术原本只是仅有的几个真正天才的事，可是在这里，一个人虽然整体来说并不是很优秀，只要他实际上因为外来的兴奋而有一种热情提升了他的心力，他也可以写出一首漂亮的歌咏诗。因为写这种诗，只要在兴奋的那一刻对自己的情况有一种形象的直观就可以了。验证这一点的有很多歌咏诗，而且一直到现在还不知道是什么人的一些作品。此外还有德国民歌——《奇妙的角声》中收罗了很多好诗。还有多种语言若干的情歌和其他民歌也都验证了这一点。抓住一刹那的心境而用歌词表现这心境就是这种诗体的所有职责。可是真正诗人的抒情诗还是对整个人类的内在部分进行了反映，而且这么多过去的、现在的、将来的人们在因为一直关注而同样的境遇中曾经遭遇的，将感知的所有也在这些抒情诗中得到了相应的表示。因为那些境遇由于再次出现的频率很高，和人类自身一样也是永存的，而且总是激发同一种情感，因此，真正诗人的抒情作品可以历经几千年依然科学有用，依然有鲜明的意味。

① 第二卷第三十八章是对此处的补充。——译者注

诗人到底也是普通的人，但凡曾经激励过人心的东西，但凡人性在各种情况中倾泻出来的东西，但凡停留在人的心胸中某个位置的东西，在那儿生长着的东西，所有这些都是诗人的选题和资料，除此以外还有其他的整个大自然也是诗人的选题。因此诗人既可以赞颂感性的欢乐，也可以赞颂奥妙的境界；可以是安纳克雷翁[①]，也可以是安琪路斯·席勒治乌斯；可以创作悲剧，同时也可以创作喜剧；可以表现高尚的情感，也可以表现龌龊的胸怀，统统都以当时的心境和兴奋点为转移。所以任何人也不能对诗人进行限定，不能讲他理应是大方的、高尚的，理应是道德的、忠诚的、基督教的，理应是这是那，更不能苛责他是这不是那。他是人类的一面镜子，让人类认识到自己的感知和营谋。

假如我们现在更细致地对真正歌咏体的本质进行研究，而在研究时只收集了一些杰出的，而且也是单纯体裁的样品，而不是以相似于其他诗体，相似于传奇的民歌、哀歌、赞美诗、警句诗等的作品当例子，那么我们就会察觉最狭义的歌咏体特有的本质就是如下几点：填满歌唱者意识的是意志的主体，也就是他本人的欲求，而且往往是作为解放了的、满足了的欲求，可是一直是作为感动、作为热情、作为起伏的心境。可是在此以外而又与此同时，歌唱者因为看到周边的自然景物又认识到自己是没有意志的、纯粹的"认识"的主体。于是，这个主体不可撼动的、非常愉悦的安静和依然被束缚的、迫不及待的欲求就变成鲜明的对比了。感知到这种对比，这种静躁的轮换，才切实是整篇歌咏诗所彰显的东西，也根本就是组成抒情状态的东西。在这种状态中就像是纯粹认识走向我们，要将我们从欲求及其压迫中解救出来，我们跟着纯粹认识走。可是才刚走几步，只在眨眼间，欲求对于我们个人宗旨的怀念又再次抢走了我们安静的欣赏。可是接下来又有下一个美好的环境，因为我们在这环境中又不自觉地恢复了没有意志的纯粹认识，因此又将我们的欲求忽悠走了。所以，在歌咏诗和抒情状态中，欲求对个人目标的爱好和对不请自来的环境的纯粹观赏相互融合，非常绝妙。人们想追求，也幻想过二者之间的关系。主观的心态，意志的感知将自己的色彩映射在直观看到的环境上，后者对于前者也是如此。（这就是二者的关系。）真正的歌咏诗就是描绘这一整个这么杂合、这么界划的心灵状态——为了让这一抽象的研究，对于一个脱离所有抽象作用无限远的心

① 安纳克雷翁：Anakreon，公元前六世纪希腊诗人。——译者注

灵状态所进行的抽象研究，也可以用举例来解释，人们可以从歌德那些传奇的歌咏诗中任意举一个作为例子。而相当吻合这一宗旨的我想只介绍几首就行了，这几首是：《牧羊人的悲愤》《欢迎和惜别》《在湖上》《秋日感怀》《咏月》。除此以外在《奇妙的角声》中还有真正歌咏诗的一些非常好的例子，尤其是以“啊，布雷门，现在我一定要离开你”这一句为开头的那一首。作为一首幽默的、对于抒情气质非常诚恳的嘲讽诗，我觉得佛斯①的一首歌咏诗有必要在这里说一下，他在这首诗中描绘一个酒醉的狱卒从钟楼上跌落下来，正在下跌时，他说了一句和那种情况非常不相符、没有关联的话，所以要算是通过无意志的认识讲出来的一句子毫不相干的话，他说：“钟楼上的时针正显示是十一点半呢。”谁和我对于抒情的心境有着相同的观点，他也会认可这种心境事实上就是直观地、诗意地了解在我那篇论文《根据律》里所肯定的，也是本书已经提出过的那一命题。这命题说认识的主体和欲求的主体二者的相同性可以叫作最高意义的奇迹，因此歌咏诗的效果最后还是以这一命题为基础的真实性。在人们一生的经历中，这两种主体——用更通俗易懂的话来说就是脑和心——总是相隔越来越远，人们总是越益把它的主观感知和客观认识区分开。在幼童，二者还是彻底融为一体的，他不太清楚将自己和环境区别开，他和环境是同流合污的。对于少年人有影响的是所有感知，先是感觉和情怀，感知又和这些相融合，像拜伦就很美好地写到这一点：

我不是在自己的小我中生活，
我已变成周遭世界的一部分；
对于我
所有高山也是一个感情。

正因为如此，所以少年人对事物直观的外表非常纠结；正因为这样，所以少年人仅仅只适宜写抒情诗，而要到成年时期才适合创作戏剧。而老年人，顶多只能想象他们是创作史诗的作家，像奥西安、荷马，因为讲故事和老年人的性格很相符。

---

① 佛斯：Voss（1751—1826），德国哥丁根诗社诗人，荷马史诗的德译者。——译者注

在比较客观的文学体裁中，特别是在长篇小说、史诗和戏剧中，文艺的宗旨，也就是彰显人的理念，主要是用两种方式实现的：科学而深刻地写出有价值的人物个性，以及想出一些有价值的境况，让这些人物个性可以在其中得到发展。化学家的任务不仅仅在于将单纯元素和它们的主要化合物果断地、真切地展现出来，而是也要将这些元素和化合物被某些反应剂影响，因为在这种影响之下，它们的特性就更加清晰了。和化学家一样，诗人的任务不仅仅在于像自然自身一样那么接近真实而忠诚地向我们展现有价值的人物个性，而在于他一定得为了我们可以对这些性格进行了解，将那些人物放在特定的情境下，让他们的特性可以在这些情境下完全发挥，可以清楚地在显明的轮廓中展现出来。所以，这些情境就被称为关键性的情境。在现实生活和历史中，只是偶尔极少地出现这种属性的情境，就算有这种情境，也是单独的，被大批量无足轻重的情境所挡住而吞没了。情境是否有着连贯全局的关键性理应是小说、史诗、戏剧和现实生活之间的不同点，这和相关人物的抉择、配合有着一样完全的区分作用。可是它们产生效果不可或缺的前提是情境和人物二者最严谨的真实性，人物性格的自相冲突，或者性格完全和人的本质相冲突，以及情节上的不可能，或近乎不可能的不合乎常情，就算只是在一些不太重要的问题上，都会在文艺中带来不快，根本和绘画中画坏了的形象，搞错了的透视画法，搭配不和谐的光线让人不快一样。这是由于我们所要求的，不管是诗是画，都是对生活、人类和世界的忠诚反映，只是因为艺术的表现方法让人清楚，因为结构搭配让之更有价值而已。所有艺术的宗旨既然只有一个，那就是表现理念。不同艺术间的根本不同点如果只在于要展现出的理念是意志客体化的哪一层次，而表现时所用的资料又根据这些层次进行规定，那么，虽然是相距最远的两种艺术也可采用对比的办法使其互相得到解释。打比方说在安静的池沼中或平稳流淌的江河中看水就不能完全把握那些将自己展现在水中的理念，而是只有水在不同情况和阻碍之下出现时，阻碍对水产生作用，帮助水展露出所有特性时，之后那些理念才会彻底显示出来。所以，在银河奔流直下、波涛汹涌、四处飞溅时，或是水在朝下倾泻而化为碎珠时，最后或是因为人为因素而喷出像线条一样时，我们就会觉得很漂亮。在不同情况下，水会有不同的表现，可总是忠诚地保持它的特点。抑或向上喷出，抑或安安静静地躺着，对于水都一样地和自然相吻合，只看是哪种情况出现，怎样做，水，它都无所谓。于是，园艺工程师在液体材料上所操作的，建筑物在固体材料进行加工时，而这也刚好是史诗和戏剧作家付诸人的理念之上的，让在每种艺术的对象中将自己显露出来的理念，在每一层次上将自己客体化的意志铺开和明晰化是所有艺术的共同宗旨。人的生活最司空见惯的是现实中的生活，就好像最常见的水是池沼河流中的水一样。可是在史诗、长篇小说和悲剧中，却要将已选择好了的人物放置在这样的情境中，也就是说在这些情境中人物所有特点都可以显示出来，人类内心深处都可以揭示出来而在充满意义的情节中变成可见的东西。文艺就是这样让人的理念客体化了，而理念的特点就是偏爱在最单个的人物中展现它自己。

不管是从效果卓著的方面看，还是从写作的艰难这方面看，悲剧都可以称得上文艺的巅峰，人们也因此都认可是这样。就我们这一研究的整个体系来说，非常关键而应该关注的是：文艺上这种最高成绩以表现人生恐怖的一面为目标，是在我们面前上演人类很难形容的难过、悲痛，上演丑恶的成功，讥讽着人的偶尔性的统治，上演耿直、清白的人们不可拯救的失足，而所有这些之所以重要，是因为在这中间有关键的暗示在，即暗示着宇宙和人生的本来属性。这是意志和它自己的冲突抗争。在这里，这种抗争在意志的客体性的最高层次上发展到顶峰时，是以恐怖的形态出现的。这种冲突可以从人类所经受的苦难中看出来。这苦难，一部分来自偶然和错误。偶然和错误在这里是作为世界的统驭者出现的，而且，因为玩世不恭的恶作剧已作为命运之神而人格化了。一部分是因为人类斗争是产生于自己里面，因为不同个体的意向是相互重叠的，而多数人又是心肠恶毒和漏洞百出的。在所有这些人们中活着的和展现着的是一个相同的意志，可是这意志的各个现象却互相厮杀。意志在某一个体中表现得可以厉害些，在另一个体中又可以微弱些。在微弱时是认识之光在较大程度上让意志服从于思维而柔和些，在厉害时则这程度又下降了一些，直到这一认识在单个人，因为痛苦而纯化了、提升了，最后抵达这样一点，在这一点上现象或“摩耶之幕”不再隐藏这认识了，现象的形式——个体化原理——被这认识看透了，于是以这个原理为基础的自私心也就随之消失了。如此一来，之前那么强悍的企图就没有了它的威力，取代它的是对于这世界的本质有了完善的认知，这个作为意志的清静剂而发挥作用的认识就引来了无欲无求，而且还不仅仅是带来了放弃生命，直到带来了放弃整个生命意志。因此我们在悲剧里看到那些最崇高的人物或是在经历长久挣扎以后，最后彻底放弃了他们此前激烈寻求的目标，彻底放弃了人生所有的享受，或是甘愿地乐意为之放弃这一切。这样创作的悲剧人物有加尔德隆剧本中耿直的王子；有《浮士德》中的玛格利特；有汉姆勒特——他的知己霍内觉甘愿跟随他，他却教导霍内觉留在这混浊的人世间痛苦地生存下去，以便洗清他生平的往事，让他的形象高大；还有奥尔良的贞女，梅新纳的新娘。他们都是历经磨难的净化而死的，也就是说他们的生命意志已经先消失了，之后才死亡。在伏尔泰的《穆罕默德》中，最后的结论竟然把这一点用文字形象地表示出来，死之前的帕尔密蕾对穆罕默德大声叫道："这是残暴君主的世界，你活下去吧！"与此同时，还有人对文艺中的正义提出要求。这种要求是因为根本搞错了悲剧的实质，也是搞错了世界的本质而来的。沙缪尔·约翰逊博士对莎士比亚某些剧本进行评论时，竟然出现了这种无理的要求，他颇幼稚地埋怨剧本里完全没有关注这一要求。是的，实际上是没有这种要求，请问那些奥菲利亚，那些柯德利亚又有什么罪过呢？——可是只有平凡的、开朗的、新教徒唯理主义的或原本是犹太教的世界观才会对什么文艺中的正义提出要求，且在这要求的满足中实现自己的满足。悲剧的真正意义是一种深刻的认知，认识到悲剧的主角所赎的是原罪，也就是生存本身的罪。加尔德隆坦率地说：

人的最大罪恶
就是：他出生了。

和悲剧的处理方式联系更密切的，我只想允许自己再提出一点。写出一种非常不幸是悲剧里仅有的最根本的东西。诗人用来产生悲剧的很多不同方式可以囊括在三个种类的概念之下。产生非常不幸的原因可以是某一剧中人超乎寻常的、展现得淋漓尽致的狠毒，这时，这角色就是灾祸人。理查三世就属于这一类，《奥赛罗》中的雅葛，《威尼斯商人》中的歇洛克，《安迪贡》中的克内翁，欧立彼德斯的菲德雷、佛朗兹·穆尔，还有其他等等也属于这一类。引发悲剧的还可以是冲动的命运，也就是偶然和错误。索福克勒斯《俄底浦斯王》就是这一类典型的代表，还有特拉金的妇女们也属于这一类。大部分的古典悲剧也完全属于这一类，而近代悲剧中的例子则有《罗密欧和朱丽叶》《梅新纳的新娘》，伏尔泰的《坦克列德》。最后，不幸也可以单单只是因为剧中人互相的地位不一样，因为他们的关系所造成的，这就不需要部署恐怖的错误或从来没有听说过的意外事故，也不用狠毒到某个极限的人物，而只需要在品质上稀松平常的人们，将他们设置在惯常发生的情况以下，让他们处于相互对立的位置，他们因为这种位置所驱使，明明知道，明明看到，却互相为对方制造灾难，同时还不能把责任归咎于其中一方。我觉得最后这一类悲剧比前两类更合适，因为这一类不是将不幸当成一个特殊指给我们看，不是当作因为少有的情况或非常恶毒的人物带来的东西，而是当作一种容易的而且自觉的，来源于人的性格和行为中的东西，差不多是作为人的本质上要出现的东西，这就是不幸也和我们贴近到一个恐怖的程度了。而且，我们在那两类悲剧中尽管是将恐怖的命运和惊人的狠毒看作让人可怕的原因，可是到底只是看作距离我们遥远的恐吓力量，我们完全可以逃避这些力量而不用通过自我控制来逃离，可是最后这一类悲剧给我们指明的那些损坏幸福和生命的力量却又是一种属性。这些力量莅临我们这里来的路径无论什么时候都是自由的。我们看到最大的痛苦，都是来源于本质上我们自己的命运中不可避免地错综复杂的关系和我们自己也可能做出来的行为，因此我们不需要因为不公平而埋怨。这样我们就会害怕，觉得自己已来到了地狱。可是最后这一类悲剧在编写上难度也最大，因为人们在这里要用最少量的剧情设计和带动行为的原因，单单只有剧本人所处的位置和配合而获得最大的效果。因此，就算是在最杰出的悲剧中也有很多都逃避了这一困难。可是也还有一个剧本可认为这一类悲剧最理想的典范，尽管从别的观点来看，这剧本根本和同一大师的其他作品不能比，那就是《克拉维葛》。在相关范围内《汉姆勒特》也属于这一类，可是只能从汉姆勒特对勒厄尔特斯和奥菲莉亚的关系来看。《华伦斯坦》也具有这一长处，《浮士德》也根本属于这一类。如果仅仅只从玛格利特和她的兄弟两人的经历来当作主要情节的话。高乃伊的《齐德》同样也归为这一类，可是齐德本人的结局倒还算好，而麦克斯（Max）和德克娜（Thekla）之间和玛格利特兄妹关系相似，结局却很悲惨。[①]

① 第二卷第三十七章是对此处的补充。——原注

第五十二章

在前面各个章节里，我们已经在和我们的观点相吻合的那种广泛性中对所有一切的美术文艺进行了考察，起于建筑的美术，终于悲剧。建筑的宗旨作为美术上的宗旨是让意志在它可见性的最低一个层次上的客体化更加明晰。意志在这里明显依然是块然一物迟钝的、无知的，和规律相吻合的定向反抗，可是已经就显现了意志的自我分裂和抗争，也就是重力和固体性之间的抗争。最后是对悲剧进行了考察。悲剧，也正是在意志客体化的最高层次上，让我们在恐怖的规模和明晰性中看到意志和它自身的分裂。可是在这些研究以后，我们又发现还有一种艺术没有在我们的讨论范围之内，而且也必须被排斥在我们的讨论范围以外，因为我们这个论述系统严谨，其中根本没有这一艺术的位置。这一艺术就是音乐。音乐彻底独立在其他所有艺术以外。我们不能将音乐看成人世间的所有理念的摹本、复印本，可是音乐却是太杰出和美妙的艺术，是如此激烈地影响着人的内心。在人的内心里作为一种绝对广泛的，在清晰程度上甚至和直观世界的语言相比有过之而无不及，被人完整地、深切地领悟，以至于我们在音乐中，除了寻找一种“无意识的、人不明白自己在计数的算术练习”外，真的还要找寻其他的东西。可是音乐之所以让莱布尼兹投入关注目光①的就是这种“算术练习”，如果单纯只从音乐外表的、直接的意义来看，只从音乐的表象上来看，莱布尼兹也是对的。可是音乐如果真的只这么一点而已，那么音乐带给我们的满足肯定和我们在计算一个算术的正确结果时所拥有的满足一样，而不能是我们看到自己本质的深处被彰显出来时所感受到的愉悦。所以，在我们的观点上，我们关注的既然是美感的效果，那么我们就一定要认可音乐还有更加庄严的、更深切的，和这世界，和我们自己的最内在本质有关的一种意义。从这个意义上来说，音乐尽管可以转化为数量关系，可是数量关系并不等同于符号所代表的事物，而只是符号自身。音乐对于世界的关系，从某个角度来说，一定和表现对于所表现的，仿造品对于原物的关系一样，那是我们可以从音乐和其他艺术的相似性上推导出来的。所有艺术都具备这一特点，而且

① 《莱布尼兹信札》第154封，由科尔多尔蒂搜集整理。——原注

所有艺术对我们的效果，整体说来也和音乐对我们的效果几乎一样，后者只是更加激烈，更加具有肯定性，更准确的可能而已。除此以外，音乐对于世界那种照搬的关系也肯定是一种非常内在的，非常真实的、合适的关系，因为音乐是在表演的刹那当时就要被所有人领悟的。这里还可以看出来，音乐不存在误差，因为音乐的形式可以恢复成根本确定的，用数字代表的规则，音乐也一定不能脱离这些规则，脱离就不再是音乐了。可是将音乐和世界对照的那一点，就音乐对世界处于效仿或复制关系来说的这一方面依然还没有见天日。人们在所有时代都对音乐进行过研究，却没能在这一点上讲出一个道理来。人们既然满足于直接领悟，就放弃了抽象地去认识这直接领悟本身是怎么可能的了。

当我已经将自己的精神完全专注在音调艺术的印象中以后，也无论这种艺术的形式是多么丰富，然后再开始反省，回到本书所讲述的思想路线时，我便已经得到一个启示，可从而认识音乐的内在本质和音乐对世界的那种根据类比法必须假设的，反映世界的关系是什么属性。这一启示于我来说肯定是足够了，就我研究的目的来说，我也知足了，那些在思想上和我与时俱进并认可我的世界观的人也很可能一样弄懂了这一点。可是要验证这一认识，我觉得基本上是难以实现的，因为这一认识既是假设又是肯定音乐，作为表象的音乐，和本质上一定不可能是表象的东西二者间的关系，又要将音乐看成是一个原本的摹本，而这原本本身又根本不能直接作为表象来想象。那么在这一篇，主要是用来考察不同艺术的第三篇的最后，除了说说我自以为知足的，有关绝妙的音乐艺术的那种认识以外，我想不出其他办法。人们对于我这观点的肯定或否定，一方面必须由音乐对每个人的影响来决定，一方面必须取决于本书所表达的一个整体思想对于读者所产生的影响。除此以外，我觉得人们如果要以十足的信心来肯定这里对音乐的意义要做出的解释，那就一定要经常反省来聆听音乐的意义，而要做到这一点，又一定要让人们已经对我所叙述的所有思想都明白通透了才行。

意志的最合适的客体化就是柏拉图的理念，用单个事物的表现引发人们对理念的认知（这只在认识的主体也出现了相应的变化才变成可能）是所有其他艺术的宗旨。因此这所有艺术都只是间接地，也就是通过理念来将意志客体化了的。我们的世界既然并不是其他的什么，而只是理念在复杂性中的表现，以抵达个体化原理（对于个体可能的认识的形式）为路径的表现。那么音乐，因为它躲过了理念，也完全不依靠现象世界，根本就是对现象世界熟视无睹。在某种意义上说就算这世界都消失了，音乐依然还在，可是对于其他艺术却不能这样讲。音乐是全部意志的直接客体化和表现，就好像世界本身，好像理念之为这种客体化和写照一样，而理念分散为杂多以后的现象便组成单个事物的世界。因此音乐和其他艺术不一样，肯定不是理念的写照，而是意志本身的写照，虽然这理念也是意志的客体性。所以音乐的效果相比其他艺术的效果要猛烈得多，深刻得多，因为其他艺术所说的只是阴影，而音乐却是说的本质。既然客体化在理念和音乐中的是同一个意志，只是客体化的方式不一样而已。那么，在音乐和理念之间尽管完全没有直接的相似性，却肯定有一种平行的关系，有类比的可能，而理念在杂多性和不理想状态中的现象就是这可见的世界。指出这一类比的可能性，作为辅助证明，可以让这一主题因为太过于艰涩难以解释而变得好理解一些。

我在谐音的最低音中，在通奏低音中似乎又看到了意志客体化的最低层次，看到了无机的自然界、行星的体积。大家清楚，所有那些高音，不仅流动快，而且消失也很快，都要看成是来源于基低音的谐振，总是和低音奏出时微弱地相互共鸣。而谐音的规律就是只允许那些因为谐振而真正已和低音不自觉同时出声的高音和一个低音共同演奏。那么，与之相似，人们一定将自然的所有物体和组织看成是从这个行星的体积中慢慢发展起来的，而这行星的体积不仅是所有物体和组织的支点，也是其源头，而这一关系也就是更高的音对通奏低音的关系。音的低度有个限度值，超过这个限度值就无法再听到声音了，而与之相当的就是所有物质如果没有形状和属性就不能被感知了。也就是说物质中没有一种不能再被说明的“力”的表现，而理念又是表现在这力中的。更概括地说就是：所有物质都有意志，因此声音作为听得见的声音是和相关的音高紧紧相连的，物质也是这样和相关程度的意志表现不可分割的。因此在我们看来，在谐音中的通奏低音就相当于世界上的无机自然，相当于是最笨重的体积，所有都以此为基础，所有都从这中间产生并发展。现在更深入一步，在低音和主导的，弹奏出乐调的高音之间是组成谐音的所有补助音，在这所有补助音中我似乎看到理念的所有层次，而意志也就是将自已客体化在这些理念中的。即更接近低音的音相当于意志客体化的那些更低层次，相当于那些还是无机的，可已是种类多样的物体，而那些更高的音，我觉得就代表植物和动物世界。音阶上相应的间距和意志客体化的某些级别是平行的，和自然中相应的物种是平行的。对于这种间距的算术上的正确性有距离，或是由间距误差或是由选择的乐调所导致的，都可以和个体和物种典型的距离相比拟。至于混杂的杂音并没有一定的音差，则可以比拟两个物种的动物之间或人兽之间的怪胎。所有这些组成谐音的低音和补助音却都没有前进中的连续。只有高音阶的、奏出调儿的音才会出现这种连续，也只有这些音在起承转合中有快速和放松的变化，而所有其他那些低音和补助音则变化非常慢，没有分别的连续。沉低音变化最为沉重，这是最愚笨的物质体块的代表。沉低音的升降都只是大音距的，不是一个音升降，而是几个第三、几个第四或几个第五音阶的升降，就算是一个从双重复谐音组转变了的低音也是如此。这种悠缓的变化也是这低音在物理上最根本的东西。在沉低音中而有快速的急奏或颤音，那是没办法想象的。更高的补助音要进展快一些，可是还没有曲调的连续和有价值的前进，这和动物世界是平行的。所有一切补助音不连续的音段和法则性的规定则可以和整个无理性的世界相比拟，起于结晶体，终止于最高级的动物。这里没有一个事物有一种真正连贯的意识，而有这意识才能让它的生命变成一个有价值的整体，所有都没有经历过一连串精神发展，所有都没有通过教养来让自己更加完美，所有这一切在随时都是固定的，是什么族类就是什么族类，为固定的法则所规定。最后在曲调中，在高音的、委婉的、带领全曲的，在一个思想的不停而充满意义的连贯中自始至终自由地任意前进着的，表出一个整体的主调中，我似乎看到意志客体化的最高层次，看到人的有思考的生活和努力。只有人，由于他拥有理性，才在他现实的和若干可能的生活道路上老是徘徊不前，这样才完成一个有思考的进而连贯成一个整体的生活过程。与之相对应，只有曲调才自始至终有一个充满意义的、有目标的连贯。因此曲调是讲述着经考虑照亮了的意志的故事，而在现实经历中，意志却是反映在它自己一连串的行为中的。可是曲调讲述的比这还多得多，还讲述着意志最隐秘的历史，描绘着每一次兴奋，每一次努力，意志的每次活动；描绘着被理性归纳在“感触”这一普遍的、悲观的概念之下而没办法容身于其抽象性中的所有一切。所以人们也经常说音乐是表述感触和激情的语言，相当于文字是表述理性的语言。柏拉图已将音乐说明成“曲调的变化效仿着心灵的动态”（《法律论》第七篇）；还有亚里士多德也说：“节奏和音调尽管只是声音，却和心灵状态类似，这是什么情况呢？”（《问题》第十九条）

人的本质就在于他的意志在追求什么，一个追求实现了又再次追求，如此不停歇。是的，人的幸福和顺遂单单是从愿望到实现，从实现又到愿望的快速转折，因为满足缺失就是痛苦，缺失新的愿望就是虚无的念想、枯燥。和人的这种本质相对应，曲调的本质也一直在上千条道路上和主调间有矛盾，变调，不仅只变到那些谐音的不同层次，变到第三音阶和任何音调的第五音阶，而是变到任何一个音，变到不协调的第七音阶和那些超量音阶；可是最后又老是跟着回到主调音。在所有这些道路上都是曲调在表现出意志的不同繁杂努力。因为最后再次回到谐音的一阶梯，特别是重新回到主调音的阶梯，曲调也一直代表满足。曲调的问世，在曲调中揭示人类欲求和情感最深层次的秘密，这是天才的职责，而在这里天才的功能比在任何地方都要显著，和所有反省思维和意识着的所有动机都离得远远的，这就可称之为一个灵感。概念在这里，和在艺术中的所有地方一样，是不生发的。作曲家在他的理性不明白的一种语言中启发着世界最内在的本质，彰显着最深刻的睿智，就好像一个被催眠的夜游妇人说出一些事情，在她醒过来时对于这些事情茫然无知一样。所以，在一个作曲家，比在任何其他一个艺术家，更能说人和艺术家是彻底分开的，不一样的。甚至在解释这一美妙的艺术时，概念就已经展现出它窘迫的有限性。可是我还想持续执行我们的类比说明法。从愿望到实现，从实现到新愿望的快速转折不仅是幸福和顺遂，那么急骤的曲调而没有特别大的变音就是愉悦的。悠缓的，落到逆耳的非谐音而要在很多节拍以后才又回归主调音的曲调则和延后了的，阻碍多多的满足相似，是难过的。新的意志激动一直不来，沉郁着，这唯一的表现就是受到干扰的主调音，而这种主调音的效果很快就让人无法容忍了，和这个相近的已是非常枯燥的、不知所云的那些曲调了。快板跳舞音乐短而紧密的音句好像只是在说出容易得到的平凡幸福；反之则是放松严谨调，音句大，音距长，变音的范围很广，则代表着一个比较庞大的、较崇高的、目标宏伟的努力；代表着最后实现目标。舒展慢调则是说着一个巨大高尚努力的困难，鄙视一切琐碎的幸福。但是小音阶柔调和大音阶刚调的效果又是多么神奇啊！使人惊奇的是一个半音的变换，小第三音阶而非大第三音阶的出现马上而且不可避免地就把一种焦灼的、痛苦的感受强加给我们，而刚调恰又同样在一瞬间把我们从痛苦中解救出来。舒展慢调在柔调中实现最高痛苦的表示，成为最摄人心魄的如泣如诉。在柔调中的跳舞音乐好像是代表着人们宁可鄙视的那种琐碎幸福的丢失，好像是在说着一个卑贱的目的经过重重困难才终于实现——可能的曲调无止境，这又和大自然在个人，在人的长相和身世上的变化无止境相当。从一个调转换到完全另一调，彻底中止了和前面的关联，这就像是死亡。不过这一比方只是从死亡结局的是个体来说的，而在这一个体中出现过的意志又出现在另一个体中，那是不会消亡的，可是后一个体的意识和前一个体的意识则没有任何关联。

在指明以上所有这些类比的可能性时，一定不可以忘记音乐对于这些类似性只有间接的关系，因为音乐所表现的是所有现象的内在本质，而不是表现着现象，所有现象的自在本身，只是表现着意志本身。所以音乐不是表示这个或那个单个的、一定的快乐，这个或那个郁闷、难过、恐怖，快乐或心神的安静，而是表示郁闷、难过、恐怖、快乐或心神安静等本身；在一定程度上可以说是抽象地、通常地表示这些情感的本质上的东西，不加带任何杂物，因此也不表示引发这些情感的企图。在这一剥离出的精华中，我们还是完全地体会到这些情感。因为这个道理，因此我们的想象力是如此轻易地被音乐所激发。想象力被激发，就想要形成那个根本是直接和我们交谈的，看不见可却是那么形象地活动着的心灵世界，还要赐予骨和肉，即用一个类似的例子来表现这心灵世界。这就是用字句歌唱的起源，最后也是歌剧的起源——所以歌剧中的唱词一定不能离开这一附属的位置而让自己变成第一事项，让音乐变成只是表示唱词的方式。这是大错，是非常严重的舍本逐末。最初音乐不管在什么地方都只是表现出生活和生活经历的精华，而不是表现生活及其经历本身，因此生活和生活经历上的一些不同点并不是每次都会对生活及其经历的精华产生影响。正是这种只归音乐所有的普遍性，在最精准的规定下，才让音乐具有极高的价值，而音乐所以有这种价值只是因为音乐可以作为拯救我们悲痛的灵丹妙药。因此，如果音乐过于将就唱词，过于根据实际过程去变形，那么音乐就是不甘愿要说一种不属于它自己的语言了。罗新艺①是最能保持自己的纯洁而不被这种不足所污染的了，因此他的音乐是那么清楚地、纯洁地说着音乐自己的语言，以至于完全不用唱词，仅仅只通过乐器表演也可以达到同样的效果。

从这一切出发，我们可以将这展现着的世界或大自然和音乐看成同一事物

① 罗新艺：Rossini，意大利歌剧作曲家。——译者注

的两种不同的表现，因此这同一事物本身就是这两种表现进行类比的仅有媒介，而为了领会这一类比就必须了解这一媒介。鉴于此，音乐如果作为世界的表现而言，那是最普遍的语言，甚至可以说这种语言之于概念的广泛性大体上相当于概念之于单个事物。音乐这种语言的广泛性却又肯定不是抽象作用那种虚无的广泛性，而根本是另一种广泛性，是和完全的、清晰的规定相联系的。从这一点来说，音乐和几何图形，和数目差不多，也就是说这些图形和数目是经验上所有可能的客体的广泛形式，可以先验地应用于这所有客体，可是又不是抽象的，而是完全地、直观地被规定的。意志所有可能的兴奋和表现，人的内心中所有那些过程，被理性统一放在"感触"这一广泛而悲观的概念以下的这些东西都要由无限多的、可能的曲调来表现，可是总是只表现在形式的广泛性中，总是只根据自在的本体而不根据现象来表现，就好像是现象的最内在的精神。还有一点也可以从音乐对所有事物的真正本质而有的这一内在关系来解释，也就是说假如将相应的音乐配搭到任何一种情况、行为、经历、环境中去，那么音乐就似乎是为我们揭示了这所有情况、行为等最深层的意义，音乐的出现为所有这些东西的明确而科学地注释。同样，谁如果将精神完全专注在交响乐的印象上，他就似乎已看到人生和世界上所有可能的过程都在自己眼前上演，可是，如果他反思一下，却又指不出那些声音的表演和呈现在他面前的事物之间有任何相似的地方。原来音乐，像前面已经说过，在这一点上和所有其他的艺术都不一样。音乐不是现象的，更准确一点说，不是意志合适的客体性的写照，而直接是意志本身的写照。因此对世界上所有的形而下而言，音乐表现的是形而上的。对所有现象来说，音乐展现着自在之物。鉴于此，人们不仅可以将世界称为形体化了的音乐，而且也能叫形体化了的意志。所以，从这里还可以解释缘何音乐可以让现实生活和世界上的每个场面、每个场景的出现马上具有提高了的意义。而且，音乐的曲调和现今现象的内在精神越贴近，就越是如此。基于此，人们可以让一首诗配上音乐变成歌词，或者让一个直观的表演配上音乐变成哑剧，或让二者配上音乐变成歌剧。人生中这种单个的场景尽管可以被用于音乐的这种广泛语言，却一定不是用完全的肯定性和音乐相连的，也不是完全符合的。不，这些单个场景对于音乐的关系，只是随意的例子对于普通概念的关系。单个场景在实际的规定性中所表现的也就是音乐在纯粹形式的广泛性中所表现出来的。这是因为曲调在相应范围内，也和普通的概念一样，是现实的一种抽象。这现实，也就是单个事物的世界，不仅是概念的广泛性，同样也给曲调的广泛性提供直观的、例外的和单个的东西，提供个别的境况。可是在某些观点上这两种广泛性是呈对立的关系，因为概念只包括才从直观抽象得来的形式，就好像是包括从事物上剥离下来的外壳样的，因此根本是真正的抽象；而音乐则反其道而行之，音乐拿出来的是最本质的，呈现在所有形态前面的内核或事物的核心。这种关系如果用经院哲学的语言来表示倒是很合适。人们说概念是“事物后面的广泛性”，音乐却给予“事物前面的广泛性”，而现实却给予“事物中的广泛性”。谱出某一诗篇的曲子，它的广泛意义又可以在相同水平上和其他也是这样随意选择的，本诗篇所表现的广泛性的任何一个特殊的例子相吻合，因此同一乐谱可以和很多诗章相搭配，因此流行曲子任意填词的小型舞台剧也可以利用起来。可是在一个乐谱和一个直观的表出之间之所以有完全相互联系的可能，就像前面所说，那是因为二者表现的都是同一世界的内在本质，只是形式不同而已。如果在个别场合真可以找到这一关系，而作曲家又知道怎样用音乐的广泛语言表达出意志的兴奋，也就是组成所有事情的那一内核，那么歌词的曲谱、歌剧的音乐就会极具表现力。可是通过作曲家在以上二者之间所发现的类似性一定要是因为来源于直接对世界本质的认识，一定要是他的理性没有意识到的，而且不能是意识着的有意的，通过概念的不直接效仿，要不然音乐所彰显出的就不是内在的本质，也不是意志本身，而只是不完全地效仿着意志的现象罢了。所有真正模仿性的音乐就是如此做的，像海顿的《四季》，还有他那些作品里很多直接效仿直观世界现象之处；还有所有描绘战争的作曲也是如此。这些东西整体都不能要。

所有音乐这种只可意会的感人之深，让音乐像一个如此和蔼常见的，而又一直辽远的乐园一样匆匆从我们眼前经过，让音乐这么容易完全领悟而又如此难以说明，这都因为音乐将我们最内在的本质所有的动态都表现得一览无余，可是却又完全不着边际而和实际所有的痛苦都相隔十万八千里远。同样，将滑稽的东西彻底排斥在音乐的直属范畴以外的，是音乐自身的庄严性，这是从音乐的客体不是表象这一客观事实来进行解释的。只有在表象中错认假象，荒谬可笑才变成可能；可是音乐的客体直接是意志，而意志，作为所有之所系，从本质上来说是最庄严的东西——音乐的语言是怎么多样化，意义丰满，就算是重奏符号和“重头再奏”也可以验证。如果是在用文字创作的作品中，这样的重复会让人无法容忍，而在音乐的语言中却反倒很合适，让人愉悦，因为要彻底领悟这些内容和意义，人们听两遍就太必要了。

如果我在讲述音乐这一整体讨论中尽力要搞明白的是音乐怎么用一种最广泛的语言，用一种特殊的材料——仅仅是一些声音——而可以用最大的明晰性和真实性把世界的本质讲出来，世界自在的本身——这就是我们根据其最明确的表现在意志这一概念思考的内容。如果再深入地根据我的观点和努力的方向说，哲学的任务并不是其他的，而是在一些很广泛的概念中全方位地且准确地复述和表现出自己的本质——因为唯有在这样的概念中才能对那所有的本质有一个任何时候都充足的、可以运用的概览——那么，谁如果跟上了我而掌握了我的思想方式，他就会认为我在下面要讲的并不是很冲突。我想说的是，假如我们对于音乐所做的完全正确的、完整的、深入细枝末节的解释成功了，也就说音乐所表现的又在概念中用一个详细的复述成功了，那么，这同时也将会是在概念中完整地复核和解释了这世界，或是和这种解释根本同一意义，也就将是真正的哲学。而且我们马上就可以在我们对于音乐的观点较高的那种意味中开玩笑似的用下面这句话来模仿前文所援引的莱布尼兹的那句名言——他在更低观点上这样说也绝对是正确的——："音乐是人们在形而上学中自发的练习，在练习中本人不清楚自己在研究哲学。"之前拉丁语的 scire，也就是"知"，不管什么时候都是"已搁置到抽象概念中去了"的意思。可是再深入地说，因为莱布尼兹那句话的真理已被多方验证，音乐，抛开它美感的或内在的意义而只是从外表，完全从经验方面来看，就是直接地，在具体中把控更大数量和错综复杂的数量关系的方式；要不然我们就只能间接地，用概念中的认识来理解这些数量和数量关系。既然这样，那么，我们现在就可以因为汇总以上有关音乐的两种非常不一样却又都准确的意见，而得到一种数量哲学的可能性。毕达哥拉斯和中国人在《易经》中的数量哲学就是如此。于是我们就可以根据这一意义来对毕达哥拉斯派的那句名言进行说明，也就是塞克斯都斯·恩披瑞古斯所援引过的一句话："所有事物都可和数配搭。"如果我们在最后将这一观点运用到我们以上对谐音和乐调所进行的说明，那么我们就会察觉：纯粹的道德哲学而没有对大自然的解释——像苏格拉底所提倡的——完全可以和有乐调没有谐音相比拟——像卢梭单独一人所设想的那样。反之，纯粹的物理学和形而上学如果没有伦理学，也就等同于纯粹的有谐音而没有乐调。在这一顺带的研究以后，请准许我再额外加上几点和音乐与现象世界二者间的类比相关的观点。在前一篇里，我们已察觉到意志客体化的最高层次，也就是人，并不能独立地、分割地出现，而是把低于它的级别当作前提，而这些更低级别又总是把更低的级别当作前提。同样，音乐也和这世界是一样的，直接将意志客体化了，音乐的完满也只能在完整的谐音中才能实现。乐调的指挥高音要产生整体的印象，就必须有所有其他音的配合，一直到最低落的低音，而这种低音又要当作所有音的源头来看，乐调本身是作为一个构成部分而加入谐音里面的，就好像谐音也加入乐调中一样。既然唯有如此，唯有在谐音齐备的整体中，音乐才展现它预计要表现的东西，那么，那仅有而超脱时间的意志也只在所有层次完整的统一中才能实现全部客体化，而这些层次就在若干层级上以依次有加的明确性揭露着意志的本质。还可以密切关注以下这种类似性。在前一篇，我们已经看到所有一切的意志现象，就达成目的论的那些物种来说，都是相互适合的。虽然这样，在那些作为个体的现象之间，依然有着无法清除的冲突存在。这种冲突在现象的所有级别上都可以看到。这就将世界变成了同一个意志所有的现象之间永不停歇的战场，而意志和它自己的内在冲突也就由此展露在外了。甚至于这一点，在音乐里也有和它差不多的地方，也就是说单纯谐和的声音系统不仅在物理上难以实现，而且在算术上的可能性也是零。各音所因此展现的那些数本身就包括不能化除的无理数。所有音阶，就算要计算出来也不能得到。在一音阶中每第五音和基音的关系等于 2 对 3，每大音阶第三音和基音的关系就等于 4 对 5，每小音阶第三音和基音的关系就等于 5 对 6，以此类推。这是由于假如这些音和基音对准了，则这些音彼此之间就对不准了。打比方说第五音对于第三音肯定是小音阶第三音，等等，因为音阶上的音要喻作一个演员，有时要出演这一角色，有时又要出演另一个角色，所以，完全准确的音乐就是光想想也不可能，更不说谱成乐谱了。由于这一原因，所有可能的音乐都和完全的纯洁性有间距，而只能将不谐音分配到所有音上，也就是以离开音差的纯洁性的变音来将它本质上存在着的不谐音遮盖住。有关这些，人们可借鉴席拉特尼[①]的《声学》第三十节和他的《音响学概论》第 12 页。[②]

---

① 席拉特尼：Chladni（1756—1824），德国物理学家，声学研究者。——译者注

② 第二卷第三十九章是对此处的补充。——原注

我还可以从音乐被领悟的方式再说几点。假设音乐只存在于时间中，借助时间，完全把空间排除掉，也没有因果知识的阻挠，也就是没有悟性扰乱而被领悟的。因为这些音作为效果来讲，不需要我们像在直观中那样要追根求源就已经形成了美感的印象。可是我不想继续这一讨论，因为我在这第三篇里对有些问题或者讲得过分详细了，抑或是太过于让自己纠结于某个事物，可是我的目标又让我必须这样做。人们也更加不会苛责我这样做，如果他在具体地想到艺术不经常被人完全意识到的重要性和高度的价值时，是在研究着下面这一看法：如果根据我们的观点，这整体可见的世界就只是意志的客体化，只是彰显意志的一面明镜，是在伴随着意志以实现它的自我认知，而且像我们很快就会看到的，也是在随同着意志以实现摆脱的可能性，而且，又假如作为表象的这世界，如果人们分开它和欲求，单独进行研究，单单只让它来霸占所有意识，就是人生中最让人愉悦和仅有纯洁无罪的一面。那么，我们都要将艺术看作这所有东西的上升、增强和更理想的发展；因为艺术所实现的在本质上也就是这可见的世界本身所实现的，可是更集中、更完整，而具有提前设定好的目标和深刻的用心而已。所以，在完全的意义上说，艺术可以叫作人生的花朵。假如作为表象的整个世界只是意志的可见性，那么，艺术就是把这种可见性清晰化了，是更纯洁地彰显事物，让事物更利于概览的照相机，是《汉姆勒特》的戏中戏。

从所有美得来的享受——艺术所给予的抚慰——让艺术家忘记人生辛苦的那种激情以及让天才有异于他人的这一优点，对于天才而言，由于意志更加清晰而痛苦也跟着增强，对于他在一个异己的世代中所遭遇的孤单落寞是仅有的弥补——这一切，像下文就会给我们指明的，都是因为生命的自在本身，意志、生存本身就是一直存在的苦痛：一边悲哀，一边又恐怖。可是，如果这一切只是作为表象，在单纯直观之下或是来源于艺术的复制，挣脱了痛苦，则又给我们上演了一出韵味丰富的戏剧。世界的这一面，可以纯粹地认知的一面，以及这一面在所有艺术中的复制，是艺术家本分内的大本营。欣赏意志客体化这幕戏剧的表演让艺术家也开始关注了，他徘徊在这演出以前不辞辛苦地观看这个演出，不辞辛苦地用艺术来对这个演出进行反映。同时这个剧本演出的工本费也由他一力承担了，也就是说他自己就是那将自己客体化而经常停留在痛苦中的意志。对于世界的本质那种纯粹的、真切的、深刻的认知，他觉得，现在已变成目的本身了，他徘徊在这认识上不能往前走了。所以，这认识于他，不像在接下来一个篇章里，在那些已抵达无欲无求境界的圣者那里所看到的一样，不是意志的清静剂，不是将他彻底摆脱了，而只是在某些刹那，让他暂时远离生活一会儿。因此这认识不是让他可以挣脱开生命的道路，而只是生命中短时间的抚慰，直到他那因为观赏而增加了的精力已对这出戏感到疲倦而回归到庄严即宣告结束。人们可以将拉菲尔画的《神圣的栖利亚》看成是这一过渡的象征。那么，让我们在接下来的篇幅里也开始庄严起来吧。

第四篇
世界作为意志再论

在实现自我认知时，生命意志的肯定和否定

在认识一旦出现时，情欲就消退。

——昂克敌·杜伯隆：《邬布涅伽研究》

第二卷第 216 页

第五十三章

在考察的结尾，我们一开始就可以宣告是最庄严的一部分。因为这部分所关系到的是人的行为，是和每个人都息息相关的主题，所有人都不能对之视而不见或毫无兴致。而且将其他所有问题都关联到这个主题上来，也是和人的本性非常吻合的，以至人们在所有有连续性的哲学研究中，至少是在他对此产生兴致时，总要将其中有关行为的这一部分看成整体内容的总结论。所以，人们对于其他的部分也许还有点漫不经心，对于这一部分他却给予极高的关注。如果就以上所指出的情况采用更易懂的话来说，人们或者要将我们接下来要考察的部分叫作实践的哲学，而将前面解决过的其他部分和它相对立地叫作理论的哲学。可是依我的观点来看，我觉得所有哲学统统都是理论的。因为哲学，无

论现在探讨的是一个什么样的主题，本质上总要采取单纯观察的态度，要用这样的态度来讨论而不写格言或警句。反之，要求哲学变成实践的属性，要求哲学对行为进行引导，改变气质，那都是过时的要求。在有了更完善的观点时，这种要求最终是要被取消的。因为在这一点上，在这人生有没有意义，是得救还是堕落的关口，取决于人自己最内在的本质，而不是哲学的刻板定义，也就是柏拉图所说的神明——它指引着人但没有选定人，而是人自己所抉择的“神明”；又像康德所说的“悟知性格”。德性和天才一样，都不是通过教可以学会的。概念对于德性是不生发的，只能用作工具，概念对于艺术也是这样。所以，我们假如希冀我们的那些道德制度和伦理学来激发有高尚品质的人和圣人，或是希冀我们的不同美学来激发诗人、雕刻家和音乐家，那我们就太愚蠢了。

不管在什么地方，哲学的任务就是对现成的事物进行解释说明，将世界的本质——再具体中地讲，也就是作为感知而被所有人所领悟的世界之本质——归入理性的明晰而抽象的认识中去。可是哲学这样说是从所有可能的层面，从所有观点着手的。好比我们在前三篇里曾尝试着在哲学特有的普遍性中从另外一些看法来完成任务一样，本篇也要用同样的手段来对人的行为进行考察。人世间的这一方面，就像我前面所说，完全可以说不论是在主观的推断中，还是在客观的推断上，都要被觉得是世间所有方面中的最关键的一个方面。在进行研究时，我将彻底忠诚于我们前面的研究方式，把之前提出的论点作为我们根据的基础，而且，事实上我只是把组成本书整个内容的那个思想，和之前在所有其他题材上进行过的一样，现在依葫芦画瓢再次在人的行为上引申一遍，而尽到我最后的努力，尽可能为这一思想进行一个完整的表达。

之前提出的观点和这里公开过的探讨方式，已清楚告诉人们，在这一伦理篇里，不要期待什么行为规范，什么义务论。这里更不会提出一个广泛性的道德原则，将它作为产生所有美德的良方。我也不会说什么无条件的应然，因为这已讨论过，是有矛盾存在其中的；也不会说什么给自由立法，这一样也是有矛盾蕴含其中的。我们完全不会去说什么应该，因为人们只是对孩子们和刚进入文明时代的民族才讲这些，对于已经汲取了文明成熟时代所有教养的人，我们是不会说这些的。这明显是触手可及的矛盾，既然说意志是自由的，又要为意志立法，说意志理应根据法则而欲求：“应该欲求啊！”这就相当于木头的铁！可是从我们整体的观点出发，意志不仅是自由的，而且甚至是无所不能的。

从意志出来的不仅是它的行为，而且还有它的世界；它是如何，它的行为就表现为如何，它的世界就表现为如何。二者都是它的自我认知而不是其他的。它不仅对自己进行规定，又因为此对这二者进行规定，因为只有它，而这二者也就是它本身。唯有如此，意志才真正是自主自决的。从所有其他观点来说，它都是被决定的。我们在哲学上的用功可以做的只是对人的行为以及一些那么不一样而又相反的最高规范进行诠释。行为所展现的就是这些规范。我们是根据人的行为和这些规范最内在的本质和底蕴，是和我们之前的考察相联系，而且刚好是同我们之前热衷于对这世界的其他现象进行解释时，将这些现象最内在的本质归入明晰而抽象的认知一样来说明的。这时我们的哲学依然和我们之前的整体考察一样，要提倡那相同一个内在性。和康德的伟大学说截然不同，我们的哲学将对现象的形式弃置不顾，而采用以根据律为其普遍表现的形式，作为跳高的撑竿，用以跨越仅有的可以用意义赐予这些形式的现象而在虚无臆说[①]的广阔领土上登陆。反倒是这可以认知的现实世界，在我们中间和我们也在其中的世界，将持续是我们考察的资料，而且也是我们考察可以覆盖的范围。这世界的内容是这么多彩，就算是人类精神在可及范围内进行最深层次的研究，也依然无法研究完。因为这现实的、可认知的世界跟在前面所研究过的一样，在我们的伦理考察方面也一定不会让我们在材料和真实性方面产生欠缺，因此我们不需要下一些内容贫乏且只有否定意味的定义，没有必要高抬着眉毛说什么一定、无限、超感性，以及如此之类还很多的纯粹否定（喻利安卢斯[②]在《演讲集》第五篇里说："除了否认的词汇相关联的艰涩表象以外，什么也不是。"）——不像这样简单点来说就是"云端里的空中楼阁"也是如此，之后让我们自己坚信这确实是说了些有价值的话了，其实这样做是最没有必要的，我们不需要将这种盖上盖子的空碗碟端上桌上来。最后我们会和以前一样，对历史上的故事避而不谈，不将这种故事看作哲学，因为从我们的观点出发，一个人如果觉得我们可以通过某种方式根据历史来领悟世界的本质，那么，虽然隐藏得再绝妙些，但这个人脱离哲学来认识世界还任重而道远。可是在一个人对世界本质本身的看法中只要生发出变易、变成、将变这些定义，但凡某种先或

① 指康德的自在之物。——译者注

② 喻利安卢斯：Julianus，公元361—363年为罗马帝。——译者注

后在这里有着程度最低的一点儿价值，进而或是显著或是隐蔽地将找到，已找到世界的一个起止点，再加上这两点之间的过程，甚至这个研究哲学的人还在这个过程中发现他自己的存在，那么，这就是以上那种历史地掌控世界本质的做法。这样以历史研究哲学，在大部分场合都要提出一种宇宙发生说，而且是种类多样的发生说，要不然就要提出一种发散系统说[1]或人类始祖谪降人间说[2]，抑或是在这条路径上总是多次无效而进入困境，最后被迫踏上一条路，推翻之前的说法，而从黑暗，从不清楚的原因、原始的原因和类似的，等等，还多着的一些没用的话里提出什么永恒变易说，永恒孳生说，永恒的由隐趋显说。可是整体的永恒，也就是直到现在一刹那无限的时间，既已经过去，那么所有要变的、能变的也肯定都已经变了。人们完全可以用一句最简单的话彻底推翻所有这些观点，因为所有这样的历史哲学虽然得意扬扬，都似乎是康德从来没有到人间来过一样，依然将时间看成自在之物的一种规定，所以依然徘徊在康德所谓的现象上，和自在之物呈对立面的现象之上，徘徊在柏拉图所谓一直不常住的变易上，和一直不变易的存在呈对立面的变易上，最后也可以说是徘徊在印度教所谓的“摩耶之幕”上。这些也刚好是属于根据律掌心里的认识。从这种认识着手，人们一直都无法掌控事物的内在本质，而只是无止境地追求着现象，只是没有终点、没有目的地在盲动，就像是踩着轮圈儿表演的小松鼠一样，一直到最后养鼠人都有些厌烦了，在上面或下面的随意一点让轮圈儿停住，之后强迫观众对此表示敬仰。其实从纯哲学方面考察世界的方式，也就是告诉我们了解世界的本质进而让我们超脱于现象的考察方式，也刚好是不问世界从哪里来，到哪里去，是什么原因，而是不管在什么时间什么地点只问世界是什么的考察方式。这就是说这个考察方式不是着眼于任何一种关系，不是将事物当成生长变化看的考察方式。总而言之，这不是从根据律四种形态中的任何一种来对事物进行考察的方式；反之，却刚好是以抛开整个这一套遵从根据律的考察方式还残留下来的，在所有关系中显现而自身却不归属于这些关系，常自恒同的世界本质，世界的理念为对象的方式。从这种认识着手的有艺术，当然还有哲学。的确，在本篇，我们马上会看到从这种认识着手的还有那

---

① 发散系统说：新柏拉图派的学说。——译者注

② 人类始祖谪降人间说：是《旧约全书·创世纪》的说法。——译者注

么一种内心情怀，仅有的方式导向真正神圣性，导向超然世界的内心情怀。

第五十四章

我们期待在前三篇，已产生了这样一个准确而肯定的认知，也就是说在作为表象的世界中已帮意志举起了一面可以反映它的镜子，意志在这面镜子中会在越来越清晰和完整的程度上认识到它本身。人的清晰度和完整程度是最高的，可是人的本质要经由他行为的有连续性的系列才可以得到充分的表现，行为上本身意识的连续才可以使得让人经常在抽象上总括全局的理性变成可能。

单纯就其本身来看的意志是没有认知的，只是不能控制的盲目冲动。在无机自然界，植物众多的自然界，在这两种自然界的规律中，还有在我们人本身生命成长的那些部分中所看到的意志现象都属于这种冲动。这意志从后加的，为它效劳而进行的表象世界才可以了解它的欲求，了解它想要的是什么，还了解这所要的就是这世界，就是这样存在着的生命。所以，我们曾经将这表现着的世界叫作反映世界的镜子，叫作意志的客体性。而且意志所要的如果一直是生命，又正巧因为生命不是其他的而只是这欲求在表象上所显现出来的，那么，如果我们不直接说意志而说生命意志，二者就可以等同了，只是名词加上相同意思的定语的用词法而已。

意志即是自在之物，是这世界内在的底蕴和本质的东西，而生命，这可见的世界，现象，又都只是对意志进行反映的镜子，那么现象就会一直陪伴着意志，如影随形，而且是哪里有意志，哪里就有生命，有世界。因此就生命意志来说，它确实是拿稳了生命的，只要我们生命意志饱满，就不用为我们的生存而忧虑，就算是死亡降临时，也理应这样。我们当然看到个体有生灭，可是个体只是现象，只是对困囿于根据律和个体化原理中的认识而存在着的。对于这种认识论，个体当然是将它的生命当作礼物一样接纳过来的，它产生于“无”，之后又为这礼物因为死亡而丢失感到难过并重新回归到“无”。可是我们刚要从哲学，也就是从生命的理念来对生命进行考察，而如此来考察，我们在所有方面就都会看到只要是生死都可以触碰的不仅不是意志，不是所有现象中的那自在之物，也不是“认知”的主体，不是那所有现象的局外人。出生和死亡不仅属于意志显现出的现象，而且也归属于生命。生命，大体上就得在个体中表现出来，而这些个体作为游移的，在时间形式中出现之物的现象而生灭的。这在时间形式中产生之物本身不知道有时间，但又刚好是从这一方式表现以使其本身具有本质客体化的。出生和死亡也一样都属于生命，而且是相互为前提保持平衡的。假如人们乐意换一个说法，也可以说出生和死亡都是作为整个生命现象的两端而维持平衡的。所有神话中最聪明的印度神话就是这样表述这一思想的，神话刚好在给代表着损坏和死亡之神（就好像三个连环神祇中还有罪孽最深、最卑微的婆罗摩代表着生育和发生，而毗湿拏则代表保育一样），我们说刚好是给僖华戴上骷髅头项链的同一时间，又重新给以棱迦这一生殖的象征一起作为这个神的特点。因此这里的生殖就是作为死亡的对销而产生的，这就表明生育和死亡本就是互相对立的，双方互相抵消。推动古代希腊人和罗马人刚好也是这样来雕刻那些贵重棺椁的也根本是这同一心情。如今我们还看到棺椁上雕刻着舞蹈、狩猎、醇酒妇人、新婚、斗兽的宴会等，都是描绘得生机勃勃的生命冲动。古代希腊人和罗马人不仅以这种花天酒地的场面为我们上演这种生命的冲动，甚至还可以在集体宣淫中看到，直到那些长着羊足的森林神和母羊性交的场景。这里的目标是非常明显的，目标是用最突出的方式在被吊唁的个体死亡中指出自然界永存的生命，而且尽管没有抽象的认知，还是通过这个暗示了整个自然不仅显现出生命意志，而且还是生命意志的内涵。这一展现的形式就是时间、空间和因果性，因此才有个体化。个体肯定有生也有灭，这是伴随着“个体化”的。在生命意志的表现中，个体就好像只是单个的范本。生命意志不是生灭可以触碰的，就好像整个自然不会因为个体的消亡而有所丢失是一样的。这是因为大自然所在意的不是个体而只是物种的族类。对于种族的留存，大自然却非常严肃，宁愿用大批量的种子和繁殖冲动的强大力量予以保护。反之，无限的时间、无垠的空间以及时间空间中若干可能的个体既然都归大自然管辖，那么个体对于大自然就毫无意义了，也不可能有什么价值。所以大自然也时刻准备着让个体衰亡。鉴于此，个体就不单单是在上千种方式上因为极细微的偶然机会而冒着死去的威胁，而是从最初以来就注定了死亡的命运，而且是从个体既然已经为种族的保存做出了自己的贡献的那一刻起，大自然就将死亡亲自送给个体。因为这一点，大自然本身就非常坦诚地揭示了这一关键的真理：只有理念才切实具备真实性，也就是说只有理念才是意志最合适的客体性。于是，人既已是大自然本身，又在大自然最高层的自我意识中，而大自然又仅仅只是客体化了的生命意志。那么，一个人如果了解了这一看法而且坚持住这一看法，他当然可以因为回忆大自然永存的生命，回忆他自己就是这自然而有理由为他和他朋友的死得到抚慰。所以，披上棱迦的僖华就理应这样来认识，那些古代的棺椁也理应这样来认识。那些古代棺椁好像是用它们那些火热的生命场景在大声对悲观的来访者说："大自然是哀伤不能进的。"

而之所以要将生殖和死亡看成是隶属于生命的东西，看成意志的这一现象的本质上的东西，或者是因为这二者在我们看来都只是其他所有生命所由组成的一件事的增强表现。这件事自始至终不是其他的什么，而是形式永久存在之下的物质变换，这就刚好是种族永生之下的个体生灭。身体上惯常的营养和再生只是在水平上和生殖不一样，惯常的排泄也只是在水平上和死亡有所区别。前者在植物身上看来是最简明的了。植物自始至终只是不停重复同一种冲动，只是不停重复它那最简单的纤维，而这些纤维又自我排列成枝和叶。它是一些一模一样而相互扶持的植物的一个有系统的汇聚体，而这些植物的继续再生也是它们仅有的冲动，植物通过形态变化的层次慢慢上升到这一冲动更完全的满足，最后则抵达花与果，它的生存和反抗的总结局。在这总结局中，植物通过一条简易的小路抵达它唯一的目标，非常简单就成百上千倍地实现它之前孜孜以求的目的：这植物本身的再孳生。植物结果的行为对于它本身再孳生的关系就相当于铅字对印刷的关系，在动物明显也是一样的。汲取营养的过程就是一种不停的孳生，孳生过程也就是一种意味更高的营养，而性的快感就是生命感一种意味更高的舒适。另一方面，排泄或不停舍弃物质和经由呼吸吐出的物质也是和生殖相对称的，意味着更高的死亡。在这种情况下，我们既然老是满足于保有身体的形式，并不因为丢弃了的物质而难过。那么，当相同的情况发生，时时刻刻分别在排泄时所产生的情形，又在更高的意味上惯常地出现于死亡中时，我们就应该采取和上面一样的态度。对于前一种情况，我们既然毫不在意，那么对于后一种情况我们也不应该害怕躲避。从这一看法着手，一个人要求扩展自己的个体也是错误的。自己的个体被其他个体所取代，就相当于组成自身的物质不停被新的物质所取代。将尸体用香料油胶浸染也一样是白痴，这就好像是将自己的排泄物保存好一样。至于约束在个人肉体上的个人意识也是每天被睡眠彻底中断了的。酣眠往往能毫无征兆地转为死亡。打比方说在沉睡中冻死就是这样的情况。沉睡正在进行时和死是一样的，分别只是针对于将来而说的，也就是针对于醒后来说的。死是一种睡眠，在这种睡眠中个体性是被遗忘了的，其他所有都要再醒，抑或还不如说本来就是醒着的。①

第一我们一定要了解清楚：意志表现为现象的形式，也就是生命或现实的形式，切实说起来只是现在，而不是将来，也不是过去。过去和将来都只在概念中才有，在认识遵从根据律时，过去和将来也只存在于认识的连带关系中。所有人都不可能生活在过去，也不可能有人生活在未来，只有现在是所有生命、生活的形式，可是也是生命稳稳的占有物，一定不能被抢夺走的。现在和它的内容一样，是一直都在的，双方都立得很稳，没有摇晃，就好像彩虹在瀑布上一样。这是因为生命被意志所稳有、所保证，而现在则被生命所稳有、所保证。当然，如果我们回忆已经过去了的几十个世纪，回忆在这些世纪中存在过的亿万人，我们就会问这些人又是什么呢？他们已变成了什么呢？可是我们对于这些问题只能回想我们自己过去的生活，只能在想象中去形象地温习那些场景，然后再问，这所有都是什么呢？我们过去的生命又变成了什么呢？和这一样，那亿万人的生命也是这样。难道我们应该觉得这种过去，因为死亡已被贴上了封印就得到了一种新生活吗？我们自己的过去，就算是新近的过去，就算是昨天，已经就只是想象的空中楼阁，那些亿万人的过去当然也是相同的东西。过去的是什么呢？现在的又是什么？是意志，而生命就是对意志进行反映的镜子，是不包含意志的认识，而认识又从这面镜子里清楚地看到意志。谁如果还没有意识到或不想意识到这一点，他在询问过曾经很多世代的命运以后，肯定还要追问：为什么刚好是他？这个发问的人，有着这样的幸运拥有这珍贵的、游移的、仅有的真实的现在呢？当那好几百代的人，那些世代所有的英雄和哲人都在这曾经的黑夜里沉沦，进而消失时，可是他，他那微小的我为什么还现实地存在着呢？或者更简单来说，当然也更奇怪些，还可以这样问：为什么这个现

① 如果有人可以理解下面这一看法的话，那么下述论点也可以帮助他搞清楚个体只是现象而不是自在之物。所有个体不仅是“认识”的主体，也就是整个客观世界因此可能的补充条件，而且是意志的单个现象，也就是在所有事物中自行客体之物的个别现象。我们本质上的这种二重性并不是以一种独立而自在的统一性为基础的，要不然我们仅就我们本身而无待于“认识”的客体或“意欲”的客体就可以认识到我们自己。可是这完全是我们没办法做到的。为了想这样做，我们一旦自省自察，并在我们将“认识”向内转的时候好好思考一下，我们就会在无尽的空虚中迷路，就会发现我们自己就像个空心玻璃球，好像从球内的空际中产生一种什么声音而又没办法在球内找到这声音来自哪儿。于是在我们掌控好自己时，我们就会害怕，我们可以拿到手的就只是一个没有实体的幽灵。——原注

在，他的现在，却刚好现在还在着而不是已经成了过去时呢？当这发问的人问得如此奇怪时，他是将他的生存和他的时间当作互不依赖的来看，是将他的生存看作是进入他的时间中的。事实上他是假设了两个现在，一个归属于主体，一个归属于客体，而又对两个“现在”合并到一块儿的际遇觉得惊讶。实际上却只有（如在论根据律那篇论文中已指出的那样）以时间为形式的客体和不把根据律的任何一形态当作形式的主体的相交点才组成现在。可是就意志已变成表象说，那所有客体都是意志，而主体又是和客体相对应的物体，可是真实的客体既然只存在于现在，过去和将来都只包括概念和幻象，因此现在就是意志现象的根本形式，是和意志现象不可分的。只有现在是一直在而直立不倒的。在经验的领悟中比所有一切还要游移的现在，一到脱离了直观经验的形式的形上眼光，以下就现为仅有的一个永久存在的物体，现在是经院学派的常住现在。生命意志或自在之物的就是它内容的源头和承担者，而这些又是我们本身。只要是在已经过去或还没有出现的不停生灭的东西都是凭借现象的，让生灭变成可能的形式也归属于这种现象。那么人们就会联想到：“过去的是什么？过去的就是现在的。将来的是什么？将来的也就是过去的。”人们说这些话的寓意是庄严的，不是当作比方而是针对事实来说明的。这是因为意志稳有生命，如今又是生命稳有的。因此所有人又可以说：“一次以至若干次，我一直是现在这东西的主人，它会和我的影子一样一直陪着我，所以我不怀疑它到底来自哪里，为什么它刚好又在现在。”——我可以将时间当作一个一直转动着的圆圈，那不停下坠的半边好像是过去，不停上升的半边就像是将来，而上面那不可切分的一点，也就是水平切线和圆周相交的地方就像是无比宽广的现在。切线不跟着圆圈转动，现在也是一样。现在是以时间为形式的客体和主体的相交点。主体没有任何形式，因为它不隶属于可认识的一类，而是所有事物可以被认知的前提。又可以说：时间就像是不能被阻挡的川流，而现在却像是水流被分流的礁石，可是水流不能裹挟它一起前进。意志作为自在之物，它不遵从根据律也不比认识的主体弱，而认识的主体在相应的观点下最后还是意志本身或其表现。而且，和生命、意志自身的这一显现，是意志所稳稳持有的一样，现在，生命的这仅有的形式，也是意志所稳稳持有的。所以，我们既不需要研究生前的过去，也不需要研究死后的未来。更应该做的反倒是我们得把现在看作意志在其中表现的仅有的形式来认知。[①] 现在不会从意志那里逃走，可是意志当然也不会从现在那里逃走。所以，要是这样的生命就实现了一个人，如果这个人在所有场合都对生命予以肯定，他也就可以有自信将生命看成无止境的而将死亡的害怕当作一种幻觉赶走。这种幻觉将不合适的害怕加诸在他身上，让他觉得他最终要丢失这现在，为他提前表现出一种其中并没有“现在”的时间。在时间方面是这种幻觉，在空间方面又是另外一种幻觉。人们因为这另一幻觉便在自己的想象中将自己正占领着的那个地方看作上面，而所有其他的地方则看作下面。和这个一样，人们都将现在牢牢禁锢在自己的个体性上，觉得所有现在都是因为个体性的消失而消失的，似乎过去和将来都没有现在一样。可实际上在地球上随处都是上面，和这个一样，现在也是所有生命的形式。为了死亡将掠夺我们的现在而惧怕死亡，并没有比人们觉得他多亏是向上直立在圆圆的地球上，却担心从地球上跌落下去更睿智些。现在这形式对于意志的客体化从本质上来说是必需的。作为无限延伸的点，现在切断着向两端无止境扩展的时间而直立不动，似乎一直持续是中午而没有凉风习习的傍晚一样，就像是太阳自身不间断燃烧，只在人们看上去才像是落入黑夜的怀抱中去了一样。因此，当人们将死亡看成是自己的消失而害怕时，那就不是其他的，而相当于人们在想象太阳会在晚边声泪俱下道：“我完了，我将一直沉浸在这无尽的黑夜了。”[②] 更何况，反过来谁如果被生活的重担所压迫，谁要是尽管也非常想要生命而且对生命进行肯定，可又愤恨生活的艰难困苦，特别是愤恨刚巧落在他头上让他不想再继续容忍的苦命，这样一个人就不要指望着通过死亡来解脱，也不能从自杀中得救。黑暗恐怖的地府之所以可以诱惑他，是用忽悠人的假象将阴间看成是避风

① “经院派学者们的学说提倡永恒不是没有止境的一个时间系统，而是一个常住的现在，也就是说我们所有的现在还是亚当所有的那同一现在，也就是说在现在和那时之间并没有什么差别。”（霍布斯：《利维坦》第四十六章）——原注

② 在厄克尔曼的《同歌德的对话录》（第二版第一卷第154页）中歌德说：“从本性上来讲，我们的精神是彻底不能被破坏的艺术作品，是从永远到永远持续发挥作用的东西，这和太阳类似：太阳只是通过我们的眼睛来看似乎沉下去了，事实上是一直不会下沉的，是不停歇地一直在那照射着。”——歌德这个比方是来自我这里，而不是我采用他的比喻。在1824年进行的那次交谈中，他用到了这个比喻，毫无疑问那是因为回忆我之前那段话，或者是没有意识的回忆，因为我用同样的词句说这段话的有几个地方，一个地方是本书第一版第401页、528页，一个地方是本篇第六十五章的最后。那第一版是在1818年12月寄给歌德的，他在1819年3月的来信中表示了他对我的肯定。我那时正在拿破里（Neapel也就是Napoli——译者），信是从我姐姐那转来的。歌德在信内夹有一张纸条，上面标明了他非常喜欢的那些页数，因此他是提前看过我那本书的。——原注

港。地球自转，从白天到黑夜，个体也有死亡，可是太阳本身却是不停歇地燃烧着，是永久的中午。虽然那些个体，理型的那些现象，是怎样像游荡的梦境一样在时间中生灭，生命意志总是稳保有生命的，而生命的形式又是没有止境的“现在”。在这里，我们觉得自杀行为就是一种没有意义的，所以也是白痴的行为。在我们的考察持续往前走得更远时，自杀行为还要处于更不好的地位。

教条更改，而我们的知识也经常失去真实性，可是大自然却一直是对的。它的步伐是坚定的，它也不会隐藏自己的行为。所有事物都彻底在大自然中，大自然也彻底在所有事物中。在所有动物中大自然有它的中心，动物既然已经稳妥地找到进入生存的途径，就像它还将稳妥地找到走出生存的途径一样。在生存时，动物是没有烦恼地生活着，没有损毁的害怕，意识着它就是自然，和自然一样是不会消失的，它是被这种意识所支撑的。只有人在他抽象的概念中经常会有怀疑自己肯定会死的担心。好在想到这种肯定性，并不是经常会发生的事，只是单个瞬间因为某种而让将来的死活出现在想象之前时，人们才会有所担心和害怕。在大自然的恢宏气势面前，反省思维的能力微乎其微。人和不思考的动物一样，都有一种内在的意识，意识着他就是自然，就是世界本身。从这一意识中所生发的安全感，在人和动物都是经常的态势而拥有绝对的优势。由于有这样的安全感，因此所有人在想到肯定要来的，时间也不会间隔太远的死亡时，就不会觉得多么心神不宁，反倒是所有人都要就这样活下去，似乎他不得不这样生活下去似的。人们这样活下去，竟至于没有一个人真的相信自己一定会死的肯定性，要不然这个人的情绪和判处极刑的罪犯的情绪就不会有这么明显的不同，而是每个人当然在抽象的普通性中，在理论上认可死的肯定性，可是他这种肯定性和事实上没办法应用的其他理论上的真理被同样对待，搁置在一旁，而不怎么将它搁置到眼前的意识中去。谁如果认真关注到了人类心灵的这种特点，他就会明白要诠释这一点，仅仅依靠那些心理学的诠释方式，从习惯、从安然于无从躲避的心情来进行解释是远远不足的，反倒应该说这种特点的原因还是以上那种更加深刻的说法。用这个相同的原因还可以对为什么所有时代、所有民族都有个体死后还有某样东西一直存在的信条的事实进行解释，而且敬重这种信条，而无论这一点被确定下来的论据肯定是非常不充分的，无论反面的论据多么坚实有力。事实上，这一点的反面根本不需要什么论据而是完善的悟性所共同认定为事实的，而作为事实，是因为笃定自然不仅不会错，不会说谎，而是坦诚展现其作为和本质的，甚至是真诚地将这些显示出来而被确保的，而且只是我们本身因为幻觉而搞迷糊了它的反面，以至于要拿出说明，来和我们局限的见识相适应。

而我们现在已经从意识上搞清楚了的，像意志的单个现象尽管起于时间，止于时间，可意志本身，作为自在之物，和时间上的起止是不相关的。像所有客体的对应物，也就是正在认识着却永远不会被认识的主体，也是和时间上的起止是不相关的。又像有生命意志便稳有生命等，这些都不能归到死后有持续存在的那类学说里去。这是因为把意志当成自在之物时，它和认识的纯粹主体这永久的造物之眼相同，恒存、消逝都是谈不上的。因为不管是恒存还是消逝，都只是在时间上进行的有价值的规定，而作为自在之物的意志和纯粹的主体都是超脱于时间的。所以，个体（被“认识”的主体所照亮的这一单个意志现象）的自私主义不仅不能从我们表述过的观点中，也不能从他死以后还有残留的外在世界在时间上持续存在这种认识中，为这个体想要无限将自己保存下去的理想找到什么营养和抚慰。而且外在世界持续存在的说法正是展现了以上那种观点，可是是从客观方面，所以是从时间上来看的而已。这是因为所有人一方面当然只是作为现象才会消亡的，在另一方面作为自在之物当然又是没有时间限制的，也就是无限的，可是他也只是作为现象才和这世界的其他事物相区别开来。作为自在之物他依然是表现在所有事物中的那意志，而死亡又把那分开人我不同意识的幻觉清除掉，这就是死后的持续存在。只有作为自在之物，所有人才不会被死亡所触碰。在现象上，他的不被死亡所触碰则和其他的外在世界的持续存在合二为一了。[①] 因为这一点，因此那种内在的，只是感知的意识，意识到我们适才让之提升为明晰认识的道理，当然像前面所说，就算是对于有理性的生物也可以预防死亡念头毒害他的生命，因为这种意识本来是生命获得勇气的根本，也就是说只要这生物是和生命相对，专心致志着生命，这股勇气就可以保持所有生物直立不倒，让之生龙活虎地活下去，似乎不存在死亡一样。可是，这并不是说当死亡单个地在现实中或想象中出现在他面前而他不

---

① 这一点在《吠陀》中是这样表示的：人在死时，他的嗅觉、视觉、味觉、听觉、言谈等就会挨个和太阳、土、水、空气、火等融为一体（《邬布涅伽研究》卷一第294页起）。还有一种表示法：快要死的人通过一种特殊的仪式将他的感言和其所有的功能挨个传给他的儿子，让这些东西持续在他儿子身上发挥作用（同前书卷二第82—83页）——原注

能逃脱时，具备这种意识就可以预防自己不被死亡的阴影所笼罩，不去尽力躲避死亡。这是因为当个体和他的认识一直对生命之为生命充满渴望时，肯定会看到生命中的常住不灭，而在死亡在他眼前出现时，死亡原本是什么，他一样也必须将死亡看作什么，也就是看作个别现象在时间上的结束。我们惧怕死亡并不是因为死中有苦痛，一方面，苦痛明显存在于死前；另一方面，我们往往正是为了逃避苦痛而奔向死亡。反之亦然，虽然死是快速而轻松的，可是只要能多活一会儿，我们有时候宁愿负载恐怖的痛苦以逃避死亡。我们之所以怕死，实际上是惧怕个体的消灭，死也毫无避讳地将自己显现为这种消灭。可是个体既然是在单个客体化中的生命意志本身，因此个体的所有存在都要奋起抗争死亡——感情既然如此让我们无处求救，于是理性又可以出现而克制很多在感情上让人不快的印象，因为理性已将我们抬升到一个更高的立场了，在这立场上我们的眼光所触及的地方，从此就不再是什么单个的而是整体问题了。所以，从哲学角度对世界本质进行认识本身，既然已经达到我们考察现在要达到的一点，只是还没有再继续往前时，站在这立场上就可以和死亡的害怕相抗衡了。至于抗衡到什么程度，则取决于反省的思维在既定的个体中，直接的感受可以占到多大比例。如果一个人将之前叙述过的那些真理都全盘吸收了，而且也没有因为自己的经验或什么更深入的观点而认为所有生命基本上都是由源源不断的痛苦所组成的，而是在生活中感到知足，在他心平气和思考的时候还期待他的一生还像他所经历的一样不停重复下去，他还有如此大的生活勇气，以至于为了生活上的享乐，他也甘愿忍受所有苦痛和忧愁，那么，这样一个人就可以坚韧地挺立在这被揉得圆圆的、永久的地球上了，没有什么东西会是他所惧怕的。他的身体里全是我们给他的认识，他丝毫不在意在时间的湍流中看向死亡，将死亡看作忽悠人的假象，无可奈何的幽灵，可以吓唬弱小者，可没办法掌控那些明知自己就是意志的人，可是整个世界就是这意志的客体化或意志的写照。所以，无论什么时候，他都稳有生命和现在——意志现象这仅有的真正的形式。所以，无边的过去或将来都不会吓倒他，他好像并不在过去中，也不在将来中，他已经将那些过去和将来看成假想的戏法和“摩耶之幕”了。因此他一点都不害怕死亡，就好像太阳对黑夜也无所畏惧一样。在《婆诃华·信多》中被克利希纳放置在这一立场上的是他刚入门的门徒阿容。阿容看到大军（就像克赛尔克斯[①]的大军）准备交战，忽然觉得满腹悲伤，犹豫着要休战以免万千军士处于水深火热之中。克利希纳马上用上述观点对阿容进行了教导，于是就算成千上万的军士在沙场上战死也不能让阿容停下来了，他宣布了发动战争的命令。歌德的《普罗米修斯》也表明了这一立场，特别是在普罗米修斯这样说时：

在这儿，我坐着，
根据自己的形象打造人。
人这个族类，
要难过，要痛哭，
要享受，要快乐。
在我，这都一样，没有关联。
不管你这些——
那就是我！

还有普禄诺和斯宾诺莎二人的哲学也会将人的立场引到这上面来，前提是这个人相信真理而且不会被这两种哲学的错误和不足所影响。普禄诺的哲学中原本不存在什么真正的伦理学；而斯宾诺莎哲学里的伦理学尽管很被人称颂，也写得相当不错，可是又完全不是来源于他那哲学的本质，而是通过一些没什么说服力的、信手拈来的诡辩附着在他学说上的。最后，可能还有很多人，只要他们的认识和他们的欲求并驾齐驱的话，也就是说如果他们可以清除所有妄想而将自己认识明白的话，也许会同意上面那个立场，因为从认识角度来说，这就是彻底肯定生命意志的立场。

意志肯定它自己，即：当它自身的本质已彻底而清晰地存在于它的客体性中，也就是在世界和生命中作为表象被它自己所了解时，这一认识不会对它的欲求产生阻碍，反而是如此被认知的生命正是作为这样的生命被它所欲求，可是之前是不存在认知的，只有盲从的冲动，如今却是有了认识，变成意识的，是被考虑过了的。反之，如果说欲求由于具备这种认知就结束了，那就会产生

---

① 克赛尔克斯：Xerxes，古波斯国王，在公元前490—公元前415年曾两次派军队讨伐希腊，都以失败告终。——译者注

生命意志的否定。因为这时作为欲求的企图在发挥作用的，是整体的，对世界的本质——这世界又对意志进行反映——生长于理念的领悟中的认识变成意志的清醒剂，意志就这样甘愿撤销它自己。我希冀这些所有没有被认识过的，通常情况下不好理解的概念，通过接下来的要说明的所有现象——这里指说明行为方式——就会清晰起来。在这种种行为方式中，不仅表现出肯定，也有否定。这是由于肯定和否定尽管都来自认识，可是却不是从语言文字表示出的抽象认识而是来自一种活脱脱的认识。这种活脱脱的认识不依靠什么教条，而只表现在行为举止中。同时，教条作为抽象认识是理性所正在研究的东西。只有将肯定和否定双方都表达出来，并让之变成理性上明晰的认知才是我的宗旨，而不是要将肯定或否定的某一个方式当成行为准则记录下来或引荐给他人。后面这种做法不仅非常愚笨，而且没有任何价值，因为意志本身完全就是自由的，是自决的，对于它是不存在法度的。——可是这种自由和这自由对肯定性的关系是我们开始以上研究以前必须先进行探讨的。之后，生命的肯定和否定既然是我们研究的问题，那么我们还必须对生命进行一些惯常的、有关意志和客体的研究。完成这些以后，我们还要根据行为最内在的本质而像我们所想要达到的，了解到行为方式的伦理意义，那就简单多了。像前面所说，这整个一本书，既然只是展开同一思想，那么，从这里得到的结论就是；本书不仅是每个部分都只对前面一部分有肯定的联系，而是所有部分都互相存在最紧密的关联；本书和所有那些只是通过一系列推论所组成的哲学不一样，因为这推论的肯定关系首先的一个前提就是读者只需要记住前面的那部分。我们则不一样，全书无论哪个部分都和其他任何一部分相连贯而将它当作前提，既然如此，因此我们才要求读者要记住的不仅是前面的那部分，而是之前的所有部分，这样无论中间横亘着多少东西依然可以将前面任何一部分和当前这一部分联系起来。这也是柏拉图曾经对他的读者提出的一个希望，因为他那些对话基本上都是相互交错、和主题思想路线离得相当远的，往往要经过很长的一个插曲才能回归到主题思想，可是主题思想却因此更加鲜明了。在我们这里，我们也提出这个希望，因为在这里要将这一个思想分成很多个部分来考察尽管是表达这一思想的仅有方式，可是从思想本身来说，这并不是本质上最关键的东西，而仅仅只是一种简便的方法。——将这一个思想具体分成四个篇章作为四个主要观点，将类似的、性质一样的东西悉心连贯在一起，这对于削弱论述的困难和理解的困难都有帮助。可是这一题材完全不准许像撰写历史那样直直往前推进，而是要曲折迂回地来表述，这就让本书有反复阅读的必要性。也唯有如此，每个部分和其他部分之间的关联才会显著，之后整本书所有的部分才会互相交错，才可以彻底清楚[①]。

第五十五章

当我们将意志看成自在之物、看成所有现象的内涵时，我们就可以推导出来，意志作为它本身是自由的。现象则与之完全不同，我们觉得它一直都是在根据律的四种形态之中遵从根据律的。而且我们既然已经清楚肯定性和后果来源于已知的原因是一码事，是可以交换使用的两个定义，那么，只要是归属于现象的所有，也就是对于作为个体而被认知着的主体的客体，一面全部是原因，另一面全部是结果。而且是作为结果的这一属性中又肯定是一直被决定的，所以这客体是什么就必须是什么，不能既是这个，又是那个。因此大自然的所有内容，它所有的一切现象都是肯定的，每个部分、每个现象、每个事态的肯定性都是可以被验证的，因为每次都肯定可以找到原因，都是作为结果而依附于这个原因的。这是不允许有什么特殊的，是来自根据律的无限稳妥性。另外，我们觉得，在这个世界的所有现象中，这个世界都是意志的客体性，而这意志本身不仅不是现象也不是表象或客体，而是自在之物，因此也是不遵从根据律的，不遵从所有客体都拥有的这个形式，所产生的后果不是取决于一个原因，也不清楚有什么肯定性。这就是说意志是自由的。所以“自由”这一概念事实上是一个悲观的否定的概念，因为这一概念的内容只是肯定性的否定，也就是根据律上否定后果对其原因的关系。在这里，一个惊人矛盾的统一点——自由和肯定的统一——就非常清晰地呈现在我们眼前。有关这一冲突，最近也经常被探讨，可是据我所了解，这个问题从来都没有被详细而合适地说过。事实上，所有事物作为表象，作为客体，都完全是肯定的，而同一事物自在的本身却是意志，意志一直都是彻底自由的。现象、客体，是肯定的，是在因果链中不容置疑被决定了的，而因果链又是不可以中断的。可是这客体的整体实际存在，

① 第二卷第四十一至四十四章是对此处进行补充的。——原注

其存在方式，也就是理念，在客体中显现出来的理念，却直接显现出意志。也就是说，这客体的特性直接彰显着意志。如果从意志的自由这个角度来说，这客体本来就可以不因为现实而存在，或本来就可以在本质上根本是些其他的什么，那到最后，这整个的因果链，它本身既已经显现了这意志，而这客体又是它的一个枢纽，也就将是另外一个因果链了。可是这客体既然已经存在，既然已经拥有了它，它就已经是因果链中的一环了，就在这系列中永远被决定为肯定的了，因此它不仅不能变成其他的什么，也不能再脱离这个系列，就是说不能再消失了。人，和大自然的所有其他部分一样，也是意志的客体性，因此这里所说的一切放在人身上也是有效的。大自然中所有物都有它的某些力和物性，这些又在某些作用之下产生某些反应而组成每一物的特性。和这个一样，人也有他的个性，而动物又以肯定性而从这个个性中引申出行为。人的验知个性就是展现在这种行为方式中，可是人的悟知个性，意志的本身，又是展现在验知个性中的，而人就是这意志本身的被决定了的现象。可是人是意志最完备的现象，这现象存在的前提，就像在第二篇里所表明的，就一定要被这样高度的认识所照耀，也就是说在这认识中，甚至要在表象的形式彻底合适地反映世界的本质。这就是说理念的领悟、世界的镜子，也变成可能的了，就像人们在第三篇里已了解这种写照一样。因此说在一个人里面，意志可以实现完备的自意识，可以明晰而完全地认识到它自己的本质和这本质是怎样在整个世界中反映的。真正拥有了如此高度的认识，像我们在前一篇里所看到的那样，就是艺术的来源。可是在我们所有考察的最后，当意识自己运用这一认识时，在它最完备的现象中还可以看到意志的撤销和自我否定的可能性。于是，之前在现象中不可能看到的、只属于自在之物的自由，现在也可以在现象中看到了。当这“自由”撤销了现象所本的那本质，而现象却还在时间上持续存在时，就引发了现象和它本身的冲突，因此又正好表现出了神圣性和自我否定的事象。可是所有这一切都只有到本篇的最后才能完全理解通透。——现在只是在这里总括地提一下人怎样因为自由，也就是因为不从属于根据律而和意志的其他所有现象都截然不同。这种自由或独立性本来只是从属于作为自在之物的意志的，而且是和现象是相合的，可是在人，自由却可以在某种可能的方式以下也出现在现象中，可是这时的“自由”就要肯定和自己表现为现象的相互冲突。从这个意义上来说，就不但只有意志自在的本身，甚至人当然也是可以叫作自由的，进而可以和其他所有生物区别开来。怎样来认识这一点，那只有通过后文的所有才能清楚，现在我们还只能抛开不谈。这是因为我们先要防范一种错误的观点，这种错误的观点认为单个的，某些人的行为是不受肯定性的掌控的，而所谓不受肯定性的掌控就是说灵活的力量比不上原因的力量或从前提得出的结论那么靠谱。作为自在之物的意志的自由，像前面已经说过，如果不算入以上那种只是特殊才有的情况，一定不会直接转入现象，就算这现象已经非常明显，也就是说就算是拥有性格的有理性的动物，拥有人格的人，意志的自由也不转入现象。这人格的人虽然表现出自由意志，他却不可能是自由的，因为他刚好已经是取决于意志的自由欲求的现象了。而且当人格的人进入客体的形式，进入根据律时，他当然是将意志的单一性形成为行为的丰富性了，可是因为欲求本身超时间的单一性，行为的多样性的表现形式依然是一种自然力所有的规律性。可是，既然在人格的人和他的所有行事中所彰显出来的到底是那自由的欲求，而这欲求相对于所有行事的关系又等同于概念之于定义的关系。那么，人格的人的所有行动也就属于自由意志的范畴了，个别行动直接对于意识也是如此表现的。所以，像在第二篇里已经讲过的，所有人都先验地觉得自己的单个行动也是不受约束的，这也就是说在所有现成情况以下不被任何行动所约束也是可能的。只有后验地，从经验中和对经验的反思中，他才了解到他的行为肯定彻底都来自个性和企图的合一。因为这一点，所以任何一个鲁莽的人都要根据他自己的意识而猛烈地为单个行为的完全自由申辩，可是所有时代的大思想家，甚至有些意义较为深刻的宗教教义却都对这种自由予以了否定。可是谁如果懂得了人的所有本质就是意志，人自己就只是展现这意志的现象，又懂得了这现象具有根据律因为它所肯定的，从主体方面就可以被认知的形式，而这形式在这里的形成又是当作动机律，那么，他就会认为在已有的性格和面前的企图之下质疑一个行动肯定会发生的必然性，就相当于质疑三角形的三个内角之和等于两直角。——朴内斯特列[①]在他所写的《论哲学上的必然性》一书中非常完善地阐述了个别行动的肯定性，可是这肯定性又是和自在的，也就是现象以外的意志自由共同存在的，则一直到康德提出悟知性格和验知性格之间的不同点

① 朴内斯特列：Priestley，英国化学家，在1775年发现了氧气。——译者注

时才被验证[1]。这是康德的卓越功绩，我充分认可他进行的这种区别，因为悟知性格在相当程度上在特定个体中出现时，就是作为自在之物的意志的，而验知性格，当它不仅在行为方式中从时向角度，而且在形体化中从空间角度表现出来时，就是这里出现的现象它本身。为了让二者的关系理解起来更容易，最合适的还是采用序论中[2]就已经使用过的说法，也就是说将每个人的悟知性格看成超时间的，进而看成不能分割的不能改变的意志活动，而这意志活动在时间、空间和根据律的所有形态中延伸开了的、分开了的现象就是验知性格。打比方说在一个人的所有行为方式中和一辈子的经历中伴随经验而表现的就是这验知性格。举例来说，一整棵树只是同一个冲动在反复呈现的现象，这一冲动表现在纤维里最简单，在纤维组合中则反复为叶、茎、枝、干，在这些东西里看到这一种冲动也非常简单。同样地，人的所有行事也是反复出现的他的悟知性格，在形式上的表现会不断改变，我们从这里表现的总和所进行的总括中就可以得到他的验知性格。——除此以外，我在这里没准备脱胎换骨地再次叙述康德的出色论述，而只是假设它是大家都知道的就算了。

1840年，在我得奖的那篇论文[3]里曾详细而深刻地论述过意志自由这关键的一章，而且我尤其揭示了一种幻觉的原因，因为这种幻觉人们往往认为可以在自我意识中找到一种经验提供的意志完全自由，也就是一种不被内外动机所约束的完全自由，将它看作自我意识中的事实。当时有奖征文的发布，就刚好是非常睿智的针对这一点。所以，我既然已经给读者指明这篇论文和与这个一起问世的《伦理学两个基本问题》那篇得奖论文的第十节，现在我就删掉本书第一版在这个地方对意志活动的肯定性所进行的还有待完善的论述，而采用一个简单的分析来对以上的幻觉进行说明以取代删掉的部分。可是这一分析的前提是本书第二卷第十九章，因此没有赶上在以上得奖论文中提出来。

之前意志作为真正的自在之物，事实上是一种最初的单独的东西，因此在自我意识中肯定也有一种最初的、独断专行之感和这里已经被决定的那些意志活动做伴。抛开这一点不说，仅仅是从第二卷第十九章，尤其是第三点所讲的

---

① 《纯粹理性批判》第一版第532—558页，第五版第560—586页，还有《实践理性批判》第四版第169—179页，罗森克朗兹版第224—331页。——原注

② 指《充足根据律的四重根》。——译者注

③ 指《论意志自由》。——译者注

智力对意志所处的那种独立又附属的地位中，也出现了一种意志自由的假象，也就是说单个行为也存在自由的假象。之前人的智力只在事后才通过经验知悉意志的决定，所以当决定还没有定下时，对于意志会怎样决定，智力并没有判断的材料。这是因为悟知性格并不归属于智力的认识，而在已经有企图时，因为这悟知性格就没有其他选择了，进而也就是一个肯定的决定了。只有验知性格，因为它的单个活动，才是智力所得依次认识的。所以，从这认识着的意识的角度，在一个现在的场合意志好像有相同的可能来做出截然不同的两个决定。这种说法就相当于一根直立的杆子在失去平衡开始摇晃时，人们说："这杆子既可以倒向左边，也可以倒向右边。"可是这个可以只代表主观，事实上只是说"从我们所掌握的材料看"，因为在客观上这杆子在最初歪斜时，倒下的方向就已经肯定地被决定了。所以，人自己意志的决断也只是这意志的局外人，自己的智力看上去才不是被决定的，而且只是相应地在主观上，也就是相对于认识的主体才这样说。反之，在决定自身和在客观上，眼前要如何抉择时，是马上被决定了的、肯定的，可是这种决定性之所以进行意识只是因为接下来的选择。甚至于我们还可以从经验上为这一点找到一个例子。打比方说，当我们眼前要做出一个艰难而关键性的抉择时，还必须具备一个还没有出现而只是希望它出现的条件才能进行决断，以至于我们现在还什么都不能做只能暂时采取观望的态度。这时我们就思考如果准许我们无拘无束行动而做出抉择的那些情况出现了，我们怎样抉择的问题。在一些选择中，通常是理性上具备远见卓识的思考会为某一决心多说好话，而直接的好恶又要帮另一决心多说些支持性的话。当我们还不得不采取观望的态度时，看上去理性方面似乎要独占鳌头一样，可是我们也可以预测到当行动机遇到来时，另外一方面也会多么诱惑我们。在这机遇到来前，我们费劲巴力地用肯定和否定的镇静思维将双方的企图放在一个聚焦点上，以使它所有的企图都可以展现它所有的能量而对意志产生影响，让意志做出如果所有企图打平手时会做出的抉择。可是这样明晰地将方向不同的企图表现出来就已经是智力在进行选择时可以做的所有了。而人本身的抉择，智力也只能用一种焦灼的好奇心悲观地等待其出现，就像一个人的智力是如此看待他人的意志决断一样。所以，从智力的角度来看，理欲双方的抉择肯定和相同的可能，而这也刚好是经验上的意志自由这一假象。从经验的角度来看，一个抉择固然是彻底作为一件事的最后结局而进入智力范畴的，可是抉择还是来源于个体意志的内在本性，来源于悟知性格在意志和目前企图的矛盾中，进而也是以完备的必然性而出现的。这时，智力的作用就在于从多方面显著照亮一些动机的属性。智力不能对意志本身进行决定，因为意志本身，就像我们所看到的，根本不是智力所能企及的，甚至不是智力可以研究的。

假如一个人在同样的情况下可以两次做法不一样，那么，在这两次之间，他的意志本身肯定已经变了，进而意志也就肯定存在于时间中了，因为时间才有可能产生变。如果确实如此，那么，要么意志就是一种现象，要么时间就是自在之物的一个属性。照这样来说，则有关单个行为是不是自由的辩论，有关不被内外企图所干扰的绝对自由的辩论围绕着的问题就简化为意志是不是存在于时间中的问题了。假如意志是自在之物，超脱于时间和根据律的所有形式以外，就像不仅有康德的观点，也有我的所有论述将它肯定为一定这样的那样。那么，不仅所有个体在情况相同时，都一定会采取相同的方式行动，也不仅是所有丑恶的行为都是这一个体肯定要做而不能自我控制的若干其他丑恶行为的确保，而且就像康德所说，只要验知性格和企图所有都是已知的，则人在未来的所作所为都可以像计算日食、月食一样提前计算出来。和大自然忠诚于自己的原则而有延续性相同，人的性格也是这样。所有单个行为一定要依据性格而来，和所有自然现象都一定要根据自然律出现一样。就像在第二篇里已经说过的那样，自然现象中的原因和行为中的企图都不是惯常的原因。意志，既然它展现的是人的所有存在和生命，那它就不能在单个场合又对它自己进行否定，而且只要是人整体想要的，也一直会是他在单个场合所要的。

提倡经验的意志自由，提倡不被内外企图所限制的完全自由，这和人们将人的本质搁在灵魂中有紧密的关联。这种灵魂好像本来是一个认识着的东西，严格说起来还是一个抽象地思考着的东西，而且是最后才变成一个欲求着的东西。如此一来，人们就将意志看作第二性的了，而事实上呢，认识才是第二性的。意志甚至于被当作一个思维活动而和判断画等号，笛卡儿和斯宾诺莎就是这样认为的。从这种说法出发，所有人之所以是他，是因为他的认识才变成他的。他来到这世间所扮演的角色是道德上的无，是在世上了解了事物以后，才决定要成为什么，要怎样做。他还可以因为新的认识而找到一种新的行为方式，即变成另一个人。更深入地来说，依据这种说法，人会先把一个东西看成是好的，因为具备这认识才要这东西，而不是先有要，然后才说这东西是好的。从我所有的基础观点来看，这所有说法都是将现实关系弄反了。意志是第一性的、最初的，认识只是后来才加上去的，是作为意志现象的手则归属于意志现象的。所以，所有人之所以是他，都是因为他的意志，而他的个性也是最初的，因为本质就来源于欲求。因为是后来才加上去的认识，他才在经验的过程中领悟到他是什么，也就是说他才了解到自己的个性。因此他是通过意志的本性来了解自己的，不是像之前的说法那样认为他是因为他的认知而产生欲求的。根据旧说只要他思考他最青睐的是怎样，他就是怎样的了，这就是之前说法的意志自由。因此之前说法的宗旨事实上就是说，在被认识之光照射时，人创造了他自己。我的观点则是反过来的，我说：在所有认识产生以前，人已经创造了他自己，认识只是后来才额外照明这创造物的。所以，人不能自己决定要做一个什么样的人，也不能再变成另一个人，而是他既然已经是他，就无从更改，之后，慢慢地认识自己是什么，在之前说法里，人是需要他认识的东西。在我看来，人是认识他所要的东西。

古希腊人将性格称为“埃多斯”，又将性格的展现，也就是生习，称为“埃德”。这两个词都来源于“艾多斯”，也就是“习惯”。他们之所以选择这个词，就是因为要用习惯的持之以恒来比方性格的持之以恒。亚里士多德说：“‘埃多斯’这个词的取名来源于艾多斯，因为伦理学上的这个称号也来自‘习于是’。”斯多帕阿斯曾经援引过这样一句话：“芝诺的门徒将习惯比作生活之源，由此个别行为来源于源泉。”（第二卷第七章）在基督教的教义中，我们看到来自恩选和非恩选（《给罗马人的信》[①] 9，11—24）而来的命运注定说。这一信条所产生的观点当然是：人自己不会变，而他的生活和行为，也就是他的验知性格，都只是展开了悟知性格，只是不变的，在童年就可认知的，不会更改的根性的延伸。这就好比是人在一出生时，他一生所行之事就已经被固定下来了，大体上一直到死都是如此。对于这一点，我们不表示否认，可是有些后果[②]来源于这种完全无误的观点和犹太教早前的信条二者的统一，这就出现了最大的难题，出现了无法解开的戈第安[③]无头死结。教会里大部分的争辩是以

① 《给罗马人的信》：使徒圣保罗著。——译者注

② 指教会里有关宿命论和意志自由的辩论。——译者注

③ 无法解开的戈第安：传说古佛立其亚一神庙中展示的一辆陈旧战车，车后有一解不开的结并附有忏语谓“解此结者即为世界之王”。——译者注

这一死结为中心的。这样一些后果固然不是我想负责出头来提倡的。为了处理好这一问题，就算是使徒保罗本人曾创设了一个制钵匠的比方，也不一定就真的成功了，因为就算他成功了，那最后的结果依然是：

敬畏众神吧，
你们人类！
神掌握着统驭权
在它们恒久的两手。
它们可以——
要怎样，便怎样！

可是这样一些研究原来和我们的主题一点关联都没有，和我们宗旨更吻合的反倒是应对性格和它的所有企图所依靠的认识二者之间的关系所做的几点解释。

既然性格的表现由动机决定，也就是行为亦由此决定，那是经由认识这个媒介来对性格产生影响的。可是认识是善变的，经常在正确和错误之间摇摆，可是通常在生活过程中总是会慢慢改观的，只是改观程度不一而已。那么，人的行为方式也就因此会发生明显的变化，只是人们没有资格通过这个来推定人的性格也因此改变了。只要是一个人根本上所欲求的，也就是他最本质的偏向以及因为这个偏向所要达到的目标，我们以外的，以及通过引导都是没办法可以让他改变的，要不然我们就可以重新打造一个人了。辛乃加说得很诚恳：“意欲是教不会的。”斯多噶派提倡“品德是可以被教会的”。在这个问题上，辛乃加宁愿把真理搁置在他备受推崇的斯多噶派以上。来源于外面的动机只会对意志产生影响，这些动机不会使意志本身发生改变，因为动机只有在人的真实显现下才能对其产生作用。因此动机可以做的所有，顶多也只是改变一个人奔赴的方向，让他在和前面的道路完全不同的一条道路上来寻找他一直所追求的目标而已。所以，引导、改正了的知识，也就是来源于外部的影响，当然可以跟他说他错在了方式上，进而让他又在截然不同的另外一条道路上，甚至在和前面的对象完全不同的另一对象上来寻找他内在本质所孜孜以求的目标，可是他不可能要点什么和之前所要的完全不一样的东西。之前所要过的始终不变，因为他原本就只是这个“要”，这欲求本身，要不然这欲求就会被撤销了。同时，那前者，也就是“认识”的可改正性，进而也是行动的可改正性，竟然可以让他在试图实现他始终如一的目标时，可以在现实世界和幻想世界之间不停地变换，并为之考虑方法。打比方说这目的是穆罕默德的天国，那么，如果要在现实世界上达成目标就必须采用灵活、武力和欺诈的方式，如果换成幻想世界，就必须使用克制、公正、恩施、朝拜圣城麦加的方式。可是因为这个的不相同，他的偏向本身还是不变的，而他自己本身就更不用说了。虽然在不同时期，他的行为表现很不一样，可是他所欲求的还是不变。“意欲是教不会的。”

要让动机发挥作用，不仅要拥有这个动机，而且这个动机也必须是被认识了的。因为据前面所说的经院学派一个很好的说辞：“动机产生作用不是因为其现实存在，而是因为其被认识的存在。”打比方说，要展现出某人的自私心和同情心的彼此关系，仅仅只是这个人拥有财富，看到他人的困苦，是远远不够的，他还必须清楚如他的财富可以为己、为他人做点什么。不但是需要他人的困苦在自己面前显现，他还必须清楚困苦是什么，当然也要清楚享乐又是什么。当这个人头一次遇到这种机会时，或者他还比不上第二次那么清楚地明白这一切。如果现在是机会一样而他两次表现不一样，那么，虽然看上去好像两次情况一样，事实上情况已经发生了变化，也就是说依靠于他对此机会的认识那一部分的情况已经不一样了。——一方面是对于现实情况一无所知，将让这些情况无法发挥作用；另一方面都是幻想的情况却也可以现实情况一样发挥作用，而且是整体持续发挥作用，并不是一时的。打比方说一个人已完全被说服，相信只要是做好事就会在下辈子得到更多好报，他这自信的作用就会等同于一张信用优秀的无期支票一样，而且他可以通过自私心来给予，就像他在改变了观点时又可以通过这个自私心而从他人那里得到一样。他本身是不变的。“意欲是教不会的。”在意志一致时，通过认识对行为所产生的惊人影响，人的个性才因此铺展开来并呈现它不一样的结构。所以，年龄不一样，个性也往往不同。桀骜不驯的青年时代过去，接下来就是一个冷静的、有克制的壮年时代。尤其是性格中不好的一面会随着年龄的增长而更加明显，可是有时候青年时代所无法自拔的情欲之后又主动顺从了，可是这只是因为之后又在认识上出现了截然不同的企图而已。也是由于这一点，所以我们大家最初都是单纯无邪的，而这也只是说我们自己以及他人在当时都没办法看到自己本性上的不好的一面而已。天性上的不好的一面是因为有了企图以后，才会展现出来的，而随着时间的流逝，企图又是被认识的。到我们年事已高最后认识的那个自己，那已经彻底是另外一个自己，和我们先验所认识的那个自己截然不同，所以我们经常为这个自己震惊不已。

之所以产生后悔，肯定不是因为意志已经发生了改变（那是不可能的），而是因为认识发生了变化。只要是我曾经所欲求的东西，从其本质和之前的意欲来说，到现在也肯定还是我所欲求的，因为我的意志一直都是这一个，而意志是不受时间和改变所影响的。所以，对于我曾经欲求过的，我一定不会后悔，可是对于我所做过的，我可以后悔，因为我可以是因为受了什么不正确的概念引导而做出了一些违背我意志的事，而在事后因为有了比较正确的认识，了解到这一点时就会产生后悔。这不仅是针对生活上的英明，对方式的选择，对于目标是否和我的本意相符这种判断来说，而且也是相对于真正的伦理意义来说。打比方说，我可以做出一些非常自私而和我的个性完全不相符的行为，这就相当于错误地夸大想象自己所处的困境或他人的虚伪、狠毒、欺诈或错误地行动仓促。而行动仓促也就是没有经过思考就行动，行动不是取决于在广泛性中被明晰认识了的企图，而是由直观的动机、眼前的印象和这印象所激发的情感所决定。这些情感又是这么猛烈，以至于我还没有将自己的理性深刻运用，因此考虑的结果在这里也只是更正后悔所产生的那认识，后悔往往都表现在尽最大努力对往事亡羊补牢。可是也必须指出有些人为了自欺欺人，有意设置一些行动仓促的情况，而事实上却是些私底下要认真思考的行为。这是因为我们采用如此精细的方式，并不是为了蒙骗或逢迎其他的什么人，而只是为了蒙骗和迎合自己。除此以外，还可以发生和以上例子截然不同的情况：过于相信他人，对生活资料的相对意义认识不充分，或是我已不再相信的某一抽象教条，都可以引导我做出一些事情较少自私而和自己的个性不相符，这又会让我有了另外一种后悔。所以后悔总是对行动和本来企图之间的关系的认识进行更正。——在这里，其他理念就是各种自然力——经常不使这里转向明晰化的形态表现得非常美好、干净。和这个一样，如果意志只是在时间上，也就是只通过行为表现自己，就又会在认识上遇到相似的障碍。意志经常不能从认识那里得到准确的资料，所以行为的发生也就不能和意志完全相符。这就产生了后悔。因此后悔总是产生于被更正了的认识，而不是来自意志的改变，意志的改变也是不能实现的。而对于做过的事情良心难以平静，这一点不能被称为后悔，而是对于认识到自己本身，也就是认识到作为意志的自己，所感知的难受。良心无法平静正好是以人们相信自己肯定还拥有原来的意志为基础。如果意志改变了，那么良心无法平静也就只是后悔了，进而良心无法平静也就主动撤销了。这因为往事既然是对一个意志的某些面貌进行展现，如果产生那事的意志也不是后悔者如今的意志，那么往事就不会再激发良心上的难以平静了。之后我们还会对此进行详尽叙述。

认识作为企图的媒介，尽管不会对意志本身产生影响，却会对意志的行为带来影响。这一影响，因为人禽的认识方式不一，就奠定了人类行为和动物行为之间的不同点的基础。动物只有直观的表象，人因为有理性还多一个抽象的表象——概念。人尽管和动物一样都是以一样的肯定性而取决于企图，可是人却以拥有完备的选择力而比动物要优秀。这种选择力也经常被看作单个行动中的意志自由，其实这并不是其他的什么，而是在几个企图之间经过完全反抗过来的矛盾的可能性，其中更厉害的一个企图就以肯定性对意志进行决定。可是要做到这一点，动机就必须拥有抽象思维的形式，因为只有通过这种形式才能实现真正深思熟虑的衡量，也就是说才能衡量相反的原因而产生行动。动物的抉择则只能局限于直观出现在我们眼前的企图之间，因此意志取决于企图的这一肯定性——这相当于原因决定后果的肯定性——只在动物身上才能直观地直接表现出来，因为在这里局外人也直接看到这些动机和作用。可是人却不是如此，动机差不多一直是抽象的表象，是局外人无法看到的，甚至在行为者本身，动机发挥作用的肯定性也是躲藏在动机间的矛盾之后的。这是因为只有在抽象中才有可能出现好几个表象作为推断的推论链条而共同存在于意识之中，不被所有的时间所限制而彼此影响，一直到其中最厉害的一个把其他的打败，而对意志进行决定为止。这就是完备的选择力或审慎思考的衡量能力。这就是人比动物优秀的地方。就是因为这种衡量能力，人们将意志自由赐予人，错误地认为人的欲求是来自智力开发，并不需要某种冲动作为智力的基础，而事实上却是动机只有以人的一定冲动作为基础，以人的一定冲动作为前提才能发挥作用。在人身上，这种一定的冲动是单个的，也就是每个人都有一性格。在《伦理学的两个根本问题》(第一版第35页起，第二版第33页起)中，人们已经看到我对这种深思熟虑的衡量能力和由此所引发的人禽意向的不一样进行了详尽的论述，所以在这里，我提出这一段当作借鉴。除此以外，人的这种深思熟虑衡量能力又是包含在让人比动物的生存要难过的那些东西以内的，因为我们最大的痛苦是作为抽象的概念、烦人的思考而在理性中存在的东西，而不是作为直观表象或直接感受而存在眼前的东西，而悠闲生活在这些以外的则只在当前“现在”中存在，进而也是令人羡慕的没有烦恼的动物。

前面已经讲述过人的衡量能力要凭借抽象中的思维能力，也就是说要凭借推断和推理。让笛卡儿和斯宾诺莎都误入歧途的似乎就是这种能力，他们将意志的决断等同于肯定否定的能力。笛卡儿因此引导而认定不被动机约束的自由意志也要为所有理论上的错误担责。斯宾诺莎又与之完全不同，他觉得意志肯定取决于动机，就像判断肯定由根据所决定。[①] 后面这种说法原本有它的合理性，却是作为前提条件有误，而结论却正确的推论而出现的。

之前已经提出人禽分别被动机所推动的方式不一样，这种不同点对人禽双方的本质都产生了非常深远的影响，而且双方的生存之所以那么完全不一样，很大一部分原因就是这个。当动物一直都是只从直观表象的角度而拥有动机时，人却尽力要彻底挣脱这种动机的功能而只用抽象表象来对自己进行决定。人因此可以运用他理性上的优势而得到最大可能的上风，他挣脱了现在，他不是躲避眼前马上就会消失的苦和乐，而是思考苦乐双方的结果。排除一些完全没有什么价值的行动以外，大多数场合，我们都是被抽象的，取决于思想中产生的企图，而不是取决于眼前印象。所以我们觉得只在眼前短时间忍受所有单个的贫乏比较简单，而所有故意的忍受却让人觉得很恐怖，因为前者只关系到很快就会消失的现在，而后者却和将来息息相关，所以还涵盖了若干次的贫乏，故意忍受就相当于若干次的忍受贫乏。所以，我们苦乐的根源大部分是抽象的思考，而不是现实的“现在”。这思考才是经常让我们无法忍受的东西，才是给我们带来烦扰的东西。动物界的所有苦难和这种苦难相比根本不值一提。我们也常因为这种苦痛则忽略了自己生理上的创伤。在我们产生强烈的精神苦难时，我们甚至还创造了很多生理上的苦难，其之所以会这样，只是让我们的关注力从精神苦痛转嫁到身体层面来。所以，人们在精神非常压抑时会拼命拉扯自己

① 笛卡儿：《默思录》第四点；斯宾诺莎：《伦理学》第二部命题四八、四九，等等。——原注

的头发，捶胸顿足，在地上打滚，而这所有都只是一种方式，用以赶走一个让人觉得无法忍受的思想。正因为精神上的痛苦要远胜于身体上的痛苦，后者因此被忽略掉，因此失去信心的人或是被病痛所折磨的人，就算他之前在安逸状态下一想到自杀就会后退，可是现在却非常想要自杀。相同的道理，忧愁和悲伤，也就是存在于思想上的一些东西，比肉体上的痛苦还要伤身得多，对身体的损伤也更严重。因为此，厄披克德特说得非常正确："让人忧愁的不是事物本身，而是人们对这事物的看法或信仰。"辛乃加也说得很好："虚张恐吓我们的事物比现实胁迫我们的事物要多得多，而且我们在观点上所感知的痛苦频率也要高于在现实中感知的痛苦频率。"（《信札》第五篇）倭依仑斯壁格尔[①]用自己上山笑、下山哭的行为也非常诚恳地对人的天性进行了讥讽。还有孩子们在觉得痛时，往往不是因为痛本身而哭，而是在人们对他表示关爱时，为了由关爱所引起的痛这个思想而哭。在人的行为、生活和动物的行为、生活之间有那么多如此大的不同，那都是来源于各自的认识方式不一样。除此以外，之所以会出现明晰而坚韧的个性，也是因为在几个动机中只有把通过抽象概念才能做出的选择作为前提条件，这又是人类和差不多只有种性的动物之间最大的不同。之前只有在提前做出抉择以后，在不一样的个体单独做出的不一样的决定才是这些个体的个性的标志，这种个性表现在每个人身上都是不一样的。可是动物的行为却只取决于眼前印象有没有，如果这印象对于这动物的族类来说，原来就是一个企图的话。所以，就人而言，不管是对自己还是对他人，最后只有抉择才是他的靠谱标志，而不是纯粹的心愿。可不管是从自己还是从他人来说，只有通过行动，抉择才能保持不变。心愿则只是眼前印象肯定会产生的结果，无论它是外部刺激的印象还是内在情怀的不定印象，因此心愿是直接肯定的，没有经过深思熟虑的，是和动物的动作一模一样的。所以，心愿也和动物的动作一样，只对种性进行表现，也就是说只提示只要是人就会做出什么行为，而不是说觉知这心愿的这个人也许会做出什么。现实行动既然是人做出来的，就势必要经过一定的思考，又因为人通常都掌控着自己的理性而拥有镇定的大脑，也就是人是依据思虑过的抽象动机才进行抉择的，因此只有现实行动是展现他

---

① 倭依仑斯壁格尔：Eulenspiegel，14 世纪德国北部的滑稽人物，死于 1350 年，从 1515 年后民间流传的说他的事迹已被收罗到一起成书。——译者注

行为上可悟知的最高规范，是他最本质的欲求的结果，对于他的验知性格所处的位置就相当于一个字母之于一个词的关系，而他的验知性格又只是他的悟知性格表现在时间上。所以，只要是在神志清晰的场合，让良心不安的是人的行为举止，而不是心愿和思念，只有我们的行为举止才会将反映我们意志的镜子呈现在我们眼前，之前提到过所有没有经过思考的，确实是在盲目冲动中做出来的行为，从某个意义上来说是纯粹心愿和抉择之间的一种媒介物，因此这样的行为可以因为真正的悔恨，可是也必须是表现在行动中的悔恨，而从我们的意志的写照中抹杀掉，就像把画错了的线条擦掉一样，而这张写照就反映了我们一生的经历。——顺带地打一个奇怪的比方，在这里指出心愿和现实行动的关系非常类似于电的分布和电的传导的关系，可以说是放在了非常合适的位置上。

对于意志自由和与之相关的问题进行了一系列研究以后，我们马上发现：自在的意志本身在现象以外当然是不受限制的，甚至可以说是无所不能的，可是这意志在它部分的，被认识所照亮的那些现象中，也就是在人和动物之中，却是取决于动机，而对于这些动机，每个单独的性格总是采取相同的方式产生有规律而肯定的反应。而人，我们看到他通过后加的抽象认知或理性认知而用抉择力凌驾于动物之上，可是这种抉择力只是将人变成了企图彼此矛盾的战场，却没有让它远离动机的掌控。所以，这抉择力当然是个性得以充分展示的前提，却不是单个欲求的自由，也就是说不能当作对于因果律的单独性来看，因果律的肯定性是广泛存在于人和所有其他现象的。于是理性或认识通过概念造成人的欲求和动物的欲求之间的不同，也就只是上述这一点，没有再超越一步。可是当人把在根据律之下对单个事物之为单个事物的所有认识都丢弃以后，而凭借理念的被认知而将个体化原理掌握透彻时，也许还会出现在动物界绝对不可能找到的一种人类意志现象。这时就有可能真正出现作为自在之物的意志专属自由，因为意志自由的产生，现象就抵达“自我否定”一词所代表的某种自我冲突了，最后现象的本质自身也主动消失了。——意志本身的自由也在现象中展现为一种专属的、唯一直接的表现，这是在这里一时半会儿说不清楚的，而是要到最后再研究它们。

可是我们因为现如今的分析已经明确知道了验知性格的固定性，它只是超脱于时间以外的悟知性格的延展，又已经清楚地知道了行为肯定是产生于悟知性格和动机的融合，我们必须先将一种推论排斥出去，那就是为了对邪恶欲望有帮助而极易从这里面引导出来的推论。因为我们不仅要将性格看作超乎于时间以外的，进而也是紧密相连的，固定的意志活动在时间上的进行或悟知性格在时间上的进行，而所有本质的东西，也就是我们生活行事的伦理含义又固定地取决于悟知性格，而且立刻又会肯定在悟知性格的现象中展现出来，展现在验知性格中，而且又只有这现象的、表象的东西，也就是我们生活经历的外部架构，才是凭借动机而得以展现的那些形态的。那么，人们就可以推导出来：尽力去改善性格或抵抗那些邪恶欲望的力量，都是做的无用功，还不如臣服于这种不可更改的情形更合适。对于所有欲望，就算是最邪恶的，也要马上俯首帖耳了。——可是这种说法和不能挣脱的命运之说有着根本一样的漏洞，由此所推出的结论被叫作“懒汉逻辑”，近一些时候又被叫作“土耳其人的信仰”。对于这一点的科学反驳，据说提出人是克利西波斯，西塞罗在《论命运》一书第十二章、十三章也进行过论述。

尽管所有都可以视为命中注定的、不可改变的，这也只是因为因果链而已。所以任何一个场合都必须说后果的出现肯定是有原因的。所以并不是说就是这事态本身，而是这事态作为之前原因的后果，才是被决定的。因此不仅是这后果，还有那些媒介物，都取决于命运，也就是说这后果理所当然是作为它们的后果才会出现的媒介物。那么，如果没有这些媒介物，当然也就没有这后果。二者的出现总是根据命运的注定，只是我们一直要到事后才会领悟到这种注定而已。

就像事态总是服从命运的摆布，也就是根据无限的因果链而出现一样，我们的作为也会一直根据我们的悟知性格。可是就像我们不能提前知道事态的发生一样，对于自己的作为，我们也没有先验的认知，我们只是后验地、从经验上识人识己。伴随悟知性格而出现的理所当然，要想做出一个美好的抉择，就必须先和邪恶的欲望进行艰苦卓绝的斗争，那么，在抉择以前，其他这一斗争得先行而静等结局出现。对于性格的固定性，对于我们所有所作所为的源头的单一性进行的反思，不能误导我们因为钟爱哪一面就在性格做出抉择前先有了想法，在随着斗争的进行而出现的抉择中，我们自然会看到我们属于哪一种人，把我们的作为视为镜子把自己照一遍。从这里刚好可以说明我们回忆往昔岁月的知足或愧疚情绪。二者都不是来源于过去的作为和现实的存在，那些作为已经是过去时，现在已经消失了。那些作为之所以还会对我们产生惊人的重要性是来源于它们的意义，来源于那些作为是性格的写照，来源于反映我们意志的镜子，来源于我们从镜子里看到的最本真的自我，来源于认识意志的内核。因为这[①]是我们事后才会体会到的，所以正在经历时就得抗争，以便让我们在看到我们用自己的作为完成的这篇写照大功告成时，会有最大程度的抚慰而不是让我们害怕。可是这种理所当然和神圣愧疚的意义，就像前面所说，还要在本文之后很远的地方才会讨论到。在这里还有下列一个独立章节要研究。

在悟知性格和验知性格以外，还有和这两种区分开来的第三种性格得说一说：这就是人们在生活中因为社会风俗习惯所拥有的获得性格。人们在称赞一个人时说他有品德，或是在批评一个人时说他没有品质，那就是说的获得性格。——尽管人们可能觉得验知性格作为悟知性格的现象是固定的，而且和所有自然现象一样，在其本身都是前后一致的，人也正因为这样总是肯定要现为和自己画等号的，前后一致的，那么就不需要通过经验和反思而刻意为自己收获一种性格了。可是事实远非如此，虽然人完全可以经常是他自己，但他并不是每时每刻都对自己了如指掌的，而是只有他在某种程度上得到了真正的自我认知才行，往往是错认了自己。验知性格作为纯粹的自然冲动，其本身是感性的。而且验知性格的展现还会被理性所影响，人的思考越冷静，这种影响就越大。这是因为思考总是要求人作为种性完全应拥有什么，要求人在欲求和事功中完全可能的是什么。如此一来，就让这人要通过自己的个性而认识他从所有事物中只欲求什么、只能做什么提升了难度。他察觉到自己对人类的所有向往和能力都具备一定的天赋，可是这些天赋在他的个性中存在的如何却是他不具备经验无法弄懂的。而且就算他现在只牢牢抓住那些和他的性格相吻合的一些向往，他，尤其是在某个关口和单独情绪中还是会感觉到一种兴奋刚好是指向相反的，所以是无法融合的向往。如果他要进行之前那些向往而不被影响，我们就肯定要抑制之后感知的那些向往。这是因为我们在地面上所有物理性的道路都是呈一条直线，在生活上也是这样。当我们要牢牢抓住并霸占其中一条道路时，我们就肯定要舍弃其他若干条道路随它们去。如果我们不能痛下决心而是像孩子们看热闹一样，左看看，右瞄瞄，那就相当于会将一条线形路变成一个平

① 指最内在的自我。——译者注

面那样的错误动机。那是走"之"字形路，就像我们晚上随着磷光的闪动而忽左忽右一样，结果是哪里都去不成。——抑或另外再打一个比方，根据霍布斯的法学，人对任意一物之前都拥有一份权利，可是又没有独占的权利，但是一个人依然可以因为他舍弃所有其他事物而得到一些单个事物。其他的人则又反过来，他从这个人既然已经抉择好了什么这一方面着手也是同一个做法，在现实生活中也是如此。在生活中，我们也只有舍弃所有不相关的要求，放弃所有别的东西才能真正庄严地、有幸地追求任何一个相应的动机，无论所追求的是享乐、是名利、是财富，还是科学、艺术、美德。所以只有欲求和才能本身还是不充分的，一个人还必须清楚他要什么，他可以做什么。唯有如此，他才能彰显出个性，才能做出一些正儿八经的事儿。在他还没有抵达这个境界以前，虽然他的验知性格有着本真的一致性，他依然没有个性。而且他尽管整体肯定是忠诚于自己，肯定要经历他的人生一直到最后，他却是受制于自己的恶魔，他不会走一条直直的路，他会要走一条七弯八拐的路，会更左右摇摆，不走大路，曲折迂回，会要帮自己准备好后悔和难过。这所有都是因为他太过于仔细，都只看到自己面前有这么多人可以做，可以实现的东西，而不知道其中只有什么才是和他相符合的，是他可以实现的，甚至不清楚自己可以享受什么。所以他会艳羡一些人，只因为某个地位和境遇，其实这些都只是和那些人相符合而和他的性格不相符的。他如果真的换到对方的位置，他还会觉得不幸，甚至要忍耐都很难。和鱼只有生活在水中、鸟只有生活在天空、鼹鼠只有生活在地下才会觉得安逸一样，人也只有待在和他相适应的环境里才会觉得安逸，就像宫殿里的那种氛围就不一定适合所有人。因为对这所有了解不到位，有些人就会去做不同的注定要失败的努力，在个别场合对自己的性格施压，而整体的又依然肯定听命于自己的性格。而且如果他是这样的背离自己的天性，就算他辛苦实现了什么也不会觉得很享受，就算他学会了什么也不会活学活用。甚至在伦理方面的行为，如果不是因为一个人纯洁、直接的冲动，而是由一个概念、一个教条而引起的，从他的个性来说又是太过于崇高的，那么这一行为就会因为后来自私的后悔而在这个人自己眼里变得一无所值。"意欲是教不会的。"我们总要借助于经验才领悟到他人的性格没有可塑性，可是直到拥有这领悟以前，我们还单纯地相信可以用合情合理的表象，用恳求和祈祷，用楷模和高尚的品质任意让一个人背叛自己所属的类型，改变他的所作所为，远离他的思想路线，甚至让其无所不能。同样，我们也坚信自己也可以这样做。我们必须从经验中了解到自己想要的是什么，自己可以做什么。在没有了解以前，这些是我们不清楚的，我们也就谈不上有个性而经常会在外界碰钉子而回到自己原本的轨道。——假如我们最终学会了了解这些，那么我们也就已经具备了世人所说的品格的获得性格了。所以，拥有获得性格就不是其他的而是最大可能地完整地了解到自己的个性。这是对于自己验知性格的固定属性，又是对于自己精神肉体不同力量的限度和方向，也就是抽象认知自己个性中的所有长处和短处，因此也是对于这些东西的确定认知。这就让我们现在可以通过镇定的思考而扮演自己一旦负担而不再改变的，之前只是没有规律地研究让之变成自己的那一角色，又让我们可以在固定概念的带领下弥补自己在演出时因为心软或骄纵而产生的不足。如此一来，对于我们个人的天性本来就是肯定的行为方式，我们就可以将之提升为清楚认识到的、常驻我们心中的最高规范了。我们是如此深思熟虑地根据这个而完成那些行为方式，就像我们是再次学会了这样做一样。同时我们不会因为情绪上一时的失控或当前印象而做错，不会因为半路遇到一些小变故而受阻，不会犹疑，不会改变，不会没有一致性。我们现在就再也不会像一个新手一样要等待，要试验，要到周边世界去探索以便看到我们到底欲求的是什么、可以做什么，我们已经一劳永逸地知道了这些，我们在每次进行抉择时，只要将一般命题运用到单个场合，马上就可得出结论。我们现在是在广泛性上了解了我们的意志，我们不会再让自己因为一时的情绪或外来因素的干扰而产生失误，而在单个场合做出在全局中和意志不同的抉择。我们也一样了解了自己不同的力量和不足的属性、限度，进而我们就可以让自己经受更少的痛苦。这是因为我们所有的享受只在于运用和感知自己的力量，而最大的痛苦就是人们想要运用这些力量时却发现自己没有这些力量。如果我们已经清楚知道了自己的长处和短处，我们就会培养、运用，从多方面来利用自己的长处所在的天赋，自己只前往那些天赋有用的地方、功能所及的地方，可是一定要运用自我控制的力量来规避我们气质上天赋不足的那些向往，要杜绝自己去尝试那些自己肯定不会成功的事。只有到了这个境界，一个人才能一直在冷静的思考中和自己保持完全的一致，而从来不会被他的自我所舍弃，因为他已经知道可以对自己提出什么要求。这样，他就会时常感知自己优势的愉悦而不用经常经历想到自己弱势的难过。后者是耻辱，可能会产生最大的精神痛苦，所以相比看到自己的不行，看到自己的不幸要感觉好很多。——如果我们已经对自己的长处和短处了如指掌，我们就不会夸耀自己所不具备的力量，不会玩儿虚的、打肿脸充胖子。因为这样的伎俩到最后还是不能实现目标的。这是因为整个人既然只是经由他意志显示出来的印象，那最颠倒的情形莫过于自己从反思着手而要成为不是自己的其他的什么，因为这是意志和它本身的直接冲突。效仿他人的属性和特点比穿他人的衣服还要耻辱，因为这就是自己宣称自己没有价值。从这方面来说，了解自己的存心，了解自己所有才能和其不可更改的限度就是得到最大可能的自我安慰的一种最靠谱的路径。因为不管是从内部情况来说，还是从外部情况来说，我们可以得到的最有效的安慰就是彻底确认哪儿是不容更改的肯定性。相比我们已经经历过的坏事，我们想到某些情况或者是可以避免这一坏事更使我们痛苦。所以，我们所得到的最有效的安慰就是从必然性的观点来看往事。从这种观点着手，所有偶然机会都现为掌控所有命运的一些工具，而我们就随即将这已经发生的坏事看成是由内外情况的矛盾不可遏制地带来的，而这就是宿命论。打比方说我们一直不甘心地闹着，事实上只是觉得事情还有转机可以以此对他人带来影响或是激发自己最大的努力。可是无论是孩子，还是大人，当他们一旦认清事情根本无法再弥补时，都很识趣地停下来了。这称为：

> 胸怀满腔怨恨，
> 却要勉强忍受。

我们就像是被抓来关在笼子里的大象一样，刚开始总要激烈地闹腾几天，直到它看到这些都是没有意义的，之后又突然非常平静地拿脖子套进象轭，从此就被永远驯服了。我们就像国王大卫一样，当他的儿子还活着时，他就不胜其烦地去打扰耶和华，自己也假装很无奈的样子，可是他儿子才刚死，他就再也不想这样做了。所以，因此有若干人非常平静地忍受着很多长期的不幸，像残疾、穷苦、出身低贱、丑陋、居住条件简陋等，他们对于这些甚至已经没有感觉，似乎伤口已结疤一样。这只是因为这些人已非常清楚这些情况因为内外的必然性已经无法再改变了，而较幸运的人们就难以理解这些人为什么可以忍受这些不幸。不管是内在的还是外在的必然性，可以如此和谐地清除人们对它们的怨怼的方式就是明确认识到这些必然性。如果我们通过一次努力，就永远认清了自己的优势和属性，又了解了我们的弱点和不足，而以此为标杆来确认我们的目标。对于自己的力量根本无法企及的地方则用知足不强求的态度。那么，在我们的个性也许的范围内，我们就可以因此妥当地挣脱了所有痛苦中最锋利的痛苦——自己不满于自己。这种痛苦是不了解自己的个性，是错误的推测，是因此产生的大言不惭的必然后果。将奥维德[①]的诗句转用于激励自知之明这艰苦的一章倒是很合拍的：

> 这是精神最佳的助手，一劳永逸，
> 它拉断了揪住人心、折磨人的枷锁。

有关获得性格我们就说到这里。对于正式的伦理学，这种性格尽管比不上世俗生活那么关键，可是这种性格的表述依然可以和悟知性格、验知性格的表述相并立而成为第三种与之并驾齐驱。对于前面两种性格我们必须进行比较详细的研究，这是为了方便我们搞清楚意志在它的所有现象中是怎样屈从于必然性的，而它自身怎样又是不受约束的，甚至可以被叫作是无所不能的。

第五十六章

这种不受约束、无所不能——整个可见的世界，也就是它的现象，都是作为它的表现和写真而存在，而且是根据认知的形式带来的规律而前进的——现在在它最完备的现象中，在它对自己在的本质已得到最合适的认识时，它又可以再次显现出来，也就是说它所以表现出来，抑或是它处于思考完善和自我意识的顶峰，依然还欲求着它曾经冲动的本能所欲求的东西。那么，不管是单个的，还是整体的，认识在这里依然还是它的企图，或者是相反，这一认识变成它的清醒剂而停息、撤销所有欲求。这就是前面归纳地说过的生命意志的肯定和否定，这种肯定和否定，从个体的转变角度来说，只纠正一般的而不纠正单个的意志表现，只纠正而不会损坏性格的发展，也不在单个行为中表现，而抑

---

① 奥维德：Ovid，罗马诗人。——译者注

或是因为之前整体的行为愈加增强了作用，抑或相反，因为这些行为方式的撤除，肯定或否定就形象地表现出了意志得到认知以后所随意使用的那些最高规范。——要更明晰地叙述这所有，也就是说明这最后一篇的主要任务，因为中间插进了自由、肯定性、个性等的研究，我们现在就变得简单多了，也更加有底气了。在我们继续往后推迟了这一任务，先对生命本身进行考察时，那就会更加简单了，准备也更加充分了，而最大的问题就是要不要生命。而且我们会这样来对生命本身进行考察，也就是说我们会尽可能概括地了解这随时都是生命最内在的意志本身，因为它的肯定到底会如何？这肯定是以何种方式、在什么程度上对意志进行满足的？怎样才能满足意志？总而言之：意志在它自己，无论怎样也在属于它的领地里的境遇，通常的本质应该看作什么？

首先，我希望人们在这里回顾一下我们在第二篇最后所做的考察，那里所提到的有关意志的宗旨和目标的问题推动我们采用那段考察结束第二篇。那时呈现在我们眼前的不是这问题的答案，而是意志在它现象的所有级别上，从最低到最高一级，怎样始终没有一个最终宗旨和目标，是意志怎样总是向前抗争，因为抗争是它仅有的本质，是怎样没有一个已经实现的目标可以停止这种抗争，因此抗争也不能有最终的满足，只有遭遇困难才会被阻止，而它本身却是走向无止境的。这是我们在最单纯的自然现象中，从重力上，就已看到过的。重力不断挤向一个无垠的中心，就算宇宙大全已缩微成了一个球也不停止，而如果真的抵达这个中心，就会带来重力和物质的全部消亡。在其他简单的自然现象上，我们也看到了类似的情形：固体或因为熔化或因为溶解总是向液态抗争，只有在液态中固体本来具有的化学性能才是不受约束的，因为固体性是这些性能的监牢，这些性能是被低温禁闭在这监牢中的。液体又总是向气态抗争，只要把各种压力都排除了，马上就会产生这一变化。所有物体都有亲和力，也就是没有抗争的向往，也就是雅各·丕姆准备要说的：没有欲求和贪欲。电就在无止境地传导它内在的自我分化，虽然地球的质量让这一作用化为无形了。只要电源金属柱还亢奋着，化学发电同样是一种无目标而不停反复着的自我分化和中和的作用。植物的生存也是这样一种不停歇的、永远不知道满足的抗争，是一个持续的冲动，历经逐步上升的形式一直到作为终点的种子又变成新的起始点，像这样不停地轮回直到无极限。没有哪里有一个宗旨，没有哪里有最终的满足，没有哪里有一个歇脚的地方。同时我们将从第二篇里回顾到多种自然力和有机物的形式处处都在相互抢夺物质。这些自然力和有机物的形式既然都会出现在物质上，于是这一个所霸占的也只是从另一个手里抢过来的，这就一直保持着一种不是你死就是我活的抗争。从这种抗争中，主要会生发一种阻力，处处阻碍着组成每一事物最内在本质的抗争，让之无意义地冲动而不能挣脱自己的本质，一直不断地折腾着它自己直到一个现象消失而另一现象又贪心地获取之前那现象的地位和物质。

我们很早就将组成每一物自在的本身及其内在本质的抗争和最清晰地、在最完全的意识的光辉照射下在我们身上将自己表现出的、称为意志的东西看作一码事。之后我们又将意志，因为阻挡在意志及其现在目标之间的阻碍，所受到的干扰叫作痛苦。反之，意志实现它的目标则叫作满足、快乐、幸福。我们也可以将这些称谓转用到无认识界那些在程度上较轻、在本质上一样的现象。我们看到这些现象也一直处于痛苦中，没有长久的幸福。之前所有追求抗争都是因为不足，对自己的现状不满，因此一天不满足，这一天就注定要痛苦。更何况没有一次满足是长久的，每一次满足反过来只是又一个新追求的起始点。我们所见的追求抗争都是处处碰壁的，处处都在抗争，所以，这种情况持续一天，追求抗争也一直都要被看作痛苦。追求抗争没有最后的宗旨，因此痛苦也是没有止境的，是没办法考察的。

在没有认识的自然界，只有提升关注力，非常努力地才能找到的这种情况，可是一旦进入有认知的自然界，到了动物生活中，那就非常显著地呈现在我们眼前了，也就极易找出它一贯的痛苦了。可是我们不在动物界这一区间徘徊，而是要马上转向其他地方，转向人的生活。在人的生活中，所有一切都被最清楚的认识照亮，因此也看得很分明。之前由于意志的现象越趋向理想化，痛苦的程度也就更甚。在植物身体还不存在感性，所以也察觉不到痛苦。最低等动物像滴虫和辐射体动物就可以产生一种程度很轻的痛感了。甚至昆虫，感知和感痛能力都还有限。直到脊椎动物有了完善的神经系统，这些能力才以更高层级而出现，而且是智力越高，痛苦的程度更甚。所以，由于认识的明确程度加高，意志也更强，痛苦也就更甚，这是成正比的。到了人，这种痛苦也就抵达了最高的境界，而且是一个人拥有越高的智力，认识越清楚，痛苦的程度就越甚。拥有天才的人则最痛苦。我是从这个角度，也就是完全从认知的水平来理解和援引柯赫勒特那句话的，他说："谁如果增加了知识，势必会增加痛苦。”——哲人画家或者画家哲人迪希拜因[①]曾经非常灵活地将意志程度和痛苦之间的比例关系展现在一幅直观的、一目了然的画中。画面的上半幅呈现在我们眼前的是一些痛苦、焦灼、绝望的妇女形象，因为她们的孩子被劫走，她们聚集在一起通过多种方式和仪态展现出自己内心的情绪。下半幅的设计和布局同上半幅是一模一样的，画了一些母羊，它们的小羊羔被人带走了。上半幅里所呈现的仪态和头面，在下半幅里都可以看到相似的状态，并形成鲜明的对比。这样，人们就明白了，在动物的含糊意识里也许会出现的痛苦感和所经历的重创呈现一个什么样的关系，还可以清楚地看到真正的痛苦只可能来源于认识的明晰性、意识的清楚性。

所以我们要通过人的生存来对意志的内在的、本质的命运进行考察，所有人都非常容易就可以在动物生命中看到意志的这种命运，只是不太充分，表现的程度也不一而已，而且还可以从痛苦的动物界得到完全的验证，证明所有生命怎样在本质上都是痛苦的。

第五十七章

在认识所照亮的所有层次上，意志的显现都是作为个体。在无边的空间和无垠的时间中，人的个体会觉得自己非常有限，与无穷的时间和空间相比，基本上等同于一个就快要消失的数量，是进入时间、空间中来的。时间、空间既然没有际限，人的个体也就一直只有一个相对的而不是绝对的某个时间、某个地点，个体所在的时间和地点本就是无限中的有限部分。——真正个体只生存在现在。现在自由地遁入过去，也就是不停地进入死亡，也就是慢性的死。个体曾经的生命，除了对现在造成了一些后果，除了在过去镌刻了有关这个意志的论据不说，既然已经彻底消失、死亡、不存在了，那么，在合理的情况下，个体就肯定要看淡过去，而无论过去带给我们的是苦还是乐。可是在个体手里，现在又不断转变为过去，将来则难以揣测，而且总是短暂的。因此仅从形式方面来看，人的个体生命就已经是不停地向过去转换，就是一种慢性的死。如果我们现在从形体方面来看，那么很明显，和众所周知的我们的身体总是走着走

---

① 迪希拜因：Tischbein，德国古典派画家。——译者注

着就经常被阻拦了的摔跤一样，我们肉体的寿命活着活着也只是不停被阻拦了的死亡，只是往后不断推迟的死亡。最后，我们精神上的亢奋也只是不停被推后了的无趣。每一次呼吸都是在和死亡进行抗争，每秒钟我们都在用这种方式对抗死亡，而在更长的停歇期则用一天三餐、晚上睡觉、时时取暖等为抗争方式。到了最后，死亡肯定还是要赢，因为我们从一出生就被死亡紧紧地掌握在手中，死亡只是在吞掉自己的战利品以前，像猫戏鼠一样侍弄着它玩一会儿而已。在这还没有被吞灭以前，我们就会以饱满的热情和尽可能的努力来扩展我们的生命长度，越来越好，就好像吹肥皂泡，虽然明知肯定要幻灭，可依然还是尽最大努力往下吹，吹得越大越好。

既然在一无所知的自然界，我们已经看到大自然的内在本质就是不停地追求抗争，没有目标没有停歇地追求抗争。那么，在我们研究动物和人时，这就更鲜明地呈现在我们眼前的了。欲求和抗争是人的所有本质，完全可以和无法排除的口渴相提并论。可是所有欲求的基础却是需要、不足，也就是痛苦，因此，人生来就是痛苦的，因为它的本质就是痛苦。如果反过来，人由于他容易得到的满足随之清除了他想要欲求的东西而缺失了欲求的对象，那么，恐怖的无聊和闲散就会找上他，也就是人的存在和生存本身就会变成他难以承受的重担。因此人生就是不停在游荡、在痛苦和无聊中，实际上人生的最后两种成分也就是痛苦和无聊。下面这一事实非常怪异地，也肯定地说明了这一点：如果人们将所有痛苦和苦难都认为是地狱，那么留给天堂的就只有无聊了。

那不停地追求抗争组成意志所有现象的本质，其之所以在客体化的更高层次上得到它最关键的和最广泛的根基，是因为意志在这些层次上表现为一个生命体，并附带具有负担这生命体的铁则，而让这铁则拥有效力的又正好是这生命体就是客体化了的生命意志本身。通过这个，人作为这意志最完备的客体化，对应的也就是所有生物中需求最多的生物了。人，完全是具体的欲求和需求，是上千种需求的聚合体。人带着这些需求生活在这个世上，没有依靠，可以依靠的只有自己，所有又都在未定之天，只有自己的需求和贫乏是必然的。鉴于此，整个人生都在这样沉甸甸的、每天都要见面的需求之下，通常都满是为了生存下去的烦忧。直接和这烦忧联系在一块儿的又产生第二种需求，也就是种族延续的需求。同时人又要面临来自各方面的多种危险，为了躲避这些危险又必须保持时刻的小心。他用谨慎的步伐，如履薄冰地向四周看自己正在走的路，因为上千种偶尔的意外，上千个敌人都在准备偷窥他。在荒漠里他是如此行进着，在文明社会里也是如此，对于他来说，处处都充满了危险。有诗是这样说的：

在这样黑暗的人生中，
在非常多的危险中；
只要此生还在继续，
就是这样，这样度过！

（路克内兹：《物性论Ⅱ》）

大多数人的一生都是在和生存本身进行不停的抗争，而且明知最后还是会在这场战争中败下阵来。让他们经得起这一考验的，尽管是贪恋生存，但更是怕死。可是死总是拭目以待，随时准备登上舞台。——生命本身就是充满暗礁和漩涡的海洋。人总是最谨慎的，想方设法躲开这些暗礁和漩涡，虽然他明知自己就算历尽千辛万苦，用尽全部力量而成功地穿越了过去，他也正是因此一步走向那个最后的、整个的、无法躲避无法拯救的船沉入海底，而且是直直朝向这结果开去，对着死亡而去。这就是艰难航行最终的目的地，于他来说，这目的地比他经历过的所有暗礁都还要恐怖一万倍。

可是值得提醒大家关注的是，一方面，人生的痛苦和烦恼就是这样极易猛增，以致死亡——整个生命就算在它面前躲避为事——转变为人所向往的东西，人们心甘情愿奔向它；另一方面，困苦和难受如果一旦让人歇息，空虚无聊又马上聚拢过来，以至于人肯定又需要排遣。让所有有生之物不停忙碌的本就是对于生存的抗争，可是如果他们的生存已经很稳定，他们却不清楚要如何生存了。所以促进他们的第二种动力就是挣脱生存这重担的抗争，忘掉生存，也就是清除时间，躲避空虚无趣的抗争。这样，我们就看到差不多所有没有忧患和没有忧愁的人在他们最后丢掉了所有其他负担以后，现在却将他们自己当成了负担，现在是将消磨了的每一小时，也就是从前为此竭尽全力，尽可能推后的生命中减掉了一分，反而要算成收获了。可是空虚无趣却也不是一个可以小视的灾难，到了最后它会让人觉得彻底的绝望。它让人这样并不怎么友爱的生物竟然那么迫切地彼此追求，于是它又变成人们喜欢交际的源头了。和对付其他普通灾难一样，为了抵御这种空虚无聊，仅仅是从政治角度考量，就随处设置了一些公共设施。因为这一灾难和与之截然相反的另一极端，和饥饿一样，都可以带动人们走向最大程度的无所顾忌。群众需要“面包和马戏”。费城的忏悔院通过寂寞和闲散让空虚无聊变成处罚的手段，而这是一种恐怖的惩罚手段，已经导致囚犯们自尽。困苦贫乏是普通群众的日常灾难，和这个类似，空虚无聊是上流社会的日常灾难。在普通市民的生活日程里，星期日就是空虚无聊的象征，六个工作日就是困苦贫乏的象征。

于是所有人生完全都消失在欲求和抵达欲求之间，心愿从其本性来说就是痛苦。心愿的达成又迅速产生饱和。目的只是一个空架子，拥有一物就让一物没有激励，于是心愿、欲求又在新的态势下再次席卷而来。否则，寂寞、空虚无聊又会马上兴起，而和这些东西进行抗争，其痛苦相当于和困苦贫乏做斗争。只有心愿和满足相互轮换，间隔的时间相当，将二者各自引发的痛苦减至最小，才组成最幸福的生活经历。因为人们平常称为生活中最美好的部分，最单纯的愉悦的——这又只是因为这种愉悦使我们脱离了现实生活，将我们变成对这生存无动于衷的局外人了，也就是纯粹的、和所有欲求不相关的知识，美的鉴赏、艺术上的真正愉悦，只有一少部分才能享受——因为这已对少有的天赋提出了要求——而就是这一少部分人，这也只是作为极短暂的美好来享受的。而且这种拥有较高智商的少部分人在所有时候感知到的痛苦都要远大于那些反应较慢的人，除此以外还让他们从那些和他们有明显区别的人物中孤立出来，于是连那一点美的鉴赏也就因此而冲淡了。而大部分人，他们可没办法得到这种单纯智力的享受，他们差不多根本没力享受纯粹认识中的愉悦而是彻底被欲求所掌控的。所以，如果有什么要引起他们的关心，让他们有兴致，就必须通过某种方式鼓舞他们的意志，就算只是远远地，只要有可能关系到他们的意志就可以了，可是一定不能少了意志的缺席，因为他们在欲求中生存远胜于在认识中生存，他们仅有的生活要素就是作用和反作用。这种本性经常纯真地流露出来，人们要从细枝末节和平常现象中收集这种资料，例如他们经常将自己的名字刻在他们游玩过的风景名胜上面，因为这地方既然对他们产生不了作用，他们就通过这种方式来表示他们对这地方的反应，以此对这个地方发挥一点作用。此外，让他们只是静静地观赏一只远方的稀有动物，他们是不会知足的，而肯定要去触摸它、戏弄它、和它玩儿，而这都只是为了感知作用和反作用。从扑克牌的发明和流行上，我们尤其可以看到意志激发的那种需要，而这刚好展现了人类可怜的一面。

可是无论大自然做了什么，命运做了什么，无论人们是谁，拥有什么，组成人生本质的痛苦是无法挣脱的，就好像是：

> 柏立德斯正浩叹，
> 举眼望苍天。

又像是：

> 尽管是克罗尼德，宙斯的宠儿，
> 也不免，真正的悲伤，忍痛无止尽！

在消除痛苦上所做的努力只能改变痛苦的形态，除此以外别无其他。痛苦的形态本来是不足、困苦、贫乏，维持生命的操心忧虑。如果将这一形态的痛苦清除出去了——这已非常不简单——马上就会有上千种其他形态的痛苦纷至沓来，根据年龄和情况而轮番上阵，像爱情、忌妒、害怕、爱财、病痛、情敌、仇视等。最后，痛苦如果再不能以另一形态穿插进来，那么它就会套上无名忧愁和空虚无聊那件让人发愁的灰色褂子而来。于是又必须想办法来消除空虚无聊。就算后来无聊被驱逐走了，那么，在驱逐无聊时就很难不让痛苦又在之前那些形态中闪进来而又重新开始跳之前的舞，因为所有人生都是在痛苦和空虚无聊之间游荡的。虽然这一研究是这么让人失望，我却要提醒人们关注这考察的另一方面与之并列，人们从这另一面可以得到些许安慰，是的，甚至可以得到一种斯多噶派的毫不在意以应付自己眼前的厄运。之前我们之所以对厄运感到不耐烦，很大一部分原因是我们将这厄运看作偶尔的，看作一连串可以轻松更改的原因链条所造就的。因为对于直接必然的，根本广泛的厄运，像年龄日益增长的必然性、死亡的必然性以及其他平常的不顺心，我们往往不会多么忧愁。其实更应该说，让人觉得不爽的，是发现正在让我们觉得难过的那些情况是偶然的。可是如果我们现在意识到痛苦之为痛苦是生命中本质的和无法规避的东西，意识到因为偶然而转嫁的只是痛苦展现的形式，只是痛苦的形态而不是其他的什么，也就是意识到我们现在所经受的痛苦只是填补着一个空位，如果这个位置没有被这一痛苦所占领，马上就会出现另外一个痛苦来占领，只是这另一痛苦现在还只是被眼前的痛苦排斥在这个位置以外而已。认识到这一点，命运在根本上并不会将我们如何，那么，当这种反思成为生动的信念时，就会带来相当程度的斯多噶派的无动于衷和可以大大减少盘踞在个人幸福周围的忧虑操心。可是在事实上基本是看不到或完全看不到理念具有这么宽广的权限，可以对直接感知的痛苦进行掌控。

此外，人们因为察觉到痛苦的不可规避，察觉到痛苦是一个痛苦刚离去，新的痛苦又会产生，甚至可以说形成一个好像冲突的可是并不是不合理的假定，也就是每个个体本质上都不能离开痛苦，无论痛苦的形式怎么变，而痛苦的定额却是因为个体的天性一开始就被决定了的，在定额之内不能多，也不能少。照这样说来，人的苦与乐都取决于这份定额、这种天赋，而不是取决于外部。这种天赋尽管能在不同时期，因为生理情况有异而经历一些变化，而整个却是固定的。并且这也不是其他的而就是被人们叫作他的性情的东西，或者更准确点来说，就是一种程度，在这程度上他就像柏拉图在《共和国》第一卷所言，要么是情绪亢奋，要么是情绪消沉。支撑这一假设的不仅有众所周知的这一经验：强大的痛苦会掩盖弱小的痛苦，反之，在强大的痛苦不存在时，就算是一些最细小的难受也会折磨我们，让我们焦躁，而且经验还告诉我们，如果有一强大的厄运，平常我们只要一想到它就会胆战心惊，现在却真的发生了，我们这时的情绪，整体来说，只要挨过了第一阵剧痛，后面就不会有什么改变了。反之也是一样，我们渴望已久的幸福终于来临以后，整体说来和持续下去，我们也就不会觉得比之前要明显舒服些。只有变化刚开始发生的那一刹那才让我们非常兴奋，或是作为消沉的烦恼，或是作为激昂的快乐鼓舞着我们，可是苦乐双方很快都会消失，因为二者都以幻觉为基础。之前苦乐都不是来源于眼前直接的享受或苦痛，而是产生于一个新的未来的起始点上，这个起始点又是人们在眼前享受或苦痛中所提前想到的。只有从未来把苦乐借过来，苦乐才会异常增强，所以也就难以持续。——还可以引用以下这一观察成为以上假设的例证——根据这个假设，不管是在苦乐的认识中还是在苦乐的感知中，绝大部分取决于主观地和先验地，也就是说人们的欢喜和忧愁明显不是取决于外部情况，也不是取决于社会地位或财产，因为我们不管是在贫穷的人们中，还是在有钱的人们中，都可以看到很多快乐面庞。还有，造成自杀的那些也是非常不一样的，我们不能拿出任何一个最大的不幸来举例，可以将就假定它会在所有性格下都引发自杀，却能拿出很少的不幸，小得和自杀不相对应却又造就了自杀。如果我们喜悦和忧愁的程度并不是所有时候都一样，那么依据这一观点，就不能归因为外部改变，而只能归因于内在情况，人的生理情况。这是由于我们的喜悦如果真正是在亢奋时，虽然只是短暂的，甚至于到了快乐的程度，这种亢奋也习惯于发生在没有任何外部原因的。我们诚然经常看到自己的痛苦只是产生于某一外部情况，看到我们明显是被这一情况所抑制、所困苦，于是我们就误认为只有把这一情况排除了，肯定马上就会实现最大程度的满足。可是这只是幻象。从我们的假设出发，我们苦乐的定额在每一节点上，整体的都取决于主观，对于这一定额来说，带来烦恼的那外来企图只是身体上的一张疮泡膏药，之前分散的脓毒如今都集中于膏药这一块儿了。这也就是说，在我们生存期间，因为我们的本质所以没办法挣脱的苦痛，如果不存在痛苦的外部原因，本来是分散在好几百个点上的，而且是在对事物，有几百个琐碎忧愁和挑剔这个形态中出现的。我们如今之所以对这些忧愁和挑剔视而不见，是因为我们容忍痛苦的定量已全部是那最主要的痛苦外因，这痛苦的外因已经将本来分布开去的痛苦又汇聚到一点上了。和这种情形一样的还有另一观察：如果本来存在于我们心中的深重的、抑制我们的忧愁，最后因为侥幸的结局而从我们心中溜走了，那么马上又会出现另外一种忧愁。事实上后一种忧愁的所有成分早已存在，其之所以没有作为忧愁进入我们的意识，只是由于我们的意识已经充满了，没有容纳它的位置了，所以这些忧愁成分只能作为没被察觉的暗淡雾团而一直待在它地平线最远的地方。可是现在既然位置空出来了，这个现成的成分马上前来占据如今统治者的起控制作用的忧愁的位置。虽然这成分从质料上来看，要远比那消失了的忧愁的所有成分轻，可是它却知道让自己鼓起来，在表面上和前一忧愁形态一样，而以如今最主要忧愁的资格将那个位置填充得一点空隙都没有。

过度的快乐和过分猛烈的苦痛往往只会出现在同一个人身上，因为二者不仅互为前提，而且精神的过分活跃也是它们共同的条件。就像我们刚才所看到的，二者都不是因为纯粹现在的事物，而是因为对未来的期待所出现的。可是痛苦既然是生命本质上不可或缺的，而且其程度又取决于主体的天性，那么猛然之间的改变，因为它总是外部的改变，其实并不能对痛苦的程度带来影响，因此过度的快乐和痛苦都是以错误和幻觉为基础的。所以这两种情绪的过度拘谨都可以因为真理而得以规避。不管哪种过度的快乐都是以这种幻觉为基础，误以为在生活中找到了其中完全不会遇到的东西，即认为折腾人而本身又不断新生的心愿或忧愁已经获得了持续的满足。事后，人们肯定无法逃避地要从这类所有单个的幻觉回顾往昔，而且幻觉的产生给人们带来了多少快乐，在它消失以后，就相对应有多少痛苦来追偿。从这一点来说，幻觉就相当于一个陡坡，人们要想下来，就只有从上面滚落下来，因此这种陡坡是要尽可能规避的。所有忽然的、过分的痛苦正就只是从这样的陡坡往下坠，是这种幻觉的消失，进而也是把这种幻觉当作前提的。所以，如果人们可以做到经常从多方面、从联系而完全清楚地概览事物，而且自己坚持小心着不真的赐予那些事物以人们期盼它们有的颜色，则过分的苦与乐都是可以被规避的。斯多噶派伦理学的主要宗旨就在于将心情从所有这些幻觉及其后果中解脱出来，并用坚韧的不动心赐予人的心情来取代幻觉。霍内修斯[①]在一篇著名的无韵古诗中就全部都是这种观点：

当你命运不济，
不要一日忘却：
坚持不要动心。
你如幸运多福，
一样不能乱来：
避免快乐无度。

可我们大半是封闭着自己，不让自己和这一苦药一般的认识产生交集，也就是不让自己了解到生命本质上的东西就是痛苦，所以痛苦不是蜂拥而至，却是我们所有人在自己内心里藏着痛苦的不衰源头。我们反倒要时常给那些一直居住在我们身上的痛苦找些原因作为理由，就好像自由人给自己打造一个偶像，以便自己有一个主人一样。之前我们不知疲劳地从一个心愿又跑向另一个心愿，

① 霍内修斯：Horatius，罗马诗人。——译者注

虽然每次得到的满足给我们带来那么多好处，可终究没有满足我们，反而一大半是很快就要变成让人尴尬的错误，可是我们依然看不清我们是在用妲娜伊德的穿底桶汲水，而总是匆忙奔向新的心愿：

> 因为我们所追寻的，一天还没有得到，
> 我们觉得，它的价值便最高；
> 可是一旦被握在手中，马上又另有所求。
> 总是那一欲望一直紧紧掌握着我们，
> 这些期盼生命的我们。
>
> （路克内兹：《物性论Ⅲ》）

因此，愿望相争如果不是这样无限，就是少有而且要假设性格的某种力量为前提的东西，也就是说直到我们遇到一个愿望，不仅不能实现而且又不能放弃它，于是，我们就似乎是已经拥有了我们所要追求的东西了，有了随时可以取代我们自己的本质以作为我们痛苦的源头来抱怨的东西了，这样我们就和自己的命运分裂了。可是祸福相依，我们却因此和自己的生存达成一致了，原来这时有关痛苦是这生存自己本质上的东西，而真正的满足却是不可能实现的这一认识又被抛弃了。最后这样发展的结果是一种有些抑郁的心情，是长期忍受一种单一的惊人的痛苦和因此产生的、鄙视所有琐碎苦乐的瞧不起，所以，这和不停追求幻象相比，已经是更为严肃的一个现象了，只是追求幻象更常见一些。

第五十八章

所有满足或人们通常所说的幸福，在本来意义上和本质上都是悲观的，不管怎么样都不是乐观的。这种幸福并不是因为它本身要来到我们身边的福音，而一直都是满足的一个愿望。因为愿望，也就是不足，原来是所有享受的前提条件。可是随着满足的产生，愿望也就完了，所以享受也就跟着完了。所以，满足或获得幸福仅仅只是从痛苦或窘迫中得到解脱。之前要得到这种解脱，不仅先要具备各种实际的明显的痛苦，而且要先具备不同纠结、干扰我们平静的愿望，甚至还要先有让我们把生存当作重担的、让人窒息的空虚无聊。——可是要实现一点什么，要执行一点什么，又是如此艰难，每一种计划都会有无止境的难题和辛劳与之对抗，每前进一步，前面又会出现阻拦物。可是，就算是最后将所有难题都解决了，目的实现了，那么，所得到的除了是人们从某种痛苦或某种愿望得到解脱以外，进而也就是除了再回到痛苦这来，这愿望还没有产生以前的状态外，不可能再出现其他的东西。——让我们可以直观清楚的一直都只有不足，不足也就是痛苦。满足和享受我们只能间接了解到，因为回顾往昔，伴随着享受的出现而终结的痛苦和窘迫然后才间接了解到。因为这个道理，所以我们经常并不觉得自己真正拥有财富和便利条件，也不觉得多么珍贵，好像这是理所当然的，除此以外就没有其他想法了。这是因为这些财富和便利条件带给我们的幸福一直都只是悲观的，只是在隔离痛苦而已。直到我们丢失了这些东西，我们才觉得这些东西的意义，原来不足、困顿、痛苦，才是真正乐观的东西，是自己直接投射到我们这里来的东西。所以，回顾我们抑制了的困顿、疾病、不足等也让我们欢愉，因为这就是享受眼前美好时光的仅有的方式。同时也毋庸置疑，在这一点上，站在利己主义角度来说，利己就是欲求生命的形式——亲眼看见他人难过的景象或听他人讲述痛苦，也正是在这条道路上给我们带来满足和享受。比如说路克内兹在第二卷篇首就非常真诚而漂亮地说出了这一点：

海中波涛汹涌，岸上人逍遥快活。
眼看扁舟有难，且自快乐兴豪。
为何他人有难，偏自意气风发？
只因早已清楚，岸上安然无恙。

可是到了本篇后面一点就会把这种愉悦指出来，因为这样间接的认识而得到自己的安稳快乐，已非常接近真正的乐观的恶毒的源头了。

而所有幸福都是含有悲观属性的，不纯粹是乐观属性的，而正是这个原因，所有幸福又不能是长久的满足和福音，而一直以来只是从痛苦或不足中得到解脱，解脱以后马上又会产生一种新的痛苦，或是沉重，也就是没有实际内容的向往和无聊等，这所有都反映在世界和生活本质中，在艺术中，特别是在诗中找到有力的佐证。之前所有史诗或戏剧作品都只能传达一种为幸福而进行的抗争和努力，可是不能表达出经常的完满的幸福。戏剧写作驾驭着它的主人翁越过重重险阻而最终实现目标，一旦实现，就马上收起舞台幕布，全剧告终。这是因为在目标达成以后，除了指出那个辉煌的目标，主人翁曾企图要在其中找到幸福的目标，也只是戏耍了一下主人翁，指出他在实现目标以后也不会比前面好什么，就没有什么可以接着往下演了。因为真正的常驻的幸福是不实际的，因此这种幸福也不能作为艺术选材。田园诗的目标当然就是描绘的这种幸福，可是人们也看到田园诗担不起这一重任。在诗人手里，田园诗总是不动声色地变成了叙事诗，那也就只是一种毫无意味的史诗，只是由琐碎的痛苦、琐碎的快乐和努力所构成的，这是最司空见惯的情况。田园诗或者不自觉地变成了专门写景的诗，对大自然的美进行描绘。这原本就是纯粹的不包含意志的认识，实际上固然也是仅有的单纯的幸福，事前没有需要和痛苦，事后也不会有后悔、空虚、焦躁纷至沓来。可是这种幸福不可能把整个生命填满，只能填满某些瞬间。——我们在诗中可以看到这样的情况，在音乐中同样也可以看到。在音乐的节奏里，我们又看到自我意识的意志最深层的内心史有了通常的表现，看到人类心灵隐藏得最深的生活、向往、苦和乐、潮与汐。曲调总是对基音进行改变，经过多种灵活的转折直到让人难受的非谐音以后，之后再回到基音上来。这基音代表着意志的满足和安宁，可是除此以外，它就再没什么作用了。如果再持续下去只会让人生厌，没有意味的枯燥，和空虚无聊相似了。

这些考察想要弄清楚的所有，像长久满足的无法实现，像所有幸福的悲观性，都在第二篇末尾所指出的那一点中说明过了。也就是说那里已经指明意志是一种无目标、无止境的抗争，而意志的客体化就是人的生命和所有现象。在意志的总现象的所有不同部分上，我们都可以看到无穷的影子，从这些部分现象最常见的形式起，从时间和空间的无止境起，直到所有现象中最完善的一种，一直到人的生命和抗争为止，都是如此。——在理论上人们可以认为人生有三种极端，而将这些极端看成实际人生的基本成分。第一是强悍的意欲，是那些惊人的亢奋，这在杰出的历史人物身上可以找到，是史诗和戏剧中所描绘的。可是在狭窄的生活范围里也是可以看到的，因为在这里，目标的大小不是根据外部情况而是根据这些目标激励意志到什么程度来考量的。第二是纯粹的认识，是理念的领悟，这是用认识挣脱给意志服务当前提的，也就是天才的生活。第三是最大可能的意志麻木和维系在意志之上的“认识”的麻木，也就是空虚幻想，让生命刻板的空虚无聊（惯性的迟钝气质）。个人的生活远远没有停留在这三极端中的一种，只是很少的和这些极端产生交集，大多数情况下只是优柔寡断地一会儿靠近这一极端，一会儿又靠近那一极端，是对于一些小事急切的欲求一直反复不断，也就是这样躲避着空虚无聊。真正让人难以相信的是，大部分人的生活，从表象上看去是多么没有价值，在内心觉得的又是多么迟钝而没有思想地虚度了。那是一种模糊的倾慕和苦难，是在梦中徜徉，是在一连串琐碎的思考中历经四个年龄段一直到死。这些人似乎和钟表机器一样，发条上好了就走，而不清楚为什么要走。每每有一个人出生了，就是一个“人生的钟”上好了发条，以便接连不断地表演那已经表演过若干次、听得耳朵都起茧的街头风琴曲调，这些曲调就算有些改变也不值一提。于是每个个体、每个长相和这张脸一生的过程也只是一个简短的梦了，是没有止境的自然精神的短梦，常驻的生命意志的短梦，只不过是一幅不固定的画像，意志用玩笑的笔墨画描绘在它那没有止境的画卷上，画在时间和空间上，让画像短暂地待一会儿，和时间相比只是接近于零的瞬间，之后又被擦掉以便给新的画像腾出地方来。可是所有这样不固定的画像，所有这样浅显的念头，都不得不通过整个的生命意志，无论它多么猛烈，用多少切肤之痛，最后还是要用一直惧怕而始终会降临的死、苦味的死来清偿。人生很难想的一面就是这里。看到一个人的尸体会突然让我们庄严起来也是基于这个道理。

所有单个人的生活，如果是拿整体的眼光一般地去看，而且只关注一些最关键的架构，那肯定不是一个喜剧，可是仔细观察其中的单个情况则又可以看到喜剧的属性。这是因为一天中间的苟延残喘和辛苦劳动，不间歇地生气淘气，一周之间的心愿和担心，每小时的差错，通过一些时常准备戏耍人的偶然巧合，就全都是喜剧的情节。可是那些从来没有达成的愿望，虚无的抗争，为命运毫不留情地踩踏了的希冀，一生中那些糟糕的错误，加上越来越强的痛苦和最后的死亡，就经常上演悲剧。这样，命运就似乎还要给我们一生的痛苦再附加一些讥讽似的，我们的生命已肯定性地含有悲剧的所有创伤，可是我们还不能以悲情角色自居，而必须在生活的普遍细节中无法逃避地扮演一些可怜的喜剧角色。

可是，尽管每个人的一生都充满了数不尽的烦恼，让人生一直在紧张和动荡中徘徊，可是依然没办法填补生活对于充满精神的无可奈何，不能填补人生的空虚和浅白，也不能拒无聊于千里之外，无聊总在等着去填补烦恼空出来的每个空白。因此又出现一个情况，人的精神对于现实世界赐予它的忧愁、穷困还不满足，还要在上千种迷信的形态上另外创造一个幻想的世界，只要现实世界稍微让他喘息一会儿——那是他完全没有能力享受的——就马上通过各种方式去应付这幻想的世界，将时间和精力都荒废在这一世界上。所以，这原本大部分是气候宜人、土地肥沃而生活简单的民族所有的情形，先是在印度人那里，然后是希腊人、罗马人，接着是意大利人、西班牙人，等等。人通过自己的形象塑造一些妖魔、神灵和圣者，之后又不得不时常为它们贡献、祈福、修建寺庙、许愿还愿、烧香、装饰偶像等。敬神弄鬼还处处和现实交叉在一块儿，甚至让现实也蒙上了阴影。生活中发生的每件事都要看作那些鬼神在发挥作用。和牛鬼蛇神打交道就占据了一生中二分之一的时间而不停保持着希望，而且因为幻觉的魔力经常还要比那些和现实人物打交道还有意思些。这是人们双重需要的表现和症状，一重是需要救助和支持，一重是对充实和打发时间的需要。就算这样和鬼神打交道对于前一种需要每每是起到的反作用，因为在事故和危险发生时，珍贵的时间和精力都用去牺牲和祈福了，而不是用在防范事故和危险上。可是对于第二种需要，因为人和梦想的鬼神世界维持着异想天开的关联，这种交道反而有更好的作用。这就是所有迷信必须关注的好处。

第五十九章

我们既然已经对人生初始的、基本的结构进行了考察，而在这区域内让我们自己先验地坚信人生从整个根本上来说就已经不可能拥有真正意义上的幸福，人生从本质上来说就是一个形态多样的痛苦，是一个一直痛苦的境况，那么，如果我们现在多采用事后证实的办法，愿意去研究更多详尽的情况，愿意幻想一些景象而在例子中对那不知名的烦恼、经验和历史指明的烦恼进行描绘，而无论人们看向哪个方向，处于哪种考虑下进行研究，我们都可以在自己的心目中更旗帜鲜明地唤发起人生只是痛苦这一理念了。可是，如果真是如此的话，这一章就无止境了，就会让我们远离哲学中根本不可或缺的“一般性”的态度。除此以外，人们还极易将这样的描绘看作只是对人生烦扰故意地叫嚷，就好像过去多次有过的叫嚷一样，再加上这种描写既是从单个事实入手，人们还可以给它扣上单方的罪名。我们有关无法规避的、以生命本质为基础的痛苦所进行的论证彻底是冷静的哲学的，从通常情况出发的和从先验推导出来的，这样的批评和质疑就不会加注到我们身上来了。可是假如要后验地验证这个信念却是哪里都可以做到的。所有从青年幻梦中醒悟过来的人，只要他关注过自己和他人的经验，在生活中，在过去和当代，最后对杰出诗人的作品进行多角度考察以后，那么，如果没有什么印象深刻的成见对他的判断力产生了影响，他就极有可能得出下面这个结论：这人世间是偶尔和错误二者的天下，它们就在这个天下丝毫不留余地的不仅控制着大事，也控制着小事。它们之外还有蠢笨和狠毒在一边挥舞着鞭子，于是所有更好的东西只有艰难地抗争，高尚的和聪明的东西很难显现出来产生作用或引起人们的关注，可是思想王国里的荒诞和谬论，艺术王国里的平庸和枯燥，行为王国里的欺诈和狠毒，除了被短暂地打扰以外，事实上都可以维护其统治权。相反，所有出色的东西经常都只是一个特殊，是百万情况中的一种。于是还会发生这样的事，如果这出色的东西显露在一部流传下来的作品中，那么，在这作品被当代人无数次嫌弃以后，还是遗世独立又被置之不理时，它依然像一颗陨石一样，好像是产生于另外一种事物次序而不是来源于控制着这世间的事物次序。——而个人生活，则不管哪一部生活史都是一部痛苦史，因为所有人的一生根据规律来说都是接连不断的大小厄运，虽然人们尽力隐藏也是枉然。而人们之所以要隐藏，又是因为他们清楚他人在想到这些正好是他现在可以幸运逃脱的灾难时，肯定很难引起关心和同情，而差不多总是觉得满足。——可是也许不可能有这样一个人，如果他不是糊涂的，而是真诚的，会在他临终以前还愿意过一遍此生，与其这样，他宁愿选择根本不存在。在《汉姆勒特》一剧中有一段世界知名的独白，其基本内容就是：我们的现状是如此烦忧，根本不存在会有比这好的情况。如果自杀真的可以给我们提供不存在，以至二选一的“存在或不存在”可以在这句话的完全意义中透露出来，那么就应该干脆果断地选择自杀作为最值得向往的功德圆满。可是在我们内心深处还有一个声音在告诉我们，事情远非如此，这样并不就是完了，死亡也不代表就是真正的毁灭。历史的始祖①已作过和这个一样的论述，也许后来也没有人提出过反对意见，他说：从来就没有过这样一个人，他不是

① 指希罗多德。——原注

多次都不想再继续往下生活了。照这样来看，则人们这样多次抱怨的生命之短暂或者反倒还很合适了。——最后，人们如果还要将那些恐怖的、他的生活大门打开后无法逃离的痛苦都展示在所有人面前，这人就会被害怕所侵袭而瑟缩不停。如果人们还要引领一个最强烈的积极主义者去走访正规医院、战地医院以及外科手术室，再去看看监狱、刑讯室，然后去看战场和刑场，之后让他看所有暗淡无光的、贫病的所在地，在那儿，在严酷的好奇眼光以下，痛苦灰溜溜地躲开了，最后再让他看看邬戈林诺[①]的饿牢，那么，到最后，他也一定可以发现也许存在的最好世界到底是什么样子了。但丁创作的《炼狱》就是从我们的现实世界撷取材料，而我们的现实世界也真的变成一个像模像样的地狱了。相反，通过但丁的手来描绘天堂和其中的快乐时，要完成这一任务就会出现难以逾越的障碍了，因为我们这世界却不能给他提供一丁点儿资料，所以，他可以做的事也就是再次描述他的祖先，他的碧璀斯和一些圣者在天堂里给他讲的教训。可是因此却完全显现了这是一个什么样的世界。当然，人们的生活也像一些低端商品一样，表面上都覆有一层不真实的光彩。只要是痛苦就会被遮盖住，反之，所有绚烂的东西都要拿出来炫耀一下。越是内心里缺少什么，他越是希望别人把他当幸运儿看待。人的无知可以达到这种境界，以至于他人的意见就成为所有人奋斗的主要目标。虽然“虚荣”这个词的本义在所有语言文字中差不多是表示空虚和荒芜，就已经表示这种做法没有价值了。可是就算是在这所有忽悠人的戏法以前，生命的痛苦还是极易猛增——而这是每天都会发生的事——以至于人们在平常最怕的就是死亡，现在却一心求死了。是的，命运如果真亮出它所有的阴招，那么，受苦受难的人连最后的退路都没有了，会要留在残酷的敌人手里受尽慢性折磨，无以逃生。这时，受折磨的人祈求他的神灵也没有作用了，他只能待在命运的掌心里坐以待毙。可是，这个无以逃生正是反映他意志不可降服的一面镜子，而意志的客体性就是他本人。——就像外部力量无法更改这一意志或撤销这一意志一样，所有异己的力量也不能帮他摆脱痛苦，痛苦是来自生命，而生命又是彰显意志的现象。人总得回过头来把自己当依靠，不仅在所有事情上都是这样，在关键性的大事上也是这样，彻底没

① 邬戈林诺：Ugolino，13世纪意大利比萨省的残暴的君主，把儿孙四人都关押在饿牢中。——译者注

用的是人为自己创造一些神祇，以期求助于它们就可以得到只有自己的意志力可以得到的东西。《旧约全书》既然已经将世界和人类看作上帝创造出来的物质，那么，《新约全书》为了让人明白获救和解救这世界的痛苦都只能从世界本身着手，就必须让上帝变成人。人的意志不仅现在是，将来也一直是他所有以此为凭借转移的东西。不同信仰、不同名目的忏悔者、殉道者、圣者等之所以心甘情愿忍受所有残酷的刑罚，是因为在这些人眼里，生命意志已经不存在了，所以就算是意志现象的慢性毁灭也是他们举双手赞成的。不过这是后面要详细论述的，这里就不提前说了。——除此以外，我在这里还是得说明一点，也就是说我觉得，积极主义者假如不是这样一些的人，也是一些脑袋里只装了空话的人，没有思想上的碰撞，那就不只是作为荒谬的想法，还作为一种真正缺失德行的想法而产生的，是作为对人类无名痛苦的狠毒嘲讽而产生的。——人们千万不要以为基督教教义也许会对积极主义有帮助，在《福音书》里，世界和灾难差不多是同义词。①

第六十章

既然我们已经研究了两个不得不插入的分析，也对意志本身的自由和意志现象的肯定性进行了研究，之后又对意志在反映着它本质的世界里所有的命运进行了研究，而意志在认识了这世界以后就必须对它自己进行肯定或否定，那么，我们现在就可以让我们在上面只是通常地说到和说明过的这种肯定、否定本身得到更高的清晰性，因为我们马上就要对意志的肯定和否定仅有的得以展现的行为方式进行论述，并根据其内在的旨意来考察。

意志的肯定是不受所有认识的影响的，常驻的欲求本身，通常散布在人类生活的就是这种欲求。人的身体既然已经是意志的客体化，像意志在这一层次上，这个体中所表现的那样，那么，意志的，在时间中进行的欲求就相当于是和这身体平行的解释文章，是阐述全身及其部分的含义，是同一自在之物的另外一种表现形式，而身体原本就是这自在之物的现象。所以我们也可以说身体的肯定以代意志的肯定。所有复杂的意志活动，其根本课题总是实现需求，而

① 第二卷第四十六章是对此处的补充。——原注

需求是在健康上和身体的生存息息相关的，是已表现在身体的生存中而又都是可以恢复成个体保持和种族繁衍的。可是各种不一样的动机就因此间接得到影响意志的力量并产生那些复杂的意志活动。每一个这样的活动基本上只是这里表现着的意志的一个范本。而这个范本属于哪一种，以及动机所有的和赐予这范本的是什么形态，那都不是关键的，而这里的问题是，根本是有所欲求，以哪种激烈的程度而有所欲求。意志只能从动机上看出来，就好像眼睛只能通过光才能展现出自己的视觉能力一样。动机站在意志前面，就相当于有变化神通的海神普罗托斯一样：一直让其彻底满足，让其摆脱意志的烦躁干渴。可是目的一旦实现了，它马上又表现在另一形态中，又在这一形态中再次推动意志，而且总是根据意志的猛烈程度和它对于此认识的关系二者来带动，而这二者又刚好是因为那样的范本而表现出"验知性格"的。

人从他的意识产生起就发现自己在欲求着，而且他的认识和他的意志往往都有着比较稳固的关系，人想要完全认识的，先是他欲求的那些目标，然后是得到这些目标的方式。他如果现在已经清楚要做什么，根据常规他就不会再想要知道其他的了。他就马上做起来，总是向他欲求的目标做下去的意识让他站直了，一直做下去，这时他的思维所考虑到的只是采取什么方法。差不多所有人的生活都是如此，他们有所欲求，也清楚他们要什么，他们对此热烈追求，取得一些成绩就可以确保他们不会陷入绝望中，有一些失败就可以保证他们不会落入空虚无聊和其后果中。从这里就出现一种高兴，至少是出现一种淡定的心态。在这种情绪中，不管是穷还是富对此都不能有真正意义上的变化，因为穷人或富人享受的都不是当前的所有。因为，像上面所说，这只是悲观在发挥作用，而是享受他们渴望通过自己的努力而得到的东西。他们很庄严地，是的，面色凝重地朝前奋斗，孩子们做他们的玩意儿也是如此。——这样一种生活过程如果被打扰，那总是一个特殊的例子，那是因为认识不服务于意志而独立，完全只在意世界的本质。从这一认识中不是出现了美感上鉴赏的要求，就是出现了伦理上控制自己的要求。绝大多数人被困苦乏味鞭打着过完这一生，不让他们有深刻思考的机会。不仅不能深刻思考，意志通常炽烈到大大超过肯定人身的程度，这是从强烈的情欲和猛烈的激情上可以看出来的。个体在意志猛烈到这种程度时，就不单单只肯定自己的生存，而是当他人的生存妨碍到他时，就会对他人的生存予以否定或取消。

身体的维护如果是因为它本身的力量，那是意志肯定的程度太轻，也就是说如果意志真愿意如此，则我们可以假设在人身中表现出的意志是在身体死亡的同时也跟着破灭的。可是性欲的满足就远不止对本人生存的肯定，本人生存在时间上是这么短暂，性欲的满足却肯定生命到个体的消亡以后，到没有一定期限的时间。一直坦诚而守恒的大自然，这里甚至可以说是率直的大自然，彻底公开地将生殖行为的内在意义呈现在我们眼前。自己本人的意识，冲动的激烈，也都告诉我们在这一行为中展现出来的是最坚定的生命意志之肯定，单纯而不带其他额外作用（像不带否定其他的个体），于是作为这行为的后果而呈现在时间和因果系列中的，也就是出现在自然中的，就是一个崭新的生命。这新生命来到生者面前，在现象上和后者有区别，可是在本体上或理念上是一样的。所以生物的族系通过这个分别形成一个整体，作为这样的整体而一直延伸下去的，就是这一行为。从生者来说，生殖只是代表他对生命意志是完全肯定的；从新生者来说，生殖并不是表现在他身上的那意志的什么根据，因为意志本身不仅不知道有什么根据，也不知道有什么结果，而是生殖和所有原因一样，只是这意志在这时展现的偶然原因。作为自在之物，生者的意志和新生者的意志并没有什么区别，因为只有现象是遵从个体化原理的。伴随着超出本人身体的那一肯定，一直到一个新个体产生，归属于生命现象的苦痛和死亡也一起再次被肯定，而由最完备的认知能力带来的解脱的可能性，在这儿却宣告无用了。在这里，对于生殖行为的难以启齿，人们是有着很深的渊源的。在基督教教义中，这一观点是通过神话的方式表现出来的，也就是说对于亚当的罪过（这里明显只是性欲的满足）我们所有人都逃脱不了，并且因为这次犯罪，我们就注定一辈子有痛苦和困难。宗教教义在这里已逾越了根据根据律进行的考察而认识到人的理念。理念的统一性则因为连接所有的这根生殖的纽带，而从散列分布在若干个体的分化中还原了。依据这一点，这种教义一方面将每个个体看作和亚当，和这肯定生命的代表①是一样的。从这一方面来说，每个个体都是理所当然要犯罪、要痛苦、要走向死亡的。另一方面，对于理念的认识又替这教义提出每个个体和教主，和这否定生命的代表是一样的，从这个方面来说，每个个体对于教主的自我奉献都逃脱不了，都是因为教主的德行而得以救赎的。

① 生命的代表：指耶稣基督。——译者注

都是从罪恶和死亡，也就是从这世界的约束中被拯救出来的（《给罗马人的信》5,12—21）。

我们将性的满足看作超越个体生命的生命意志之肯定的观点，看作因为性的满足才终于停留在个体生命之中的观点，也就是相当于看作再次写卖身文书给生命的观点，还有一个神话式的表达，那就是有关普罗塞宾娜[①]的希腊神话。普罗塞宾娜如果没有吃阴间的果子，她就还有可能从阴间回来，可是因为她已经吃了一颗石榴，她就彻底沦落在阴间了。这神话的意义在歌德举世无双的笔下可以看得很分明，特别显眼的是刚在普罗塞宾娜吃过石榴以后，突然听到司命女神巴尔贞在不可见的地方唱起来：

你是我们的人了！
你要清醒点回过来；
吃过一口石榴，
让你变成我们的人了！

值得关注的是克利门斯·亚历山大[②]（《诗文杂抄》第三卷第十五章）用一样的形象和语言挑明这一问题："那些为了天国而舍弃自己所有罪恶的人，他们是幸福的，清醒地不被尘世所染。"

把性冲动当成坚定的最猛烈的生命之肯定还有一个论据，那就是说在自然人和动物，这冲动都是生活最后的目标和最高的宗旨。它们的第一种努力就是自我保存，如果这一步设置合理了，它们就只一心追求种族的繁衍了，除此以外的其他所有是作为自然生物的它们所不能渴求的。以生命意志本身为内在本质的自然，也用它所有的力量在激励着人和动物去繁衍。在繁衍以后，大自然所求于个体的已实现了它的宗旨，对于个体的存亡就不放在心上了，因为在它和生命意志一样，所在乎的只是种族的保存，个体之于它根本不算什么。——由于大自然的内在本质，也就是生命意志，在性冲动中将自己展现得最为激烈，

① 普罗塞宾娜：Proserpina，捷内斯的女儿，被劫持住在阴间，嫁给了阴间王哈德斯。——译者注

② 克利门斯·亚历山大：Klemens Alexanderinus，公元前150年在雅典阐扬柏拉图学说。——译者注

因此古代诗人和哲人——赫西奥德[①]和巴门尼德斯——非常有意味地说爱神是元始第一，是造物主，是所有事物要遵从的原则（见亚里士多德：《形而上学》I，4.）。菲内居德斯[②]曾经说过："宙斯在要开创世界时，将自己化身成了爱神埃洛斯。"（《蒂迈欧篇》I、IV、朴洛克路斯对柏拉图）最近我们在 G. F. 薛曼著的《宇宙论上的爱欲》（1852 年版）里看到这个问题有了详细的探讨。印度人的摩耶也被意译为"爱"，她的纺事和纺织品也就是整个的假象世界。

相比身体上任何其他裸露在外的器官，性器官更是只听从于意志而根本不听从于认识。意志在这里，差不多和它在那些只通过激励作用而为植物性的生命，这繁衍而服务的身体部分中——意志在这些部分中只是冲动地发挥作用——和它在一无所知的自然界中，是同样地不依靠认识。之前生殖只是转折到一个新生命的再生作用，相当于二次方的再生作用，和死只是二次方的排泄一样。——以这一切为前提，性器官可以说是意志的聚焦点，进而是与脑，认识的代表，也就是和世界的另一面，作为表象的世界对立面的另一端。性器官是保持生命，在时间上保证生命没有止境的原则，因为它有这样的性质，因此希腊人在"法卢斯"[③] 中敬仰它，印度人在棱迦中敬仰它，进而这些东西都是代表意志的肯定。认识则反过来提供撤销欲求的可能性，超脱和撤销这世界的可能性。

在这第四篇的开始，我们就已经仔细考察过生命意志在它的肯定中应怎样看它和死亡的关系，也就是这样看：死亡并不会冒犯它，因为死亡本身已涵盖在生命中，而且是作为从属于生命的东西而存在的，而死的对立面一生，又和死保持着充分的平衡，而且虽然个体消失了，可是依然牢牢捍卫着生命意志，确保着生命。为了更好地表述这个意思，印度人就用棱迦附属于死神僖华身上作为印证。在那同一个地方，我们还曾经阐述过一个彻底清醒而坚定站在生命肯定这一面的人是怎样处变不惊地看着死亡。所以在这里我们就不要再提了。绝大部分人站在这一立场上是没有足够理智的头脑的，他们只是不停对生命进行肯定。这个世界是对这一肯定进行反映的镜子，它拥有数不清的个体，在无穷的时间和无垠的空间中，有着连绵不绝的痛苦，在生和死之间，没有尽

---

① 赫西奥德：Hesiod，公元前 8 世纪的希腊诗人。——译者注

② 菲内居德斯：Pherekydes，公元前 6 世纪古希腊神学家，为毕达哥拉斯之师。——译者注

③ 法卢斯：Phallus，代表丰产的男性生殖器。——译者注

头。——可是对于这一点，我们没有理由抱怨什么，因为意志是拿出自己的身家来上演这一出杰出的悲剧和喜剧的，更何况观众还是意志本身。这世界之所以刚好是这样一个世界，是因为这意志——它的现象就是世界——是这样一个意志，是因为意志要如此。容忍苦痛之所以公平，是因为意志在这现象上依然要肯定自己，而这一肯定之所以公平合理，又是因为意志要容忍着苦痛，因此两边平均了。这里就让在整体上看到了永恒公道的一点苗头，在后面，我们还要单个情况中更详细地论述它，可是我们得先探讨一下有时间性的或人世间的公道。①

第六十一章

通过第二篇，我们有了这样的印象：在整个自然界，在意志客体化的所有层次上，在所有族类的个体之间，肯定是一场持续不断的战争，而生命意志和它本身的内在矛盾的表现也是通过这场战争。在客体化的最高层次上，这一战争现象，和其他所有现象一样，也彰显得更为明晰，所以还可以接着描述。为了实现这个目标，我们先要从根源上来研究利己主义，它是所有战争的着眼点。

因为只有在时间和空间中，也只有以时间和空间为缘由，才有可能出现同类事物的杂多性，因此我们曾经把时间和空间叫作个体化原理。自然的认识的根本形式是时间和空间，从意志中产生认识的根本形式也是时间和空间。所以意志会处处在个体的杂多性中表现自己。可是这杂多性并不会关系到作为自在之物的意志，而只关系到意志的现象。在所有现象中，意志都是成一个整体的，没有经过切割的，而在周围，它却看到很多复制自己本质的肖像。可是这本质本身，也就是真实的实在，只能直接在自己内部发现。所以每个人都想让所有都围着自己转，要拥有所有，至少是掌控所有，但凡是违抗他的，他就要让它消失。再加上那些认识着的生物，认识的主体的承载者就是个体，而认识的主体又承载着这个世界，也就是说个体以外的整个自然，进而所有其他个体都只存在于这个个体的表象中。这个体一直都只是把其他个体当作它的表象，也就是间接地，作为依靠于它的本质和生存的东西而意识着的。因为这世界之于它，

① 第二卷第四十五章是对此处的补充。——原注

肯定是和它的意识一起消失的，也就是当它的意识消失掉，这世界是否存在之于它来说就是一个意义而没有区别了。因此每一认识着的个体在事实上是，也发现自己是整体生命意志或这世界本身的本体，而作为表象，它又是填补这世界的前提，进而个体是一个小世界，是要和大世界一视同仁的。处处永远都是真诚的大自然本身，不依靠所有反思，从一开始就已明了地、直接地把这一认识附注在个体身上。从前面已经提出的两种必要规定[①]就可以对每个个体进行解释，虽然在广阔的世界里，它非常微小，几乎等同于零，可是它为什么要把自己当成宇宙的中心呢？为什么在思考其他之前先思考自己的生存和幸福呢？为什么在这一自然的角度上宁愿为了它的生存而付出所有，宁愿自己存活得久一点而与这个世界为敌？这种心理就是利己主义，而这是自然界所有事物本质上的东西。可是也正是因为这利己主义，意志和它本身的内在冲突才那么恐怖地对外彰显出来。这是因为利己主义之所以有其存在和本质，是因为小宇宙和大宇宙的对立，或是因为意志，因为它的客体化形式为个体化原理，所以可以以同样的方式展现在若干个体中，而且在所有个体中，意志和表象这两个篮子是整体地、充分地显现。因此，一方面是所有个体自己作为完整的意志和表象者而直接被认知，另一方面是其他的个体下一步只是作为它的表象而被认知。所以，对于这一个体，它自身的本质和保存就得凌驾于其他所有上面了。对于自己的死，人人都看作世界末日来了一样，对于与他熟悉的人的死，如果他本人没有亲自参与丧事的话，就只是当作一件与自己毫无关联的事听听就算了。在已提升至最高的意识里，在人的意识里，利己主义也肯定和认识，和苦乐达到了巅峰，而以利己主义为前提的个体斗争也肯定会以最恐怖的形式出现。这一点我们是随处可见的，是在所有事情中都可以看到的，可是有时是在恐怖的方面，在黑暗的暴君和恶人们的生平中，在祸乱全世界的战争中看到，有时又在可笑的方面看到。在可笑的方面，这一点是喜剧材料，而且尤其是出现为妄自尊大和虚荣。这些东西，还只有洛希福果用抽象把它们表示了出来。而我们则是在世界史和自己的经验中看到了这一点。可是这一点彰显得最明显的是一群人只要不再受法律和规范的制约，那就会马上出现最显著的各自为战。在《国家论》中，霍布斯在第一章就非常精准地描绘了这一点。从这里可以看出

① 指个体不仅是意志也是表象。——译者注

所有人不仅要从别人那里强取豪夺，而且为了略微增加一点自己的幸福就得让别人整个的生命或幸福消失。这是利己主义最高的表现，从人我利害这方面来说，要越过这种利己主义现象的就只有真正的狠毒那些现象了。狠毒根本上就是损人损己地试图给他人找麻烦，创造损失而不用对自己有利，下面就快要说到这一点了——人们可以把我在得奖论文《论道德的基础》里有关利己主义的阐述和这里对于利己主义的源头的提示对照一下。

上面我们已看到在所有生命中，痛苦都是本质的、无法规避的。痛苦的一个主要来源，只要痛苦真实地出现，而且是以特定的形态出现，就是那纷争之神埃瑞斯，也就是所有个体的战争，就是附属在生命意志之中，因为个体化原理而显而易见的冲突的表现。开展人兽搏击就是直接而裸露地让这冲突生动化的残忍方式。在这原始的差异对立中，虽然人们采取了相应的方案，可是依然存在着一个痛苦不请自来的永不衰竭的源头。我们现在就马上来对这个源头进行深入考察。

第六十二章

对于最初的、简单的生命意志的肯定只是对自己身体的肯定，我们已经探讨过。这就是说意志是怎样通过动作而在时间上把自己表现出来，要通过身体在它的形式和目标性中怎样在空间上表现出这个意志为界限，不可逾越。这种肯定是通过身体的保存表现出来的，其实现目标的手段是运用这身体本身的多种力量。直接和身体保存取得联系的是性冲动的满足，而性器官是身体的一部分，那么在这个意义上性冲动的满足也就从属于身体自身了。所以心甘情愿地、根本不是以动机为基础而放弃性冲动的满足已经就是否定生命意志了，是生命意志在已经出现并发挥清醒剂作用的认知上甘愿撤销它自己。鉴于此，如此对自己身体的否定就是意志和它自身的现象之间的一个冲突了。这是由于在人的身体上，尽管繁殖意志的客体化是性器官，可是现在它放弃繁殖了。正是由于这一点，也就是因为对自己身体的否定就是对生命意志的否定或撤销，因此这样的放弃是一种极度困难和难过的自我抑制。可是有关这一点，我们放到后面再说。——意志既然在若干平行的个体中表现出那种对本人身体的自我肯定，那么，意志在一个个体中凭借其独有的自私主义，就极易逾越这一肯定，并且跑出很远，直到否定在其他个体中彰显的是同一个意志。这是前一个个体的意志进入了他人意志的肯定范畴了，因为这时前一个体抑或是对他人的肉体本身进行侵袭或消灭，也可以是强迫要求他人身体中的力量服务于自己的意志而不是服务于他人身体中显现出的意志。也就是说如果这一个体从表现在他人身体里的意志那里夺取了他人身体的力量，并进而将本服务于他人意志的力量加诸到自己身上，那就是通过否定他人身体中显现出的意志以超越他本身而对他自己的意志进行肯定。——如此入侵他人的意志的肯定的范畴，人们一早就清晰意识到了，而这种入侵的概念标志就是用“非义”这个词。因为非义的施受双方诚然不是如我们这里有非常清楚的抽象认知，可是从感情角度来说都是马上意识到这个问题的。承受非义的一方面因为自己的身体被其他的个体否定，就觉得入侵他身体肯定范畴的是一个直观的精神上的痛苦，而这种痛苦不同于因为现实的行为而感知的肉体痛苦，也不同于因为物质上的损失而感知的懊恼，是有根本区别的。另一方面在实行非义的方面就有一种这样的认知：他在自身，和同时也在对方身体中彰显出的意志是同一个意志，可是这意志在它的一个现象中对于自己是如此的肯定，以致它因为跨越了本身和本身力量范围以外而变成其他现象中的同一意志的否定，于是这意志作为它本体自身来看，就正好是因为它猛烈和自己作对，在吞噬自己。——这种认识，我必须得说，在执行非义的人也不是突然就在抽象中得到的，却只是作为隐约的感知而得到的。人们将这种感受叫作“良心的责备”，在这里更缩小范围来说或者就叫作“所行非义之感”，也没什么不行。

在这里我们已在最通常的抽象中对“非义”的概念进行了分析。详细说来，非义最恰如其分、最完备和最利于指出的表现就是现实吃人的粗鲁行为，这是非义在意志客体化的最高层次上最明显的种类，是意志和自己作对最恐怖的场景。而意志客体化的最高层次就是人，在只排在吃人后面的凶杀中，由于凶杀的执行，我们适才抽象地干瘪地指出其意义的良心责备马上用恐怖的明晰性出现，而且在精神的宁静上留下永远也医治不好的痛苦，因为我们无论是对于已犯的凶杀瑟缩不停，还是对于马上要犯的凶杀胆战心惊，都是符合人们对生的无限的眷恋。而所有有生之物，正因为显现的是生命意志，所以都是被渗入了这种留恋的。除此之外，我们还要在后面对由于非义和狠毒行为而产生的那种情感或良心上的愧疚进行详细地分析，并让之提升为概念的明晰性。要视为本质上和凶杀一样，只是在程度上和凶杀有区别的，是有意让他人身体受到伤害抑或是残疾，和所有打人的行为。——非义还表现在约束其他的个体，表现在强迫他为奴隶，最后还表现在将他人的财产据为已有。如果财产是他人辛苦劳动得来的，那么霸占他人的财产和使唤他人从本质上来说就是一样的，二者之间的关系也等同于仅是伤害之于凶杀。

这是因为从我们对非义的说明出发，财产如果不行非义就不能拿走，则财产只能是他人辛苦劳动而来，因此拿走他人的财产就是从已客体化于该人身中的意志那里拿走这人的体力，以让这份体力服务于另一身体中客体化了的意志。唯有如此，执行非义的人不是对他人的人身进行侵犯，而是侵犯一种不包含生命的，和他人的身体彻底不一样的东西，可是依然是入侵了他人的意志的肯定范畴，因为他人的体力和劳动相当于是和这东西很好地融合在一块儿而画上了等号。从这里我们可以推导出，所有现实的财产所有权，也就是道德的财产所有权，之前，仅仅是以劳力劳动为依据的，就像在康德以前这就是被人们所公认的，而且也正像这就是最悠久的一种法典说得明晰而美好的："对古代了如指掌的智者们说，谁把田里的树木清除干净了，将田野整理干净了，犁过了，这块耕地就是属于他的了，就像谁是率先让一只羚羊无法动弹的，这羚羊就归他所有了。"（《摩奴法典》IX，第44页）我觉得，康德的所有法理学是一些相互混淆的错误很不一般地纠结在一起，我觉得这只能用康德老年的衰退来说明。就是这一点也是可以解释的，他的依据是领先占有当作财产所有权。可是仅通过我的意志宣告不允许他人使用某样东西，怎么就可以马上让自己拥有对这件东西的合法权利呢？很明显，这样的宣告本身就得有一个法理根据，而不是像康德所觉得的这宣告本身就是一个法理根据。如果仅有自己的宣告而没有其他依据就要一个人独享某件东西，那么，又怎么可以说他人不尊敬这种要求就是这个人在本质上，也就是在道德上，行为非义呢？在这件事上怎么会让别人心存愧疚呢？这是很浅显和很好理解的道理，也就是说完全没有什么合法地取得，仅能有的就只是对一个东西的合法占有，合法取得，而这是因为之前对这东西付出了自己的劳动。所以，一样东西只要是由他人辛苦付出过努力的，改进过的，或是为了预防事故而得保存的，就算是非常微不足道的辛劳，只是捡起或取下一颗新生的种子，可是拿走这样的东西依然是那抢夺者拿走了他人付出过劳动的果实，依然是让他人的身体服务于他的意志而不是为他人自己的意志服务，是跨越了他那意志的现象而对他自己的意志进行肯定，直到对他人的意志进行否定，这就称之为行为非义。① 与之截然不同的是，如果仅仅是享受一件东西，对此并没有进行任何改良或没有加强任何防护措施以免损坏，那么，这也和仅仅通过他的意志宣称他自己的独霸是同样的，没有对此提出一种合法权利。因此说就算一百年以来，一个家族一直都是单独在某个猎区狩猎，可是没有做任何动作来对这个猎区进行改良。那么，如果现在有才来的新人也要在这里狩猎，这家族如果不是在道德上非主我，根本就不能持有反对意见。所以所谓优先占有权只是人们在没有付出任何劳动而享受了一样东西以后，还要要求回报，也还是还想独享权利，这从道德层面来说是没有完全根据的。对于仅仅以这种权利为根基的人来说，那后来的新人就可以拿出更充分的理由来驳斥他："正是因为你已经享受了太长时间，因此现在应该换别人来享受了。"所有只能保持原貌的东西，不仅不能进行改良，而且也不采取任何安全方式来预防事故，那么从道德层面，就不能给予有根据的独霸权。这种东西的拥有，可能是因为其他所有人的方面为了回报占有人在其他方面的功绩而主动让出来的，可是这已假设了一个被传统习俗所束缚的集体，假设了国家。——从道德层面来说有根据的所有权，像我们在前面所延伸的，和这所有人对于他自己的身体有着无穷无尽的掌控权一样，所以他可以采用互换或给予的方式将他的财产转给他人，而他人又必须和他同样地用同一道德的权利拥有这份财产。

基本说来，非义的作为不是用武力就是用阴谋，而从道德层面本质的东西来看，二者可归为一码事。先来说凶杀，无论我是用匕首还是用毒药，这没有什么分别。用相似的手段伤害人身，结果也是相同的。其他情况的非义通常可以恢复成我，作为非义的作为人，总是强迫其他的个体服务于我的意志而不是他的意志，根据我的意志采取行动而不是根据他的意志。在武力的方式上实现这一目标是借助形体上物理的因果性，在阴谋的方式上则是借助企图的组成，也就是通过认识验证过的因果性，进而是我给他的意志铺叙了一些假企图，让他误以为他借助这些企图是在遵从他本身的意志，而事实上是在遵从我的意志。认识不仅是动机所在的媒介，那么，我要实现这所有就必须使他出现错误的认

① 因此要为自然的财产所有权订立依据，并不需要假设两种法权依据相平行，不需要霸占依据和造成依据并行，而是后面这一依据已足够使用了。可是"造成"这个词有点不太适合，因为对一样东西加上某种勤劳不需要一定是一种形式的赐予。——原注

识，而这就是谎骗。谎骗的目标往往都是控制他人的意志，而不单单是对他的认识进行影响，不是因为他自为的认识本身，而只是以对他的认识进行影响为方式，也就是只在认识决定他的意志这个区域内对他的认识产生影响。这是因为我的谎骗的出发点是我的意志，这谎骗本身也需要一个动机，而这样一个动机却只能控制他人的意志，而不能只限于影响他人自在的、自为的认识，因为他人这样的认识不可能会影响我的意志，因此也不会促进我的意志，不可能是我这意志所有的那些目标和企图，而只有他人的欲求和行动，要他人做什么才能是这样一个企图。因为这一点，进而也只是间接地，他人的认识也才能是这样一个企图。在所有明显从利己主义着手的谎骗是这样，在纯恶作剧基础上产生的谎骗——恶作剧是在捉弄他人，在别人由此造成的难堪后果上取乐——也是如此。甚至只是纯粹地说大话，因为这样可以从别人那里收获更多的尊敬或更好的评价，也是在于对他人的欲求和行动产生更大的更容易得到的影响。如果只是拒绝讲出一个真理，也就是完全拒绝说出什么，这，本身还不叫什么非义，可是用无论哪种谎言让他人上当却都是非义。如果有人走错了路，需要你指引，你拒绝了，这还不叫对人非义，可是如果有意让他走错路却是非义。——从这里所讲的道理进行推论，所有谎骗作为谎骗论，都和暴行一样是非义，因为谎骗既然是谎骗论，其目标就已经在于将对自己意志的掌控权延伸到其他个体的身上去，也就是通过对他人意志的否定而达到肯定自己意志的作用，正和使用暴力是一样的。——可是最根本的谎骗却可以称得上毁约，因为在契约里，所有条文规定都清楚明白且完整。之前在签署一份契约时，他人履行的义务直接而自明的是我今后履行义务的动机。双方共同认可的条款是经过思考而正式交换过的。双方在契约中所进行的声明的真实性，根据之前的认定，都是自己的掌控中。如果对方毁坏契约，那么他就是对我实施了欺骗。而且，因为他只是拿假动机来欺骗我的认识，以便根据他的目的来掌控我的意志，将他的意志的掌控权延伸到其他的个体上，因此他就是做出了彻底非义的行为。所有契约在道德上是否合法，契约是否有效，这个都是依据。

从非义的作为者来看，和使用暴力相比，使用阴谋要无耻得多，因为暴力的非义来自体魄的力量，而体魄的力量在所有情况下都是为世人所惊叹的。阴谋的非义则完全相反，采取迂回的办法就已经透露了其人的软弱，因此这时同时从体魄和道德两个层面贬损了他的为人。再加上哄骗之所以可以无往不利，是因为实施哄骗的人为了让别人相信他，自己还必须装出一副对哄骗深恶痛绝和瞧不起的模样。哄骗之所以可以成功是以人们深信他的诚实为基础，而这却是他所不具备的。——狡诈多变、恩将仇报和叛徒行为因此处处让人厌恶，而以忠信、诚实为基础的是一根纽带，它从外面让——分布在个体杂多性中的意志再次联合起来，而且也是因为这一作用才束缚了因为意志分散而出现的自私主义的后果。恩将仇报和叛徒行为却是扯断这根最后的、外面的纽带，因此而为利己主义的后果提供广阔的活动空间。

在我们考察方式的一系列关系中，我们已察觉作为非义这概念的内容的，是一个人的某种行为属性，在这种行为属性中，他将表现在他身体中的意志的肯定这样延伸了，以致这种肯定势必会对表现在他人身体中的那意志进行否定。我们还在一些最普通的例子中对非义的界限进行了划分，而且，我们还用极少的几个主要概念从高到低对非义进行了规定等，鉴于此，非义这概念就是最天然的、正面的，则与之截然不同的正义这一概念却是衍生出来的、反面的。因为我们一定不能把自己困囿在字面上，而要从概念着手。实际上，如果非义不存在，那么正义就无从谈起，也就是正义这概念单单只包括非义的取消。所有行为，只要在上述界限范围内，也就是说不是对他人的意志进行否定而以此增强本人意志的肯定，就都涵盖在这一概念中。因此仅从单纯道德的规定这方面看，以上界限就已将所有可能的行为的所有范围都区分成正义和非义两个层面了。一种行为，只要不是根据以上所分析过的方式，在对他人的意志进行否定时抢占他人的意志的肯定的范畴，就不属于非义范畴。打比方说，他人有危急而不拉一把，或自给自足有剩余时而对他人的饥饿乃至于死不管不顾，这当然是残忍的，没有人性的，可是不是非义。在这样的情景下，可以底气十足地说：谁如果不仁残忍到了这样的地步，那么也完全可以肯定地说，只要他的愿望要求这样做而没有受到强力阻拦，所有非义他都不在话下。

可是，从“正义”这概念作为非义的撤销说，则这概念主要是运用于通过暴力抗争非义的企图这种情况下，而且是毫无疑问的，这概念最初就是这样出现的。这种抗争绝不会本身又是非义，因此抗争是正义的，虽然在抗争时所展示出来的暴力行为就其自身独立来看似乎是非义，而只是在这里因为行为的企图才算是公平的，即才变成正义的。假如有一个个体在对他自己的意志进行肯定时，竟抢占了我本人作为一个人格的人在本质上拥有的意志的肯定的范畴，并因此对我意志的肯定进行否定，那么，我抗争这种抢占就是否定这个否定。从这一范畴来说，从我这个角度，只是对本质上肯定地、最初显现在我身体里的，只来自我身体的现象也就是已经一起涵盖在从内部表现出来的意志进行肯定，因此这就不是非义，而是正义。这就表明，我因此可以使用一种权利，为了撤销别人那否定而必须拥有的力量来对别人对我的否定进行否定，而在如此做时，像比较好理解的，甚至可以因此废除其他的个体。对他的侵犯，作为侵入的外来暴力，进行抗争是不属于非义的，进而是有资格采用一种比外来暴力要强一些的反作用来进行抗争的。因为在我这个角度所产生的所有，一直只存在于我本人作为这样一个人本质上，因为我这人已经展现在"意志之肯定"的范畴内，而没有侵占他人的这种范畴，这就只是否定之否定，也就只是肯定，本身也是肯定。因此，我的意志不仅表现在我的身体中，又通过自身的力量保存自身而对所有恪守这一界限的他人的意志不否定，我就可以不因为非义而强制那否定我的意志的他人意志不去实施这一否定，也就是说在这个界限内，我有一种强制权。

在我拥有强制权，有整个的权利用暴力应付他人的所有场合，根据情况的需要，我也可以同样的不因为非义而采用阴谋来和他人的暴力相对抗，进而是刚好在我有强制权的范围内，我也确实具有谎骗之权。所以，如果一个人正在被匪徒抢夺身上的财物，他再三保证他身上确实没有东西了，就算说的是谎话也是彻底的正义行为。同样，谁如果用诺言把一个擅自闯进来的强盗骗进地窖而将强盗反锁在里面，也是属于正义。谁如果被绑架了，打比方说被北非粑粑内斯克[1]人掳走，他为了回归自由不仅有资格用公开的暴力而且有资格使用计策除掉那些人。——所以，通过直接对肉体的暴力行为所欺压出来的语言完全就没有约束力，因为忍受这种强迫的人完全可以采用凶杀的方式救赎自己，更何况用欺诈的方式了。谁如果不能用暴力把抢走的财物拿回来，而是使用计策拿回来的，也不是属于非义行为。如果有人把从我这里抢走的钱拿去赌博，结果输了，那么我完全可以对他使用假骰子，因为我从他手里赢回来的钱根本就是属于我的。谁如果否定这一点，就肯定更要对战争中采用计策的合法性进行

---

① 粑粑内斯克：Barbareske，在中古时代，人们将摩洛哥、阿尔及利亚、突尼斯、特立波立斯等地的人叫作粑粑内斯克人，借以说明盗匪很多，现在叫作帕尔伯人。——译者注

否定了，因为这甚至是付诸了行动的谎骗，是瑞典女王克瑞斯汀[1]所说的一个佐证，她说："人们说的话完全不可信，而他们的行动也是差不多不能信任的。"——照这样说来，正义和非义之间的界限固然是非常严谨的。除此以外，我觉得重新去对这所有这一切和我们以上有关谎骗和暴力是非义的说法根本统一进行验证，完全是画蛇添足。这所有也可以用来对无奈之下着急撒谎那一怪异的理论进行阐述。[2]

根据前面所说的，那么正义和非义就只是属于道德上的规定，也就是从人类作为这种行为来研究的层面和这行为本身所具有的内在价值看都有用的规定。这是直接在意识中表现出来的，一方面是因为非义行为有一种潜在的痛苦与之关联，也就是实行非义的人单方面感到的一种意识，意识到他自己的肯定意志太过猛烈，而对他人的意志现象产生了否定，也是因为认识到他作为现象当然和非义行为的担负者有区别，可是从本体自身来看又和担负者是一个东西，更深入叙述良心愧疚的潜在意义却只能放到后面再说。在另一方面，非义行为的担负者也很痛苦地认识到他人否定了自己的意志，虽然这意志是因为他的身体本身及其天然需要已展现出来，而大自然是告诉他怎样运用自己身体的力量来实现这些需要的。而且他还认识到只要他凭自身的实力可以达到，他完全可以不为非义而采用任何方式来对抗那否定。这种单纯道德的意义是义和非义所有的也是仅有的意义，可是这是从人作为人而不是作为公民来说的，因此就算只是处于最自然的状态中，没有所有现行法规的存在，这种意义也不会消失，而且是组成所有现行法规的基础和内容。这就是你们叫作自然法的东西，可是叫道德法似乎更合适，因为它的作用不及受害的方面，不及外部现实，而只限于人的行为和因此而产生的人的自我认识——这就称之为良心。在自然状态下，自然法不是在所有场合都可以对外，对其他个体有用，不能在所有场合都可以预防强权取代正义作统领。在自然状态下基于每一个人的只是他在所有场合都不为非义，而不是在所有场合不负担非义，是否负担非义则取决于他偶尔的外在的强悍。所以，义和非义的定义对于自然状态当然还是有用但肯定不是以前的，可是在那里却只是作为道德的定义有用，以利于每个人都认识到自己的意

① Christine（1626—1689），瑞典王 Gustav Adolf 的女儿，成年时登极，1654 年逊位。——译者注

② 在我的得奖论文《论道德的基础》中还有进一步讨论了这里提出的法权理论，请参考该书第一版§17，第 221—230 页（第二版第 216—226 页）。——原注

志。生命意志在人类个体中肯定自己，其激烈程度非常不一样。这些道德的概念在刻画强度表上就相当于温度表上的冰点，是不变的一点，即自己意志的肯定成为他人意志的否定的那个界值，即因为实行非义而必须指明意志的猛烈程度和认知在个体化原理中被限制的程度相交的那一点。可是如果有人置之不理或否定他对于人类行为所进行的纯道德性考察，那么，他也可以效仿霍布斯将义和非义说成是以前的，随意使用的规定，所以也是在现行法以外完全没有的规定。而且我们也不可能运用外部经验让他清楚原本就不属于外部经验的东西。打比方说上面这个霍布斯，他就有一个观点非常明显地代表着他那已经实现的经验主义思维方式的特点。在他那本《几何学原理》中，他对所有真正纯粹的数学进行了否定，而固执地说点有广度，线有宽度。可是我们也不可能找出一个点没有广度，一根线没有宽度，我们不能让他清楚数理的先验性，就像不能让他清楚法理的先验性一样，对于所有非经验的认识，他一律拒之门外。

那么，纯粹法学就是属于道德那一章里面的了，而且直接只和行动的执行有关，和行动的承受没有关联。之前只有行动表现出意志，而道德是对意志进行考察的。行动的承受则是光秃秃的“事态”，道德只能间接地思考行动的承受，也就是单单只为了验证那些只要是为了不承受非义而发生的事并不是非义。——申论道德这一章[1]，它的内容应该是确定一个明确的界限，确定个体在对他身体中客体化了的意志进行肯定时，可以发展到哪里，而不会对出现在另一个体中的同一意志进行否定，之后又规定行为如果超出这个界限就肯定是非义，所以是可以不为非义而进行抵抗的。因此考察总是从自己本人的行动出发的。

可是在当作事态看的外在经验中，承受非义也就出现了。在非义的承受中，像我们已经说过的，生命意志和它自己抵抗的现象比在所有其他地方表现都要突出一些。这种抵抗现象产生于个体的繁多和自私自利主义二者中，这二者又是把个体化原理当作前提的，而对于个体的认知，这原理就是表象世界的形式。在上面我们还看到过大多数人生本质上的痛苦都可以在这种个体抵抗上找到永不衰竭的源头。

可是所有这些个体所共同拥有的理性，并不是让他们如动物一般只看到单

① 指纯粹的法学，也就是理论法学。——译者注

个个体，而是也让他们抽象地认识到在联系中的整体，而且让他们很快学会认知痛苦的来源，让他为减轻痛苦或磨灭痛苦想出计策，也就是让大家学会一样付出，大家因此得到的共同利益足以抵付这付出还有多的。在一些场合现身时，实行非义对于单个人的利己主义尽管很痛快，可是在另一个体承受能力非义时，却有着肯定与之相对应的东西，而对于这一个体来说肯定就是莫大的痛苦。于是，在这对整体的理性进行考察而走出它所归属的个体的片面观点而短时间不再痴迷于这个体时，这理性就已经发现在实行非义这一个体中所得到的享乐，相比在另一个体承受非义之中所得到的痛苦，后者要大得多。除此以外，还发现这里既然所有都事出偶然，因此每个人要想得到实行非义的享受的难度要远远大于承受非义的痛苦。所以，理性认识抑或是为了减少广泛分布于所有的痛苦，抑或是为了尽最大能力让这个痛苦平均化，仅有的最好的出路就是让所有人都不再通过实行非义而换来享受，而让所有人都不再承受非义的痛苦。——因此说这个办法，这个通过运用理性，很简单就可以通过方法实行而脱离自己片面立场的利己心想出来，然后慢慢让其更完善的办法，就是国家契约或法律。如我这样在这里指明国家的来源一样，柏拉图在《共和国》里早就已经阐述过了。实际上也只有这才是从实质上来说，国家起源的不二说，取决于这事的本性。在所有疆土、所有国家都只有这一个起源，正因为这一产生方式，这一宗旨，才让国家变成国家，而且在变成国家时，就不用再关心某一民族事前的状态是一群毫无关联彼此独立的野人（无政府状态），或是被厉害之人随意统驭着的一群奴隶（专制状态），这都和主要意思没有关系。在这样两种情形之下，国家还没有出现，一直到共同的协议订立，国家才产生，而且是彼此根据协议多多少少加入了无政府状态或专制状态，国家也就因此变成比较完备或不太完备的。共和国更偏向于无政府状态，君主国则更偏向于专制状态，因此而存在于想象之中的立宪君主这条折中途径又更加偏向于受议会党团的管辖。确实要成立一个完美的国家，人们必须先找到一些创造性人物，这些人的天性决定了他们完全可以为了大家的福利而牺牲自我的福利。可是在达成这一点以前，已经有一个称心如意的办法，多少有点帮助，也就是说如果存在那么一个家族，这家族的福利和那一个国家的福利是融为一体的。那么，至少在最关键性的事物上，就会同时推动二者，世袭君主制的能量和优势就刚好在这里。

道德既然只关系到正义的或非义的实行，而且可以为那基本已做好决定不为非义的人准确地标明他行为的分界线，那么，政治学，也就是有关立法的学说，则完全反过来，只代表非义的承受者讲话了，而且如果目的不是非义的实行，则每次都有它相对应的物体，也肯定有非义的承担，也肯定不会关心非义的实行。非义的承受，作为立法所不赞同的仇人，那才是立发的出发点。深入地说，如果能假想有一种非义的实行，并没有与之相对应的承受非义，那么，从根本上来说，国家也就不会将之列入禁令条款。——更深入地说，由于意志，人的企图，是道德上要研究的内容，也是道德上仅有的一个实在，因此宗旨就在于一定要实行非义，只有外力才能进行约束或让之不再发挥作用的坚定意志，在道德上和现实已做出来的非义根本就是意味一样的，在道德的评判之前，这种企图的人就被斥责为非义的。国家则与之截然不同，完全不在乎纯粹的意志和企图本身，而只在乎实际行动，不管这个行动是还在酝酿中还是已经成为事实，因为这行动在其他方面也有其对应物，有痛苦的承担。因此，对于国家而言，现实行动、事态，是仅有的实在，而企图，意志之被探究只是想要从这些当中找到现实行动的价值。所以对于任何人在他思想中经常包藏着祸害之心，国家是不会禁止的，只要国家已确信对于剑和轧轮的害怕会不停阻止那祸心耀武扬威。国家也没有这么个蠢笨的计划，要把不法行为的心理倾向清除掉，把狠毒的企图也清除掉，而且是在所有可通过这个达到不法行为的企图旁边，总要在不可规避的刑罚上再加上一个分量更重的、用来消灭不法行为的企图。如此看来，一部刑法也就是一本尽最大努力完整的登记簿，详细地记载着所有一切可能假设的罪行的反动机——罪行和反动机双方都假设在抽象中，以便于如果有事情发生就可以现实运用。于是政治学或立法事宜为了实现这一目标就会向道德借用法学在规定义和非义的内涵以外，还准确地规定了二者间的分界线那一章，可是也只是为了利用那一章的对立面而将人们如果不愿实行非义，道德就认为不能跨越的所有界限，视为是人们如果不愿承受非义就准许他人跨越的界限，也就是人们所以具备资格将别人从那里赶回去的界限。所以，这种界限就要尽最大努力从悲观层面采用法律的形式对它进行稳固。因此，如果人们非常幽默地把历史学家叫作拙劣的预言家，那么法学家就是拙劣的道德家了，而原本意义上的法学，也就是有关人们可以公开的权利的学说，在它谈论那些不允许侵害的权利的那一章里，也就是拙劣的道德了。“非义”这一定义，和“非义”的否定，“正义”这定义，原来都具有道德属性，可是在这里，因为出发点从乐观方面转到了悲观方面，也就是因为方向转变而具有法律属性了。这一点，和康德的法学一并——康德极其荒谬地从他的绝对命令引导出国家的成立是一种道德上的责任——正是近期反复引发这样一种怪异的错误观点，说国家是一种推动道德的设施。国家产生于追求道德的努力中，所以国家的成立是和自私主义相对的。似乎那仅有的一个可以称得上道德或不道德的内在企图，一直自由的意志，也可以从外面来进行修订一样，也可通过外来作用进行改变一样。更荒谬的一个“理论”说，从道德的层面来说，国家是自由的前提，进而也是道德性的前提，可是自由却在现象的对面，更不用说是在人类设施的对面了。国家，如前面所说，既不是完全对所有利己主义持反对态度，也不是对利己主义的利己持反对态度，而是相反，国家刚好是从所有人有自我意识而依据方法做事的，从狭隘立场到广泛立场，产生于因此而汇总的共同的自私，其存在就是专门为这种利己主义效劳的，成立于纯粹道德性的不可期，也就是纯粹以道德理由的正义行为不可期为科学前提，要不然国家本身就没有必要了。因此国家不是为了和利己主义作对，而是为了和利己主义对抗那些不好的后果，也就是反对从利己的个体的杂多性中，在他们所有人互相给予恩惠中出现而侵害他们福利的后果，又以此福利为目标而成立的。所以亚里士多德就曾经说过：“国家的目标是让大家都过上好日子，而好日子就是生活美好和幸福。”（《论共和国》，IV）还有霍布斯也非常科学地、杰出地对国家的这一起源和目标进行了研究。同样，所有国家秩序的那个最悠久的基本准则：“公共福利应该位于法律的首项”也代表着同一起源。——国家如果彻底实现了它的目标，它就会出现这样一个现象，相当于普遍都是完全公正的企图在发挥作用一样。可是这两种现象[①]的内在实质和起源在二者之间却是完全对立的。也就是说在后面这一场景是所有人都不想实行非义，而在前面那一场景却是所有人都不想承受非义，而且是为了这个目标，所有合适的办法都上阵了。这就是同一条线从两个对立的方面来描绘，而一头被戴上口罩的猛兽也和一头草食兽一样不会对人产生伤害了。——可是要过这一点而进一步，国家就束手无策了，国家不能上演一种似乎是产生于广泛的互利互爱中的现象。这是由于像我们刚刚所看到的，国家因为它的本性就对非义或不法行为不加以禁止，如果是完全在另一方面不存在

① 这两种现象：指国家彻底实现目的前后两种现象。——译者注

非义的承受方的话，只因为这是不会变成现实的事情，国家才没有阻止所有非义或不法行为；那么相反，国家根据它将所有幸福为目标的偏向，也将要愿意尽力让所有人都享受人类仁爱全方位的美意和善行，如果不是这些美意善行的事业在现实中也有一种对应物[①]的话。可是在这种场合，国家的所有公民就都不想主动了，只想出任被动的角色，而且斥责谁在谁前面来出任主动的角色[②]也没有一个坚定的理由。所以，可以进行强迫的只是一些悲观的东西，那也就刚好是法律，而不是乐观的东西，那也就是人们在出于好心的责任或不彻底的责任这类名称以下所认识的东西。

像前面已经讲过，立法借助于道德的纯粹法学或探讨义和非义的本质和分界线的学说，以利于为了那和道德没有关联的立法宗旨而从反面采用这个学说，并根据这个拟定现行法律和成立维护立法的手段，成立国家。因此现实的立法就是运用纯道德法学的反面。这种运用可以敬重每一特定的民族所特有的条件和情况而付诸实践。可是，从本质上来说，只有现行立法是完全根据纯粹法学而规定的，而且要立法的所有条款都可以在纯粹法学中找到依据，之后所产生的立法才称得上是乐观的正义，而这国家也才算是一个道义的整体，才是真正意义上的国家，才是道德上允许的设施，而不是不道德的。要不然就会反过来，现行立法就会给乐观的非义打下基础，立法本身就会公开坦承其非义是强迫形成的。不管哪种专制政体，大部分回教国家的政体，甚至包括很多宪法的一些部分都属于这一类，像人身所有权、强制劳役等。纯粹法学或自然法，或者叫道德的正义更合适，当然总是要因为反方向才变成所有道义的现行立法的根基，等于纯粹数学是所有应用数学的根基一样。为了这一目标，纯粹法学和哲学一样，也有传播给立法的最关键的几点：1）对“义”和“非义”两个概念内在的和原本的意义、来源，以及两概念在道德上的使用的位置进行解释；2）财产所有权的延伸；3）契约的道德作用的延伸，因为这是国家契约的道德根基；4）国家的来源和宗旨的说明，说明这一宗旨和道德之间的关联，还有怎样通过这一关系进行方向逆转，根据目标将道德的法学运用到立法上来；5）刑法的延伸。——法学的其他内容只是将这些原则运用在所有可能的生活关系上，是对

① 对应物：指实施中所有贡献的劳动或物质。——译者注

② 主动被动的角色指给予恩惠和享受恩惠的人。——译者注

义和非义之间分界的详尽规定，因此这些关系都是在相应的看法和标题之下进行分开和合并的。在这些怎样分开和合并的观点上，所有的纯粹法学教科书都比较统一，只是在那些原则上说法很不一样，因为这些原则总是关联某种哲学。当我们已经根据我们的哲学体系简明扼要地，可是也是坚决而清晰地解释了以上那关键的前四点以后，还有刑法这一点也正准备相同的方式来探讨一下。

康德提出一个完全荒谬的看法，他说在国家以外就不存在完整的所有权。从我们上面的延伸我们知道，在自然状态中也存在财产，也附加有完整的、自然的，也就是道德的权利。这种权利，不实行非义就不能进行危害，可是不顾一切拼命保护的却不是非义。相反，在国家之外不存在什么刑法，那倒是真实的。整个刑事处分权都是以现行法作为基础的。在人犯法以前，现行法就对这种犯法行为如何处罚进行了规定，而刑罚的恐吓作为反动机，就应该在比重上远胜于那种犯法行为的所有动机。这种现行法应看成是这国家所有公民所准许、所认可的。因此现行法的建立是以一个共同契约为根基，在所有情况下国家所有成员都必须遵守这一契约，也就是不仅有服刑的义务，也有用刑的义务。因此强制受刑是有原因的。进而刑罚的直接宗旨，在单个场合是将法律看作契约来履行的。可是法律仅有的一个宗旨是恐吓人不要损害他人的权利，因为单单就是为了保障所有人都不用承受非义，人们才共同集结成一个国家，才放弃实行非义而负起保卫国家的职责。因此法律和法律的实行——刑罚处分——大体上是放眼于将来而不是将眼光放在过去。这就是刑罚和报复的不同，后者的企图仅在于已经产生了的事故上，也就是只将过去当作过去。所有加诸在人身上的痛苦，借此来申辩表明非义，而对于未来又没有其他目的的行为，就都是报复，而且仅有的目的就是看到他人承受痛苦以此来抚慰自己受过的伤害。这种事情是残酷的、狠毒的，是伦理上不能维护的。他人把非义加诸在我身上，而我并没有权利将这种非义再加诸在他人身上。以怨报怨并没有其他目的，不仅不道德，而且也没有任何理性上的依据作为支撑，将之说成是合理的，而提出报复权作为刑事处分权一个单独的最后的原则，是没有什么意义的。因此康德的学说将刑罚看成简单的报复，只是为了报复本身而报复，是根本没有依据而荒谬的观点。可是这种观点像幽灵一样，总可以在很多法学家的名作中用华丽的外衣进行包装后现身，结果都是些没有意义的废话，比如罪将以受罚而救赎或是两相抵消，等等。可实际上任何人都没有资格将自己呈献出来当作一个纯粹道德的评判员和报复者，而把自己的痛苦加诸在他人身上来让别人为其失误埋单，也就是斥责他人为失误而懊悔。这反倒是一种最不自量力的自高自大，也正是因为如此，《圣经》上说：“上帝说报复是我的事，我会实施报复的。”人完全有资格为社会的安全着想，可是如果要合情合理，就必须依法严禁所有那些以“犯罪”一词标记出来的行为，以使用反动机，也就是用恐吓性的刑罚来防范。可是这种恐吓性如果遇到犯罪行为依然要出现的场合，就只有付诸实施才能看到效果。刑罚的宗旨，更准确来说是刑法的宗旨，就是恐吓不要犯罪，而这是一条如此被广泛认可的，甚至自明的真理，以至于在刑事案件中很早就被悠久控诉程式说出来了，而且一直到现在，英国皇家检察官还在使用，原来那控诉程式的结尾是这样说的：“如果这被验证了，那么你，也就是上述某某，应承担法定的痛苦作为处罚，以便在长久的以后遏制他人也犯同样的罪。”——宗旨是为了以后，这才让刑罚和报复有根本的不同，而且只在刑罚执行的目标是让法律生效时，刑罚才有这一宗旨。刑罚也刚好只是因为这样才可以对将来所有情况都宣布为不能避免的。才让法律威慑不犯罪的作用持续了下来，而法律的目标也就是这个。——在这里康德派又会持反对意见说，依据这种观点，被罚的罪犯就“只是沦为工具”使用而已。可是所有康德派这样反复不停地跟着说的这句话：“人们只能一直将人当作目标，而不能当作手段对待。”当然这样听上去似乎是一句非常有内涵的话，所以对于所有那些想通过一个公式，从而赦免他们所有思考的人，这只是非常不肯定，非常没有实际内容，根本是间接实现他本意的一句话，无论在哪个场合使用这句话，都必须先进行特殊说明，特殊约束和规定，仅仅这样概括来使用是不足的，能说明的也很少，而且还有不妥之处。既然根据规定已经被判处死刑的杀人犯现在就一定只是作为工具来使用，而且人们完全有资格这样做。这是因为社会整体治安，国家的根本目标，已被它损坏，如果法律还不产生作用的话，社会的整体治安也就不存在了。而杀人犯，他的生命，他本人，现在就一定要成为让法律产生作用的工具，以便因此而变成还原社会整体治安的工具，而且为了遵守国家的契约，人们也有完全的资格将它作为这样的工具。因为这个契约，就这个杀人犯曾经是一位公民，也是他介入过的，而且根据这个契约，他曾经为了安享生命的周全，他的自由和财富，也是为了所有人的安全，早就把他的生命、自由和财富都当作抵押物了，现在因为他不遵守契约，他这份抵押物就要被收回了。

这里指出来的，对于健全理性一目了然的刑罚理论，在主要的方面当然不算什么新思想，而只是差不多不被一些新思想所包容的思想，而且也只是在这种境况下才有必要再尽可能详细论述。从本质上来说，在布芬陀夫[①]的《论人民与国家的职权》第二卷第十三章中针对这一点所发表的观点已涵盖这一理论。还有霍布斯的观点也和这理论是统一的，可参考阅读一下《利维坦》第十五、第二十八章。在我们所处的时代，大家都清楚费尔巴哈曾经坚决提倡这一理论，甚至在古代哲人的观点里就已经存在这个理论。在柏拉图的《普洛塔戈拉斯》(蚩槐布禄根〔或双桥版〕第114页)，然后在《戈琪亚斯》(第168页)，最后在《法律论》第十一卷(第165页)就曾经非常明晰地论述了。辛乃加用简单的语言就表述了柏拉图的观点有所有和刑罚有关的理论：“一个睿智的人执行处罚，不是因为已经发生了错误，而是为了不再产生错误。”(《论愤怒》I，第16页)

那么，我们在国家里就了解到一种工具，那用理性武装起来的利己主义就是想要借助这一工具隐藏它自身的，它自己给自己带来的恶果；于是所有人都来推动整体的福利，因为他已发现其中也有自己的福利。如果国家彻底实现了它的目标，那么在相应范围内，国家因为综合起来的人力，也会懂得一步步让其他的自然界臣服在自己脚下，最后因为清除了不同祸害，也可能会产生接近于极乐世界的情况。可是事情不一定就会这样发展，一方面国家还徘徊在离这目标非常遥远的地方，一方面在生活上，一直都有本质上所不可磨灭的数不清的坏事，依然和之前一样让生活充满痛苦。因为在这些坏事中，就算其他所有的都已经清除了，最后也还会有无聊空虚要马上进驻，霸占其他坏事刚刚消失的地方。另一方面就是个体之间的纷争，单凭国家的力量也不可能彻底清除掉，因为这种纷争，如果大范围被严禁了，小范围的又会兴起来戏弄人。最后还有埃瑞斯这位女神，多亏把她从国家内部驱逐出去了，最后她转移到了外面。当她是个体间的纷争时，国家制度把她赶出去了，之后她又从外面变成国际纷争席卷而来。于是，人们在国内个别场合采取明智的举动让她不能享受血祭，现在她马上大范围来一次总的讨回，似乎是讨回别人欠她的一样。再假如这所有的成立因为以数千年经验上面的睿智为基础，最后也都被战胜了，清除了。那么，最后的结局将是这一整个行星上的人口确实有余，这个结局的恐怖的祸害

---

① 布芬陀夫：Puffendorf，德国法学家。——译者注

如今还只有通过大胆的想象才能揣测。[①]

第六十三章

我们已经了解到在国家里占据一席之位的一时的公道是报复和惩罚的公道，并发现这样的公道只有放眼未来才能变成公道，因为没有这种出发点，则加诸在一种罪过上面的刑罚和报复都是不合理的，而只是纯粹的在产生了的祸害以上再加上第二个祸害，没有一点意思和价值。可是永恒的公道就彻底不一样了，在前面我们也提到过这种公道。它掌控的不是国家，而是世界，它不凭借人力的设施，不被偶然和幻觉所掌控，是恒定的，不是漏洞百出的。而是一直正确的，坚决而靠谱的。——“报复”这个概念本身就涵盖在时间以内，所以永恒的公道不能成为报复性的公道，因此不能像报复性的公道那样，其可以容许拖延和限期而只是通过时间用恶果把恶行对冲掉那样需要时间来完成。在这里处罚和失误一定要这样相关联，以于二者是一个东西。

难道你们相信，
罪恶展翅轻习，
飞达上天众神？
那人记载有人，
罪恶不分大小，
宙斯簿内载明？
一经宙斯垂鉴。
都作无罪判定？
果然簿内载明，
吴天尚恐太小，
何能容尽罪行？
检阅已属不能，
遑论依罪议刑。

① 第二卷第十七章是对此处的补充。——原注

不，不，不，

我们如愿看取，

这儿就是处分。

（欧瑞彼德斯[①]原作。转载于斯多帕乌斯《希腊古文分类选录》第一卷第四章）

如果在世界的本质上真的可以找到这么一种永恒的公道，那从我们前面阐述的思想中就可以一见端倪，对于懂得了这整个思想的人，这也是迅速就可以彻底弄懂的。

现象，这个生命意志的客体性，就是这世界，也就是在其部分和形态的所有复杂性中的世界。生存本身和生存的种类，不管是整体还是部分，都是来源于意志。意志，它是自由的，无所不能的。它是如何在自身和时间以外规定自己的，它也就是如何表现在所有事物中的。世界只是对这一意志欲求进行反映的镜子。世界所涵盖的所有局限性、所有痛苦、所有忧愁都是表现它所欲求的那东西。[②] 其之所以是这样的痛苦所侵扰，也是源于意志，它要如此。照这样说来，所有生物完全都是以最严苛的公平合理在负担着一般的生存，之后是承担着它那族类的生存和它那特有的个体的生存，而且完全是看它的性格，它所在的环境，它所在的世界都是怎样的，它就怎样来承担生存，也就是被偶尔和谬论所掌控，是在时间上有规定的，变化不定的，一直在痛苦中。只要是发生在它身上的，只要是可以发生在它身上的，对于它都是罪有应得，公正的。这是因为意志原本就是它的意志，而意志如何，这世界也就如何。只有这世界自身才能为世界的存在和本性负责，其他人都没办法。他人要怎样来承担这个责任呢？——如果要了解人在道德上，整体的通常的都有什么意义，那么，只需要看它整体的通常的命运就可以了。这命运就是贫乏、困苦、忧愁、折腾和死去。永恒的公道在发挥作用：如果人从整体说来还是有一点意义的，那么从整体说来，他的命运也就不至于太过凄惨。从这种意义上我们可以说，世界本身就是世界法庭。如果人们在一个秤盘里放上世界上所有的忧愁，在另一个秤盘

---

① 欧瑞彼德斯：Euripides，希腊悲剧作家。——译者注

② 指生命。——译者注

上放上世界上所有的罪恶，那么，天平的指针肯定就保持稳定了。

认识是要服务于意识而在意志上滋生起来的，当它一旦变成单个认知而服务于个体时，这世界当然就不会在这种认识面前展现它自己，像它对学者那样最后揭示自己是仅有的一个生命意志——这就是意志自己——的客体性，而是隐约着没有经过训练的个体的视线，就像印度人所讲的“摩耶之幕”一样。对于这样的个体，表现出来的不是自在之物，而只是存在于时空中，在个体化原理上，在根据律其他形态中的现象。在他对这个形式局限性的认识中，他只看到事物的现象是特别的、分立的、数不清的、完全不一样的，甚至是截然相反的，而事物的本质，那独有的本质，他是看不到的。于是，在他眼中，狂欢和痛苦是两码事，一个人是产生痛苦的，是杀人犯，另外一人是承担痛苦的，是献身者；恶行和恶行所产生的灾难也是两码事。他看到一个人生活在富裕、高兴和得意中，而在这人的大门前，却有另外一个人饿死、冻死。于是他不禁要问：公道在哪里？而他自己会猛然之间把人们抓住。对这类事故觉得惊讶不已，原因就是人们猛然在熟悉现象的一些认知方式上给搞迷糊了，而维持着人们自身和其他的世界彼此分立的东西也就只是这些认知形式。可是这种彼此分立刚好只在现象中可以找到，而在自物之物中是找不到的，永恒的公道也就是以这一点为基础。——事实上所有短暂的幸福都以下面这个空心的基地作为根基，所有的聪明都是在这样的基础上白费心血。幸福和睿智确保个人平安，给他找到享受，可是个人只是纯粹的现象，他和其他个体不一样，他之所以不用承受其他个体要承受的痛苦，都是以现象为基础，以个体化原理为基础的形式。从事物真正的本质来讲，但凡一个人拥有坚韧的生命意志，即如果他动用所有的力量对生命进行肯定，那么，世界上所有的痛苦也就变成他的痛苦，甚至所有还没有变成现实的痛苦也被他视为现实的痛苦。对于看透个体化原理的认知，幸福生活在时间中，或是偶尔被赠予的，或是通过明智从偶然那夺过来，可是这种幸福被包围在若干其他人的痛苦中，说到底只是乞讨者的一场白日梦，在梦里乞丐当上了一国之君，可是他肯定还会从梦中醒悟过来，进而领悟到让他暂时远离生活痛苦的只是一个虚幻的影像。

对于限制在遵从根据律的认识中的见识，限制在个体化原理中的见识，永恒的公道会一直躲起来，假如不是用什么伪造来装饰门面的话，这种见识里就完全不存在什么永恒的公道。这种见识看到坏人穷凶极恶以后，却依然快乐地生活着，而且没有受到任何批评就离开了这个世界。这种见识看到被欺压的人一生活在痛苦中直到死，而没有一个为他伸张正义的人，可是永恒的公道，也只有当一个人让自己逾越了那在根据律的线索上前行的，约束在单个事物上的认识而了解到理念，看穿了个体化原理而领悟到自在之物不能生动表达的形式以后，才能认知，才能体会。也只有这样一个人通过这同一认识，才能明白美德的真正本质，而这是在现如今这考察相关的范围内很快就会表达给我们，可是美德的践行却并不对这种抽象的认知提出要求。所以，谁如果掌握了以上这种认知，他也就会清楚，意志既然是所有现象的本体，那么，虽然那些现象——其中表述出的有时有这个，有时有那个——其存在都是作为截然不同的个体，甚至是被老远的时间和空间距离所分隔开的，可是加诸在他人身上的痛苦和自己所承受的痛苦，恶行和恶果则往往只会关联到那同一的本质。他会领悟到创设痛苦的人和必须承担这痛苦的人二者间的不同只是现象而不关联到自在之物。这自在之物就是频繁出现在这两人中的意志。在这里，意志被那铁定要服务于它的认知所误导而看错了自己，而在它的一个现象中寻求猛增的快乐，在它的另一现象中创设极大的痛苦。这统治是这样在猛烈的冲动中自己咬自己，而不知它一直伤害的只是自己，其为伤害则是因为个体化这中介把之前隐藏在它内部的矛盾全部显现出来了。痛苦的创设人和承担人是一，而不是二。前者误以为他是和痛苦没有关联的，后者误以为自己和罪过没有关联。如果他俩都看清楚了，那么把痛苦加诸他人身上的那个人就会意识到他所生活的世界，里面包含了所有那些在大千世界遭受苦难的人，而且，如果他拥有理性，还要白费心思地思考这些人和物既然无法看到它们对于痛苦应担的责任，为什么却要被引领到这个世界上来承受如此大的痛苦。而承担痛苦的那一个就会领悟到世界上当前或曾经产生的所有恶也是从那时开始形成他的本质，在他身上所彰显的意志中倾泻出来，就会领悟到它，因为这表现出的现象和对这现象的肯定，就已承受了来源于这意志的所有痛苦，他只要一天是这意志，他就理所当然要容忍这些痛苦。——从这一认识着手，那从无知中醒悟过来的诗人加尔德隆在《人生一梦》中说：

因为一个人最大的罪过
就是：他已经出生了。

在永恒的规律以下，“生”的结局注定就是死，那为什么可以让“生”不是一种罪过呢？加尔德隆只是通过他的诗句表述出了基督教中原罪的信条。

要更加清楚地认识永恒的公道，认识那秤杆两端不可分割的罪行之害和惩罚之害，那就必须彻底超出个性和其之所以可能的原理之上，所以，这种认识，就和马上要说到的，和这个类似的，对于所有美德的本质那种纯粹而明晰的认知一样，都一直是大部分人没办法了解的。——所以，印度民族聪明的始祖，尽管在只容转生了的三个种性才能读的《吠陀》中，或在教内的经论中，也就是在概念和语言可以达到的相关范围内，而且是在他们那种还是生动的，也是局部不连续的表述方式可以准许的范围以内，直白地讲出了这一认知。可是在群众的宗教中或教外的说教中，却只通过神话来表达这种认知。《吠陀》是人类认识的最高层次，也是智慧的结晶，经义的关键在《邬波尼煞昙》中作为19世纪最大的馈赠终于传达给了我们。在《吠陀》的经文中，我们看到那种直白的观点是通过多种形式表现出来的，最特别是这一形式：世界上所有一切存在物，不管是有生命的，还是没有生命的，挨个放到门弟子的面前而一人接一个对各物说一句公式化的叫作摩诃发古亚（大乘）的大咒语“达吐姆斯”，更准确来说是“塔特，都阿门，阿西。”也就是说：“凡此有情，无非即汝。”[①]——可是对于民众，在他们的有限认知里面，这一杰出的真理却要被译成遵从根据律的认知形式。这种认知形式尽管从它本质上来说完全不能单纯地、更真实地包含这一真理，甚至是和这真理唱反调，可是在神话的形式中到底得到这真理的一种替代品。而这替代品作为行为的调节器已然是够了的，因为这替代品在和伦理意义本身完全没有关联的认知方式中根据根据律，到底是用生动的显现让行为的伦理意义变得能够理解了。而这就是所有宗教意义的宗旨，因为这些教义统统都是给那些粗鲁的人心没办法了解的真理穿上一件神话的袈裟。从这种意义上来说，用康德的语言来表述这个印度神话，也可以叫作实践理性中的一个标准。作为这种标准来看，这神话倒有这么一个优势，也就是说神话只包含现实世界眼前的事物，所以神话的所有概念都可以采用直接的事物来佐证。这里所说的神话是轮回。这种神话扬言人们在这一世中让其他人或物所承受的痛苦，都肯定要在来世，而且还是在这个世界上刚好用相同的痛苦来补偿。这

① 《邬布涅伽》第一卷第60页。——原注

种观点竟然以为谁所杀害的尽管只是一只动物，在遥远的将来，他也一定会有一次出生为这样一只动物而遇到相同的死法。神话说：恶行将在事后在来生肯定会变成在世上被人所唾弃的人或物，从这种观点出发，人就可以转生了更低级别的种姓之中，或转生为女身，为动物，为巴内亚贱民或长陀罗贱民，为麻风病患者，为鳄鱼，等等。神话因为没有自知之明而犯了什么罪行而受苦的人和物用痛苦来威吓人，这些痛苦都是从来源于现实世界被直接验证了的，所以神话也就不需要再通过其他的什么地狱了。反之，作为好报而容许转生在更显贵、更美好的人身中，像圣者、智者、婆罗门。最好的好报却要让最崇高的行为和完全的无欲无求所享受。除此以外，可以享有这种好报的还有那接连七世都自愿死在她丈夫焚尸柴火上的妇人，还有从来不说谎话的人。这种好报，神话通过世人的语言来表述只能采用悲观的意义，也就是通常让人不再进入轮回，“再不进入现象的存在”，抑或是像这样既不认可《吠陀》又不认可种姓制度的佛教徒所说：“汝当入涅槃，涅槃之为状，其中无四生：生、老、病、死。”

不可能有这样一个神话，未来也不可能再出现一个这样的神话，还有比这个最杰出、最悠久的民族的这一上古教义更贴切地配合这一相当少的人可以染指的哲学真理了。虽然这民族如今已分割成了很多部分，可是这上古的教训，作为广泛的民族信仰，在今天依然可以有控制作用，依然可以对生活产生决定性影响，并不逊色于四千年以前。所以毕达哥拉斯和柏拉图就已惊讶地发现并认识到了，敬重而采用了这登峰造极的超级神话教义，可是他们也许是来源于印度或埃及，而且，他们自己在我们没办法知晓的某种程度上也曾经信奉过这种教义。——可是我们现在却反倒将英国的牧师们和赫尔恩胡特兄弟会的麻织工人派发给婆罗门，说是因为可怜他们而告诉他们一点比这以上神话还要美好的东西，给他们指出他们来自“无”，并应该为此充满感恩和高兴。可是我们所遇到的就相当于是自不量力的那人所遭遇的结局一样。我们的宗教如今不可以，将来也绝对不可以在印度扎根。人类最悠久的睿智不会因伽利列事故[1]而被排除掉。反过来，印度的睿智却反流入欧洲而会在我们的思想和知识中产生一个翻来覆去的改变。

① 伽利列：Galiläa，耶稣出生的地方，这里指基督教的诞生。——译者注

第六十四章

可是我们就要从我们对于永恒的公道所进行的哲学表达来接着对这相关的一些进行考察，对行为和良心在伦理上的重要性进行考察，而良心就是对于永恒公道纯粹感知的认识。可是在这个地方，我还得先指出人类天性的两个特点，这些特点会帮助我们明白所有人是怎样在意识上至少是隐约地感觉到那永恒公道的本质，感知意志在所有现象中的一致性和同一性，而永恒的公道也是以这一点为基础的。

根本上和国家用刑的宗旨，和已验证过的刑法的宗旨没有关联，假如人们看到已经发生了一种恶行，又看到这种恶行的始作俑者也刚好承受着一样的痛苦，那么不仅会让那些大多数想要报仇的受害人，而且也会让与自己毫不相关的局外人都振奋不已。我觉得其中所透露出来的消息正是对永恒公道的意识，可是这种意识马上被没有经过纯化的心思领会错了，被改得面目全非，因为这心思就只是被限制在个体化原理中，犯了更改语义的毛病，寄希望于现象拥有只有自在之物才有的东西，也看不到在什么程度，加害人和受害人在本质上就合为一体，看不到那相同的本质就是那在它自己的现象中也找不出自己，不仅承受痛苦而且承受罪行的东西，反倒要求在承受罪行的这个个体上又看到痛苦。——所以，大部分人会要求一个有着强烈狠毒心肠而同时又有大大强于人的非凡精力的人，将数不清的横祸加之于亿万人身上的人，像那降服世界的人——狠毒心肠大多数人都有，可是比不上这些人身上还拥有其他特性而已——我说，大部分人会要求这样的人终有一天会受到同样的痛苦来追偿他所生发的那些灾祸。这是由于大部分人无法了解摧残人和被摧残的是怎样统一的，无法了解他们俩赖以生存和生活的意志也刚好就是从前面那个人身上表现出来的同一个意志，而且刚好是通过前者这意志的本质才得到明晰的启发；无法了解这意志在迫害者和被迫害者那样是一样的受苦，而且随着迫害者的意识更加准确和明晰，意志更加猛烈，迫害者也随之更痛苦。——而更深切的，会突破个体化原理的认识，所有美德和崇高情怀所衍生出的认识，那就会丢掉那种要求报仇的心情了。这是被基督教伦理证实过了的。这种伦理完全就不准许有的以怨报怨，而只是随意被永恒的公道所掌控，就好像是在和现象不一样的，自在之

物的范畴中。("报仇是我的事，我会要报仇的，上帝说。"《给罗马人的信》第十二封，第十九封)

在人类天性里还有一种更让人惊心的，可是也是非常少见的特点。这个特点不仅展示了一种要求——要求将永恒的公道归属进经验的范畴，也就是归属进个体化的范畴——又喻示着一种感知的意识，也就是我们前面讲过的感知生命意志是用自己的身家在上演一出恢宏的悲喜剧，感知活在所有现象中的是同样一个意志。我说，以下就是这样一个特点：我们有时看到一个人，他那么感慨自己所遇到的或只是作为目击者所看到的那些暴行，以至于他为了对这罪行的始作俑者进行报复，淡定地，毫不迟疑地不惜拿自己的生命背水一战。我们也许看到这样的人长期在窥探一个有地位的加害者，之后杀掉他，之后自己也付出了生命的代价，——像他所预测的那样，甚至这种后果往往并不是他想要躲避的，因为他的生命只是作为报仇的工具才显示出价值。——尤其是在西班牙人那里就有这样的例子。[①] 如果我们再认真审视一下那种狂热的报复精神，那么我们就会发现这种狂热和一般的报仇完全不一样。一般的报仇是看到仇人承受痛以此来减少自己所遭受的痛苦。我们觉得报复狂的宗旨所在，相比用"报仇"这个词，用惩罚更为合适，因为在这种狂热中原本就包括用楷模的力量来影响后代的含义，而且在这种场合下，人们没有任何私心，不仅不是为了要报复的个人，因为他会在报复中走向灭亡，也不是为了一个社会，因为社会是通过法律来确保自己的安全的。这种惩罚的执行者是个人，不是由国家，也不是为了让一条法律产生法律效力。这反倒往往是指国家不想或不能对一项罪行进行处罚，再加上惩罚也是国家不许可的。这种义愤，它推动一个人这样大大超过所有自爱的范畴，依我看，它产生于这样一种最悠远的意识，就是意识到他是整个的生命意志本身。这意志彰显在所有人和物中，历经了所有时代都是这样。所以，最长久的以后和当前的现在一样，都是归这人所有。他不能对此毫不在乎。他既然对这一意志持肯定态度，就进一步要求在表演他的本质的这出戏里不再产生那么多耸人听闻的罪行，而且要以没有碉堡可以防守，对于死的害怕也不能阻挡的报复行为作为楷模来恐吓住所有将来的暴徒。在这里，

① 在新近的这次战争中，有一个西班牙的主教宴请了一些法国将军，在餐桌上把自己和这些将军一起毒死。在孟坦涅（Montaigne）《论文》第二卷第十二章里也不乏这样的例子。——原注

生命意志尽管还是对自己进行肯定，却不再和单个现象相关，和个体也不相关，而是相拥着人的理念，要保持这理性的现象纯粹而没有那种惊天动地，让人愤恨的罪行。这是性格上少有的，寓意丰富的，甚至高尚的一个特点。因为这种特点，单个的人在尽可能让自己变成永恒公道的得力助手时牺牲了，可是他还是领会错了“永恒公道”的真正本质。

第六十五章

有了前面对人类行为所作的所有考察，我们就已经为最后这一考察作了很好的铺垫，并让我们接下来的任务简单多了。我们的任务就是要让行为的真正伦理意义得到抽象的和哲学上的明晰性，并将它作为我们主题思想的过程来验证。这种伦理意义，在平常生活中，人们就用善恶来作为标记，而这个办法也可以让人们彼此认识。

我们现在哲学界的作者非常怪异地将“善”和“恶”两个概念看作简单的，也就是无法再进行研究的概念来解决。可是我首先要将这两个概念恢复它们原本的意义，以让人们不会被一个隐约的什么幻觉所约束而认为这两个概念比现实所包括的还多，认为这两个概念本身自满地就已经将这里应该具备的所有都说完了。这是我可以做到的，因为我自己之前不仅没有在美或真这些字的后面找个隐蔽的地方，如今在伦理学里，我也一样不准备在“善”这个字后面去找这种隐蔽的地方，于是便用一个加在这字后的什么性——这办法在如今好像特别有效，在很多场合都可以用来走出囹圄，以便用一副严肃的样子让人相信我在说“真、善、美”三个字时，我可以做的还不仅仅用来指三个抽象的、无的放矢的，所以内容也一点不多彩的，起源和意义又不一样的概念而已。谁如果对当今的文献比较了解，而必须若干次看到所有最不具备思维能力的人是怎样都相信，只要动动他的大嘴，用一副热诚的山羊面孔讲出那三个字，就算他是讲出了多么杰出的睿智了。那么，在看到这些以后，虽然那三个字之前所指的是多么显贵的东西，可是如今在实际上，谁都认为已经变成了腻味的东西了。

在论根据律一书的第五章里，从 § 29 起，对真这一概念进行了阐述。“美”这个概念的内容，因为本书整体的第三篇才头一次得到了理应的解释。现在我们就要将“善”(好)[1] 这一概念恢复它原来的意义，而这是很简单就可以做到的。这概念大体上是相对的，是指一客体对意志的某一固定要求的适应性。所以，所有的一切，只要是逢迎意志的，就不管意志是表现在它自己的哪一种中，只要和意志的目的相符，也无论这些艺术水平在其他方面是怎么不一样，就都采用善（好）这一概念来思考。所以我们说好食品、好路、好武器、好天气、好预兆等，总而言之是将所有符合我们心愿的都叫作善或好。因此，在这个人看来是好的、善的，在另外一个人看来就刚好相反。“善”或“好”这概念又可以分为两种，也就是好受的和有益的两种。——至于和这个对立的概念，如果所说的是指不具备认识作用的事物，就用“坏”来标记，“弊害”这个词则很少用，也比较抽象，可是都是指和意志每次要求的所有不相符。和其他可以和意志发生关系的所有事物一样，人们也把刚好是对自己要求的目标有好处，有帮助而和善的那些人叫作好的，这和叫其他事物是好的是一个意义，而且总是具有相对的意味。像一般情况下说“这人对我好，可是对你不好”就代表这种相对性。可是有些人，与他们的性格相伴而生的完全就不阻碍，反倒是实现他人的意志的努力，一直都乐于助人，心地善良、可亲可敬，这些人因为他们的行为方式会对他人的意志产生这样的关系，因此都被叫作好人。至于和这个截然对立的概念，大概在近百年以来，德语在标记具有认识作用的生物和不具有认识作用的事物时，有很大的区别，法语也是如此，都用“恶”这个词来代表前者。可是在所有其他语言中差不多都不存在这种分别，拉丁文、英文、希腊文、意大利文都是采用“坏”这个词，不仅指人，也指没有生命的动物。当然这些人或物都截然不同于意志的某个特殊宗旨。因此这考察的着眼点完全是善的悲观方面，之后才能转到善的乐观方面，才能不需要在行为对他人的关系上而是在对行为者本身的关系上来研究所谓好人的行为方式。这时特别要尽可能从两方面来阐述，一方面是这行为明显在他自己心中所激发的一种特殊的满足，因为这两方面的得到甚至都是他做出了另外一种牺牲的。也还要阐述这二者的反面，阐述心底的痛苦。虽然坏心肠为那些坏心肠的人带来如此多身外的好处，坏心肠却总是逃不开内心的痛苦。因此就出现了那些伦理学体系，有哲学上的，也有以宗教教义为依靠的。这两种伦理学体系总是想通过某种方式将

① 在德语中，“善”和“好”是一个词。——译者注

幸福和美德相关联。前者的做法要么是用矛盾律，要么是用根据律，也就是抑或让德行和幸福画等号，或让德行带来幸福的后果。可是这都是狡辩。后者的做法则提倡在经验也许认识的范围以外还有一个世界①，以此来将幸福和美德联系在一块儿。从我们的考察出发则完全反了过来，德行的内在本质就会表现为一种指向反方向的努力，而不是通往幸福的努力，而幸福就是快乐和生命。

从上面的说法出发，善在其概念上就是这个对那个的善，因此无论什么时候，善从本质上来说都是相对的。这是因为善要具备它的本质，只存在于它对一欲求的意志的关系中。鉴于此，绝对善就是一个冲突，最高善、至善都代表着矛盾，也就是代表着意志最后的满足。之后再不会产生新的欲求，代表着最后一个企图，这一企图被实现以后就会出现一种永续存在的意志的满足。从我们在前面第四篇里所作的考察，我们知道，这类事情是连想都不敢想的。就好像时间没有起点和终点一样，意志也一样不会因为哪一种满足而停止，从而不再出现新的欲求。意志不具备一个长久的，彻底可以让意志冲动安静下来的满足。意志是妲娜伊德的无底桶。对于意志来说并没有什么最高善、绝对善，而是一直都只有短暂的善。同时从人们的喜好出发，也可以把“荣誉职位”颁发给一个约定俗成不忍丢掉的传统说法，就好像是将一个荣誉职位颁发给已退休的官员一样，也就是说人们可以采用比喻、比兴的手法把意志的彻底自我否定和撤销，真正的无欲无求叫作绝对善、至善，看作仅有的一颗医治陈年顽疾的良药，而所有其他的善都只是些不治本的镇痛剂，因为只有这才能让意志冲动完全安静下来，只有这才提供那种无法再破坏的满足，只有这才具有挣脱世俗的效果，而这就是我们如今在我们考察的最后要提及的。从这个意义上来说，

---

① 这里还可以顺带指出只要是能用惊人力量赋予任何宗教意义的，只要是可以用来让人信服的终究都是这教义的伦理方面，不过不是直接当作伦理，而是紧密联系于和各宗教其他那些不一般的、神话的信条，似乎仅仅是因这些信条就可以对那伦理方面进行说明一样。伦理和信条交叉竟然这么紧密，以至行为的伦理意义尽管不是通过根据律可以得到解释的。所有神话却都遵从根据律，虽然这样冲突，教徒们依然觉得行为的伦理意义和他们的神话是不可分割的，可以称之为一个东西。于是他们就将对神话的所有反击都当作袭击正义和美德。在那些神教的民族中，这种看法竟让无神论或不信仰神变成没有任何道德性的同义词。神父们当然举双手赞成这种概念的混淆不清，也只是因为这种混淆不清才可能出现那恐怖的怪物——宗教狂热。这种狂热不仅可以掌控个别显著错误和凶恶的个人，也可以掌控好些整个的民族。最后，总归是给人类留了一点尊严，宗教狂热在我们这西方世界表现为宗教胁迫的法庭，在人类历史中多亏还只发生过一次。根据最近已被验证了的资料，仅是在马德里（当时在西班牙还有很多这种宗教的害人坑）于三百年间就有三十万人因宗教事件而被残忍地处死在火刑的柴堆上。所有狂热中的教徒，在他每次喋喋不休时，就该马上让他回想起这一点。——原注

希腊文“终极目标”这个词，还有拉丁文“善的终极”倒是和本题特别吻合。——有关“善”“恶”这两个字就先说到这里，现在我们回到正题上来。

假如一个人一旦有合适的时机而又没有外来的阻力时，总偏向于做出非义之行，我们就叫他为恶。根据我们对非义的理解，这就称为这个人不仅是根据生命意志在他身上表现的程度而对意志进行肯定，而是在这肯定中也对表现在其他个体中的意志进行了否定。而又这表现在他要求其他人的力量也要服务于他，如果他人和他的意志趋向于抗争，还表现在他要毁灭了别人。这里最后的源头就是高度的利己主义，而利己主义的本质我们前面研究过的。这里马上可以看到两件事，首先，在这种人心里展露出一种非常激烈的，相比肯定他自己身体的生命意志，要超出一大截。其次，这种人的认识彻底忠诚于根据律而被限制在个体化原理中，刻板地坚守着因为这个原理在他自己本人和所有其他人之间所认定的所有不同点，因此他仅仅是要求自己的快乐，而对他人的快乐熟视无睹，他人的生存和自己一点关系都没有，和他的生存之间有着难以跨越的鸿沟。是的，严格说起来，他只是将别人看作一些虚假的面具。——因此这两种特性就是坏个性的根本要素。

可是，痛苦恒久不变的源头就是欲求的那种猛烈激烈性本身。首先，这是因为所有欲求作为欲求说，都是产生于不足，也就是痛苦。[因此所有欲求在短时间的沉静，就已刚好是审美愉悦中的一个关键因素。从第三篇里，我们还可以追忆欲求的这种短时间沉静，是我们作为认知的主体，纯粹而不包含意志(也就是理念的对应物)①，每次都会出现在对美进行专注观审时。] 其次，这是由于事物的因果关系让大部分的欲望不能得到满足，而意志被干扰的机会要远远多于意志顺畅的机会，于是猛烈的和更多的欲求也会因此带来猛烈的和更多的痛苦。原来所有痛苦一直都不是其他的什么，而只是没有被实现的和被干扰的欲求。就算是身体遭受痛苦或被迫害时，身体上的痛苦所以可以称其为痛苦，就仅仅是因为身体不是其他的，而是已变成客体的意志本身。——就是这一原因，就是因为更多而猛烈的痛苦和更多而猛烈的欲求是紧密相连的，因此在大恶人的眉宇之间，都有深深的痛苦印记。虽然这些人已经得到了所有表面上的幸福，可是只要不是正处在高兴的那一刻，抑或是以真实面目示人时，他们往

① 这个地方的方括弧原文就已经有了。——译者注

往会呈现出一副特别可怜的面孔。从这种内在的痛苦中，从彻底直接是他们本质上的痛苦中，最后甚至还出现一种不是起源于纯粹的自私，而是损人不利己的快感，这就是切实的恶毒。恶毒又可以接着演变成残忍。就恶毒来说，他人的痛苦已经不是实现自身目的的方式，而就是目的本身。接下来是对这一现象进行更详尽的阐述。因为人这种意志现象是被最明晰的认知所照亮的，因此他老是拿实际的，他的意志所实现的满足去和"认识"给他指明的，仅仅只是一种可能性的满足去比高低。因此而产生嫉妒，因为他人的享受，他自己的所有不足之处就会被无穷倍提升了；反之，因为知道其他人也和自己一样忍受着相同的不足，那么自己的又会减弱了。只要是所有人都共有的，和人生紧密相连的苦难都不会带给我们多大的痛苦，像气候和乡土方面的不足也是如此。追忆那些痛苦比我们更甚的痛苦会起到镇静和消痛的作用，看到他人的痛苦场景会让自己的痛苦程度减轻。现在如果一个人有非常猛烈的意志冲动，他要用滚烫的贪心去夺取所有，以便排除利己主义贪得无厌的渴望，而这时一定会到来的，他肯定要历经到所有满足都只停留在表面的现象，所得到的东西从来没有满足过在我们寻求它时所发的誓言——让强劲顽固的意志冲动得到最后的安宁，而是在实现满足以后只是那愿望改变了自己的形象，又通过另一形象来折腾人，最后如果这愿望没有其他形象可变了，意志冲动也没有了已认识到的企图而在自身截止，而表现为更恐怖的寂寞无聊之感，而带来了无法救赎的痛苦。如果从这所有所有中，那在一般激烈程度上的欲求只是稍微被感觉到，也就是只会产生程度一般的忧伤感，而在另外一个人，他已是到了突出恶毒程度的意志现象，则肯定会出现一种非常激烈的内在痛苦，一直的忧心，无法被医治的创伤。那么，他就要迂回地去找到他没办法直接得到的抚慰，也就是要以看到他人的痛苦情景，同时还觉得这痛苦的表现是源于他对此产生了影响，来缓解自己的痛苦。对于他，别人所承受的痛苦现在已变成目的本身了，已是他可以尽情欣赏的一幅美景了。真正的残酷现象、嗜血现象，就是如此产生的。这在历史上的例子不胜枚举，像在涅罗①、多密迁②这些皇帝，罗伯斯庇尔这类人身上都可以看到。

---

① 涅罗：Nero，公元54—68年为罗马皇帝，历史上赫赫有名的专制暴君，派人放火烧了罗马城，还残忍地迫害基督教徒，竭尽全力。——译者注

② 多密迁：Domitian，罗马帝，专制暴君，为人十分残忍。——译者注

报仇心理已和恶毒很相似，它是以牙还牙，以血还血，而不是为将来考虑。为将来考虑，那是惩罚的属性。报仇只是纯粹为了已经既成事实的、已经过去了的事情本身，也就是为了对自己有利，不是以这个为方式而是将之作为目的，以便“饱览”人们加诸在仇人身上的痛苦。让寻仇报复和单纯恶毒不一样，又可以为报仇行为找到一些可被谅解的，是报仇在表面上颇有些公道的意思。因为这种行动在这里当然可以叫作报仇，可是如果依照法律执行，也就是在一个整体上根据整体所同意的，提前规定而为大家都知道的规则执行，就变成了惩罚，也就是正义。

抛开那已经描述过的，和恶毒起源一样，产生于非常猛烈的意志中，所以和恶毒不可分割的那种痛苦以外，现在还要添加一种和这个完全不一样的、特殊的痛苦和恶毒联系在一块儿。这就是做任何恶毒行为时都会觉得的痛苦，无论这行为是出于利己的纯粹非义还是真正的恶毒，而根据这痛苦停留的时间长短，又可分别叫作良心不安或良心责备。——谁如果对第四篇前面所讲的内容，特别是对于篇首所强调的真理，说生命本身作为意志的彰显或镜子，一直是生命意志所切实拥有的，而且对于永恒公道的讲述——都还印象深刻的话，那么他就会发现，根据这些考察而言，良心责备的意义就全部在于接下来要说的，也就是说良心责备的内容，抽象地说，就是以下这个内容：在这内容里人们又划分成两部分，而这两部分又必须彻底和谐统一，一定要当作彻底统一了的来想象。

虽然“摩耶之幕”是如此严谨地遮盖着恶人的心思，也就是说虽然这恶人是如此僵硬地困囿于个体化原理，以致他从这一原理出发，把自己本人看成和其他任何一人都完全不一样，中间有一条不可逾越的鸿沟。而这种认识，因为只有它和他的利己主义相吻合，是利己主义的支撑，所以又是他竭力不会丢手的，就好像“认识”差不多总是被意志诱骗一样。虽然这样，可是在他的意识深处依然有一种潜在的冥悟在缓缓移动着，所顿悟到的是：事物这样的一种秩序说到底只是一种现象，在本体上则全然是另一码事。也就是说时间和空间尽管如此将他和其他个人以及这些人所遭受的无尽痛苦，甚至是因为他所遭受的痛苦划分开来，将这些表现为和他完全不相关联的东西，可是在本体上，抛开表象及其某些形式不说，表现在他们那些个体中的依然是同一个生命意志，这生命意志在这里就错看成了它自己，搬起石头砸自己的脚。而且当这意志在它的某个现象中寻找猛增了的快乐时，就恰好是通过这种方式让它的另外一些现象承受最大的痛苦时，而他，这恶人，又刚好是这整个的意志本身，所以他就既是受害者，又是迫害者了。将他和受害者的痛苦区分开来，让他可以逃脱痛苦的，只是一个以时间和空间为形式的幻景，一旦这个幻景消失，那么，从现实情况来说，他就必须用痛苦来弥补快乐。而且所有痛苦，他觉得仅仅只是可能的痛苦，都真实到了作为生命意志的他身上来了。由于可能性和实际性，时空上的远近只是对于个体的认知，只是借助个体化原理才有所区别，在本体上却并非如此。这个真理就是用神话来表述的，也就是让其和根据律相符，因此转入现象的形式而用循环的方式表达出来的那一真理，可是这真理最纯粹的表现却在那隐约觉得而又不可告慰的痛苦中。这痛苦，人们就叫作良心不安。——可是，良心不安在这以外又是产生于第二个直接的，和那第一个紧密相连的“认识”中，也就是因为认识到生命意志在凶残的个体中用来对它自己的强度进行肯定，大幅度跨越了它的个体现象以外，以致对表现在其他个体中的同一个意志进行了彻底否定。因此，一个恶徒对于自己行为那种内在的，要向自己隐藏的讨厌和愤恨，不仅是隐约地感到个体化原理和因此成立的人我分界点这两者的虚幻性、表象以外，而且也含有对他自己意志的猛烈性、武力的认知，这种猛烈性也就是他用来掌控生命，把自己牢牢锁住在生命上的。正是这生命，它恐怖的一面就显现在被恶徒压制的人们的痛苦中，可是这恶徒又是那么密切和痛苦紧紧相连，以致刚好是因为这一点，然后作为他更完全地肯定他自己的意志的那工具才是来源于他的最残忍的事。他意识到自己是生命意志一起展现的现象，感到自己已进入到生命的什么程度，因此又觉得自己已经进入那些数不清的，生命本质上的痛苦的什么程度，由于生命有着无止境的时间和空间以撤销可能性和实际之间的不同，以至于现在只是他所意识到的所有痛苦变成感受到的痛苦。古往今来的生生不息当然只存在于概念中，和整个的过去和将来一样，可是拥有内容的时间、意志表现的形式，却只有“现在”。对于个体来说，时间是时时更新的，个体觉得自己一直都是最新产生的。原来生命是不能脱离生命意志的，而生命的形式又只存在于“现在”。死就好像太阳西落。太阳只是看上去似乎被黑夜吞没了，其实它是所有光明的源头，连续不断地在燃烧着，让新的世界焕发新光彩，不停地上升、下沉。起和止都只关系到个体，是通过时间、通过个体这现象的形式表象而有的。在时间以外的就只有意志，也就是康德的自在之物，和意志的合适的客体性，也就是柏拉图的理念。所以自杀并不能解脱什么，在每个人的内心深处，他所欲求的是什么，他就一定得是什么；每个人是什么，也就是他所正在欲求的什么。——因此让良心疼痛的，不仅仅是感知到的认识，认识到让个体分割开来的表象形式的表面性和虚无性，还会自我认识到自己意志和其猛烈的程度。生活过程打造着验知性格的形象，这形象的样本就是悟知性格。恶徒看到这一形象肯定吃惊不小，无论这形象具有多么巨大的结构，以致这世界和他都有一个厌恶之感，或只是用那么细不可见的线条纺织而成的，以至于只有他自己可以看以，因为和这形象有关的就只有他自己。如果有一天，性格肯定它自己时，真切觉得自己就存在于所有时间以内，不觉得自己是经过所有时间而固定的话，那么，曾经的往事，作为纯粹的现象或许就不值一提了，可能也就不会让良心愧疚了。可是这是假想的，所以，发生的很久远的往事还依然要存在于良心上面，就像这祈祷："求主不要让我受试探。"就相当于说："不要让我看到我是什么人。"——恶人在用暴力对生命进行肯定时，在他让别人承受痛苦而显现在他身上的暴力上，他约莫着和他相距多远的正是这意志的放弃或否定，放弃或否定生命意志可能也就是超脱这世界和困苦的仅有的方式。他看到自己依托于这暴力的程度，看到自己是怎样被牢牢禁锢在这暴力上。在他人身上意识到的痛苦不能让他有所动作，他只是被生命和感知的痛苦牢牢掌控在手中。而这一点是否可以击垮而抑制他意志的猛烈性，则还未定。

有关恶的意义和其内在本质的研究，如果只是作为纯粹的感知，也就是不作为明晰的抽象的认知，就属于良心不安里面的，而且这一研究，因为采用相同的方式对人类意志的属性的善进行考察，和在最后因为考察这属性达到最高级别以后，从这属性中产生完全的无欲和崇高性，就会得到更大的完整性和确定性，这是因为对立面都是相互表现的，斯宾诺莎说得很到位："白昼不仅展示它自己，而且也展示黑夜。"

第六十六章

一个没有缘由的道德训条，也就是纯粹的道德说教，是发挥不了作用的，理由就是它不成为企图。可一个有企图作用的道德训条，它之所以可以发挥作用，也只是因为它在人的自爱方面发挥了作用。只要是来源于自爱的就没有什么道德上的价值。从这里可以知道，道德训条和所有抽象的认知完全不能产生什么美德，美德肯定是产生于直观认识中，直观认识才能在他人和自己的个体中看到一样的本质。

原来美德尽管来自认识，却不是来源于抽象的，用语言可以表述的认识。假如是后者，那么美德也就不是不能教会的了。那么，当我们把美德的本质抽象地说出来时，说出给美德奠定基础的"认识"时，我们就从伦理上把所有理解这种观点的人改变好了。可是事实并非如此。事实是人们通过伦理学的演讲或传道说教没办法来打造一个具有美德的人，就好像所有的美学，从亚里士多德开始，就没有打造出一个诗人一样。原来概念对于美德的真正内在本质是不衍生的，对于艺术来说也是这样。概念根本就是不太重要的，只是作为工具服务于为达到或保持从其他方面认识到的，已成结论的东西。"欲求是教不会的。"实际上，抽象的教条对于美德，也就是对于心灵层次上的善，是不会产生影响的。不正确的教条对美德不会产生什么损害，而正确的也很难起到推动作用。如果人生的第一大事，他伦理上的，一直充满意义的价值，势必要依靠教条、宗教教义、哲学理论一类的东西，而得到这些东西又是很偶然的原因，那就太恶劣了。对于道德来说，教条只有这样的意义，就是说一个因为其他方面来的，我们就要探讨到的认识本身已经有了有美德的人，通过教条可以得到一种格式，一种公式，从这个公式出发，他可以因为自己那大公无私的行动给自己的理性交出一个很大程度上只是为了合格而编造的理由。事实上这理性，也就是这个人本身，对于这行为的本质并不太了解，只是他已经让自己的理性习惯通过这种形式知足而已。

教条和习惯，和模范（后者之所以这样是因为平常人质疑自己的判断，他已认识到判断的不足，只依照自己或他人的经验）一样，对于行为，对于外在的行为尽管会产生不小的影响，可这影响的出现并不会让人的企图心改变。[①]所有抽象的认知都只提供企图，而企图像上面所说，只对意志的方向进行改变，而不会改变意志本身。可是所有可以转达的认知要想对意志发挥作用，就只能是视为企图时。因此不管那些教条是怎样对意志进行指导的，一个人真正欲求的，从本质上来说欲求的是什么，他也一直欲求的是那一个东西。只是在怎样得到这东西的方式上，他有了一些其他的想法，而且假想的动机和真实的动机一样，都可以指导他。因此，如果一个人对贫苦人施以恩惠，而相信在来世他可以得到是他现在所施恩惠十倍的回报，或是将相同的金额用于改良田产，则未来尽管得到利润的时间要晚一点，却会更加靠谱、更丰厚，从伦理价值上来说，这两种行为其实不相伯仲。——和为了获得不义之财而杀人的匪徒一样，那信心忠诚而把异教徒杀死的人，那在圣地[②]杀死土耳其人的人，如果这二人分别是为了在天国里谋得一个位置而分别采取不同的做法，那么他们也是杀人犯。原来这些人只是出于自身考虑，为他们的自私着想，和那匪徒并没有什么区别，唯一的区别就在于他们的方式太过于荒谬了。——像前面所说，要从外部来对意志产生影响的就只有动机，而动机又只是对意志彰显自己的方式进行改变，不会改变意志本身。“意欲是教不会的。”

某些善良行为往往会援引教条作为其执行的依据，这时，人们常常就会对教条进行区分，它到底是动机，还是就如我们前面所讲，是表面上的借口而不是其他什么。那人为了来自另一途径的好事而想要通过这种交代来让自己的理性见怪不怪。这件好事的施行者是他，因为他是好人，可是他不明白怎样进行最合理的解释，因为他不是哲学家而偏要给这件事想出一个什么理由，于是他就把这教条当作根据了。可是这一不同点很不容易找到，因为这是潜藏在心情最深处的。所以，在道德上我们差不多不可能对别人的行动进行科学判断，也极少能对自己的行为进行科学判断。——单个人的或一个民族的行为和行为方式，完全可以被教条、模范和风俗习惯所改变，可是在本身上所有行动（“表面功夫”）都只是没有实际内容的形象，只有导出行为的企图，才能让行为具

① 教会也许会说这只是表面功夫，如果不是“天惠”给予信仰的话，这是不顶用的，信仰才出现再生。具体见后文。——原注

② 指耶稣出生地，土耳其人在中世纪曾经长期占据此地，欧洲的十字军就是为了把这块圣地收回来。——译者注

有道德意义。在完全不一样的外在现象之间，道德意义却可以真正彻底是一样的。两个人恶的程度一样，可是一个人可以死于轧轮这种残酷的刑罚，一个人却可以安安静静地在亲人的怀抱中离世。相同程度的恶，在一个民族可以大体上表现在凶杀和吃人的粗俗行为中，在另外一个民族又可以静默无声地、纤细地、微小地表现在宫闱的阴谋诡计和欺凌中，可是实质却只有一个。可以想象：一个成熟的国家，抑或甚至只是一个笃定死后有奖罚的信条，都能对所有罪行造成威慑，这从政治角度来说将是不小的成绩，可是从道德层面来说则还是一场空，反倒是以假乱真，白白让意志的写照被生活所妨碍。

所以，企图的良善、忘我的美德和单纯的大方仗义都不是着眼于抽象的认知，可依然是来源于认识，是着眼于一种直接的、直观的认识。正因为这种认识是直接的，因此也是不允许传达的，必须由每个人自己体会，在语言上不能找到它最合适的表现，而是只能从人的作为、行动和生平事迹中找到。在这里，我们是寻找美德的理论，所以就必须对道德所根据的认知的本质进行抽象表达，可是在这个论述中，我们不能提出这认识本身，而是只能提出这认识的定义。这时，我们总是着眼于行为，也只有在行为中才可以发现这认识，而且总是将行为认定为这认识仅有的合适的表现，我们只是对这表现进行阐述和说明而已，也就只是抽象地表达这到底是怎么回事。在我们把描述过的恶作为参照物进行对比而说到真正的善以前，作为过渡阶段现在就要说到有关恶的问题了。这就是公道，对于义和非义，前面已经进行过完备的讨论，所以我们可以在这里轻松地说：一个人如果甘愿认可义和非义之间纯道德的分界线，在国家或其他权力的保障都不存在时，依然认可这分界线是有用的，根据我们的说法也就是说：一个人在对自己的意志进行肯定时却不否定他人的意志——那么，这人就是公道的。这也就是说这个人不会为了让自己多享受而把痛苦加诸在他人身上。也就是说他不会犯罪，他会敬重每个人的权利和财产。——如此一来，我们就看到在这样一个恪守公道的人那里和在一个恶人那里，个体化原理已经有明显的不同，已不再是完全的界端了。看到这恪守公道的人已不是像恶人那样只对自己意志的现象进行肯定，而对所有其他人的意志现象进行否定了，看到其他人对于他已突破了假面孔的范畴——假面孔的本质和他的本质是截然不同的——而且他已因为自己的行为方式指明了他在其他人的，对于他只是表象的现象里找出了他自己的本质，也就是辨别出了作为自在之物的生命意志，即他在某种程度上，在不为非义，不伤害他人的程度上，又在其他人的现象里找到了自己。他也就是在这一程度上看透了个体化原理，看透了“摩耶之幕”，在这个范畴内，他将自我本质和自身以外的本质画上等号，他不会损害这个本质。

如果把这种公道最隐秘的深处都看穿了，那么在公道里就已涵盖一种预定偏向，不要在肯定自己意志时偏离太远，以防自己意志的肯定在强迫他人意志的现象为之效劳时又对他人的意志进行否定的现象，因此人们从别人那里得到多少享受，就得给别人多少回馈。存心公道如果到了巅峰，则往往已经可以和不再只是悲观属性的纯善相对抗了。这时人们甚至要质疑对于自己继承得来的财产是否享有正当的权利，而只通过自己身体或精神的力量来保持身体，甚至觉得他人服务于自己，自己所享有的所有奢华都是一种罪行，觉得应该受批评，最后的出路就只能是甘愿的困苦。我们看到巴斯伽尔[①]就是如此，在他已抵达禁欲主义方向时，虽然他仆从够多，他却不允许他人服侍自己；虽然他老是生病，却总要自己铺床，自己亲自去厨房拿食物，这样的情况数不胜数（他妹妹所写的《巴斯伽尔传》第19页）。和这几乎是一样的报道说，有些印度人，甚至王公们，他们坐拥数不尽的财富而只是用来施以他们的亲属、他们的宫廷和仆从，他们自己却用非常严苛的拘束态度坚守着那些最高的行为准则，他们只吃自己亲手做的和收的食物。他们这样做却是因为某种误会，之前单个的人刚好是因为他们有钱又有权，他们完全可以为人类社会整体做出突出的贡献，以让这些贡献和他们所承袭的，通过社会力量得以保全的财产相对应。严格意义上来说，这种印度的过分公道已经跨越了公道的范畴，也就已经是严格意义上的无欲无求，是生命意志的否定，是禁欲了。这些都是我们在本篇末尾所要提到的。反之，干脆任何事情都不干而只通过他人的力量来生活，通过承袭的财富而没有自己的丝毫贡献，这从道德上来说就可以被当作非义，虽然在如今的法律上，这肯定还是合法的。

我们已发现自发甘愿的公道，它真正来源于在某种程度上看透了个体化原理，而不公道的人却是整体限制在这个原理中的。看透个体化原理这回事，这不仅是公道对程度所提出的要求，而且在更高级别的程度上，在推动乐观的善

---

① 巴斯伽尔：Pascal，法国神秘主义哲学家、数学家。——译者注

意、慈悲和博爱的程度上，也可以产生，而且，不管那表现在这一个体内的意志本身是怎样强悍，都也许会出现。意志尽管很强大，认识却经常要帮这个个体保持知与意的协调，告诉他怎么防备欲为非义的尝试，甚至告诉他怎么发挥所有程度的善，是的，甚至发挥所有程度的无欲无求。所以，万不能将一个好人看成是比恶人意志还要柔弱的现象，事实上只是在好人的内心深处，认识掌控着盲从的冲动。可是也不排除有这样的人，他们只是因为彰显在他们身上的意志是微弱的面貌好像心地很善良，可他们到底是怎样的人，只要你看到他们没有完全的自我约束力去执行一件公道或善良的行为就清楚了。

假如我们现在又碰到这样一个人，作为一个特殊的少见的例子，他尽管收入丰厚，可是他自己只用其中非常少的一部分，而把所有其他的都捐赠给贫苦地区的人们，自己却缺少很多东西，损失了很多安乐和舒服，而我们要想对这个人的行为进行解释，那么，彻底抛开这人自己或者要用让他的理性认识他的行为的那些教条不说，我们就会发现他的行为方式最直接、最广泛的表现就是他比我们司空见惯的情况更加不分你我，这也是他行为方式最根本的特点。如果在其他人看来，人我之分如此明显，打比方说恶人把自己的快乐建立在别人的痛苦上，非义之人也青睐把他人的痛苦作为增强自己利益的方式，就算纯粹只是公道的人也只限于不给他人制造痛苦，也就是说完全大部分人都清楚而且非常了解在自己周边存在他人的若干痛苦，可是无法痛下决心去减少这些痛苦，因为他们清楚，如果这样做了，自己所享有的舒适就要少一点。假如说对于所有这些人里面的任意一个，都似乎在自我和他我之间存在着惊人差距一样，那么，对于我们想象中具有高尚品质的人来说则完全反过来，对于他，人我之分就无足轻重了，个体化原理，现象的形式就不会那么严格地约束他了，而是他人的痛苦，他都感同身受。所以他想在人我之间成立势均力敌的场面，他舍掉自己的享受，容忍自己缺这少那以减轻他人的痛苦。他领悟到他和他人之间的不同——对于恶人是一条天堑的区别——只是属于变化不定的、幻变的现象的东西。他不需要逻辑推理就可以直接了解到他自己这现象的本体和他人那现象的本体是一样的，这本体即组成所有事物的本质，是在所有事物中都可以找到的生命意志。是的，他了解的这一点甚至可以推广到动物和整个自然，所以，他也不折腾一个动物。[①]

他现在已经不会在自己有富余的东西时而让别人吃不饱，就好像一个人不会今天饥肠辘辘，以便明天可以大快朵颐。这是因为“摩耶之幕”对于那友善之人已经是透亮的了，个体化原理的骗局也落下了帷幕。他在所有生物中，进而也从正在经历痛苦的生物中看到他本身，他自己，他的意志，远离他那儿的是这种荒谬的错误，生命意志经常因这种谬误而看错了自己，它有时在这里在某个个体中享受着游移的飘忽不定的快乐，有时在那里在另一个体中又因此而饥肠辘辘，也就是一直陷在制造痛苦和遭受痛苦的旋涡中无法自拔，和杜埃斯特一样贪心地啃咬自己的肉，有时在这里因为没有过错受到指责而大声喊冤，有时在那里却在报复之神涅米西斯的面前随心所欲地乱来，一直都是在他人的现象中找不出自己，所以也感觉不到什么永恒的公道，只是被困囿在个体化原理之中，完全就是被束缚在根据律所掌控的那种认识方法以内。治愈这种妄念，逃出摩耶的骗局，这行乐善好施是一回事。只是后者是看透个体化原理的那种认识不可或缺的标记而已。

我们在前面已经解释过良心痛苦的来历和价值。和良心痛苦相对应的是问心无愧，是我们每次大公无私的行动以后所得到的满足。问心无愧的原因是因为无私的行为不仅产生于我们也在其他的现象中直接认出自己的本质自身，而且又替我们验证了这一认识：也就是意识到我们真正的自己不仅存在于自己本人中，不单只是这个别现象，而且存在于所有有生之物中。这样，人们就觉得心胸变宽广了，就好像人如果太自私了就让人觉得心胸太狭隘了一样。这是因为自私心将我们的关切都汇聚在这自己个体这一单个现象上，这时，认识就时常给我们指明那些持续恐吓这一现象的若干危险，所以我们情绪的主题现在就是害怕的担心。反之，所有有生之物，和我们自身一样，都是通过认识我们自己的本质而将我们这份关切延伸到所有友情之上，以此让胸怀更加宽广了。因

① 人之所以可以掌控动物生命和兽力，是因为随着意识的明晰，痛苦会跟着增加的事实。动物，或因为死亡或因为做苦力而遭受的痛苦还比不上人仅是因为不能享有肉食或使用兽力所受到的痛苦大，所以人在对自己的生存进行肯定时也会走向对动物生存的否定，因为如此，整体说来，生命意志所遭受的痛苦就会比反面要小一些。同时这也规定着怎么才不算过度使用暴力的分界线，可是人们经常会超过这个分界线，特别是在使用驮重兽和猎犬时会如此。所以保护动物协会的活动尤其关注这一点。我个人觉得以上权利并不能用在活体解剖上，至少不能用在高等动物身上。另一方面，一只昆虫因为它的死亡所受到的痛苦还比不上人因为被它蜇伤所承受的痛苦要重。——可印度人则不认识这一点。——原注

为缩小了对我们自身的关怀，为了自己本人的那种害怕的担心打算也就从基础上被减弱了，被约束了，因此就有安静的怡然自然的快乐心情，那是好心肠和没有愧疚的良心所带来的。因此在多行一次善以后，这种心情的表现就更加突出，由于这善行帮我们验证了这种心情所根据的原因。而自私的人则认为自己周边全部都是不熟悉的对立现象，他将所有的希望都安放在自己的快乐上。善人却觉得自己身边全部都是彼此亲善的现象，所有现象的快乐都是他自身的快乐。因此，就算他因为了解到人类整体的命运，没有让他的情绪快乐起来，可是长久恒定的认识到在所有友情中的都是他自己的本质，却给他的情绪带来了一种恒定性，甚至是快乐的氛围。这是由于广泛施加在若干现象上的关切不会像汇聚在单个现象上那样让人战战兢兢。单个人所遇到的意外有好有坏，对于个体总体来说，意外事故的好坏又互相扯平均了。

因此如果说其他的人拟定了一些道德原则，将这些原则看作践行美德的格言和一定要遵从的准则，可是我，就像我曾经说过的，却不可以这样做，因为我没有什么理应，什么准则要向一直自由的意志提出。反之，在我这研究有关的领域内，从某个角度来说和他们那种做法又是非常类似的，就是那纯粹理论上的真理。仅仅是申论这一真理就可以视为我这论述的所有主旨，这真理是说意志是所有现象的本体，可是作为本体来说却又在现象的那些形式中找不到，进而也不具有杂多性。从这真理对行为的关系说，我不清楚还有什么更严肃的表示法，除非采用前面所说《吠陀》的公式：“这就是你！”谁如果可以用明了的认识和内心的笃定信心，指着所有和他有过交集的事物都对自己说出这一公式，那么，他就正因为如此而实实在在拥有了所有美德的天福，而且已经在走向解脱的康庄大道了。

可是我接着往下谈，作为我这论述的结尾而指出仁爱——仁爱的来历和本质我们觉得就是看透个体化原理——怎样产生摆脱，产生放弃生命意志，也就是产生所有欲求的舍掉以前，并且也是在指明一条严厉却是常被使用的方式怎样引导人抵达以上境界以前。在这里我还必须得说一句好像冲突的话并进行说明，之所以要这样做，倒并不是因为这句话，而是因为这句话并非虚假，而且也是包括在我要表述的这思想的完整性里的。这句话说是：“所有仁爱（慈悲、博爱）都是同情。”

第六十七章

我们已发现怎样在更低程度上看透个体化原理而产生公道，怎样在更高程度上看透这个原理又产生心意上确实的善，看到这种善怎么在别人身上表现为单纯的，也就是无私的爱。这种爱如果到了一个完美的境界，就将他人的个体和命运和自己的画上了等号。到了这里就一定不能再往前了，因为要将他人的个体放在自己的个体之上是没有任何理由支撑的。可是其他个体如果是大多数，如果他们所有的快乐或生命都遭到了威胁，则从比例上来说又完全可以超脱对自己幸福的着想。在这样的场合下，那已实现最高善和有了完人心态的当事人就会不惜牺牲自己的幸福和生命来成全大多数他人的幸福。像柯德罗斯[①]、雷古陆斯[②]、阿诺尔德·冯·文克尔瑞德[③]、奈翁尼达斯[④]以及德西乌斯·缪斯[⑤]就是这样死去的。所有人，只要是心甘情愿地、意识地为了他的亲人、邻居，为了祖国而牺牲自己的生命，都属于这一类人物。站在最完善这一级的还有很多人，所有为了秉承给全人类谋幸福，为了全人类应得的东西，即为了信奉广泛而伟大的真理，消灭重大的错误而自愿承受痛苦和死亡的人。像苏格拉底、乔旦诺·普禄诺都是这样死去的，还有为了真理拼搏的一些英雄也是如此被神父、祭司们活活烧死在柴堆上的。

可是现在从上面所说的爱就是同情那句矛盾话来看，我还必须追忆我们之前已经看到的痛苦对于生命，整体说来，是本质的，和生命紧紧联系在一起的东西，已经看到每个希冀都是怎样来源于一种需求，一种不足，所以任何满足也只是排除了痛苦，并不是收获了什么乐观和幸福，已看到快乐尽管对希冀扯谎说它是一种乐观的好事，事实上它只是悲观性质的，只是一件坏事的告终等等。所以，仁心好意、仁慈和大方等帮别人做的事一直都只是帮那些人减少痛苦而已，进而可以知道可以带动这些仁心好意去乐善好施的，一直都只是认识

① 柯德罗斯：Kodros，传说为雅典王，乔装打扮入敌营，用自己的死而让神话应验，从而退敌。——译者注

② 雷古陆斯：Regulus，首次迦泰基战争中的罗马统帅。——译者注

③ 阿诺尔德·冯·文克尔瑞德：Arnold von Winkelried，传说中的瑞士英雄。——译者注

④ 奈翁尼达斯：Leonidas，斯巴达国王，率领三百人守关抗波斯军，全部牺牲。——译者注

⑤ 德西乌斯·缪斯：Decius Mus，父子都是在罗马执政，在战争中死去。——译者注

到他人的痛苦。而这种痛苦来源于对自己痛苦的直接领会，和自己的痛苦是一样看待的。可是因此而得出一个结果：单纯的爱（希腊语的“博爱”，拉丁语的“仁慈”），根据其属性来说就是惺惺相惜的可怜，至于因此而减少的痛苦则有多有少，而所有没有被实现的愿望总在这痛苦以内。所以，我们也不需要客气和康德刚好背离，他觉得只有从抽象的反有中，而且是产生于义务和绝对命令这些概念中的所有美德和善才是真正意义上的善、真正的美德，而认为人们所感知的同情是柔弱，并不是美德，和他刚好相反，我们说：仅仅是概念对于真正美德，和对于真正的艺术一样，是不会滋生的，所有真切的爱都是同情，而所有不是同情的爱就都是自顾之私。在希腊文中，自顾之爱就是“自爱”的意思，而同情用希腊文表示就是“博爱”的意思。这二者的夹杂情绪也是经常会出现的。甚至真切的友谊也经常是这样的杂合体。自顾之私表现在愿意和投脾气的朋友在一块儿，这是杂合中占据最大比例的，而同情则表现在真诚关心朋友的悲伤和不幸，表现在人们对朋友甘愿自我牺牲。甚至斯宾诺莎也说：“对他人的好意并不是其他的什么，而是来源于同情的情意。”（《伦理学》第三卷，前提二十七，副定理三，论说项）作为一个论据，证明我们那句好像冲突的话（“爱就是同情”），人们还可以关注到纯爱的语言和安抚动作中的音调、词语和可怜的音调完全相符。同时还可以关注下在意大利语中，同情和纯爱都是用“慈爱”来代表的。

这里还必须说一下人类天性最明显的一个特点，说一说“哭”。哭和笑相同，都是隶属于所以别人禽的表情。哭并不刚好就是表现痛苦，因为在稍微觉得痛苦时也可以哭出来。从我的观点看来，人们甚至肯定不是直接因为痛而哭，而一贯只是为了重新出现在反省中的痛苦而哭。即人们从感觉到的痛苦，也就是身体上的痛苦，转折到痛的单纯表象，于是觉得他本身的情况很令人同情，也就是说他真诚地相信，如果他人是承受这痛苦的人，他会给予热忱的帮助。可是在这里被真诚同情的对象却是这个人自己，他满满助人的善意，而自己却是需要帮助的人，觉得他忍受的要远远多于他看到其他人所忍受的，在这种奇怪的复杂的心情里，直接感知的痛苦先要经过一条被分成两节的支路才能到达知觉，也就是先想象成其他人的痛苦，对他人的痛苦表示同情，可是又猛然间发现这直接是自己的痛苦。这时，人的天性自然就以那种奇怪的肌肉抽搐来减轻痛苦。如此说来，哭就是同情自己或被回抛到它起始点的同情。所以，哭的前提条件是爱的能力、同情的能力和想象力，因此喜欢哭的人不仅是心肠软的人，也是富有想象力的人。哭，甚至于常常被当作个性上一定程度的善来看待，可以让人不再生气，因为人们认为谁如果还哭得出来，就肯定还会爱人，还会同情他人，正因为同情是通过以上方式加入那致哭的心情的。——和这里给出的说明完全相吻合的，有彼特拉克在真诚而真实地表达出自己的内心情绪时，对他自己的眼泪所进行的描绘：

> 我满是忧虑，在闲庭信步，
> 对我自己深深的同情攻击了我。
> 如此深重——我免不了大声地哭，
> 而平常我并不会经常这样做。

还有一种事实可以对这里所说的进行验证，那就是被弄疼了的孩子们大部分在人们关爱他时才哭，这就不是因为痛而哭，而是因为“痛”的表象而哭。——如果我们的激动，甚至哭都是因为他人的痛苦，那么，我们的哭是因为我们把自己想象成痛苦的人，或是由于我们从这个人的命运中窥探到了全人类的命运，进而先看到自己的命运。因此，通过曲折的绕道总还是因为自己而哭，总还是同情我们自己。这好像也就是在丧事中往往司空见惯的，当然是哭的主要原因。哀悼者所哭的并不是他自己少了什么。人们应该为这种利己主义的眼泪，而不是由于他有时没有哭而觉得羞愧。哀悼者第一步当然是哭死者的境遇，可是就算死者历经了长久不堪重负的绝症而希望以死来求得解脱，哀悼者依然要哭。掌控他感情的东西最关键的是同情整个人类的境遇，人类不可避免的最后结局，不管多么向上的，往往那么有出息的一生，都肯定要随着这种结局的出现而烟消云散，而归于尘土。可是在人类命运中，哀悼者先一步看到的却是他自己的命运，而且，逝去的人和他的关系越亲近，就越是先看到自己的命运，因此逝去的人如果是他的父亲，那就更加先一步看到自己的命运了。这个父亲，就算是因为年事已高而满身病痛，活着已是一种烦恼，因为他需要服侍而变成儿子的重担，可是因为以上理由，儿子还是要为父亲的死而痛哭[①]不已。

第六十八章

在远离主题说到纯爱和同情的同一性以后——同情返回到自己个体则将哭的现象作为表象——现在又返回到研究行为的伦理意义这条路径上来，以便今后指出我所谓生命意志的否定是怎样和所有善、仁爱、美德和大方等一样，其渊源都是一样的。

在前面我们已看到不管是讨厌还是狠毒都是把自私自利当作前提条件的，也看到这种利己主义的基础是限制在个体化原理的认知。和之前看到这些相同，我们也曾经将个体化原理视为公道的起源和本质，并且更深入地说，即爱和慷慨抵达极端的起源和本质。只有看透这个原理，因为这样而让人我个体之间的不同点消失了，才让企图的全善抵达无私的爱，一直到为他人做出最仗义的自我牺牲变成可能，才说明了这一切。

但是，如果这样就把个体化原理看透了，这种直接认识到意志在它所有现象中的同一性，都已抵达高度的明晰性，那么，这二者马上就会更深刻地影响意志。就是说如果那“摩耶之幕”，个体化原理，在一个人的眼前打开了这么宽，以致这人不再在人我之间进行自私自利的区分，而是对其他个体的痛苦进行关注，和关心自己的痛苦程度一样，所以他就不仅是在最高水平上帮助他人而已，而是时刻准备着奉献自己的生命，只要通过这样可以挽救其他一些个体的话。于是这样一个人，他在所有事物中都看到最真实、最本真的自我，就会当然将所有有生之物的无限痛苦都看作自己的痛苦，也肯定要将全世界所受的伤看作自己所受的伤。对于他，所有的痛苦都和他息息相关。别人的所有痛苦忧愁，虽然是他目睹而往往没办法让它减轻的，虽然是他间接获得消息的，甚至只是他觉得可能的，都和他自己所受到的痛苦一样会对他的精神造成影响。在他眼里早就突破了他本人身上跌宕起伏的悲和喜，那只是被束缚在利己主义中的人才会这样。而是他，因为看透了个体化原理，对所有事物都是保持一样

① 第二卷第四十七章是对此处的补充。对于第六十一章到第六十七章提出的已经初具雏形的伦理学，已经不必在这里回忆了，我在论道德基础的获奖论文中已经有了非常详尽的论述。——原注

的关心。他了解到整体大全，领悟了这整体的本质，而且发现这本质一直处在生生不息中，在没有意义的冲动中，在内在的冲突和惯常的痛苦中，无论他看向哪里，他眼里所见的都是正在遭遇不幸的人类、动物界，和一个正在陨灭中的世界。可是现在他关心这所有，就好像利己主义者只关心他自身一样。既然对世界有了这样的认识，那么，如何告诉他用不间断的意志活动来对这样的生命进行肯定，因此将自己更坚实地绑在这生命上，更贴合地拥抱这生命呢？因此，如果一个人还被困囿在个体化原理中，被束缚在利己主义中，只了解到单个事物和这些事物对于他本人的关系，于是这些事物就变成他欲求的一些企图，只是变换了手法而已。那么，呈对立面的是以上对整体大会的认知，对于自在之物本质的认知，就会变成所有欲求的，和每个欲求的清醒剂。意志由此便背叛生命，生命的享受现在让他害怕，他在这些享受中目睹了生命的肯定。这时这个人便进入一种主动抑制欲求和淡泊名利的状态，进入了彻底没有意志和切实无所为的状态。——假如我们另外一些人，在深重地感知自己的苦痛时，或在形象地看到他人的痛苦时，有时也会和生命无聊、酸楚的认知打交道，而想要用完全的，一直坚定的抑制来除去贪欲这颗毒瘤，来把所有痛苦的来路都堵死，想净化和圣化我们自己，可是我们依然还是被隐瞒在“摩耶之幕”的人，那么，现象的假象依然还会马上揪住我们，现象中的动机又会再次带动意志，我们依然没法逃脱。期待给人的引诱，当前生活的多彩，享受中的美好，还有我们在一个痛苦世界的哀号中，在偶尔和错误的掌控之下所分享的快乐等又会将我们拉回现象的假象而再次紧紧把绑着我们的绳索拉紧。因此耶稣说：“富人抵达天国的难度要高于锚缆穿过针眼的难度。”

假如我们将人生喻为由火热的红炭所组成的圆形轨道，轨道上有几处凉爽的地方，而我们在跑过这轨道时又不能停留，那么，被束缚在幻觉的人就会拿他正位于那里或当前可以看到的凉爽地方安慰自己而持续在轨道上前进。可是那看透个体化原理的人，了解到自在之物的本质进而更了解整体大全的人，就不再对这种安慰有感觉了。他看到自己同时位于这轨道的所有点上面果断跳出这个轨道。——他的意志回过头来，不再对它本身的，反映于现象中的本质进行肯定，对这本质进行否定。揭示这一转变的现象就是美德过渡到禁欲的过程。也就是说这个人对爱人如己已经不满足了，为人谋划相当于为自己谋划，等等，而是在他心里生发一种猛烈的反感，反感他自己这现象所表现的本质，反感生命意志，反感被看作忧愁的、这世界的核心和本质。所以，他正是对彰显在他身体上的，通过他的身体表现出来的本质予以否定，而他的行动现在就来处罚他这现象诱骗人，和这现象公然决裂。根本上已不是其他而是意志现象的他，已对任何事物都无欲无求，他提防自已将意志附着在任何事物上，对于所有事物他都要在自己心里加强一种最高度的事不关己的境界。——性冲动是他的身体——这身体不仅健康，而且结实——通过性器官展现出来的，可是他否定意志而处罚这身体诱骗人，不管在什么情况下，他都不要满足性了。禁欲或否定生命意志的第一步是甘愿的、完全的不近女色。戒淫通过不近女色而对超出个体生命的意志之肯定进行了否定，而且因此暗示着意志将会由于这身体的生命一起走向终点，而这身体就是显现的这意志。大自然一直是童叟无欺而无邪的，它声称如果这条戒律被推广了的话，人种就会从这个地球上消失了。而根据第二篇所说所有意志现象的关联，我觉得还可以假设伴随着最高的意志现象，人的毁灭，意志那些微弱的反映，动物界也会跟着毁灭，就好像若隐若现的光线将伴随着明亮的光线一起消失一样。由于“认识”的完全撤销，其他的自然也自然毁灭于无有，因为主体不存在，当然就不存在客体。我甚至要将《吠陀》中的一段话也要扯进来，那里说：“和这世界上饥肠辘辘的孩子们围拢在母亲身边一样，所有生物也是这样对神圣的祭品寄予厚望。”（《亚洲研究》卷八。柯勒布鲁克：《论吠陀》摘自《偻马吠陀》。又柯勒布鲁克：《杂论》卷一，第88页）祭品完全是代表着清心寡欲，而其他的自然界都必须在人类身上寄予厚望，以寻求解脱，人是祭师的同时也是祭品。当然，这里值得特别提出来的，是这一思想已由那受人尊敬的、异常深刻的安琪路斯·席勒治乌斯在一篇叫作《人把一切献给上帝》的短诗中讲过了，诗里说；

> 人啊！所有都爱你，你的周围如此拥堵：
> 所有都朝你走来，以便和你一起去见上帝。

可是还是一个更杰出的神秘主义者：迈斯特尔·埃克哈特，他那些经世著作最近（1857年）被弗朗兹·普菲费尔出版了，才终于变成可以看的著作。在书中第459页，埃克哈特完全用这里表述的意义说：“我是紧跟基督的步伐验证这一点的，因为他说：当我飞离地面时，我要将所有事物都带走（《约翰福音》第十二章第三十二段）。因此好人也应该这样将所有事物，在这些事物刚开始生时就敬献给上帝。大师们为我们验证了这一点，说所有造物都是给人设计的。验之于所有造物，都是彼此为对方所用。像草对于牛，水对于鱼，空气对于鸟，森林对于野兽。而所有造物也是这样帮助好人，一个好人将两物紧紧相连呈献给上帝。”在这里埃克哈特说：人，为了在他本身中，又和他本身一起，解脱动物，因此他才在这世间，将这些动物为己所用。——我甚至觉得《圣经》中晦涩的一段，《给罗马人的信》第八通第二十一至二十四句，也必须用这种意味来说明。

在佛教里也可以找到很多对这问题的探讨，像世尊还是婆提萨陀华太子时，为了最后一次彻底远离他父亲的宫殿而奔向荒野，他对马讲了这样一偈语：“当在生死中，历劫无已时。从今以后，不再驮与拽。仅就这一次，坎达坎纳兮，驮我出此地。我若悟道时（成佛时），不忘汝功德。”（《佛国记》，亚倍尔·雷缪莎译，第 233 页）

除此以外，禁欲主义还表现在心甘情愿地，有意带来的困苦，这种困苦不是来自偶然，因为在这里，为了让别人的痛苦减轻，财物因此而花光了。在这里困苦本身就是目的，是用来经常克制意志，以让意志不会再被愿望的实现、生活的美满所激励，因为自我认识对于这意志已相当厌恶了。达到了这种境界的人，作为有生命的肉体，作为单个的意志现象，总还是认为存在不同欲求的底子，可是他有意克制这种底子。于是，他强迫自己不去做他本心特别愿意做的，反而去做他反感的事情，就算这些事只有一个目的，那就是克制他的意志。他既然自己不认可在他自己身上所显现的意志，那么当别人这样对待他的意志，他也不会有反对意见，也就是说当别人对他施以非义之行时，他也没有反对意见。所以，对于任何来源于外部的，因为偶然和因为他人居心不良而施加在他身上的痛苦，他都表示欢迎。对于任何损害，任何轻视，任何耻辱，他都坦然接受，他将这些看作考验他不再对意志进行肯定的机遇，来证明它是坦然站到意志现象——他本人——的所有反方向去了。所以，他可以用无穷的耐心和顺从来承担这些耻辱和痛苦，他丝毫不会做作地以德报怨，他不仅不会让生气的火苗，也不会让贪欲之火再次熊熊燃烧起来。——和克制意志本身一样，他也克制意志的可见性，意志的客体性，也就是克制他的肉体。他很瞧不起地侍奉着这具躯壳，不让它发展壮大，以免它又再次让意志活动起来，更猛烈地激动起来。因为身体是直接表现这意志的，是对意志进行反映的一面镜子。因此他要启动吃素绝食的方案，甚至采取自讨苦吃的办法，以便用经常的节省生活和痛苦来一步步减少和消灭意志，他将这意志视为自己和这世界生活在痛苦中的源头，是他厌恶不已的。——在活着时，这意志的本质因为甘愿否定它自己，只剩下一点细不可闻的残留让这具身体拥有生机，是已经逝去了的。假如死亡最终到来而把意志的这一现象散开，那么，死，作为期待的摆脱，就是非常受青睐而被认可的了。在这里和其他的人不一样，随着死亡而结束的不仅是现象，还有本质本身。活着时，本质存在于这现象中，因为这现象还有一种只是细不可闻的存在[①]，现在当死来临时，却是这根最末的、已被腐蚀的纽带也拉断了。对于如此结局的人，这世界也同时宣告终结了。

我在这里不仅不擅长说话，又只是通过一般的表现方式所描绘的，并不是什么单独编纂出来的哲学童话，也不是如今才出现。不，这是那么多圣者和尊贵心灵的可艳羡的生活。在基督教徒中就可以找到这样的人，在印度教和佛教徒中尤其多，在其他教派中也不是就找不到。虽然根植进他们理性中的教条是那么不一样，可是所有美德和神圣性仅能够因此出现的那种内在的、直接的直观认识却都是通过相同的方式从他们经历中展现出来的。之前这里也展现出了直观认识和抽象认识之间的惊人不同，这个不同非常关键，而且在我们的整个考察中都存在，只是之前关注度不够。两种认识之间有一条天堑，从认识这世界的本质方面来说，要跨越这道天堑，只有通过哲学。从直观层面，也就是从详尽方面来说，所有人都已经意识到所有哲学真理，可是将这些真理归入抽象的认知，归入反省的思维，却是哲学家的任务。除此以外，哲学家就应该歇下来，也只能歇下来。

那么，或许这里才是首次抽象地、没有神话意味地将神圣性、自我否定、强烈意志的陨灭，禁欲等的本质认为是生命意志的否定，而对生命意志进行否定也就是彻底了解了意志的本质，这认识出现的身份是意志的清醒剂。反之，所有圣者和禁欲主义者都是直接了解到这一点，而且是用行动彰显出这一点的。

---

① 在上古的梵文哲学著作《僧佉颂》里，这一思想已经用一个绝妙的比喻表述出来了："灵魂暂时还寄居在肉体的外壳中，就好像制钵的土坏在已成器以后因为之前所受的力而持续转动一样。一直到上升的灵魂远离肉体，大自然对它就发挥不了作用了，灵魂才能够得到完全的解脱。"柯勒布鲁克：《杂论：有关印度人的哲学》第一卷第259页。荷雷斯·威尔逊：《僧佉颂》，第184页。——原注

从内在认识的角度来说，他们都是一样的，却分别根据他们之前在理性中所认可的信条不同而分别说着完全不一样的语言。他们分别根据这些信条，印度教的、藏传佛教的、基督教的圣者们肯定都分别有自己的理由来对他们的行为进行说明，可是在事情本身上，这些都一点关联都没有。一个圣者可以是一个荒谬的迷信主义者，也可以是一个哲学家，二者的功效是一模一样的。只有他的行动才告知外界他是圣者，因为他的行动从道德层面来讲，产生于直观的理解直接认识到世界及其本质，只是为了实现他的理性才让他通过某种教条进行说明。所以，一个圣者不一定就是哲学家，同理，一个哲学家也不一定就是圣者。这和一个潇洒英俊的人不一定是杰出的雕刻家，杰出的雕刻家也不一定是一个潇洒英俊的人是同样的道理。对一个道德宣教者提出这样的要求，他只能推崇他自己所有的美德，而不是涉足其他的美德，这完全是无稽之谈。将世界的整个本质重新抽象地、通常地、明晰地用概念来表达，并让理性将这种本质作为映射出来的写照牢牢锁定在恒定的、常常会用到的概念中，这就是哲学，也没其他什么是哲学。我们可以回想一下在第一篇里导引过培根的那一段话。

可是上述对于否定生命意志，抑或是对于一个尊贵心灵的事迹，一个快意无欲、主动追悔的圣者的事迹，我的描绘也刚好只是抽象的、总结性的，所以也是镇静的。对意志的否定所产生的认识既然是直观的，那么这种认识也只能在具体的行为事迹中完整显现出来。所以，为了更完全地了解我们在哲学上所讲的生命意志之否定，人们还必须从经验和现实中找到一些例子进行熟稔。在平常的生活中，人们当然没办法遇到这样的例子，斯宾诺莎说得好："所以杰出的东西不仅很难得到而且数量奇缺。"那么，如果不具备那份幸运目睹，那么人们就只能通过此类人物传记实现自己的愿望了。像我们在如今还只是通过翻译所了解到的少数几篇经文中所目睹的，印度的文献记载了很多圣者和追悔者的生活，他们都称之为"印度修行的圣者""印度追悔者"等。由德·波利尔夫人所创作的非常有名的，可是其所有观点都不值得推崇的《印度神话》中就涵盖了很多这一类很突出的例子（特别是在第二卷第十三章中）。在基督教徒中也给这里准备要进行的解释提供了一些案例。人们可以看一下那些有时叫作"圣者之心"，有时又叫作"虔教徒""清教徒""忠诚的宗教幻想家"等人物的传记。可是这些传记大部分写得都不怎么样。在不同的时代，这种传记也结集出版了，像特尔斯特根[①]的《圣心传》、莱兹的《再生者的轶事》。在我们的时代则有坎尼斯精心集中的一些传记，其中大部分都写得不好，可是也有一些写得不错的，尤其是《倍阿达·斯督尔明传》是我觉得写得最成功的一篇。《圣芳济·冯·阿西西传》是整体属于这里的，他是禁欲主义切实的人格化，是所有托钵僧的楷模。比他年岁要小的同时代人，同样是经院学派中的知名人物圣朋纳文杜拉曾给他写过传记，这本传记又新近再次出版了，被称为《圣芳济传：圣朋纳文杜拉编》（苏埃斯特版，1847 年）。前一段时间，由沙文·德·马兰认真汇编，借助所有资料完成了一本详尽的传记：《圣芳济·冯·阿西西传》。和这些寺院文献不交叉的还有远东方面的姐妹作，这是斯宾斯·哈代一本可读性非常高的书：《东方僧侣主义：瞿昙佛创始的托钵僧派述事》（1850 年）。这本书在不同披风的遮挡下给我们提明了同一件事，人们也会发现在圣者禁欲这件事本身上，不管是从有神论宗教还是从无神论宗教着手，都不存在什么差别。可是作为最杰出的一本传记，我可以给大家推荐德·顾蓉夫人的自传。对于我肯定的概念，这本书给予了非常合适和最翔实的例证，是对一个事实进行解释。每次在追忆这尊贵而伟大的心灵，我心里满满地都是敬意。一个心地善良的人肯定乐于做的就是，了解这一心灵而公平地看待她心灵上的长处，而且又对她理性上的迷信予以谅解。这刚好和思想龌龊的人，也就是大部分人，看这本书总觉得有问题，是一个道理。因为每个人的观点不一样，所有人不管在哪里经常都只能赞叹那些和自己相契合的东西，至少也必须他和这些东西在天性上有些微的靠近。在知识范畴内，这个道理可以这样讲，在伦理的范畴内也依然如此。在某种程度上人们甚至还可以将那有名的法文斯宾诺莎传视为这里的一个案例，如果人们将斯宾诺莎那篇还有待完备的论文《智力的校正》最开始那一段优秀的文字视为阅读这本传记的敲门砖，就更好了。据我所了解的，我可以说这段文字是跌宕起伏的激情最有用的一种清凉剂。最后还有杰出的歌德，虽然他是那么拥有希腊气质的人，他也并不觉得将人性中最尊贵的这一方面，彰显在他的让事物更清晰的文艺这面镜子中，有什么不吻合他气质的地方。因此他在《一个优美的心灵之自白》里，用完美的方式为我们阐述了克勒登柏尔格小姐的过往，后来在他的自传里又针对此事给予了历史史实。除此以外，

① 特尔斯特根：Tersteegen，德国宗教改革派的神秘主义者，宗教诗歌创作人。——译者注

他还先后两次给我们讲述了圣者菲利波·奈瑞的一生。——世界史当然总是要，而且肯定要对这些人物保持沉默，而这些人物的事迹对于我们考察中最关键的这一点却是最佳的，仅有的完全的解释。这是因为世界史的主题完全是另一套，是反过来的一套，也就是不是否定和丢弃生命意志，而是肯定这意志和这意志彰显在若干个体中。在这彰显中，意志和它自己的决裂以完全的明晰性在意志客体化的巅峰出现，于是呈现在我们面前的有时是单个人因为他的睿智而超过他人，有时是民众因为他们在数量上的优势而拥有的暴力，有时是意外机会人格化命运之后的威信，而最常见的却是这所有抗争的虚无和无益。可是我们，由于在这里，我们并不一味寻求现象在时间上的头绪，而是作为哲学家在研究行为的伦理意义，而且是把这一点作为仅有的标准来评审我们觉得有价值的和关键的东西，因此对于世界上会出现的最伟大事业，最关键、最有价值的现象不是让世界臣服在他脚下的人而是超然于世界的人，我们就不会因为害怕平凡总是大多数人的属性而被阻挠不去坦承——实际上也就不是其他的什么，而是后者这样一个人安安静静地，不惹人注意的过往。这样一个人因为以上认知而让他恍然大悟，他根据这认识抛弃了，否定了充满所有，在所有事物中促进着、困顿着的生命意志。意志的这一自由一直到这里才只是出现在他身上，所以，他这个人的行动才刚好是往常行动的对立面。因此对于哲学家来说，圣者们，对自己予以否定的那些人的传记虽然写得不忍入目，甚至是夹杂着迷信和荒谬而完成的，可是因为主题的价值关键，所以依然要比普禄达尔克和利维乌斯[①]关键得多，教育意义也更加多样化。

除此以外，为了对我们在这叙述的抽象性和普通性中称为生命意志之否定的是什么进行更完全而详尽的认知，再研究一下那些被这种精神填满的人从这个角度所定出来的伦理论训诫也有很大的好处。这些训诫同时也会指明我们这一观点，虽然表现在纯粹哲学上非常新奇，事实上是多么的悠久。和我们最相似的是基督教，基督教的伦理就完全归属于以上精神领域，而且不仅是引向最高度的博爱，而且也引向抑制欲求。最后，在耶稣门徒的著作中，否定意志这一层面已明显开始生根发芽了，不过直到以后才开始蓬勃发展，才突出地说了出来。我们看到使徒们已存在这样的训诫：爱你身边的人要像爱自己一样；要做

① 利维乌斯：Livius（公元前59—公元后17），罗马历史学家，写有《罗马史》。——译者注

好事，要以德报怨，以爱抱怨；要忍让，要柔和，要容忍不同的屈辱而不抗争；饮食要节省以克制无拘无束，要抵抗性冲动，如果可能的话就彻底戒色等等。这里我们已看到禁欲或真正否定意志的初级阶段。否定“意志”这一词所讲的刚好就是福音书里所说的否定自己，扛起十字架（《马太福音》第十六章二十四、二十五两段；《马可福音》第八章三十四、三十五两段；《路迦福音》第九章二三、二四两段，第十四章二六、二七、三三、三段）。这一偏向对于发展成为追悔者、隐士以及僧侣的起因有好处。这原来是单纯而神圣的，可是也正因为如此所以完全和大部分人不相适应，因此，这种偏向既然在很多人中间开始风靡，因此而发展起来的就只能是假装的忠诚和恐怖的丑行了。这是因为“滥用最好的就是最坏的”。在后来成立了的基督教里，我们才在基督教圣者和神秘主义者的名作中看到那种禁欲的发芽变成繁盛的花朵。这些人的布道不仅讲求单纯的仁爱，而且还讲求完全的无欲无求，甘愿的完全困苦，真正的淡泊无争，完全无视人世间的所有，讲求本人意志的逐渐毁灭和在上帝中再生，彻底遗忘本人而沉浸在直观上帝中，等等。有关这所有，人们可以在费涅隆[①]所写的《圣者们所论内在生活规范解说》中找到最完全地描述。可是基督教精神在这方面的发展，最完整、最有针对性的说明要属在德国神秘主义者的著作，也就是在迈斯特尔·埃克哈特里当非常知名的《德国的神学》一书中。路德在给这本书写序言时说，除了奥古斯丁和《圣经》，这本书是最能让他了解什么是上帝，什么是基督，什么是人的书。——一直到1851年，从普菲费尔校订的斯督特迦特版本中，我们才有了这本没有经过篡改的原文。对于我所阐述过的生命意志之否定，这本书里所记录的规范和训诫是一种最完整的，从心灵深处的自信中产生的研究。因此人们因为犹太教和新教的信心而对这个进行否定臆断前，应该好好学习一下这本书。本着同一杰出精神所创作的陶勒的《基督贫困生活在后世的模仿》以及《生命的神髓》，并不能得到和本书相同的评价。我觉得这些真诚基督教神秘主义者的说教和《新约全书》的关系，就相当于酒精和酒之间的关系，抑或这样说：只要我们在《新约全书》中像是通过一层薄薄的帘幕所目睹的东西，在神秘主义者的著作中却是毫无避讳地、非常明晰地呈现在我们眼前的，最后人们还可以将《新约全书》视为首次的超凡入圣，将神秘主

① 费涅隆：Fene'lon，法国作家，总主教。——译者注

义者视为第二次的超凡入圣——“小神秘和大神秘”。

可是在远古的梵文著述中，我们就已经见到所谓生命意志之否定已经取得明显的进步，已产生了很多方面的观点和更形象的描绘，这些基督教和西方世界都是望尘莫及的。至于人生的这一关键伦理观点之所以可以在印度得到更深入的发展和更顽强的表现，最主要的原因可能是这里根本不会被外来因素所束缚，不像犹太教对基督教。基督教最至高无上的创始人，或意识或无意识地必须将就犹太教以让新的教义和旧的犹太教相连贯在一起，于是基督教就有了两种性质完全不一样的组成部分，我想其中纯伦理的部分应该先是基督教的原因，而且是基督教所特有的原因，并想通过这个来将基督教和之前的犹太教教义区分开。假如人们过去就曾多次提心吊胆这一杰出的，给人类带来福音的宗教有一天要彻底趋向崩盘，尤其是如今这个时代更是如履薄冰。那么，我觉得这种担忧的唯一理由，就是这个宗教是由来源大相径庭，仅仅通过世事变化而融合到一起去的两种因素所构成的。因为这两种构成成分对于当前的时代精神关系不一样，反应不一样而分裂，在这种情况下，基督教的解体也就可能是顺应时势的。可是在解体以后，基督教的纯伦理部分依然可以保持原样，因为这是不会消失的部分。——虽然我们所清楚的文献还非常有限，我们现在就已看到在《吠陀》中，在《布兰纳》中，在神话、圣者逸事、诗歌、语录和生活戒律[①]中已从不同的层面鲜明地表现出了印度教的伦理。在这种伦理中，我们看到这样的一些训诫：要彻底否定所有自爱以爱护亲人和邻居，仁慈不仅要以人类为界限，而且要涵盖所有友情；恩赐要不吝惜失掉每天辛苦所得，对所有羞辱我的人要无尽的忍受，不管对方怎么差劲，要以德报怨，心甘情愿忍受所有耻辱，不吃各种肉类。追求圣道的人则一定要戒色并远离所有淫逸之乐，要散尽所有财产，丢弃所有住所，亲人，要完全陷入寂寥中，在安静的观照中度过这一生，用自愿的后悔和恐怖的、慢性的自苦而想要彻底把意志抑制住，等等。这种自

① 如果人们可以借鉴昂克敌·杜伯隆的《邬布涅伽研究》第138、144、145、146页。——德·波利尔夫人所写的《印度教神话》第二卷第十三至第十七各章。——《亚细亚杂志》第一卷克拉卜洛特(Klaproth)著文《论佛教》；相同渊源的还有《婆诃华·信多》或《克利希纳》和《阿容对话录》，在第二卷里有《摩诃牧伽华》。然后就是威廉·琼斯的《印度教戒律纂编或摩奴法典，译自梵文》，德译者许特勒1797年版，尤其是第六章和第十一章。最后在《亚细亚研究》中还有不少地方提到这一点，最近四十年以来，印度文献译成欧洲语言的不断增加，假如我现在要弥补本书第一版对于这个问题的注释，也许会占去不少的篇幅。——原注

苦最后会通过不吃东西，被鳄鱼吞进肚子里，从喜马拉雅山圣峰上掉落下来，活埋，和加入到优伶歌舞高兴拥护着的，驮着菩萨神像游行的巨型牛车下面等为方式而自愿死去。这些训诫已经来源了四千多年了，一直到现在，虽然这印度民族已经解体了，仍然还是他们所奉行的，单个的人还忠诚地执行到极端。[①]一面要求最沉痛的牺牲，一面又可以在一个包括几千万人的民族里一直具有实践的作用，这种东西就不可能是随便想出来的怪嗜好，而肯定可以在人性的本质中找到依据的。可是还有这样一种情况，那就是人们在阅读一个基督教和一个印度懊悔者或圣者的传记时，对于彼此那种相互吻合的地方还觉得非常讶异。在双方基本信条、习俗和环境都不一样时，彼此的追求和内在生活却是一模一样的。双方的训诫也是完全一致的，像陶勒在说到完全的贫苦时说：人们应该主动寻求贫苦，而方法就是彻底舍弃所有可进而得到所有抚慰或得到人世间所有知足的东西。很明显，这是因为这所有东西总是给意志提供之前没有的养分，而这里的宗旨本是要这意志彻底陨灭。在印度方面，我们在佛的戒律里看到和这个相对应的说法，这些戒律不允许懊悔者不能拥有任何财物和居住的地方，最后还不允许老是停留在一棵树下休息，以防对这棵树又产生什么爱好或亲密之感。基督教的神秘主义者和吠檀多哲学的布道人还有一点是一样的，他们都觉得对于一个已经功成名就的人来说，所有外部的善行和宗教作业都是画蛇添足。时代如此不一样，民族如此不一样，而有这么多的彼此相同的地方，这就在事实上表明这里所彰显的，并不是像积极的平凡精神乐意坚持的那样，只是精神上的一种怪爱好或疯癫，而是人类天性本质的，因为其杰出所以出现频率不高的一个方面。

在这里我已提出一些资料，从这些资料中，人们可以直观地从生活出发而意识到那些表现出意志之否定的现象。在相应的范畴内，这是我们整个考察中至为关键的一点。可是我依然只是粗略说到这一点，因为指出那些通过自己的亲身经历来说明的人，请人们自己去参考，要远远胜于苍白地复述他们所说过的而且没有必要地再扩大本书的篇幅。

我只想再补充几句以便指出这些人的心理状态。我们在前面已经看到恶人

① 1840年在耶格尔恼特（Jaggernaut）地方开展宗教游行时，有十一个印度教教徒葬身于车轮下面，当场被碾压致死（1840年12月30日《泰晤士报》刊载于东印度一个地方的通讯）。——原注

因为他过度的欲求而忍受着时常的，伤害其自身的内在痛苦，最后在所有可欲的对象都用尽以后，又通过看到其他人的痛苦来替冥顽不灵的意志饮鸩止渴。那么，反之就是那已经体会到了生命意志之否定的人，从外表看虽然他很贫困，郁郁寡欢而且总是少这少那，可是他的心理状态却满是愉悦和真正天福的恬静。这已不是那个蠢蠢欲动的生命活动，不是那种激励快乐了。快乐事前、事后的前提条件是猛烈的痛苦，打比方说组成贪生的人们一辈子的那种快乐，这里不是快乐而一种坚定的安宁，是一种深沉的安静的心灵深处的愉悦。这种境界如果在我们眼前或者我们的幻想中出现，那时我们就必须用最大的渴望心情来敬仰，因为我们马上觉得这是仅有的一个正确的、胜过所有无限远的东西，因为我们的良心经常用“打败自己，理性用事”这嘹亮的口号呼唤我们到那里去。于是我们认为以下这个比喻非常正确，也就是说我们的希冀从人世间收获的所有满足都只是和人们给乞丐的恩赐一样，只能保证他今天活着，明天又继续挨饿。而无欲无求则完全反过来，就似乎是承袭了的田产，让这田产的拥有者彻底不再和生活上的所有担忧有瓜葛。

从第三篇里，我们还对这一点有印象，也就是说对于美的美感，那种愉悦，基本上来源于我们进入了纯鉴赏状态。在这短暂的时间内，所有欲求，即所有希冀和担心都不见了，就似乎是我们已远离了自己，已不是那为了自己的持续欲求而在认识着的个体了，已不是和单个事物相呼应的东西了，而客体成为动机就是相对于这种对应物来说的。在这眨眼的时间内，我们已经是不包含意志的认识的恒定主体，是理念的对应物了。我们也清楚这些片刻，因为我们这时已远离了狠毒的意志冲动，就像是从浓重的烟雾中露出来一样，是我们所知的所有幸福片刻中最幸福的一刻。因此我们就可以想象，如果一个人的意志不只是停留在片刻，像美感的享受，而是一直安静下来了，甚至彻底消失，只留下最后一点闪动的光亮保持着这身体而且还要和这具身体同赴死亡，这个人的一生肯定是多么的幸福。一个这样的人，在和他自己的本性进行了艰苦卓绝的斗争以后终于赢得了胜利，他所留下的就只是一个纯粹认识着的东西了，就是对这个世界进行反映的一面镜子了。再没有什么会让他害怕，会激励他了，因为他已把捆绑“欲求”的上千条绳索，也就是把我们牢牢捆绑在这人世间的绳索，作为害怕、忌妒、贪婪、生气，在不停地痛苦中反复套弄我们的绳索，全部都斩断了。他如今是安静地微笑着在回忆这世间的幻影。这些幻影曾经也会让他的心情兴奋，也会让他的心情难过，可是如今却是不知所谓地呈现在他的眼前，就好像是下棋结束的棋子一样，又似乎是人们在狂欢节打扮以戏弄我们，打扰我们，而在第二天早晨又取下来的假面具和奇装异服一样。生活和生活中的种种似乎只是游移不定的景象浮现在眼前，就好像清晨的轻梦对于一个半梦半醒的人，这时现实已从他的梦中半露而梦没办法再哄骗人了。就像这梦一样，生活的种种也终究会消失，并不用跨过多么严重的阻碍。从这些研究中我们可以认识到顾蓉夫人在她那部传记的最后是在一个什么状态下要反复不停地说："我觉得所有都没有关系，我不能再欲求什么，我往往不清楚我自己的有无。"——为了解释怎样在意志消灭以后，肉体的死亡（肉体只是展现意志，因此由于意志的撤销，也就失掉了所有意义）已不再有什么苦的意味，而是极受青睐的，请再准许我将这位圣明的懊悔者自己的话引申到这里，虽然这些话是直白说出来的，她说："光荣的高峰蓬勃发展，是一个不会再出现黑夜的白天，是就算处于死亡中也不害怕所有死的一生，因为这一死占据了上风，又因为谁已历经了第一个死，就不再尝试到第二个死了。"（《德·顾蓉夫人传》第二卷第13页）

这时我们千万不要以为这是对生命意志的否定，如果因为已变成清醒剂的认识而出现了就不会再改变，人们就可以在这上面，就好像在赚来的钱财上面一样没有任何忧愁了。应该说，生命意志的否定一定要经过不断的斗争而反复赢得。这是因为身体不仅是意志本身，只是在客体性的形式中，或只是作为表象世界中的现象而已，那么，这身体只要还存在，整个的生命意志从可能性角度来讲就肯定还存在，而且还要不停抗争着要再进入现实性而以其所有的炽烈又再次燃烧起来。所以，我们觉得在那些神圣人物的传记中所描绘的安静和享乐只是来源于不停抑制意志的这种奋斗的花朵，而和生命意志进行抗争的则是这些花朵所滋生的土壤，因为世界上原本就不会有人持续拥有这种安静。所以，我们看到圣者们的内心生活史都满是内心的挣扎，满是来自天惠的斥责和丢弃，而天惠就是让所有动机都不发挥作用的认识方式，作为总的清醒剂而压制住所有欲求，带给人最幽深的安静打开那条自由之门的认识方式。因此我们看到那些曾经实现了意志之否定的人，还有通过所有努力让自己坚守在这条道路上，用强逼自身所产生的各种抑制，用懊悔的残酷的生活方式和有意寻找一些让自己忧心的事，用这所有来将不停想要再复苏的意志压制住。最后，因为他们已了解到摆脱的宝贵，因此他们为了已赢得的福田还有那种戒慎害怕的心情，在所有无关痛痒的享受时或他们的虚荣心有任意轻微的激动时还有那种良心上的担忧。更何况虚荣心在这里也是直到最后才消失的，在人的所有欲求中，也是最亢奋、消灭难度最大、最蠢笨的一种。——在我已反复使用过的“禁欲”这个词里，从比较狭窄的角度来说，我所认识的就是这种有意的捣毁意志，以抛弃好受的和找寻不好受的来捣毁意志，是自己选择的，用来经常对意志进行克制的那种忏悔生活和自苦。

假如我们看到那些已实现意志之否定的人采用以上这些办法来维持自己的这种状态，那么，容忍痛苦，就好像命运强加于人身上的痛苦，完全就是抵达这种状态的第二条途径。[①] 是的，我们可以认为大部分人都是通过这一途径抵达意志之否定的，还可以认为将完全的无欲无求带给人的，最多见的就是本人所感知的痛苦而不是纯粹被认识了的痛苦，而且往往是快咽气时。这是因为只能在一部分人那里，纯粹的认识——因看透个体化原理之后出现心灵上的纯善和广泛的博爱，最后让这些人意识到人间所有痛苦也就是他们自己的痛苦——就可以带来意志的否定。就算是在那些靠近这一点的人。他自己的快活情况，眨眼间的诱惑，希望的指引，和通常是反复要自我推荐的意志之满足，也就是快乐，差不多都是否定意志惯常的妨碍，都是再次肯定意志的常见诱惑。所以，人们从这个角度上专门将所有这些引诱都视为魔鬼人格化了。因此大部分人都必须先经过本人的最大痛苦压制住意志，之后才能产生意志的自我否定。如此一来，我们就看到人们在奋勇抗争中经历了痛苦持续上升的所有阶段，而进入绝望的临界点以后，才突然看向自己的内心，认识了自己和这世界。他整个的人都改变了，他已超脱了自己和所有痛苦以上，而且似乎是因为这些痛苦而被纯化、圣化了一样。他在无法掠夺的宁静、极乐和超脱物外的心境中乐意扔掉他之前猛烈追求过的所有而坦然接受死亡。这是在痛苦产生纯化作用的炉火中猛然出现了否定生命意志的痕迹，也就是产生了解脱。就算是过去罪恶滔天的人，我们也会看到他们经历最深切的痛苦而纯化到这个境界，他们变成另一个人了，彻底转变了。所以，之前的恶行如今也不再让他的良心愧疚了，可是他们还是愿意用死来赎清这些罪行，而且也甘愿自己那意志现象消失，如今这

① 有关“第二条最好的途径”请借鉴斯多帕阿斯的《箴言集锦》第二卷，第374页。

意志对于他们来说，已是生疏的和可厌弃的了。有关这种因为大不幸，因为所有营救都已没有希望所带来的意志之否定，杰出的歌德在他经世名作《浮士德》里对格勒特小姑娘痛苦史进行了生动而明晰的描绘，这样的描绘是我往常在文艺里没有看到过的。这是从第二条道路抵达意志之否定的范例，它和第一条道路不同，不仅仅是因为了解到全世界的痛苦，甘愿承受这痛苦，而是因为自己感知本人过分的痛苦。很多悲剧在最后尽管也将剧中有着强烈欲求的主人翁引到彻底无欲无求的这一点，可是在抵达这一点以后，通常就是生命意志和现象的共同赴死。就我所清楚的来说，像以上《浮士德》中的描绘让我们像这样明晰而纯粹地看到这种转变中最根本的东西，那是不可能的。

在现实生活中，我们还见到一些倒霉的人，因为他们在所有希望都丧失以后，还要意识完全清醒地走向刑场上不荣耀、做作，往往痛苦难当的暴死，因此他们是一定是受尽最大痛苦的人，他们的转变也经常发生在第二条道路上。我们尽管不能觉得这些人和大部分人的性格有很大的不同，就好像他们的命运所彰显的那么大的不同，命运上的不同大部分要归因于环境的不一样，可是他们依然是有罪的，在很大程度上来说是罪恶滔天的人。可是我们现在在他们中间看到很多人，在彻底失去希望已既成事实以后，还是在以上方式下转变了。他们现在彰显着心灵上真正的善良和美好，展现出真正愤恨做出了所有有轻微恶意或不仁义的行为，他们原谅了自己的敌人，就算是让他们含冤受罪的敌人。他们不仅仅只停留在口头上，不是惧怕阴间的判官而虚情假意这样做，而是在现实行动中，源自内心的庄严这样做，并且完全没想过报仇。是的，他们终于喜迎自己的痛苦和死亡，因为已经出现了生命意志的否定。他们往往拒绝人家所给予的帮助而安静地、坦然地、无比快乐地死去。在过度的痛苦中，生命最后的秘密也主动展示给了他们，也就是说受害和作恶、忍痛和仇视、折腾人的人和被折腾的人，在遵从根据律的认识里虽然那么不一样，在本体上却是一样的，是显现的同一个生命意志。生命意志只是凭借个体化原理而让他的自我冲突客体化，他们已完全了解到作恶和受害的双方，而当他们领会了双方的同一性时，他们现在就将双方排斥在自身以外，就对生命意志进行了否定。而他们采用那种神话或信条来对他们的理性解释这种直接的认识和他们的变化，就像前面所说的，和主旨是不相关的。

当马迪亚斯·克劳第乌斯[①]写下那篇万众瞩目的文章时，毫无疑问，他是目睹了这种心灵变化的人。那篇文章被刊载在《范德斯白克的使者》（第一卷第115页）中，标题叫作《××的皈依史》。文章最后是这样结尾的："一个人的想法可以从圆周上的这一点挪到相对应的另外一点，又重新再回到之前的那个点，如果情况给这人指明一来一回的那段弧线的话。对于人来说，这些变化也许根本不算什么大事或有意思的事，可是那值得关注的、罗马正教的、超绝的转变，因为这时那整个的圆周已不可避免地被拉断，导致心理学的所有规律都没有实际价值了，因为这时已发生了翻天覆地的变化，至少也是发生了耳目一新的变化，以致人们似乎把眼睛里的障蔽去除了样的，却是这种人生的大事，也就是说所有人只要还有呼吸，假如对于这种事情他可以听到一些真实靠谱的东西或经验，他就会远离父母走了。"

除此以外，就这种来源于痛苦的纯化说，死的逼近和毫无希望的心情并不是一定必要的。没有这些，仅仅是因为倒霉和伤痛，心头也不自觉地涌起对于生命意志自相矛盾的认识，而所有抗争的虚无性也就会被了解了。所以，我们经常看到一些人在亢奋的冲动中过着被迫的生活，像英雄、帝王、寻求幸福的冒险者等突然改变了模样，转向无欲无求和懊悔，变成僧侣和隐士。可以归为这一类的是所有地道的皈依史，像莱孟德·陆卢斯[②]的皈依史就是其中一个。他渴盼已久的一个漂亮妇人终于准许他到她的闺房去约会，这时他眼看自己就梦想成真了。可是就在这时，那妇人把自己的护胸带解开，裸露出那被癌毒侵蚀糜烂的乳房。从这一刹那开始，他似乎是见过了地狱一样，改正了自己，悔悟了，他离开了麻约迦国王的朝廷而去沙漠里思过去了。[③] 与之类似的是朗赛神父[④]的皈依史，在本书第二卷第四十八章我已经描述过了。如果对这两人悔悟的契机进行认真考察，我们就会发现他们都是从人生的极乐转折到人生的极悲，这就给我们说明了一个很显著的事实，说明了为什么欧洲是一个最注意生命快乐、最活泼高兴、最肉感最轻佻的民族——法国民族——反而出现了个宗教组织，这个组织的严谨程度要远远超过那些宣誓守戒的僧侣组织，也就是特

① 马迪亚斯·克劳第乌斯：Mathias Claudius，德国诗人。——译者注

② 莱孟德·陆卢斯：Raymund Lullius，意大利哲学家。——译者注

③ Bruckeri著《哲学史》第四卷第一篇第10页。——原注

④ 朗赛神父：Rancé，法国僧侣，天主教特拉披斯会创始人。——译者注

拉披斯会。这个组织曾经垮掉以后，又被朗赛恢复旧制，而且虽然发生过多次革命，那些教会的变革和风靡一时的不信神道，一直到现在，这个组织还依然保有它的圣洁性和恐怖的戒律。

以上这种有关人生性质的认知依然又可以随着得到这认识的动机一起消逝，而生命意志和之前的性格又相伴着席卷而来。我们看到热情的彭维吕多·捷林尼①一次在监牢里，一次在危重病症中，本来因为痛苦已经变好了，可是在痛苦消失以后，他依然恢复了原样。来源于痛苦的意志之否定完全没有从因到果的那种肯定性，意志依然是无拘无束的。之前这仅有的一点就刚好是意志的自由直接显现在现象中的地方。这就是阿斯穆斯因此要对"超绝的转变"激烈表示讶异的原因所在。伴随每个痛苦都可以想象还有一种在猛烈程度上超过痛苦，所以更自由的意志。这就是柏拉图因此在《费桐》中叙述的那种人，一直到断头之前的那一刹那还在大快朵颐，还在享受性的快感，到死还在肯定生命。通过波福主教②的形象，莎士比亚给我们展示了一个无所顾忌的坏蛋的恐怖结局，看到那顽固到极点的意志，因为所有痛苦和死亡都没能压制住而消逝在无奈的绝望中。

意志越是激烈，那么意志自我冲突的现象就越是彰显得醒目，而痛苦的程度也就更甚。假如存在另外一个世界和如今的世界相比，是猛烈得没办法对比的生命意志的显现，那么这个世界就会对应生发更多的痛苦，就会是一个人间苦海。

因为所有痛苦，对于意志来说，不仅会起到压制作用，还会对无欲无求起到带动作用，从可能性上来说还有一种神圣化的力量，因此可以解释什么叫倒霉，惨烈痛苦本身就会引起他人的某种恭敬之心。可是这个容忍痛苦的人如果是我们确实要恭敬的，那么就一定要这样，也就是说在回忆他的过往全是痛苦时，或是在为一个惊人的难以治愈的伤痛而难过时，他所目睹的并不只是这刚好让他一生都处于痛苦中的整体情况，并不局限于他所遇到的单个的倒霉。因为如果还只是局限于这样看，那么他的认识就还是遵从根据律的，还是附着在单个现象上的，他还是一直要生存下去，只是不愿意在轮到他的这些前提下生

---

① 彭维吕多·捷林尼：Benvenuto Cellini，意大利文艺复兴晚期的雕刻家，金银器制造家。——译者注

② 波福主教：《亨利第四》第二部第三幕第三场。——原注

存下去而已——；而是他的眼光已从单个上升到普遍，他已将自己的痛苦看成是整个痛苦中的一个特殊的部分，而是当他在伦理方面成为不可多得的人才时已将自己的痛苦只看作上千个痛苦中的一种，所以这人生的所有既然被他认识为本质上的痛苦，已让他抵达无欲无求的境界。这样，他在我们面前就是确实应该被恭敬对待的。所以，歌德所写《妥尔瓜脱·塔索》一剧中的公主，在她讲述自己和亲人们的一生是怎样落寞伤心时，她自己却完全只看向一般性，也就应该被敬服。

我们想，一种非常高明的人物个性总携带有几份伤心沉静的色彩，而这种伤心当然不是厌恶日常一些不称心的事情，而是衍生于认识的一种意识，意识着所有身外之物的无聊，意识着所有生命的痛苦，不只是认识到自己的痛苦。可是，必须自己本人经历一次这样的痛苦，特别是一次惊人的伤痛，才能激发这种认识，像彼得拉克就只是因为有一次愿望没有实现而让他对整个人生都怀有一种无所欲求的伤心态度。他的作品中，这种哀痛扑面而来，非常打动人，之前他所追求的达芙妮[①]也必须逃离他的追求以给他留下诗人永恒的月桂冠而取代她自己。如果意志因为如此庞大难以弥补的损失而被命运损伤到一定程度，那么，在其他的方面差不多就不会再有什么欲求了。而这个人物的性格也会表现在温柔、崇高、怨愤，无欲无求了。最后假如那种怨愤之气没有一成不变的对象，而是波及生命的全部，那么，这怨气在相应范围内就可以说是一种“反转向内”，是一种退回，是意志的慢慢消失，甚至于是无声无息地，却是在最隐秘的内心深处残害着意志的可见性，也就是损害着身体。人在这时就觉得捆绑住自己的绳索稍微松了一点，稍微预感到公告身体和意志一起解体的死亡，于是这种怨愤之气又伴随有一种隐秘的快乐心情。这种快乐，我相信，就是所有民族中最郁郁寡欢的民族（英国民族）叫作“哀怨之乐”的东西。可是也刚好在这里矗立着忧伤性这一暗礁，在生活本身也可以找到，在文艺的生活描绘中也可以找到，也就是说人们一直在哀痛，一直在抱怨，却不奋发，不上进，无欲无求，这就把天上人间一起都丢失了，而残留下来的就只是寡淡的伤春悲秋。痛苦，只有在进入了单纯认识的形式，而这认识作为意志的清醒剂又带来真正的无欲无求时，才是实现解脱的方式，才所以是被敬仰的。从这一点来说，我

① 达芙妮：Daphne，希腊神话中的人物，为了保护艺术神阿波罗而变成月桂树。——译者注

们在看到任何一个倒霉的人时，可一定要带着几分敬意，就像高尚品德一样让人肃然起敬。同时，对于自己的幸福状态，我们也会觉得有点羞愧。我们难免会把所有痛苦，无论是自己感知的还是他人的，至少是当作也许靠近美德和神圣性的台阶看。反之，对于快意和人间的满足则要视为与之越来越远。甚至还可以深入地这样看，也就是说所有在精神上或身体上都承受着惊人深重痛苦的人，甚至于所有人，在做完一项最艰难的体力活动以后，大汗淋漓，很明显已经没有力气了，却毫无怨言地忍受着。我说，所有这样的人，如果我们认真观察他，我们就会觉得他就像一个病患正在接受一种痛苦的治疗一样，他心甘情愿甚至是乐不可支地忍受着这因为治疗所带来的痛苦，因为他知道他忍受的痛苦越多，那么病菌就被消灭得越多，所以眼前痛苦有多大，他病愈的可能性就有多大。

通过前面所说的一切，生命意志的否定，也就是人们叫作完全的无欲无求或神圣性的东西，经常来源于意志的清醒剂，而这清醒剂就是认识到意志的内在冲突和本质上的虚无性。而这种冲突和虚无，则表现在所有有生之物的痛苦中。我们讲述过两条途径之间的不同点就在于引起这种认识的原因到底只是单纯被认识到的痛苦，通过看透个体化原理而甘愿想象成自己的痛苦，还是自己本人所真切感知到的痛苦。没有完全的意志之否定，真正意义上的获救，摆脱生命的痛苦，都是无法想象的。在彻底摆脱以前，所有人都不是其他的，而是这意志本身。这意志的现象却是存在于幻灭中的一种，是一种一直空虚，一直不顺心的抗争奋斗，是以上满是痛苦的世界，而所有一切人都不可避免地用相同的方式属于这一世界。这是由于我们在前面已看到，生命总是生命意志所持有的，而生命仅有的，真正的形式则是“现在”。这一形式，因为在现象中既然还有生死在起到掌控作用，那么是以上所有人都一直无法逃脱的。印度神话对于这一点是这样表述的，神话说：“众生皆（入轮回）转生。”性格在伦理上的显著不同有着这样的意义，也就是说，坏人要实现以意志之否定为原因所产生的那种认识，还有非常远的距离，因此在生活中也许会出现的所有痛苦，他却在实际上已真切面临这些痛苦了，因为他本人眼前的什么幸福场景也只是一个通过个体化原理才产生的现象，只是摩耶的幻术，只是那乞丐的南柯一梦。在他产生猛烈而厉害的意志冲动时，他加之于他人身上的痛苦就是考量他自己那些痛苦的尺子，而这些痛苦的经验并不能压制住他的意志，也不能导致最后的否定意志。所有真正的、圣洁的仁爱，甚至于所有自觉的公道则反过来了，都是产生于看透个体化原理。个体化原理的看透如果发挥完全的力量就会导致整体的神圣性和摆脱，而神圣性和摆脱的现象就是以上无欲无求没有企图的境界，是和无欲无求相伴而坚定的安宁，是安静中的极乐。①

第六十九章

在我们的研究方式范畴内，生命意志之否定现在已经被叙述得很多了，它是意志自由唯一展现在现象中的活动，所以也是阿斯穆斯所说的超绝的改变。真正撤销意志的单个现象——自杀——是和生命意志的否定区别最大的了。自杀离意志的否定还相当远，它是对意志进行激烈肯定的一种现象。之前意志否定的本质并不在于人们多么痛恨痛苦，而是在于痛恨生活的享受。自杀者要生命，他只是不满于那些他的生活条件，因此他并没有完全放弃生命意志，而只是在他损毁单个现象时，对生命弃置不顾。他要生命，他要这身体顺畅地生存，要肯定这身体，可是复杂的环境不允许他这样做，这样他的痛苦就加倍了。生命意志本身认为自己在这一单个现象被阻碍到如此程度，以至于不能放手追求它自己的了。于是意志就根据它自己的本质自身来进行决定，也就是说这本质自身并不存在于根据律师的那些形态以内，因此它的关注点并不是所有单个现象，因为本质自身和所有生灭都不相关，而是所有事物的生命中最隐秘的东西。之前在前面所说的牢靠的、隐含的，让我们所有人不要老是在死的恐吓中生活的那种坚定之理，也就是意志肯定不会少了它的现象这一坚定之理，也支持自杀这一行为。因此，生命意志不仅表现在这自表其生（僖华）中，也表现在“自我保存”（毗湿拏）的舒泰状态中和生殖（婆罗摩）的淫欲中。这就是连环三神祇三位一体的隐含意义，而所有人都是这样的统一性，虽然从时间上来说，这统一性一会儿抬高三位一体中的这一神，一会儿又抬高那一神。——类似于单个事物对理念的关系，自杀对意志的否定也是这样的关系，自杀者所否定的并不是物种，而只是个体。我们在前面已经看到，因为生命意志是完全不担心没有生命的，而痛苦于生命来说又是本质的东西，那么，自杀，也就是一个单

① 第二卷第四十八章是对此处的补充。——原注

个现象的自我陨灭，也就是一个彻底无用的、白痴的行为。因为现象陨灭时，自在之物却保持不变，就好像无论彩虹所依靠的雨点是多么快速在更换，而彩虹本身却不会改变一样。除此以外，这种行为，作为生命意志自我冲突最肆无忌惮的表现，也是摩耶的杰作。这种冲突，我们不仅可以在最低级别的那些意志现象上，在多种自然力和所有有机个体为了物质、时间和空间而寻求外现的持续抗争中看到它，还可以在意志客体化上升的不同层次上看到它越来越明显，越来越恐怖。那么，在最高层次上，也就是在人的这理念上，这个冲突终于达到了这样的水平，也就是说不但是表现出这同一理念的个体间在相互厮杀，而且是同一个体在同自我搏斗。而这时个体用来追求生命和打击生命的阻拦和痛苦的激情竟会让个体来消灭自己，也就是在痛苦还没有完全打垮意志以前，个体的意志先通过一次意志活动来撤销这身体，而身体就只是意志本身的变成可见而已。正是因为自杀者不能遏制自己的欲求，因此他不再活下去，而意志在这里就刚好以撤销它的现象来对自己进行肯定，因为除此以外，它没有其他办法再肯定自己了。可是正因为它所逃离的痛苦，可起到压迫意志的作用，也许会产生自我否定，也许出现解脱，因此从这方面来说，自杀者就相当于是一个病人。在一个痛苦的，也许会让他康复的手术已开始以后，又不让这手术做完，而甘愿持续病痛。痛苦已来到眼前，而且作为痛苦也就开拓了实现意志之否定的可能性，可是他，因为消灭意志的这现象，身体，以确保意志不会被抹杀，他将痛苦赶走了。——这就是差不多所有伦理学，无论是哲学上的或宗教上的，为什么要批评自杀行为的原因，尽管它们自己对于这一点只能提供怪异的、强辩的理由。可是假如有这样一个人，他是单纯因为道德方面的冲动而停止了自杀行为的，那么这种自我抑制的最深意义（无论他的理性用些什么概念打扮这个意义）就是这样："我不躲避痛苦，以便痛苦有利于撤销生命意志——这意志的现象是这样惨痛——因为痛苦正在这方面对于我如今对世界真正本质的认知进行增强，也就是说这认知将变成我意志最后的清醒剂而让我可以一直摆脱。"

大家也清楚经常会发生自杀行为连带儿女的情况：当父亲的会先将他所宠爱的孩子们弄死，然后自杀。我们想想，良心、宗教，还有所有那些一代代传下来的观点都会告诉他杀人是最不可饶恕的罪行，可是他在临死时还要做出这样杀人的事，而且是尽管不会有任何利己主义的企图，可依然做了。那么，这种行为就只能这样来说明，也就是说在这里，个体的意志是直接在孩子们身上找到它自己的，可是还是局限于将意志错认为本质，而且因为了解到所有生命的痛苦而感动不已，于是就误以为本质本身也可以和现象一起撤销，因此，他既然直观看到自己又活在了孩子们身上，就想着把自己和孩子们都从生存和生存的痛苦中解脱出来。——还有一个与之几乎一样的错误，那就是人们痴心妄想以在射精时让大自然的目标无法实现的办法[①]来达到自愿的戒色可以达到的事，或是从生命无法规避的痛苦着手，甚至于动用所有力量来保证所有进入生命里的小宝贝的生命安全，反倒是加速了新生婴儿的夭折。这是因为假如已经存在生命意志，那么，生命意志作为形而上学仅有的东西，作为自在之物，它就无法被打破，就算是动用暴力，也只能消灭生命意志在当时当地的现象。至于它本身，只有通过认识才能取消它。所以获救的仅有方式就是意志毫无拘束地彰显出来，以便它在这表现出来的现象中可以认识它自己的本质。只有通过这一认识，意志才能撤销它自己，而且也可以马上让和它的现象无法分割的痛苦早点结束，却不可能通过物质的暴力，像杀死精子、杀死婴儿，像自杀。因为意志只有在光明中才能得到释放，大自然才能将意志带向光明。所以，一旦生命意志——那是大自然的内在本质——已经有了决定，就应该通过所有方式来推动大自然的那些宗旨。

还有一种特殊的自然行为好像和普通的自杀截然不同，可是人们或许还没有完全意识到。这就是通过最高度的禁欲甘愿选择的绝食而亡，可是这种现象在过去总是夹杂着很多宗教的妄想甚至迷信，所以真相反而扑朔迷离了。可是完全否定意志好像依然可以达到这样的水平，也就是说通过汲取营养以保证肉体的生机所必要的意志也没有了。这种自杀绝不是产生于生命意志，和生命意志完全不相关，这样一个完全无欲无求的禁欲主义者只是因为他已彻底停止了欲求，才停止了生命。这里除了绝食而亡以外，好像也想不出来其他死法了（如果有可能，则是来源于一种特殊迷信），因为所有减少痛苦的动机就已经是在一定程度上肯定意志了。在绝食时，一个懊悔者的理性里满满的信条则对他的幻想进行反映，似乎有一种什么更加高明的东西曾经强迫他绝食样的，而事实上只是内心的偏向促进他这样做。这方面比较早的例子可以在以下书刊中找

① 指避孕方法。——译者注

到：《布累斯劳〔地区〕的自然史、医学史汇编》1799 年 9 月，第 363 页起；贝耳：《文哲园地消息》1685 年 2 月，第 189 页起；齐默曼：《论孤寂》卷一，第 182 页；在 1764 年的《科学院史》中呼吁杜英的一篇报告重新刊印在《开业医师用病例选集》卷一，第 69 页。比较晚一些的报道也可以在以下书刊中找到：胡非南编的《实用医学杂志》卷一第 181 页，卷四八第 95 页；纳塞编的《精神病医生专用杂志》1819 年度第三期第 460 页；《爱丁堡地区医学和外科手术杂志》1809 年度第五卷第 319 页。1833 年，各大报纸都刊载了英国历史家林廓德博士在元月间自发饿死在英国多维尔地方的消息，据后来报道又说死者并非他本人，而只是他的一个亲戚。可是这些消息绝大多数是将那些当事人描绘成精神病患者，现在已没办法查明这种说法到底有多大的真实性。尽管只是为了更妥帖地给人性这一惊人的、非比寻常的，之前已提过的现象保留一个罕见孤案例，我还是想在这里把这类报道最新一个消息记录下来。至少从表面上来说，这一现象属于我想将之归入的这范围以内，除此以外，这也会是一个非常不好说明的现象。我所说的最新消息刊载在 1813 年 7 月 29 日的《纽伦堡通讯》中，原文是这样的：

"伯尔尼的报道显示，在杜尔恩地方的一座密林中，有一个小茅屋，里面躺着一具男尸，死亡时间大概为一个月时间，现已腐烂。根据所有衣服，并无法对死者生前的身份进行判断。尸体旁边搁置着两件很优良的衬衣。最关键的遗物是一本《圣经》，书中夹有白色的纸，其中一部分还是死者涂写过的。在这些纸页上他记录了离家的时间（但没有写明籍贯），之后他说：上帝之灵催促他去荒野祈祷和绝食斋戒。他在到这的旅程中已七天没有进食，之后他又进了饮食。自此以后，在他新居住的地方他又开始不进食很多天。每不进食一天都会作个记号，一共作了五笔，五笔以后，这个朝圣的香客可能就西去了。除此以外，还有一封写给某牧师的信，信上写的是死者听过的这牧师的一篇宣道辞，可是收信人的地址他又没写。"——在这种因为极端禁欲和通常因为绝望而产生的两种有意死亡之间，还可能存在某些中间阶段和二者相互糅合的情形，这些当然是不好说明的，可是人类心灵本来就有一些深沉、阴暗和复杂的地方，要揭示和显示这些地方是非常不容易的。

第七十章

现在对于所谓意志之否定的所有论述都已经宣告完毕了，人们或许觉得这一论述和之前有关必然性的研究不相吻合，那里说动机之有肯定性刚好和根据律其他所有形态相同，进而动机和所有原因一样，都是不常见的原因。在这些不常见的原因中人的个性透露出它自已的本质，而且是通过自然规律的肯定性显示出来这本质，因此我们在那里曾果断否定过自由作为“不受约于内外动机的完全自由”。这里并不是要撤销这一点，我反倒是要人们回顾这一点。实际上，意志只是作为自在之物才有真正的自由，而自由也是不从属于根据律的。而意志的现象，不管在什么地方，它的基本形式都是根据律，都是肯定性掌控中的东西，那是不存在这种自由的。可是还有这么仅有的一个情况，直接在现象中也可以看出这种自由，那就是这样一个情形：这自由在给那表现出来的东西作最后的告别时，因为这时那纯粹的表象，因为它是原因链条中的一个环节，也就是说它是被赋予生命的身体说，依然只是存在于充满现象的时间中，因此那通过这现象表现出来的意志，因为它不认可这现象显示出来的东西，就和这现象处于对立的地位了。打比方说性器官，作为性冲动具体可以看到的表现，虽然依然在那里而且还是完备的，可已不存在，在内心深入已对性的满足没有要求了，这就是适才所说的冲突的情况。相同的道理，整个身体也只是彰显生命意志，可是逢迎这一意志的那些动机却不再发挥作用了。是的，现在却要举双手赞成这躯壳的解体，个体的完结，所以对于自然的意志的最大阻碍也是备受青睐的了。这一实际的冲突是因为不清楚有任何肯定性的意志本身，产生于无拘无束地直接入侵意志现象的肯定性。我们一方面提倡意志有根据性格准许的程度而取决于动机的肯定性，另一方面提供有完全撤销意志的可能性，进而所有动机都不再起作用，那么，这两种提倡的冲突就只是重复了在哲学的反省思考中，这一实际的冲突。可是在这里却有钥匙可以把这些冲突一致化，也就是说性格之所以可以不再受动机掌控的那种情况，是着眼于一个被更改过了的认识方式，而不是直接着眼于意志。即，假如人的“认识”还是被限制在个体化原理中，果断遵从根据律的认识，而不是别的认识，那么动机的庞大力量就依然是不可抗拒的。可是，如果个体化原理被看透了，那些理念，也就是自在之物的本质作为所有事物中相同的一个意志，又直接被认识了，而通过这认识又出现了欲求的广泛清醒剂，那么单个动机就没有意义了。因为和动机相互对应的认识方式已被截然不同的另外一种认识方式所淹没而身退了。所以，性格诚然一直不可能有部分的变化，而只能用一种自然规律的守恒性单个地完成意志的欲求，而性格又是整体显现这意志的。可是正是这个"整体"，这性格本身，又可以因为以上认识的改变而统统被撤销。这种性格的撤销，像前面已经说过的，就是阿斯穆斯对之惊讶而叫作罗马正教的，超绝的转变的东西。这也刚好是在基督教教会里，被非常贴切地叫作再生的东西，而这因此所产生的认识也就是被叫作"天惠之功"的东西。——正是因为这里所说的不是改变一种性格，而是整体被撤销，因此尽管那些性格被撤销以前——如今，撤销性格已起效——是那么不一样，可是在被撤销以后就从行为方式的角度展现出极大的相似性，尽管根据其定义和信条不一样，每个人所说的话还是很不一样的。

从这个层面上来讲，有关意志自由也就是这一悠久的，经常被斥责又一直坚持下来的哲理也并非没有依据了，而教会里有关天惠之功和再生的信条也并非没有价值了。我们现在只是意外地看到这种哲理和教义二者的吻合，而且之后我们也可以明白那杰出的马勒布朗希是在哪个意义上才可以说"自由是一个神秘"了，事实上他说得也没错。之前基督教神秘主义者所说的天惠之功和再生，在我们觉得只是意志自由仅有的一个直接表现而已。只有意志认识到它本质自身，又通过这认识得到一种清醒剂而刚好因此远离了动机的作用，才会有意志的自由产生。而动机则在另一种认知方式的范畴内，这认识方式的客体就只是些现象罢了。——因此自由彰显出的自由的可能性是人类最大的长处，动物是不可能具备这一长处的，因为理性思考力的前提是不被眼前印象所限制而可以放眼生活的全局。动物不自由，不存在自由的所有可能性，甚至也不可能有一个切实的，经过研究的选择作用。因为真正的选择要在事前把动机前面的矛盾化解掉，而动机在这里又只能是抽象的表象。所以，那饥饿的狼以石子肯定要掉落到地面上的必然性而一口把山鸡野兔的肉咬住，而不可能意识到它不仅是被追杀的对象，又是正在追杀的主体。大自然的王国是必然性，而天惠的王国是自由。

因为意志的自我撤销，像我们所看到的，是来源于认识，而所有认识和理解照其原意是不会跟随人意变化的，因此欲求的否定，也就是进入自由，也不能根据预先设定好的动机强制而来，而是来源于人心中的认识对欲求的最隐秘关系，因此是突然地就像天外飞客一样。正因为如此，因此教会叫它为天惠之功。可是教会认为这依然要借助天惠的接纳，那么清醒剂发挥作用依然还是意志的一种自由活动。因为伴随着这种天惠之功，人的所有本质都发生了根本性转变，调了个过儿，以至于他不再要之前猛烈追求过的了，也就是好像真有一个人取代了那个旧人一样的，而天惠之功的这一后果，教会就叫作再生。之前教会所谓自然人，是他们觉得没有任何善良的能力的，这也刚好就是生命意志。如果要摆脱我们这样的人生，就一定要否定这生命意志。即在我们的生存后面还躲藏着其他的什么，只有远离了这世界才能触及的这个什么。

不是根据根据律看，不是看向个体，而是看人的理念，在理念的一致性中看，基督教的教义在亚当身上看到了大自然的代表，也就是生命意志之肯定的代表。亚当承续给我们的原罪让我们所有人都得分别承受痛苦和永恒的死亡。原罪也就是我们和亚当在理念中的一致，这理念又是通过生生不息这根纽带表现在时间上面的。在另一层面，在人化的上帝[①]身上，教义又看到了天惠的，意志之否定的，摆脱的代表。这人化的上帝不携带任何罪过，也就是不包括任何生命意志，也无法像我们一样产生于坚定肯定意志，不能像我们一样拥有一个身体——身体完全只是具体的意志，只是意志的表现——而是由清白的童女所生，而且也只有一个幻体。最后这一说原来依据是掌教神父，也就是坚定这一说的教会长老。阿伯勒斯是非常支持这一说的，德尔杜良[②]又开始反对阿伯勒斯以及其跟随者。可是奥古斯丁也是如此诠释《给罗马人的信》第八通第三段的，他说“上帝委派他的儿子在有罪的肉体形象中”，即：“之前这不是一个带罪的肉体，因为它不是产生于肉欲，可是有罪的肉体形象依然在他身上，因为那毕竟是要死的肉体。”（第八三篇问题部分第六六题）在他的另一部命名为《未完稿》[③] 的著作中（第一篇第四七节）他又引导说原罪不仅是罪，也是罚。

① 人化的上帝：指耶稣。——译者注

② 德尔杜良：Tertullian（公元200年前后），基督教的哲学辩护人之一，拉丁基督文学的创始人。——译者注

③ 《未完稿》：指奥古斯丁的主要著作《上帝之国》。——译者注

新生婴儿身上已携带有原罪，只是要在他长大以后才能彰显出来。可是这种罪的起源还是要追溯到犯罪者的意志。这个犯罪者传说就是亚当。而我们所有人又生活在亚当中。亚当倒霉，我们所有人也跟着倒霉。——事实上原罪（意志的肯定）和摆脱（意志的否定）之说就是组成基督教的内核的庞大真理，而其他的所有大半只是这内核的外皮和外壳或附件。鉴于此，人们就应该一直在广泛性中认识耶稣基督，就应该当作生命意志之否定的代表或人格化来认识他，而不是根据福音书里和他相关的神秘故事或根据这些故事为原型的，臆测中号称的真史将他当作个体来理解，因为从故事或史实的角度来认识，不管是哪一种，要想实现人们的满足都是比较难的。这都只是给普通民众转折到以上这种认识的佛法，因为群众的要求总是一些可以感知到的东西。——而基督教在近代已遗忘了它的真正意义而转变成平凡的积极主义，在这里和我们没有关联，这里就不需要再反复陈述了。

除此以外，基督教还有一个最初的、福音的学说。奥古斯丁经过教会首脑的首肯，曾经为了保卫这个学说而对伯拉奇乌斯①的庸俗理论②进行反驳，马丁·路德曾经在他所写的《关于遵守最高决议》一书中庄重声明他的主要宗旨就在于取消错误，确保这个学说的纯粹性。——这个学说就是：意志不是自由的，刚开始是被恶的倾向所降服，所以意志所做的事迹总有些不足，带有一些罪行，不能跻身身于公道之列，因此最后让人享天福的只是信仰，而不是人们完成的事迹。这信仰自身又不是来源于提前设定好的动机和意志，而是因为天惠之功，不需要借助我们的力量，似乎是来源于外部。——不只是上面所提到的那些信条，包括最后这一道地福音的教义也因为现代粗俗平庸的看法被觉得是荒诞无稽而被排斥在讳言的范围之内。由于这种看法，尽管有奥古斯丁和路德在前面，依然对伯拉奇乌斯派那种家常的理智也就是如今的理性主义——笃定不已，刚好废除了那些耐人寻味的，局限的基督教所独有的本质上的教义，反倒只是保存了起源于犹太教而遗存下来的，只是在历史的过程中和基督教纠

---

① 伯拉奇乌斯：Pelagius，公元400年左右的英国僧侣。——译者注

② 庸俗理论：很否认原罪，提但是人可以自救的理论。——译者注

葛在一块儿[1]的那些信条，并将这些信箱当作重点内容。——可是我们却在以上教义中看到和我们的考察完全一致的真理，即看到我们心灵中真正的美德和神圣性，其最早来源就是认识信仰而不在思考后的意愿事功，这刚好和我们的主旨所阐述的道理是一样的。如果引发天福的是来源于动机和思考后的企图中的事功，那么，无论人们怎么辩解，美德就只可能是一种灵活的、机灵的、深谋远虑的利己主义了。——可是基督教教会赐给天福的信仰却是这样一个信仰：我们所有人既然因为人最早的祖先而陷于罪过中，一部分还携带有其罪过，都无法逃脱灾难和死亡，那么，我们所有人要想到拯救，就只能因为天惠和神性的居间人[2]负担起了我们的无量罪恶才行，而且这根本不需要我们本人具备什么功德，因为人故意而为之可以得出的东西，人的事功，绝对不可能在人的天性上让我们有理由被救赎。正因为这是故意的，由企图而生发的行为，是表面工夫。因此在这种信仰中，第一步是告诉我们人的境地之前是，从本质上来说是悲惨的，于是我们需要摆脱这种境地。第二是说我们自己在本质上是属于恶这一面的，是和恶紧紧相连的，导致我们根据规律的定则，也就是从动机出发

---

① 这一情况的真实性有多高，从下面这一点就可以看出来，也就是说人们如果剔除了犹太教的基本信条而意识到人是自己意志的产物，则涵盖在奥古斯丁连续性地被他系统化了的基督教教义中的冲突和难题——引发对立面的伯拉奇乌斯派平庸观点的正是这些冲突——就可以尽释前嫌了。于是，所以就马上清楚而科学了，于是就不需要什么事功中的自由了，因为自由本来就在存在中，而作为原罪的罪恶也在其中，可是天惠之功却是我们本身所拥有的。——在如今理性主义的观点则截然不同，将《新约全书》作为依据的奥古斯丁教条中，就会有很多看法都有问题了，甚至像是尴尬的了。打比方说“万事皆前定”就是这些观点之一。从这种看法出发，人们就丢掉了真正基督教的东西而回到了粗放的犹太教。可是这里的失误或基督教教义的最初缺憾，却在人们未曾发现的地方，也就是人们觉得已成定论，非常肯定而不用再论证的地方。排开这一点，则所有教义都是合理的，因为那一信条（指上帝的创造人。——译者）不仅对其他所有科学有害，而且也对神学有害。假如人们在《上帝之国》（特别是第一四篇）一书的各个篇幅里对奥古斯丁的神学进行研究，则人们所发现的情况相当于人们想把一个重心在外面的物体放稳，可是无论你怎么做，怎么翻来覆去，这个物体依然逃脱不了摔倒的命运。那么在这里，虽然有奥古斯丁的那些努力，那些狡辩，这世间的罪恶和痛苦也还是要回到上帝身上去的。上帝不是创造了所有和所有中的所有，而且早就知道了事情会怎样向前发展吗？而奥古斯丁自己也发现了这一问题，而且是在这困难面前茫然不知所措，这一点我已经在我的得奖论文《论意志自由》（第四章，第一版和第二版第66—68页）一书中指明了。——同样，上帝至善和世间痛苦的冲突，意志自由和上帝预测所有的冲突，曾经是笛卡儿派、马勒布朗希、莱布尼兹、贝耳、克拉克、阿诺尔德等人最近一百年来争执不断的问题。在讨论中只有上帝的存在和其属性是被所有公认的仅有的稳定不变的信条，在他们试图让这些东西协调一致时，总是不断地在兜圈子，相当于是分解一个算式而总是算不出来结果，那余数在这个地方除尽了，可依然没在这里，又从另外一个地方冒出来。可是没有一个人想到要在根本前提中去寻找困难的源头，尽管这是一目了然的事。只有贝耳让人目睹他看到了这一点。——原注

② 指耶稣。——译者注

所做的事情不可能达到公道的要求。也无法救赎我们。救赎只能因为信仰，也就是因为变换过的认知方式才能得到，而这个信仰又只能从天惠而来，因此似乎是来源于外面。这就是说：救赎于我们本人而言是一件不熟悉的事情而喻示着要得到拯救刚好就得对于我们这个人格的人进行否定和撤销。人的事迹，也就是在规律范围内按规律办事，因为总是由动机而产生的行为，因此绝不能因为宽恕人的罪过而成为得救的依据。在《关于基督教的自由》一书中，路德要求在得到信仰以后，那么美好的言行就理应完全是自发产生于信仰，是这信仰的表现和成果，可是不是被冠上功名的依据，不是要求回报或应得之数的依据，而完全是自主自愿的，不求回报的。——因此我们也觉得把个体化原理看得越透彻时，先一步出现的只是甘愿的公道，之后是仁爱，然后是完全撤销利己主义，最后是无欲无求或意志的否定。

基督教的教义本身和哲学并没有什么关联，我之所以要在这里说到教义，只是为了指明产生于我们整个考察中的，和这考察所有不同部分不仅彻底一致又互相连贯的这种伦理学，尽管从表达上来说是前所未有的，可是从本质上来说并非如此，而是和真正基督教的信条是一模一样的。在重点方面甚至已包含在这些教义中，是教义中已经存在的东西，就好像这种伦理学和印度的神圣经典在截然不同的另外一种形式下提出的教义和伦理规范也彻底相吻合一样。同时追忆基督教教会的信条还可以帮助我们说明和表述一种表面上的冲突，这冲突一方面是性格的不同表现在眼前动机之前的肯定性（大自然的王国），另一面是意志本身否定自己的自由，撤销性格以及撤销所有产生于性格基础上的“动机的必然性”的自由（天惠的王国）。

第七十一章

当我在这里把我的伦理学基本论点画上句号时，同时把我的宗旨所要表达的这一思想的所有论述都画上句号时，我必须坦白还有一个责难是针对这最后一部分论述的，反倒要指出这个责难是必须存在于事情的本质中的。这个责难说：在我们的考察终于达到这一境地时，也就是说我们完备的神圣性中可以看到的就是否定和撤销所有欲求，也就是因此摆脱一个世界，其整体存在于我们而言现在是痛苦的世界。那么，我们就会觉得，这好像是通向虚无的无了。

有关这一点我得首先声明的是：无这个概念大体上是相对的，总是相对于它所否定的，所撤销的一个什么来说的。人们也就是康德将这种属性只赐予空洞的无。这是用（负号）－来表示的，和用（正号）＋来表示的是相对立的，而这（负号）－在观点调换时又可以变成（正号）＋。和空洞的无相对应人们又提出否定的无，而这在所有层面都应该是无，人们引用了逻辑上相互冲销的冲突作为这种无的例子。认真考察以后，就不存在什么完全的无，没有完全否定的无，就是假想这种无也不可能。所有这一类的无，从更高的立场出发，或是整体从一个更宽泛的定义之下来看，一直又只是一个空洞的无。所有无之为“无”都只是假想在其他的什么关系中，都是以这一关系进而也是以其他别的什么作为条件的。就算是一个逻辑上的冲突，也只是一个相对的“无”。逻辑的冲突诚然不是理性会具有的一个思想，可是它并不因此就是一个完全的无。之前这矛盾只是把一些词合并在一块儿，是无法想象之事的一个例子，这是人们从逻辑上为了验证思维的规律不可或缺的东西。所以，当人们为了这一目标而钟情于这样的例子时，人们就会笃定把自我冲突的无意义当作他们正在找寻的正，而把理所当然的有意义当作负，则将忽略不说。因此所有否定的无或完全的无如果放在一个更高的定义以下，就会表现为一个纯粹的空洞的无或相对的无，而这相对的无又一直可以和它所撤销的相互转换正负号，导致那被撤销的又被视为负面相对的无却又被视为正。在《诡辩派》［蚩槐布禄报（双桥）版第 277—287 页］中对于无曾经做过深奥的、辩证的研究。这个研究的结果也和这里说的一致，他说：“我们既然已经指明还有一种存在的属性，而且是散列在其相互关系之间的所有存在物之上的，那么，我们就可以不容置疑地说：和单个存在物对立的存在，在实际上就是不存在的。”

通常作为正面被肯定的东西，也就是我们称之为存在物的东西，无这个定义，从其最宽泛的意义来说，就是代表否定这存在物。作为正的就是刚好是这表象的世界，我已指明这是意志的客体性，是对意志进行反映的一面镜子。这意志和这世界也就刚好指向我们自身。整个的表象都是隶属于这世界的，是这世界的一面。这表象的形式就是时间和空间，所以，从这个立场上看到的所有存在物都肯定存在于某时和某地中。意志的否定、撤销、转向，也就这世界——意志的镜子——的撤销和消失。假如我们从这面镜子中再也无法看到意志了，那么我们就算问意志转向哪去了也是白问，于是我们就会抱怨说意志既然不存在于它所在的时间和地点中，那么它肯定消逝在无中了。

一个颠倒过来的立足点，假如在我们中间存在这种可能的话，就会让正负号调换位置，让我们觉得存在的变为“无”，而这“无”则变成存在的。可是我们只要依然还是生命意志本身，那么我们所认识的无就只能存在于否定方面，只能从否定方面给予命名，因为恩披陀克勒斯曾经说过这样一句话：“同类只能由同类认知。”刚好掠夺了我们对无的认识。反之，我们所有真实的认知的可能性，也就是世界作为表象，或者是意志的客体性，最后也刚好是以这句老话为基础的。因为这世界就是意志的自我认知。

对于那哲学只能从反面当作意志的否定来表示的东西，如果一定还要用个什么方法从正面来了解，那么我们就没有其他的办法，只有把所有那些已抵达了完全否定意志的人们所体验过的境界指出来，也就是人们叫作吾丧我、超脱物外、普照、和上帝融为一体等境界。可是这境界原本就不能被叫作认识，因为这里已不存在主体和客体的形式了，而且也只是他们本人自己的，无法用传播的经验可以领悟的。

可是我们，完全从哲学角度出发的我们，在这个问题上就只能从反面的悲观的认识自足，形成了下面的乐观的认识门前一口界碑就知足了。我们既然觉得世界的本质本身就是意志，既然在世界的所有现象中都只看到意志的客体性，又起于不同无知的自然力不包含认识的冲动，止于人类最充满意识的行为，回溯了这客体性，那么我们也一定不逃避这样一些后果，也就是说：由于否定自愿，放弃意志，那么所有那些现象，在客体性所有级别上不停歇无目标的，这世界因为此而存在而且包含在其中的那种吵闹不停和苟延残喘就都不见了。所有形式的多样性都没有了，由于意志的撤销，意志的整个现象也撤销了，到最后，这些现象的广泛形式时间和空间，最后的基本形式主体和客体也都不存在了。意志消失了，表象也消失了，世界也随之消失了。

于是留在我们面前的，无论怎样也只是那个无了。可是也只是我们的本性不支持消逝于无。的确，刚好就是这生命意志，它不仅是我们自己又是这个世界。我们之所以对无如此反感，这只不过又是一种表现，表现着我们是如此贪生，表现着我们就是这贪生的意志，只对这个意志有所了解。如果我们不再局限于自己的贫乏，而把目光投向那些超然于这世界的人们，看他们的意志在实现了完全的自我认识以后又在所有事物中认识到这意志本身，之后又看到它无拘束地否定自己以等到它赐予肉体以生命的那最后一点光辉时也和这肉体一起消失。那么，我们所目睹的就不是不停歇的冲动和谋求，不是不停地从愿望转折到害怕，从快乐转折到难过，不是一直不死心的期待，那组成欲求不满的人生平大梦的期待，而是那超出所有理性的心境平和，那内心恬静的情绪，那深沉的安静，坚定不移的怡然自得。仅仅是这种愉悦表现在人的面部，像拉菲尔和戈内琪奥所描绘的人相，就已然是一个齐整的靠谱的福音。在超然世界的人们，意志已经不存在了，残留下来的只是那认识。可是我们则用沉静而痛苦的仰慕心情来看这种境界，而我们本身那种满是忧愁而悲惨的情况可与之相提并论了。因为两相对比，就非常明显了。可是这一考察，当我们一方面将无法救赎的痛苦和无限的忧愁看作意志的现象，这世界，本质上所具有的，另一方面在意志撤销以后又目睹世界消失只把空洞的无呈现在我们眼前时，到底还是一个仅能够给予我们安慰的考察。于是，在这种方式上，也就是因为考察圣者们的生平和行事——要从自己的亲身经历中遇到一个圣者当然是鲜有的事，可是他们那些记录下来的史事和被拥有内在真实性这一图记①所确保的艺术却可以让我们身临其境——我们应该清楚，无是高挂在所有美德和神圣性后面的最后的，我们不应该惧怕它就像孩子惧怕黑暗一样，我们应该将头脑中所有对无的那些恐怖的印象都清除出去，而不是逃避它，就像印度人那样用神话的毫无意义的字句，像归于梵天，或佛教徒那样通过进入涅槃来躲避它。我们要大方地坦承：在完全撤销意志以后所留下来的，对于那些全身还是意志的人当然就是无。可以调转一个方向看，对于那些意志已叛变而否定了它自己的人们，那么我们这个真实性如此高的世界，包括所有的恒星和银河系在内，也只是——无。②

---

① 指圣者们的画像。——译者注

② 这恰恰是佛教徒们的禅波罗蜜 pradschna-paramita，是“所有知的彼岸”，也就是主体和客体消失的那一点。[见 J. J. 斯密特（J. J. Schmidt）《关于大智〔摩诃闪那〕Ma-hajana 和禅波罗蜜》]——原注

叔本华生平

1788 年 2 月 22 日，阿瑟·叔本华在但泽，也就是现在的波兰格坦斯克的一个商人家庭中出生。叔本华的父亲名为海因里希·弗洛里斯·叔本华，母亲名为约翰娜·亨利埃特，特罗西纳是其娘家的姓。3 月 3 日，叔本华在圣玛利亚大教堂接受了洗礼。之后叔本华和母亲迁往奥里瓦庄园，在这里度过了他的童年时期。

1789 年，叔本华的外祖父克里斯蒂安·海因里希·特罗西纳租住在斯图特庄园。

1794 年 3—4 月，叔本华的叔叔约翰·弗里德里希·叔本华在但泽去世。

1796 年，叔本华一家搬家，新居在汉堡的新万德拉姆街 92 号。

1797 年，叔本华的外祖父克里斯蒂安·海因里希·特罗西纳去世。6 月 12 日，叔本华的妹妹出生，名为路易斯·阿德莱特·拉维尼亚，即阿德勒·叔本华。7 月，叔本华和父亲前往巴黎和勒阿弗尔，此后两年，叔本华一直居住在格雷戈勒·德布雷西曼家中，并和他的儿子安提姆成了好朋友。在此期间，叔本华一直在学习法语和法国文学。

1799 年 8 月，叔本华迫于法国政治形势的影响，从海路回到汉堡，在由龙格博士创办的私立学校读书，一直到 1813 年毕业。在这期间，叔本华结识了商人的儿子沙里士·戈特弗劳伊和酒商的儿子格奥尔格·克里斯蒂安·洛伦茨·迈尔，并和他们成了朋友。

1800 年，叔本华一家前往布拉格、卡尔斯巴德两地旅行，并在魏玛和柏林分别会见了席勒和伊夫兰德。10 月 17 日，叔本华一家结束旅行，返回汉堡。

1802 年，叔本华阅读了《福布拉骑士的爱情冒险》，这是让·巴底斯特·罗范·德·高乌雷的作品。

1803 年 3 月，叔本华尊重父亲的意见放弃学习文科。5 月 3 日，叔本华踏上旅途，开始周游列国，在英国、荷兰、法国、奥地利等国旅行，学习了一些经商的经验。6 月 30 日—9 月 20 日，叔本华进入温布尔登的一所住宿制学校学习英语。

1804 年 6 月 19 日，叔本华一家在奥地利布劳瑙。8 月 25 日，叔本华结束了自己在国外的多年旅行。9 月，叔本华暂住但泽。

1805 年初，叔本华跟随马丁·约翰·耶尼施学习经商，他是汉堡知名的商人，后叔本华还听过龙格博士的神学讲座。4 月 20 日，叔本华的父亲海因里希

·弗洛里斯·叔本华自杀身亡。8月，约翰娜·叔本华出售了新万德拉姆街的房屋，一家人前往科尔霍夫街87号。

1806年5月，约翰娜·叔本华身在魏玛。同月，安迪墨前往汉堡学习经商，这是叔本华年轻时的朋友。9月21日，阿德勒和约翰娜·叔本华迁往魏玛定居，约翰娜·叔本华与歌德关系甚好。

1807年5月底，叔本华离开汉堡，途经魏玛前往戈塔，在途中与卡尔·路德维希·费尔瑙成了好友。6月，叔本华在戈塔文科中学读书，与弗里德里希·雅各布兄弟同窗。在此期间，居住在卡尔·戈特霍德·棱茨教授的家中。12月，叔本华因一首讽刺诗离开了文科中学，这是一首嘲笑克里斯蒂安·费迪南德·舒尔策的诗歌，随后，叔本华迁居魏玛，在这里结识了著名作家约翰内斯·丹尼尔·法尔克和知名的剧作家扎哈里亚斯·维尔纳。

1808年9月，沙皇亚历山大和拿破仑在爱尔富特会见，叔本华和丹尼尔·法尔克亲见了这场会见。

1809年2月3日，叔本华在魏玛参加一场假面舞会，同时出席这场舞会的还有卡罗琳·耶格曼。2月22日，叔本华步入成年阶段。10月7日，叔本华前往哥丁根，两日后，也就是10月9日，叔本华在这里开始学医，并结识了克里斯蒂安·卡尔·约西亚斯·冯·邦森，这就是后来普鲁士驻梵蒂冈、驻伦敦的大使，同时，叔本华还与威廉亚姆·巴克豪泽·阿斯泰尔成了好友。在此期间，叔本华跟随自己的哲学老师弗里德里希·博特韦克和戈特洛布·恩斯特·舒尔策研读了大量柏拉图和康德的哲学著作。

1811年，叔本华和克里斯蒂安·邦森在魏玛度过了复活节。9月，叔本华进入柏林大学，开始了两年的学习生涯。此时，约翰·戈特里布·菲希特在柏林大学担任教师，叔本华在求学期间研读了费希特的哲学思想。同时，还与著名动物学教授马丁·海因里希·利希腾施泰因成了好友。

1812年的夏季学期，叔本华和弗里德里希·恩斯特·丹尼尔·施莱马赫尔就某些问题展开争论，此人为德国著名的哲学家、神学家。6月24日，法国军队开始向俄国进军。夏季，叔本华前往坦普立兹旅行，途经魏玛和德累斯顿。

1813年5月2日，在吕策和格罗斯戈森开战期间，叔本华逃离了柏林。5月22日，叔本华前往德国德累斯顿。6月，叔本华开始写自己的博士论文，这一期间他一直在魏玛。11月5日，叔本华回到了魏玛母亲的家中。11月底，叔本华的成就得到了歌德的认可，两人就此畅谈，讨论了颜色理论的相关问题。

1814 年 4 月 30 日，对叔本华哲学著作的第一篇评论在《哥丁根学报》发表。5 月，叔本华与母亲决裂，他离开了魏玛，前往德累斯顿，在此居住了四年，在这里，叔本华结识了画家路德维希·西吉斯蒙德·鲁尔，泛神论者卡尔·克里斯蒂安·弗里德里希·克劳泽以及作家赫尔曼·冯·皮克勒-穆斯卡乌和费迪南德·费赫尔·冯·比登费尔特。

1815 年，叔本华撰写《论视觉和颜色》，此书在 1816 年印刷。

1816 年，叔本华居住在奥斯特拉大街，这是德累斯顿郊区的一处地方。

1818 年 3 月，叔本华完成了哲学著作《作为意志和表象的世界》的初稿。8 月，叔本华着手撰写《作为意志和表象的世界》的前言。这一年秋季，叔本华踏上了前往意大利的旅途。10—11 月，叔本华一直在威尼斯，12 月，叔本华前往佛罗伦萨。

1819 年初，F. A. 勃洛克豪斯出版了叔本华的哲学著作《作为意志和表象的世界》。1—2 月，叔本华身在罗马。2—4 月，叔本华前往庞培等地继续旅行。8 月 25 日，叔本华重新回到了德累斯顿，但此时叔本华家中却出现了财政危机，商号泽亚伯拉罕·路德维希·穆尔的倒闭对叔本华家族影响甚重。10 月，维也纳的《文学年鉴》和魏玛的《文学周刊》上出现了一批对《作为意志和表象的世界》的否定性评论，这是对叔本华该著作的第一批否定性评论。12 月 31 日，叔本华申请担任柏林大学的哲学讲师。

1820 年，叔本华与唯心论哲学的代表人物黑格尔就某些哲学问题展开争论，但叔本华的《整个世界就是关于世界的本质和人的精神的学说》讲座却宣告失败，这是他第一个也是唯一一个讲座。

1822 年 5 月 27 日，叔本华前往米兰和佛罗伦萨旅行，途经瑞士。

1823 年 5 月 3 日，叔本华在特里恩特旅行，后途经慕尼黑返回。7 月 5 日，叔本华的继承权被约翰娜·叔本华剥夺。

1824 年 5 月 26 日—6 月 19 日，叔本华居住在加施泰因浴场治病。9 月，叔本华返回德累斯顿。

1826 年夏季学期，叔本华最后一次尝试进行自己的讲座。

1829 年，叔本华翻译《处世预言》，这是西班牙哲学家巴尔塔扎尔·格拉希恩的著作，但翻译后勃洛克豪斯出版商却拒绝出版。

1831 年 8 月 25 日，叔本华因害怕柏林暴发的霍乱而离开此地。同年底，叔本华暂住于美因河畔法兰克福。

1832 年 7 月起，叔本华前往曼海姆。

1833 年 7 月 6 日，叔本华前往美因河畔法兰克福，并定居于此二十八年，直至去世。

1835 年，叔本华完成了《自然界中的意志》的写作。

1837 年，叔本华写作《致建立歌德纪念碑委员会》。

1839 年，叔本华的论文《论人的意志的自由》完成。

1840 年，叔本华的《论德行的基础》论文写作完成。

1841 年，当时已经取得博士学位的尤里乌斯 · 弗劳恩施塔特拜叔本华为师。

1843 年 3 月 1 日，叔本华搬家至法兰克福好希望街 17 号。同年，弗里德里希 · 多尔古特的《唯心主义的错误根源》一书发表，在这本著作中，作者充分肯定了叔本华的学说。

1844 年，叔本华著作《作为意志和表象的世界》第二版由 F. A. 勃洛克豪斯出版。

1847 年，叔本华的博士论文新版出版。

1849 年 8 月 25 日，叔本华的妹妹阿德勒 · 叔本华逝世。

1854 年，叔本华的著作《自然界中的意志》出版第二版。

1857 年，波恩大学开始讲授叔本华的哲学思想。10 月初，克里斯蒂安 · 卡尔 · 约西亚斯 · 冯 · 本森对叔本华进行了访问。

1858 年 2 月 22 日，是叔本华七十岁寿辰，此时，他拒绝了成为柏林皇家科学院的院士。同年，德 · 桑克蒂斯出版了《叔本华和利奥波特》一书。

1859 年，叔本华的哲学著作《作为意志和表象的世界》出版第三版。7 月，叔本华迁至好希望街 16 号。10 月，叔本华的雕像完成，作者是伊丽莎白 · 奈。

1860 年 8 月，叔本华突发窒息。9 月 9 日，经诊断叔本华患有肺炎。9 月 21 日，叔本华逝世。9 月 26 日，其被安葬在法兰克福市的公墓。